风险传播论

——以中国电视新闻报道为例

Risk Communication:
The Case of TV News Coverage in China

汤天甜 著

人民出版社

谨以此书献给

我的母亲梁珊女士

目　录

序

当得知汤天甜的著作即将付印时，我由衷地感到高兴！作为她硕博学术研究阶段的导师，我欣然应允为其作序。

2007年，天甜从武汉来到成都，被保送成为我门下广播电视新闻方向研究的硕士研究生，在硕士学习期间，她勤奋刻苦，踏实认真，各门成绩十分优异，在短短两年的时间里，发表了十余篇学术论文，成为当年学院硕士研究生中期考核的第一名，并最终通过学校组织的选拔性考试，顺利取得了提前攻读博士学位的资格。对于天甜而言，这无疑是她学术生涯的一个崭新开始，更高的阶段，更高的要求，意味着更多的付出与坚守。在随后的博士研究阶段，天甜表现出了她对学术的饱满热情与执着追求，在广播电视研究领域，特别是电视新闻方向又发表了十余篇学术论文，并作为我多项课题研究的主研人员具体参与了课题的开展与实施。自2007年起，天甜连续四年参加国家新闻出版广电总局关于广播电视年度报告的课题研究。此外，还参与了《当代中国广播电视学》、《中国电视批评史》、《电视传播核心价值论》以及《中国电视史》等专著的撰写工作，其在积极提升自己，努力锻炼自己的同时，已取得了较为丰硕的研究成果。

广播电视新闻一直是天甜的兴趣所在，因此，当她将"风险社会视阈下中国电视新闻的传播响应研究"作为自己的博士论文选题时，我非常支持她，我以为从自身研究兴趣出发而进行的学术研究不仅具有扎实的研究基础，更具有内在的创新活力，最终这部沉甸甸的书稿也再次证明她的学术实力与灵气，创新地从风险社会这个社会学视角对中国电视传播进行前瞻性研究，确令我十分欣慰。

2013 年 11 月 15 日，习近平在对《中共中央关于全面深化改革若干重大问题的决定》作说明时指出，当前，国内外环境都在发生极为广泛而深刻的变化，我国发展面临一系列突出矛盾和挑战，前进道路上还有不少困难和问题。比如：发展中不平衡、不协调、不可持续问题依然突出，科技创新能力不强，产业结构不合理，发展方式依然粗放，城乡区域发展差距和居民收入分配差距依然较大，社会矛盾明显增多，教育、就业、社会保障、医疗、住房、生态环境、食品药品安全、安全生产、社会治安、执法司法等关系群众切身利益的问题较多，部分群众生活困难，形式主义、官僚主义、享乐主义和奢靡之风问题突出，一些领域消极腐败现象易发多发，反腐败斗争形势依然严峻，等等。面对新形势新任务，我们必须通过全面深化改革，着力解决我国发展面临的一系列突出矛盾和问题，不断推进中国特色社会主义制度自我完善和发展。在此背景下，以"中国电视新闻的风险传播"为研究课题，不仅需要系统梳理相关概念的内涵与外延，还要有相当的理论自信和勇气，提出科学可行的分析框架，并予以当下本土化的解读。

然而，鉴于国情的不同，不同国家的电视媒体必然对风险传播有着不同的偏好和表现。天甜的这本《风险传播论——以中国电视新闻报道为例》以"电视新闻"为研究主体，考察了转型期中国电视媒体在风险传播中的角色、身份、功能及其价值，旨在从中国电视媒体的风险善治与响应传播出发，为中国电视媒体的可持续发展及中国社会主义和谐社会的构建作出有益的探索。本书的亮点之一是将研究集中在了中国电视新闻对于风险的响应层面，分析了电视新闻在自然风险、政治风险、社会风险与科技风险应对中的独特功能与影响，所涉及的四章逻辑严谨，在自成体系的同时又可单独成章。文中不仅阐释了"风险传播"的具体内涵，更在此基础上深入剖析了其内在的传播逻辑与机理，填补了新闻传播研究领域的一块空白。

其二，天甜对于电视新闻风险传播的研究不仅仅局限于理论层面，她还有选择地对一些具有代表性的案例和节目进行了实证研究，在不同的章节交叉运用传播学、社会学、政治学、文化学、危机管理学等学科的理论、方法与成果来对电视新闻的风险传播进行了一个多角度、多层次的剖析。这样的研究角度与研究方法，在当今的电视新闻研究领域，实属不易，也正是本书的又一创新之处。

其三，天甜的文字功底相当扎实，研究逻辑十分清晰，在这本著作中，她的行文不仅呈现出较为深厚的学术涵养，而且通达流畅、活泼耐读，这在我第一次审读她的初稿时，就有很深的体会。全书通篇有一气呵成之感，紧紧围绕"电视新闻的风险传播"这条主线，逐一剖析了自然风险中电视新闻的风险告知，政治风险中电视新闻的风险控制，社会风险中电视新闻的风险协调以及科技风险中电视新闻的风险涵化，宏观地考察了中国电视新闻在不同类别风险传播过程中的风险呈现与遮蔽、风险再生与放大、风险告知与预警、风险沟通与协调、风险平衡与控制以及风险文化的建构与传衍等多种表现，进而构建出风险社会视阈下中国电视新闻之于风险传播的整体框架，并针对电视新闻在风险传播中的自反性建构进行了较为深入的批判式解读。这样的研究，对于当下新闻传播领域拓展学术视野有一定的借鉴和启发意义。

在现代社会中，电视媒体已不再仅仅被作为一种传播的介质，而是深入到社会系统的各个领域中，成为与政治、经济、文化、技术等互动发展的重要组成部分。与此同时，电视自身的发展也受到来自政治、经济、文化和技术等多种社会因素的正反影响。当前的中国社会正处于转型发展的重要战略机遇期，此时也正是各类风险与矛盾的凸显期。因此，对风险社会视阈下中国电视新闻的传播机制及应对策略予以深入研究不仅具有重要的学术价值，更是对当前中国转型期社会的积极响应，体现出了强烈的现实意义。诚然，专注于这样一个极具现实性的前沿选题，对天甜这样的青年学者来说，其未来研究之路定然任重而道远，理无专在，而学无止境也。

该书的出版是天甜学术生涯中第一部个人学术专著，我相信这也是她学术之路的重要开端，希望在未来的研究中，她能够不断的坚持求索，努力前行，在学术的道路上走的更远，更好！

是为序。

欧阳宏生

2015 年 5 月 4 日于成都

绪　论

以地震灾害、洪水灾害、干旱灾害、台风灾害、滑坡泥石流灾害、冰雪灾害、风暴潮灾害、沙尘暴灾害、森林草原火灾、环境事故灾害等为主的传统自然灾害已让人类自古以来就饱受其苦，而以能源危机、公共卫生事件、社会安全事件及事故灾难为主的其他风险更让现代人类的生活充满危机与恐慌。对于正处在转型期的中国社会而言，来自传统风险与现代化风险的压力与日俱增，作为社会守望者与监督者的电视媒体，如何通过其新闻传播理念价值体系的构建与实践业务操作的应对，来承载传播与自我发展，发挥传统主流媒体在构建和谐社会中不可替代的作用，是笔者近年来一直关注和思考的问题。

从现实层面上看，经过30多年的改革发展，中国人均国内生产总值在2008年首次达到3266.8美元，按照国际标准，当人均国内生产总值达到3000美元以上便开始进入工业化中后期，这一时期的社会发展将进入到一个充满机遇与挑战的复杂阶段。2010年9月28日召开的中央政治局会议指出，当前和今后一个时期，是全面建设小康社会的关键时期，是深化改革开放、加快转变经济发展方式的攻坚时期。综合判断国际国内形势，中国发展仍处于可以大有作为的重要战略机遇期，既面临难得的历史机遇，也面对诸多可以预见和难以预见的风险挑战。对在风险伴随的社会转型期、风险高发的矛盾凸显期及风险应对的和谐发展期中的电视新闻传播进行研究，不仅具有重要的现实意义，更是为日后电视媒体的自我发展与中国社会的可持续建构提供了多维的思考角度和实践参照。

在"十一五"规划制订工作展开之际，国家发展与改革委员会课题组对98名中外著名专家进行了调查。他们对我国"十一五"（2006—2010年）时期可能影响我国经济社会可持续发展的风险因素、风险领域以及风险冲击程度进行了科学预测和分析。作为课题组组长的北京大学教授丁元竹指出，到2010年之前，我国的经济社会发展处于一个关键时期，关系到我国能否实现中期战略目标。因此，课题组确定了中国2010年可能影响到我国经济社会持续发展的风险因素、可能发生风险的领域以及可能发生的风险对国民经济和社会安全的冲击程度，并试图将它们纳入中国未来发展的风险管理程序中去。这些因素中，有些将持久发挥作用，有些将会随着现行政策的实施而逐步减弱。

"十一五"时期是我国经济社会发展的一个重要转折期，早在2005年，国家发改委即在一份研究报告中明确指出："十一五"时期是处于经济社会过渡的终点期，这个终点期或许要从"十一五"时期开始，到"十三五"时期全面完成。国际经验表明，任何一个国家从一种体制转变为另外一种体制时，是最为脆弱，最容易发生问题的时期。而在"中华人民共和国国民经济和社会发展第十二个五年规划纲要"编制之前，观察家们亦普遍认为，中国正步入20世纪50年代社会制度转型和20世纪80年代以来经济体制转型之后的第三次社会转型，若要取得突破性进展，仍然面临巨大的困难，甚至更严峻的挑战。

具体到"社会转型"的理解，在我国社会学学者的论述中，主要从三个维度进行了阐释：一是指体制转型，即从计划经济体制向市场经济体制的转变。二是指社会结构变动，即社会转型的主体是社会结构，它是指一种整体的和全面的结构状态过渡，而不仅仅是某些单项发展指标的实现。社会转型的具体内容是结构转换、机制转轨、利益调整和观念转变。在社会转型时期，人们的行为方式、生活方式、价值体系都会发生明显的变化。三是指社会形态变迁，即中国社会从传统社会向现代社会、从农业社会向工业社会、从封闭性社会向开放性社会的社会变迁和发展。综合以上三个维度来分析和判断，即知中国正处于社会转型的关键时期，此时原有的平衡状态被强烈扰动以至被破坏，新的社会控制体系在短时间内又难以健全，整个社会在一定程度上处于失范的"弱控制"，进而产生许多新的失衡和不和谐，在这一巨大社会转型变迁的过程中，中国社会正在进入一个风险社会甚至高风险社会。

随后，2010年1月12日，《新华日报》刊文《新十年将成矛盾凸显期》，在"中国发展将遇到哪些挑战？"的专题调查中，《人民论坛》杂志邀请百余专家、学者，列出未来10年中国可能面临的挑战，在多家门户网站推出，8128名网民做出回答：55%的网民选择"各类矛盾集中爆发，执政党和民众将面临严峻考验"；32%的网民选择"各类矛盾、风险加剧，稍有不慎就有可能使发展停滞"；另有10%的网民相信"虽然会有风险，但中国完全能平稳度过"；仅有1%的人确信"没有什么风险，中国会继续保持高速增长态势"。中国社科院发布的2010年《法治蓝皮书》直言不讳：2009年中国奸杀掳掠、偷拐抢骗等暴力、经济犯罪案件出现近10年来第一次增长，犯罪数量打破21世纪以来保持的平稳态势，全年刑事立案数530万件，治安案件受理数990万件，均大幅增长。2010年1月1日，胡锦涛在中国人民政治协商会议全国委员会新年茶话会的讲话中指出，中国继续处在经济社会发展的重要战略机遇期和社会矛盾凸显期，保持经济平稳较快发展、维护社会和谐稳定的任务艰巨而繁重。

"黄金发展期"和"矛盾凸显期"对社会整体发展的影响截然不同，"黄金发展期"意味着社会的"盛世"，对社会起着巩固、加强的发展作用；而"矛盾凸显期"意味着社会问题的叠加，对社会起着削弱、腐蚀甚至"颠覆"的作用。当前，中国社会正在剧烈地变化转型，"黄金发展期"与"矛盾凸显期"交杂并存，社会矛盾多发、社会结构深刻变动，群众利益诉求、意见表达及价值判断呈现多元化特征，各种社会矛盾凸显。中央"十二五"规划建议和中央经济工作会议等明确提出，要着力建立社会稳定风险评估机制，从源头上减少不稳定因素。可见，经济体制、社会结构、利益格局、思想观念的深刻变革，给我国经济、社会的发展进步带来巨大活力的同时，也促使其进入了一个社会矛盾多发、社会结构深刻变动的高风险时代。

进入21世纪后，党的十六大报告第一次将"社会更加和谐"作为重要目标提出，党的十六届四中全会，进一步提出构建社会主义和谐社会的任务，实则，"和谐社会"目标的提出，即是对当前中国社会发展所面临的风险环境的积极回应。社会和谐发展是指社会处在良性的、平衡的运行状态，社会的经济、政治、文化及社会其他方面均在相互促进着向前发展，社会失范等消极因素被控制在最小的范围和最低的限度之内。中国目前正处于各类矛盾冲突尖锐的转型期，面对社会变迁和社会转型所带来种种风险，如何加强对其的预警、防范和应对，促进社会良性运行机制的建立，从而实现社会的和谐构建是当务之急。

推进社会主义和谐社会建设，是"十一五"规划最有特点、至关重要的内容之一，和谐社会的建设是科学发展观的具体落实，其要求中国必须把改革的力度、发展的速度和社会的可承受程度统一起来，在大力发展的同时，不能忽视对风险的关注和研究。对风险的积极应对，是将事后处置前移到事前预防和事中控制上，从而推动利益协调机制、诉求表达机制、矛盾调处机制、权益保障机制等各项工作机制的进一步健全和完善。风险有一个长期潜藏和孕育的时期，如果不进行积极应对，今天的风险则有可能成为明天的灾难。预测风险，防范风险，控制风险进而化解风险，才是有利于社会结构和利益格局的调整，消除和减少改革发展中的不稳定因素，增强改革发展的协调性和平衡性，最终实现和谐社会的构建。

当前，卡特琳娜飓风、印尼海啸、非典型性肺炎、9·11恐怖袭击事件、汶川地震、金融危机、智利地震、西南旱灾、石油泄漏、通货膨胀、突发公共事件、群体事件……矛盾频现、危机频发的地球已进入一个风险社会时期，处在转型期的中国社会更是各类风险的高发地域。以德国社会学家乌尔里希·贝克（Ulrich Beck）为代表的一批学者提出了"风险社会"（Risk Society）的概念。他们指出，随着科学技术的高速发展和全球化扩展，人类社会已经进入一个"风险社会"时代。与传统风险相比，现代风险在本质、表现形式和影响范围上已经有了很大不同，它们更难预测、捉摸，并且影响的范围更加宽广，带来的破坏性更严重。更为重要的是，风险社会的到来导致了社会理念基础和人们行为方式的改变；对增长的盲目乐观必将被更加审慎和全面的发展观所取代；过去的经验已不足以成为当前行为的依据和理由，人们当前的行为选择同时还受到对未来预期的影响。可以说，现代风险已经从制度上和文化上改变了传统社会的运行逻辑。

西方学者一般是把风险的含义概括为三个层面：技术学上的风险计

算、对生态危机的社会意识和当今社会政治的风险性质。① 乌尔里希·贝克的《风险社会：通向一种新的现代化》（1986）、吉登斯的《现代性后果》（1990）、尼格拉斯·卢曼的《风险：一个社会学理论》（1993）、玛丽·道格拉斯与维达夫斯基的《风险与文化：技术与环境危险文选》（1982）是当今西方风险社会理论研究的代表性论著。在乌尔里希·贝克首次使用"风险社会"的概念并提出风险社会理论之后，不同学派的学者基于各自的研究视角，分别提出风险社会理论，现代性社会风险理论，系统风险社会学、风险文化理论等，深入论述了风险社会这一理论的概念、内涵、本质、特征、结构、类型、文化及其与现代社会发展之间的关系，使"风险社会"理论得以系统性地构建与完善。

在国内，学者们基于各自独特的研究视角，也对风险及风险社会理论的内涵、外延、本质、特征、规律，启示及本土化等问题进行了系统的梳理和辩证的剖析。童星、张海波的《中国转型期的社会风险及识别：理论探讨与经验研究》（2007）、庄友刚的《跨越风险社会》（2008）、曾家华的《风险与发展》（2007）、杨雪冬的《风险社会与秩序重建》（2006）、刘岩的《风险社会理论新探》（2008）、刘莹的《贝克"风险社会"理论及其对当代中国的启示》（2008）、薛晓源的《全球化与风险社会》（2005）等在综合运用学科交叉研究方法的同时，对风险社会理论予以多角度的解读与批判，并致力于构建具有中国特色的风险理论体系。在应用研究领域，以丁元竹（《中国 2010 年：风险与规避》2005）、蔡定剑（《公众参与：风险社会的制度建设》2009）、陈秋玲（《社会风险预警研究》2010）、卢林（《制度转型及风险管理》2010）为代表的学者将研究聚焦于中国社会具体的风险环境，通过对风险社会理论的本土化借鉴，提出针对中国风险环境的制度建设、体制转型、风险预警、规避、管理、控制等方面的应对策略。

具体到风险与大众媒介的相关研究领域，西方学者们大多从政治学、新闻学、法学、药学、环境学、医学、传播学、经济学、文化学、社会学、心理学等不同角度切入，将媒介作为一个整体来研究其与风险社会之

---

① 参见［英］安东尼·吉登斯：《现代性的后果》，田禾译，黄平校，译林出版社 2000 年版，第 75 页。

间的关系。以《媒介、风险与科学》(*Media，Risk and Science*)、《风险社会，媒体，与权力：以纳米技术为例》(*Risk Society，Media，and Power：The Case of Nanotechnology*)、《纳米技术，风险和沟通》(*Nanotechnology，Risk and Communication*)、《环境风险和媒介》(*Environmental Risks and the Media*)、《风险，媒体对现代科技不当理解的公开挑战》(*Risk，Media，and Stigma Understanding Public Challenges to Modern Science and Technology*)、《食品与健康：大众传播媒介与社会生产风险》(*Food and Health：the Mass Media and the Social Production of Risk*)为代表的研究对风险社会与大众传播媒介进行了立体式的多维解读，探究了媒介风险预警、风险传播、风险沟通、风险放大及风险规避中的特点、功能、效果及影响。

与西方学者较为宏观的媒介研究有所不同，国内学者基于风险社会理论的视角剖析了电视传播领域中存在的具体问题：一是对重大突发公共事件中广播电视舆论引导的机制、理念、路径和方式等（曾婕、石长顺、黄正谋，2010），提出了极具针对性的引导策略。二是对危机管理中电视媒体的传播模式、传播方法、传播技巧对于危机中受众心理的影响和效果进行研究（黄鸣刚，2011）。三是对突发事件中电视媒体的责任（张君昌）、话语（石长顺）、效果（周小普）、技术手段（高晓红）、功能（雷蔚真）等进行了多角度的阐释，梳理了我国电视媒体在具体突发事件中的表现及影响，并为其今后更有效参与突发事件提供了诸多可资借鉴的理论依据。

作为现代化社会发展的一种过渡状态，风险社会的出现和存在并非是偶然的、局部的，它以风险的不确定性为特征，广泛地渗入到现代化国家社会发展的历史进程中。在全球化的风险背景下，处于转型期的中国社会不仅呈现出一般社会发展的风险特征，还表现出了在既定体制和制度之下的特色风险环境。其中，值得注意的是，风险是与危机、灾难不同的概念，风险是指发生对组织不利事件的可能性，是导致危机发生的前提，危机是风险的显性化，而灾难则是危机发生后的结果，三者之间虽有内在的必然联系，但内在逻辑和涵义却截然不同。在风险孕育的社会转型期，作为最高效、最具影响力的大众传媒之一，电视媒体在风险社会中的传播理念与实践有着极为重要、且不可替代的地位和意义。电视媒体在对风险的预警、传播、防范、协调、控制以及文化传衍等方面都在不断地追求创新，与此同时，中国电视媒体在风险社会中的传播理念与实践，也成为其自我发展与完善的直接推动力和创新力。

乌尔里希·贝克认为，与风险社会发展相伴随的是那些因风险受折磨的人和那些得益于风险的人之间的敌对。知识在社会和经济上的重要性类似地增长着，随之而来的是控制媒体塑造知识（科学研究）和传播知识（大众媒体）的权力。在这种意义上，风险社会同时也是科学社会、媒体社会和信息社会。① 由此可见，风险社会与媒体有着天然的联系，处在现代转型与高速发展的中国社会，不仅风险的数量多，而且具有复合多元的性质，在此背景下，对中国电视新闻的风险传播进行研究，不仅具有深刻的理论意义，更对实践有着积极的指导和促进作用。基于这一宏观的社会现实背景，本书以"风险社会"为研究视阈，系统全面地对中国电视新闻的风险传播进行了理论与实证的研究，在以中国电视新闻的风险传播理念与实践为核心研究问题的基础上，考察了中国电视媒体在风险传播过程中的响应机制与应对策略，旨在为中国电视新闻的可持续发展以及中国社会主义和谐社会的构建作出有益的探索。

在具体的理论研究中，本书借用了乌尔里希·贝克"风险社会"理论概念中具有普适意义的核心观点，目的是利用其理论的反思性和前瞻性来对中国电视新闻在风险传播中的理念与实践进行本土化的解读和研究。然而，受制于有限的时间、学识和精力，本书选择了以点带面的方式——以社会影响力较大的风险传播案例为研究焦点，以常态的风险传播状态为补充来展开研究。本书从中国电视媒体的风险善治与响应传播出发，剖析了转型风险期中国电视新闻的角色、身份、功能及其价值，并通过对个案的深入剖析，宏观地考察了中国电视新闻在风险传播过程中的风险呈现与遮蔽、风险再生与放大、风险告知与预警、风险沟通与协调、风险平衡与控制以及风险文化的建构与传衍等多种表现，进而构建出风险社会视阈下中国电视媒体之于风险传播的理论框架。

---

① 参见［英］安东尼·吉登斯:《现代性的后果》，田禾译，黄平校，译林出版社 2000 年版，第 52 页。

第一章
风险社会与转型期中国的风险环境

　　"风险社会"是德国社会学家乌尔里希·贝克在其专著《风险社会》中首次正式提出的,作为一个西方社会学领域的概念性理论,"风险社会"的提出背景和适用范围都有着其与生俱来的特殊性。对于身处转型期的中国社会而言,风险社会理论所阐释的内涵并非完全符合中国的具体国情,甚至还有矛盾和相反的情形出现。因此,借用风险社会理论中适用的、普遍的观点来分析转型期中国的风险环境,即是本书最重要的理论立足点。

第一节　风险与风险社会

　　乌尔里希·贝克的《风险社会》德文版于 1986 年正式出版,该著作不仅富有创见地对当前的社会现状进行了深入的思考,更重要的在于为生活在现代化社会中的人类提供了一个反思自我,预知未来的视角。风险社会理论自问世以来,便一直受到各国研究者的关注和讨论,其中也不乏争论和质疑,但毋庸置疑的是,在现代社会中,风险无处不在,我们已身处一个以风险为特征的现代化社会中。尤其是进入 21 世纪以来,各国频繁发生的地震、海啸、干旱、雪灾、疾病、核辐射、恐怖事件以及残酷的战争等,无一例外地在时时刻刻警醒我们:以全球化、文明化、现代化为特征的风险社会就在身边。

一、风险的概念及其本质属性

风险（Risk）一词是在 16、17 世纪由早期西方探险家们首先使用并发展起来的，意指在危险的水域中航行。① 有人认为来自阿拉伯语，有人认为来源于西班牙语或拉丁语，但目前有关此词较为权威的考证是来源于法语"Risque"，并把其作为航海术语，借用来指在深海上运行的货船由于遇到风暴等自然灾害而所具有的危险性或触礁现象等。而法语"Risque"又是源自意大利语的"Risicare"一词，意思是胆敢；而意大利语的"Risicare"又是源自希腊语"Risk"。在早期的运用中，也是被理解为客观的危险，体现为自然现象或者航海遇到礁石、风暴等事件。大约到了 17 世纪，"风险"这个词才得以变为英语，② 但也常常用法语拼写，主要是用于与保险有关的事情上。在中国，商务印书馆 1978 年《四角号码新词典》与中国社会科学院语言学研究所《现代汉语词典》的注释类似，即"可能发生的危险"，《新华词典》1985 年版"指难以预料的不平常的危险"，而在 1981 年修订版的《辞源》及 1989 年版的《辞海》中均无"风险"词条。在 2002 年版《现代汉语辞海》中，"风险"被解释为难以预料的危险。③

随着社会的不断发展，现代意义上的"风险"一词，已经大大超越了"可能遇到的危险"的狭义含义，更多的包含了"可能遇到破坏或损失的机会或危险"的释义。"风险"一词在 200 多年的历史发展进程中，受到人类活动复杂性和深刻性的影响而逐步被概念化，并被赋予了从哲学、经济学、社会学、统计学甚至文化艺术领域的更广泛更深层次的含义，且与人类的决策和行为后果之间的联系越来越紧密。近些年来，"风险"一词已经逐渐融入到人们的日常生活中，并成为出现频率和关注度很高的词汇，其基本的核心含义是指"未来结果的不确定性或损失"。由此可见，"风险"的本质并非在于它的即时发生，而在于它即将或可能发生。在特定的时间和空间内，"风险"是一种客观存在的导致损失的可能性，其在某种意义和程度上是具有可控性的。

---

① 参见［英］大卫·丹尼：《风险与社会》，马缨等译，北京出版社 2009 年版，第 7 页。

② 参见［英］安东尼·吉登斯：《现代性的后果》，田禾译，黄平校，译林出版社 2000 年版，第 27 页。

③ 参见《现代汉语辞海》编委会：《现代汉语辞海》，光明日报出版社 2002 年版，第 322 页。

　　一些西方学者从不同的角度和各自的研究领域出发，对"风险"的概念做出了不同的解释。德国社会学家乌尔里希·贝克提出，"风险的概念是一个现代的概念，它需要有各种决策和各种尝试，以使得公民决策的各种不可预测的结果能够被预测并且能够被控制。"① 英国社会学家安东尼·吉登斯（Anthony Giddens）认为："风险概念看来最初是在两个背景下出现的：它源于探险家们前往前未所知的地区的时候，还源于早期重商主义资本家们的活动。"② 以玛丽·道格拉斯（Mary Douglas）和威尔德韦斯（Wildavsky, A.）为代表的人类学家和文化学家，将"风险"定义为一个群体对危险的认知。他们认为，"风险"是社会产物或集体建构物，它在社会结构中的主要功能即是用于辨别群体所处环境的危险性。在当代社会，"风险"本身并未增加，而是由于人们对于"风险"的认知度逐渐提高，因此被感知或被意识到的"风险"加剧了。德国社会学家尼克拉斯·卢曼认为，风险概念的产生是近期才出现的，"把风险从危机中分离出来的可能性必然源于现代性之社会特征。从本质上说，它产生于人们对以下事实的认识：大多数影响着人类活动的突发性事件都是由人为造成的，而不是由上帝或大自然所造成的"③。

　　而于 1986 年提出"风险"概念的德国社会学家乌尔里希·贝克则指出："风险是个指明自然终结和传统终结的概念。或者换句话说，在自然和传统失去他们的无限效力并依赖于人的决定的地方，才谈得上风险。风险概念表明人们创造了一种文明，以便使自己的决定将会造成的不可预见的后果具备可预见性，从而控制不可控制的，通过有意采取的预防性行为以及相应的制度化的措施战胜种种（发展所带来的）副作用。"④ 此外，乌尔里希·贝克还指出风险的概念意味着：

---

① 薛晓源、周战超主编：《全球化与风险社会》，社会科学文献出版社 2005 年版，第 381 页。
② [英] 安东尼·吉登斯：《现代性——吉登斯访谈》，尹宏毅译，新华出版社 2000 年版，第 75 页。
③ [英] 安东尼·吉登斯：《现代性的后果》，田禾译，黄平校，译林出版社 2000 年版，第 28 页。
④ [德] 乌尔里希·贝克：《自由与资本主义》，路国林译，浙江人民出版社 2001 年版，第 119 页。

第一，既非毁灭亦非信任／安全，而是一种真实的虚拟；

第二，是一种有威胁性的未来，（仍然）与事实相反，成为影响当前行为的参数；

第三，既是事实陈述，也是价值陈述，它在数字化道德中得以结合；

第四，控制与失控，正如在人为制造的不确定性中所表现的那样；

第五，在认识（再认识）冲突中所意识到的知识和无意识；

第六，全球和本土被同时重组为风险的"全球性"；

第七，知识、潜在影响和症候后果之间的区别；

第八，一个人造的，失去了自然和文化二元论的混合世界。①

通过对风险概念的综合梳理，我们可以把风险定义为：个人和群体在未来遇到的伤害的可能性以及对这种可能性的判断与认知。② 国内学者杨雪冬具体分析了风险的五个基本特征：第一，风险是客观存在和主观认知的结合体。第二，风险有双重来源，即引发风险的因素可以是"上帝的行为"也可以是"人为的错误"。第三，风险是积极结果和消极结果的结合体，风险既可以被理解为机会、机遇，也可以被理解为危险和不确定性。第四，风险具有可计算性和不可计算性，且两者之间是相对的。第五，风险具有时间和空间维度，也就是风险是一个将来事态的名词，是未来指向并在空间上不断扩展的。③

作为一种主客观认知的结合体，风险是由客观实在的事物不确定性和面对事物的主体所感知的不确定性共同引发的。因为，即便是客观上由事物性质决定而存在着不确定性引起的风险，只要面对它的人类决策者并没有感知到，那也不成其为对决策者而言的风险，只能是一种作为客观实在的风险。④ 从哲学的视角对风险的二重属性进行考察，不难发现，无论

---

① 参见［德］乌尔里希·贝克、［英］芭芭拉·亚当：《再谈风险社会：理论、政治与研究计划》，载［英］芭芭拉·亚当、［德］乌尔里希·贝克、［英］约斯特·房·龙编著：《风险社会及其超越：社会理论的关键议题》，赵延东等译，北京出版社 2005 年版，第221—228 页。

② 参见杨雪冬：《风险社会与秩序重建》，社会科学文献出版社 2006 年版，第 16 页。

③ 参见杨雪冬：《风险社会与秩序重建》，社会科学文献出版社 2006 年版，第 16—19 页。

④ 参见刘霞：《风险决策：过程、心理与文化》，经济科学出版社 1998 年版，第 3 页。

是自然风险还是社会风险都是实践过程中的风险，与人的实践活动相联系。倘若脱离了人的实践目的与利益，那所谓的自然风险将无法构成对人类生产生活实践的影响，其也就不具备风险的意义了。此外，任何风险都是在与人类的互动实践中发展变化的，实践具有创新性特征，任何创新都意味着风险，"创新"与"风险"共生。一方面风险是激发创新的重要因素；另一方面创新又是导致风险的重要原因，创造着新的风险。[①] 综上所述，风险是与人类历史发展进程伴随而生的，它演绎着人类社会实践的历史，同时也影响着人类的社会发展。

二、风险、危机与灾难

"风险"伴随着人类的诞生而出现，我国夏朝后期就有了"天有四殃，水旱饥荒，其至无时，非务积聚，何以备之"的描述。根据历史资料记载，人们对于风险的普遍性早就有了朴素认识。例如：约公元前1700年开始，我国长江从事货物水运的商人们将一批货物分装在几条船上；约在公元前2800年，古埃及平民中开始盛行互助基金组织；公元前916年，《罗蒂安海商法》确定了共同海损制度。[②] 由此可见，风险这个概念的诞生是随着人们意识到这一点而产生的，即未能预期的后果可能恰恰是我们自己的行动和决定造成的，而不是大自然所表现出来的神意，也不是不可言喻的上帝的意图。"风险"在很大程度上取代了过去人们对于"幸运"（命或命运）的想法，并且与宇宙决定论相分离。[③] 与"风险"相近的"危机"，在概念上也具有不确定性，不同的是，"危机"一词并非舶来品，而是最早见于《晋书·诸葛长民传》，有"富贵必履危机"之句。《汉语大词典》中对"危机"的解释是："潜伏的祸害或危险"，三国时魏国吕安在《与稽茂齐书》中记载："长空风波潜骇，危机密发"，或指严重困难的关头。[④]

---

① 参见庄友刚：《跨越风险社会——风险社会的历史唯物主义研究》，人民出版社 2008 年版，第 2 页。

② 参见范道津、陈伟珂：《风险管理理论与工具》，天津大学出版社 2010 年版，第 1 页。

③ 参见 [英] 安东尼·吉登斯：《现代性的后果》，田禾译，黄平校，译林出版社 2000 年版，第 27 页。

④ 参见《汉语大词典》，汉语大词典出版社 1998 年版，第 644 页。

在诸多有关"危机"的学术研究中，美国著名学者乌里尔·罗森塔尔和劳伦斯·巴顿的定义被广泛引用。美国著名学者乌里尔·罗森塔尔认为，"危机"是"对一个社会系统的基本价值和行为准则构架产生重要威胁，并在时间压力和不确定性极高的情况下必须对其做出关键决策的事件"。此外，劳伦斯·巴顿也认为，"危机"是"一个会引起潜在负面影响的具有不确定性的大事件，这种事件及其后果可能对组织或员工、产品、服务、资产和声誉造成巨大的损失"①。早在春秋战国时期，中国古人即对风险与危机的关系有着深入的思考，《左传·襄公三十一年》："居安思危，思则有备，有备无患，敢以此规"，即是指处在安定的环境中要想到可能产生的危难祸害的情况。"危机"与"风险"关系密切，但在概念上却又不尽相同，它们分属于不同的学术话语体系：如图 1-1-1 所示②：

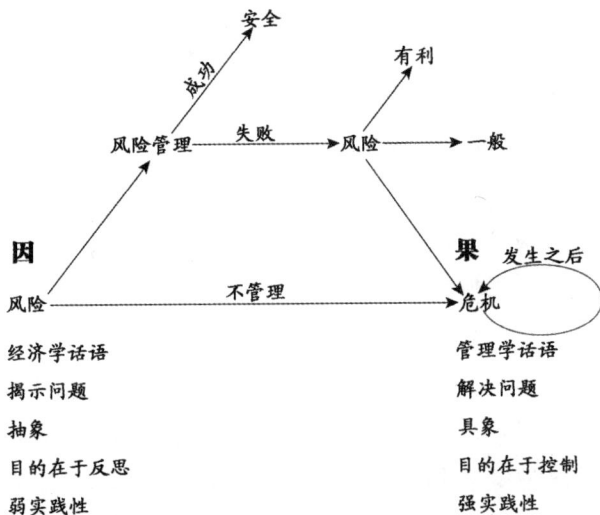

图 1-1-1：风险与危机的关系

由上图可知，风险的客观存在是导致危机发生的前提和诱因，危机是风险的显性化表现。然而，并非所有的风险都会引发危机，只有当风险的发展趋向于不利，或是未被意识，抑或是未能得到有效的控制和解决，

---

① ［美］罗伯特·希斯：《危机管理》，王成等译，中信出版社 2004 年版，第 13 页。
② 参见童星、张海波：《中国转型期的社会风险及识别——理论探讨与经验研究》，南京大学出版社 2007 年版，第 20 页。

其所造成的危害达到一定程度，并对主体造成影响和威胁时，风险才会演变为危机。美国危机管理学者巴顿认为："那些能够预防的危机，都只能称之为问题，只有那些无法预知的、被忽视的，且具有颠覆力的意外事故，才能算得上真正的危机。"① 风险和危机是两种随时活动的状态，风险是并未起效和实现的危机，而危机则是一种确定性的风险，在一定的条件下，前者可以转化为后者，并成为一个系统内的发展过程。"危机是风险中的一种，风险包括危机，也就是说，所有的危机事件都是风险事件，但风险事件不一定是危机事件。"②

就二者的影响效果来讲，风险虽然包含更多的不利倾向，但其中的积极因素却是不容忽略的，风险的结果或好或坏，是危险与机遇并存的统一体。但危机却只有坏的结果，若是在危机发生之后进行有效的控制和管理，其结果可能逐步趋于好转，但已产生的灾害和破坏是不可避免的。风险通过有效及时的管理，其结果即可倾向于安全或有利，相反，若风险被忽略或未能得到成功的管理，其将转化为危机，并趋于向不利的方面发展。风险的不确定性决定了它的未知状态，而危机的动态则表现为既有的坏结果和可能更坏的发展方向，即有可能恶化为灾难。正如乌尔里希·贝克所言，风险本身并不是"危险"或"灾难"，而是一种危险和灾难的可能性。当人类试图控制自然和传统，并试图控制由此产生的种种难以预料的结果时，人类就面临着越来越多的风险。③

"风险"最初是作为保险学和经济学的重要概念，但随着人类实践活动的不断深入，"风险"的含义也日趋丰富，并逐渐渗入到社会政治学的话语体系中，这种变化具体体现在横向和纵向两个维度上。首先，由"风险"到"危机"的转变，实现了经济学概念到管理学概念的转变，由"风险社会"到"公共危机"的转变，实现了社会政治概念到公共管理学概念的转变。这种横向的过渡在本质上意味着更强的实践性和现实关怀。其

---

① ［美］劳伦斯·巴顿：《组织危机管理》，符彩霞译，清华大学出版社 2002 年版，第 3 页。

② 刘长敏：《危机应对的全球视角——各国危机应对机制与实践比较研究》，中国政法大学出版社 2004 年版，第 13 页。

③ 参见［德］乌尔里希·贝克，［德］约翰内斯·威尔姆斯：《自由与资本主义——与著名社会学家乌尔里希·贝克对话》，路国林译，浙江人民出版社 2001 年版，第 138 页。

次，由"风险"到"风险社会"的转变实现了经济学话语向社会政治学话语的转变；由"危机"到"公共危机"实现了管理学话语向公共管理学话语的转变。这种纵向的提升在本质上意味着私人话语向公共话语的转变。因此，可以这么说，危机是风险的实践性后果，公共危机则是风险社会的实践性后果。① 因此，从学科概念的角度来分析"风险""危机"与"灾难"之间的关系，不难发现，"风险"常常被纳入经济保险学等学科领域，"风险""危机"侧重于公共管理学的学科范畴，而"灾难"更多的隶属于自然科学的研究领域。

人类自从诞生之日起，便对大自然有着本能的畏惧和警惕，所谓的"风险认知"即是人类在与各种"风险""危机"和"灾难"的互动过程中逐渐产生并积累起来的。"灾难"即灾祸造成的苦难，其与"风险"和"危机"相比，在影响程度和覆盖范围上都有着自身的特点。首先，引起"灾难"的原因既可以是自然的，也可以是人为的；其次，在影响程度方面，"灾难"所带来的影响在程度上更深入，性质上更恶劣，同时还往往具备时间的突发性等特点。对"灾难"进行探讨的动力来源在于对其进行治理和解决，强调"即时的行动"；对"危机"而言，"有效的管理和长期的防范意识"是对其研究的根本价值所在，更突出"宏观和持续性的对策"；而"风险"的提出，则是更多的出于对"现代性的反思"，不注重解决方案的探讨，是一种哲学高度的自我反思。吉登斯认为："风险这个概念与可能性和不确定性概念是分不开的。当某种结果是百分之百的确定时，我们不能说这个人在冒风险。""换言之，风险取决于决策，这意味着危险的来源不再是无知而是知识；不再是因为对自然缺乏控制而是控制得太完善了；不是那些脱离了人的把握的东西，而是工业时代建立起来的规范和体系。"②

通过上述对"风险""危机"与"灾难"的分析不难看出，在非学术的话语体系中，"风险""危机"与"灾难"，在某种程度上可以相互替换，

---

① 参见童星、张海波：《中国转型期的社会风险及识别——理论探讨与经验研究》，南京大学出版社 2007 年版，第 22 页。

② Ulrich Beck, *Risk Society：Toward a New Modernity*，London：Sage Publications，1992，p.183.

总体上不影响所指内容，但在学术的系统研究中，三者之间是有着本质区别的。正如乌尔里希·贝克所言，风险本身并不是"危险"或"灾难"，而是一种危险和灾难的可能性。当人类试图控制自然和传统，并试图控制由此产生的种种难以预料的结果时，人类就面临着越来越多的风险。[①] 吉登斯认为，在创建有活力的经济和创新型社会中，主动承担风险是一个不可或缺的核心元素。而风险，除了被认为与危险相关之外，也被视为全球资本发展的推动力、进步的积极力量，以及参与基于技术的全球化时代的前提。从这个立场出发，有些人声称西方社会过去的发展基于风险之上。[②] 本书之所以立足于"风险"的概念视阈，即是基于对现代化人类社会发展的反思，旨在通过"风险社会"的研究视角来解读中国社会的某些现象和趋势。

三、风险社会及其主要理论

1986 年，乌尔里希·贝克出版了德文版的《风险社会：通向一种新的现代化》，该书第一次提出了"风险社会"（Risk Society）的概念，并在随后发表的《风险时代的生态政治学》《全球风险社会》等著作中详细地对其理论进行了补充和阐释。当时，"风险社会"理论的提出并未产生强烈的反响，直至 1992 年，德文版的《风险社会》被英国学者译成英文后，"风险社会"作为一个概念和理论才被更多的西方学者以及公众所接受。在"风险社会"理论被提出的同时，切尔诺贝利核电站由于人为因素发生爆炸，酿成世界性大灾难，为乌尔里希·贝克的风险社会理论提供了有力的佐证，随后疯牛病危机的爆发与全球性蔓延，使风险社会理论逐渐成为西方学者研究的焦点，直至"9·11"事件发生后，风险社会理论更是成为了西方的显学之一。

在《风险社会》一书中，乌尔里希·贝克认为风险社会的概念表达了一种理论和历史意义，风险并不是现代性的发明，在较早阶段，"风险"

---

① 参见［德］乌尔里希·贝克、［德］约翰内斯·威尔姆斯：《自由与资本主义——与著名社会学家乌尔里希·贝克对话》，路国林译，浙江人民出版社 2001 年版，第 138 页。

② 参见［英］大卫·丹尼：《风险与社会》，马缨、王嵩、陆群峰译，北京出版社 2009 年版，第 7 页。

这个词有勇敢和冒险的意思，而不意味着地球上所有生命自我毁灭这样的威胁。但在今天，文明的风险一般是不被感知的，它们是现代化的风险，是工业化的一种大规模的产品，而且系统地随着它的全球化而加剧。① 风险的概念直接与反思性现代化的概念相关。风险可以被界定为系统地处理现代化自身引致的危险和不安全感的方式。风险，与早期的危险相对，是与现代化的威胁力量以及现代化引致的怀疑的全球化相关的一些后果。它们在政治上是反思性的。② 具体来说，风险是个指明自然终结和传统终结的概念。或换句话说：在自然和传统失去它们的无限效力并依赖于人的决定的地方，才谈得上风险。风险概念表明人们创造了一种文明，以便使自己的决定将会造成的不可预见的后果具备可预见性，从而控制不可控制的事情，通过有意采取的预防性行动以及相应的制度化的措施战胜种种（发展带来的）副作用。③ 在乌尔里希·贝克的风险理论中，现代风险的本质与传统的自然风险有天壤之别，现代风险是对现代化的一种自反性(Reflexive)认识，主要是由人为因素与科技文明衍生而来。

乌尔里希·贝克在《风险社会》中写道："现代性正从古典工业社会的轮廓中脱颖而出，正在形成一种崭新的形式——（工业的）'风险社会'。其书的论点是：我们正在见证的不是现代性的终结，而是现代性的开端——这是一种超越了古典工业设计的现代性。"④ 风险社会，在乌尔里希·贝克看来即是对后现代社会的诠释，人类面临着威胁其生存的由社会所制造的风险。我们身处其中的社会充斥着组织化不负责任的态度，尤其令人不安的是，风险的制造者以风险牺牲品为代价来保护自己的利益，其不仅卷入了风险制造，而且参与了对风险真相的遮盖。"风险社会"理论的提出，旨在对当前的现代化进行反思，在洞察现代性理性困境的基础上，试图以理性的精神来治疗这种困境。

乌尔里希·贝克是最早较为完整地阐述了"风险社会"理论的学

① 参见 [德] 乌尔里希·贝克：《风险社会》，何博闻译，译林出版社 2004 年版，第 18 页。

② 参见 [德] 乌尔里希·贝克：《风险社会》，何博闻译，译林出版社 2004 年版，第 19 页。

③ 参见 [德] 乌尔里希·贝克：《自由与资本主义》，路国林译，浙江人民出版社 2001 年版，第 119 页。

④ [德] 乌尔里希·贝克：《风险社会》，何博闻译，译林出版社 2004 年版，第 3 页。

者，在他之后，安东尼·吉登斯（Anthony Giddens）、尼格拉斯·卢曼（Niklas Luhmann）、玛丽·道格拉斯（Mary Douglas）和斯科特·拉什（Schott Lash）等西方一些社会学家分别从各自研究的立场和视角出发，对现代社会中的风险问题做出了回应。以安东尼·吉登斯为代表的现代性社会风险理论，在吉登斯庞大的现代性理论体系中并不具有独立性，而是作为其从社会理论视角研究现代性问题的一个"副产品"。因此，对"吉登斯风险社会理论"进行研究必须结合其提出的反思现代化（Reflexive Modernization）理论以及结构化理论（Structuration Theory）。英国社会学家尼格尔·多德在评论吉登斯的反思现代化理论时指出，吉登斯在研究现代性问题时力求找到一种"既远离后现代性又远离古典现代性"的方案，即"反思现代化"的方案。而所谓"反思现代化"，即"创造性地（自我）毁灭真正一个时代——工业社会时代——的可能性"。吉登斯的风险理论是裹挟在反思现代化理论中的，他对"风险"的关注并不在风险本身，而是服务于其经由反思现代化的进路试图超越"高度现代性"的智识努力的。

吉登斯在阐述其社会理论和全球化问题时就多处论及现代社会的"风险"问题。随着西方现代社会的演进，风险概念也逐渐从最初对地理空间的探索转移到对时间的探索。这种以时间序列为依据做出估计的风险，吉登斯称之为"外部风险"。它指的是：在一定条件下某种自然现象、生理现象或社会现象是否发生及其对人类的社会财富和生命安全是否造成损失和损失程度的客观不确定性。① 而随着人类自身知识能力的增强，科学技术的进步，信息量的扩大，一种新的风险形式出现了，吉登斯把它称为是"人力制造出来的风险"或简称"人造风险"，它是人们以往并没有体验到的，也是无法依据传统的时间序列做出估计的。吉登斯认为："我们所面对的最令人不安的威胁是那种'人造风险'，它们来源于科学与技术的不受限制的推进。科学理应使世界的可预测性增强，但与此同时，科学已造成新的不确定性——其中许多具有全球性，对这些捉摸不定的因

---

① 参见［英］安东尼·吉登斯：《现代性的后果》，田禾译，黄平校，译林出版社 2000 年版，第 109—110 页。

素，我们基本上无法用以往的经验来消除。"①

西方学者一般是把这种风险的含义概括为三个层面，即技术学上的风险计算、对生态危机的社会意识和当今社会政治的风险性质。② 而吉登斯的风险理论是结构化理论在现代性和全球化论题上的逻辑推演。在吉登斯看来，现代性带来的风险其实是人的能动行为的局限性带来的"未预期后果"，其风险理论的特点是同时考虑了时空要素和制度性维度，并将"本体性安全"作为其风险理论的心理学原点。吉登斯认为，在现代社会中不仅"风险强度"空前加剧了，而且"风险环境"也空前扩张了，在此基础上，吉登斯从两个方面归纳出七种不同类型的风险。一方面，从风险的客观分布状况的改变来看，表现为"高强度意义上风险的全球化"，"突发事件不断增长意义上的风险的全球化"，"来自人化环境或社会化自然的风险"，"影响着千百万人生活机会的制度化风险环境的发展"。另一方面，从风险的经验或对风险观念的理解的改变来看，又表现为"风险意识本身作为风险"，"分布趋于均匀的风险意识"，"对专业知识局限性的意识"。③

被称为自韦伯以来最有创见的德国社会学家尼格拉斯·卢曼于1993年出版专著《风险：一个社会学理论》，在此书中，卢曼以"风险"这一社会学论题为切入点，运用其"复杂的自我塑成系统理论"来分析具体的风险社会现象。卢曼认为，如果把风险看作是现代社会运行机制的一个基本特质的话，那么，真正社会学意义上的反思是应把注意力转向"决定风险运行的结构性因素"而不是风险运行本身，卢曼认为"风险"是由高技术及其决策（计划）的累积效应引发的，是计划的复杂性产生新型的不安全，这种计划含有很高程度的技术上显著的不确定性。与乌尔里希·贝克、吉登斯以具体的社会变迁为分析对象，试图找出现代社会的核心特征相比，卢曼则是从现代社会的结构和内在机制来阐释和反思风险，其认为

---

① 参见 [英] 安东尼·吉登斯：《现代性的后果》，田禾译，黄平校，译林出版社2000年版，第115页。

② 参见 [英] 安东尼·吉登斯：《现代性的后果》，田禾译，黄平校，译林出版社2000年版，第75页。

③ 参见 [英] 安东尼·吉登斯：《现代性的后果》，田禾译，黄平校，译林出版社2000年版，第194页。

现代社会的分工形式和自我塑成系统中的种种决策是风险问题产生的根源，而复杂性、偶然性、不可知性和不确定性已经或即将成为现代社会的常态。

作为风险系统社会学的提出者，卢曼认为风险是一种认知或理解的形式，强调风险并非一直伴随着各种文化，而是在具有崭新特征的 20 世纪晚期由于全新问题的出现而产生的，在他看来，风险是具有时间规定性的概念。"卢曼把风险看作是结合时间的一种形式。很明显，他不只是把它作为一个客体、真实的事情或一个事实，它是一种感觉或理解的形式，或者是他所谓的'偶然性模式'。因为事件和损失都是时间上的偶然性而不是事实，某些事情在未来可能会发生。这种形式的理解和感受会使人们以观察和解释问题的方法来进行区分，有些可以看作风险，有些则可以看作是危险。"[①] 在他看来，我们无从消除风险并把风险转化为安全，因为任何试图获得安全的决策本身又会导致新的风险。在对风险的研究中，卢曼坚持系统的自主性和封闭性的同时，亦坚持符码的多元性和不可替代性，描述了风险的语义学、风险问题在各个系统中的表现以及各个系统如何去沟通生态问题。

作为第一位研究风险问题的社会学家，玛丽·道格拉斯从文化理论的视角率先解释了公众不断增强的风险意识和关注科技风险的新现象。1982 年玛丽·道格拉斯（Douglas，M.）与威尔德韦斯（Wildavsky，A.）共同出版了专著《风险与文化：技术与环境危险文选》。玛丽·道格拉斯和威尔德韦斯认为，在当代社会，风险实际上并没有增加，也没有加剧，相反仅仅是被察觉、被意识到的风险增多和加剧了。他们宣称，虽然事实上科学技术迅猛发展带来的副作用和负面效应所酿成的风险可能已经有所降低，人们之所以感觉风险多了，是因为他们认知程度提高了。他们从文化的角度解读了三类风险，即社会政治风险、经济风险和自然风险。自然风险包括对自然和社会所构成的生态威胁和科学技术迅猛发展带来的副作用和负面效应所酿成的风险。《风险与文化》一书将社会结构的变革和变迁分别归结为三种风险文化所酿成的结果，即倾向于把社会政治风险视为

---

① 薛晓源、周战超主编：《全球化与风险社会》，社会科学文献出版社 2005 年版，第 33 页。

最大风险的等级制度主义文化，倾向于把经济风险视为最大风险的市场个人主义文化和倾向于把自然风险视为最大风险的社会群落之边缘文化。其中，道格拉斯和威尔德韦斯集中讨论了第三种文化类型，并认定正是第三种文化类型导致了社会结构走向混乱不堪的无组织状态。至此，道格拉斯和威尔德韦斯开辟了从认知角度对风险进行分类的研究领域，其所指称的风险文化即是强调制造、扩散风险的文化特质。

与道格拉斯和威尔德韦斯的研究不同，英国学者斯科特·拉什则认为风险文化是对风险社会的自省与反思，他反而强调规避、对抗风险的文化特质。他认为，社会结构的变革和变迁，或者说主要是经济领域的变化，为风险文化的上升趋势构筑了基础。不确定的和已经被察觉和认知的风险，与道格拉斯和威尔德韦斯所承认的风险相比，显得更普遍。我们不能仅仅从第三类风险即自然风险的意义上来评判我们所面临的风险大大增加了，而且还要从社会结构面临风险的意义上看，从个人主义消涨的意义上看，从国家所面临的威胁的意义上看，我们所面临的风险都大大增加了。拉什的结论是，当今时代正是风险文化可能出现的时代，风险文化将会成为取代"制度性社会的一种实际形式，风险文化将渗透蔓延到所有的不确定领域，而这些不确定领域以前从传统的规范和秩序来说是确定的，只是在传统社会向现代化社会转型后的高度现代化的社会中才成为会给人类生存带来风险的不确定领域"。在《风险社会与风险文化》一文的结束部分，拉什宣称：我们也许就要向风险社会说再见了，风险社会的时代终将过去，而且风险社会现在可以说正在走向衰落。在风险社会之后，我们将要迎来的是风险文化的时代。① 从以上对于风险文化的学术争鸣中，不难发现，风险意识与风险文化具有双重属性，即制造风险与规避风险，二者看似矛盾，实则却有着内在不可分割的联系。

通过对西方"风险社会"理论研究的综合梳理，不难发现，诸多风险研究者对"风险社会"的认识和理解虽略有不同，但却存在着本质上的认同一致，即"风险社会"是对现代化人类社会的反思。"核战争的可能

---

① 参见［英］斯科特·拉什：《风险社会与风险文化》，王武龙译，《马克思主义与现实》2002年第4期。

性，生态灾难不可遏制的人口爆炸，全球经济交流的崩溃以及其他潜在的全球性灾难，为我们每个人都勾画出了风险社会的一幅令人不安的危险前景。"① 对此，拉什也认为，"伴随风险文化时代而来的也许是人类许许多多的惶恐和战栗，并且不再有小规模的恐惧和焦虑。"② 由此可见，随着现代化进程的深入，"风险社会"不再局限于某个国家或某个民族的研究视阈，而逐渐成为了全人类共同面对的议题，因此，从"风险社会"理论出发，研究当前转型期中国的风险环境，具有极强理论和现实意义。

四、风险社会中的风险特征及类型

2011 年 3 月 12 日，发生在日本的 9.0 级大地震，让全世界都为之震惊，地震所引发的海啸以及核泄漏等次生灾害，更是让生活在现代社会的人类深切地感受到，"风险社会"不是即将来临，而是我们早已身处其中。乌尔里希·贝克在对风险的范畴进行研究时，提出了风险的三个阶段，分别是前工业社会的风险、古典工业社会的风险和人为大规模的"后工业时代"的风险。所谓"后工业时代"的风险社会，即是乌尔里希·贝克所关注和研究的"风险社会"中的"风险"。与前两者不同的是，"后工业时代"的"风险"，在本质属性、表现形式、产生原因和影响范围上已经发生了革命性的变革，这种新的风险是难以预测、迅速扩散的，并且更具不确定性和全球性。随着科学技术的飞速发展和全球化进程的不断深入，人类已经不可避免地进入了一个风险社会时代，更为重要的是，风险社会的到来导致了社会理念基础和人们行为方式的改变：对增长的盲目乐观必将被更加审慎和全面的发展观所取代；过去的经验已不足以成为当前行为的依据和理由，人们当前的行为选择同时还受到对未来预期的影响。可以说，现代风险已经从制度上和文化上改变了传统现代社会的运行逻辑。③

---

① Anthony Giddens, *The Consequences of Modernity*, California: Stanford University Press, 1990, p.125, pp.4-9.

② [英] 斯科特·拉什:《风险社会与风险文化》，王武龙译，《马克思主义与现实》2002年第 4 期。

③ 参见 [英] 大卫·丹尼:《风险与社会》，马缨、王嵩、陆群峰译，北京出版社 2009 年版，第 1 页。

其一，引发风险的原因具有复合交叉的特点。其既来源于大自然，同时也受到人类活动的影响，而后者显然已成为导致现代性风险的根本原因。具体来说，首先，人类不断拓展的实践活动无形中制造或加剧了自然界自身存在的风险。如人类为了改善生产生活而影响或破坏了自然环境和规律，引发了包括"沙尘暴""温室效应""克隆品"等；其次，人类的各种行为以及思想意识都可能招致风险，带有极大的不确定性。

其二，风险在空间上具有全球性传播的特点。现代风险在空间指向上更具普遍性，首先，可能产生风险的本体在空间中被无限拓展，如某种科学技术的广泛运用或制度安排的推广普及等；其次，生活在"地球村"中的人们对风险的感知，也逐渐被同化，风险不再具有地域性和民族性，而成为全人类共同面对的客观现实，具有全球性传播的特性。皮特·斯特赖敦（Piet Strydom）指出，当代出现的风险所具有的独特性是：它是普遍存在的，是全球性的而且是不可扭转的。从社会的角度看，它们普遍存在，威胁了所有生命，从人类到动植物。从空间上看，它们是全球性的，超越了地理界限和限制，突破了政治边界，影响到微生物界以及大气层。①

其三，风险在时间上具有持续性和不可控性的特点。风险作为一种预期，包含着对未来的不确定指示，是机遇与危险的双重结合体。在现代社会中，引致风险的原因十分复杂，此外，次生风险发生的随机性使其更趋于不可控，因此，对风险的预测和监控有着相当的难度。因而，即使作为猜测，作为对未来的威胁和诊断，风险也拥有并发展出一种与预防性行为的实践联系。风险意识的核心不在于现在，而在于未来。在风险社会中，过去失去了它决定现在的权力。它的位置被未来取代了，因而，不存在的、想象的和虚拟的东西成为现在的经验和行动的"原因"。② 一旦风险变成危机，其所带来的影响很难在短时间内消除，物质补偿尚且无法完全抵消风险所带来的客观破坏，更何况精神的慰藉和恢复则更是一个漫长的过程。

---

① 参见 Piet Strydom, *Risk, Environment and Society*, Buckingham: Open University Press, 2002, p.83.

② 参见 [德] 乌尔里希·贝克：《风险社会》，何博闻译，译林出版社 2004 年版，第 35 页。

　　其四，风险是主客观的有机统一体。风险作为一种客观实在是被人所感知和建构的，二者缺一不可，客观的不确定性刺激了主观探求和判断的欲望，二者始终处于不断互动的过程中。随着主观认知的不断深入，更深程度或更隐性的风险被感知，与此同时，也可能由于主观的不当或过度认知，导致风险被夸大，进而引发更多不必要的风险。因此，所有对风险的认知，都是基于主观视角的判断，带有强烈的个性化色彩，多视角研究的目的即在于从不同维度把握风险，进而更有针对性的防范风险。

　　为了更充分地理解和分析现代社会的本质，以德国社会学家乌尔里希·贝克为代表的一批学者相继对"风险社会"进行了更为深入的研究。乌尔里希·贝克按照风险的历史形态把风险分为三类，分别为"前现代的灾难""工业时代的风险"以及"晚期工业时代体现在大规模灾难中的不可计算的不安全"。它们分别体现为地震飓风等外部危险，职业事故风险以及大规模的生态、核、化学以及基因风险。[①] 美国经济学家哈罗德·德姆塞茨从人类对风险的认知角度将风险分为两类："一类是人们对其发生的概率具有广泛共识的风险；一类是人们在认识上分歧极大的风险。"[②] 而皮特·斯特赖敦从人类对风险的认知程度，将其分为已知的、疑似的以及假定的。[③] 此外，劳（Lau）把风险分为"传统风险""工业主义福利国家的风险"以及"新风险"。[④]

　　英国社会学家安东尼·吉登斯认为，风险社会就是日益生活在科学技术的前沿，无人能够完全明白，也难以把握各种可能的未来。他把风险分为外部风险（External Risk）和人造风险（Manufactured Risk）。外部风险是指在一定条件下某种自然现象、生理现象或者社会现象是否发生，及其对人类的社会财富和生命安全是否造成损失和损失程度的客观不确定

---

① 参见 U. Beck., *Ecological Politics in an Age of Risk*, Cambridge：Polity Press，1995，p.77，转引自杨雪冬：《风险社会与秩序重建》，社会科学文献出版社 2006 年版，第 22 页。

② ［美］哈罗德·德姆塞茨：《所有权、控制和企业》，经济科学出版社 1999 年版，第 301 页。

③ 参见 Piet Strydom，*Risk, Environment and Society.* Buckingham：Open Univeliversity Press，2002，p.81.

④ 参见 C. Lau，Risikodiskurse，Soziale Welt，1989，3：418-36，转引自杨雪冬：《风险社会与秩序重建》，社会科学文献出版社 2006 年版，第 22 页。

性。而人造风险则是一种新的风险形式，吉登斯将其分成四大类：其一是源于大规模贫困的发展——被描述为"贫困大毁灭"，如财富的两极分化；其二主要是指现代社会发展对世界生态体系的冲击，如"温室效应"、臭氧层枯竭、沙漠化等；其三涉及大规模破坏性武器的普遍存在，以及集体暴力可能性隐约可见的情况等；其四是对民主权利的大规模压制。[①] 这四种人造风险是人们以往没有体验到的，也是无法依据传统的时间序列作出估计的。也就是说对人造风险，历史上没有为我们提供任何可以借鉴的经验，我们甚至不知道这些风险是什么就更不要说根据概率对风险的精确计算了，以及对风险结果的预测，这就使人们陷入到前所未有的风险环境之中。[②]

与吉登斯不同，道格拉斯、威尔德韦斯以及拉什等文化视角的研究者们通过将各种各样的"风险"进行分类，从而划分出与"风险"或"风险选择"有关的三个最基本的领域，即：自然风险，包括对自然和人类社会所构成的生态威胁和科学技术迅猛发展带来的副作用和负面效应所酿成的风险等；经济风险，包括对经济发展所构成的威胁和由于经济运作失误所酿成的风险；社会政治风险，包括社会结构方面所酝酿成的风险。这种风险往往起源于社会内部的不正常、不安分、不遵守制度和规范的人物，还包括由于人类暴力和暴行所造成的风险。由以上的分类不难看出，这是一种关于各个不同种类的社会群体如何选择风险的分类学，而不是为了对实实在在的真实的风险进行保险而采用的分类学。道格拉斯和威尔德韦斯认为，在描述和分析在选择风险时，每一个社会群体的文化特征是怎样与该群体所察觉和认知的特殊风险是存在着一种密切的对应关系的。[③]

综上所述，风险社会的到来，是人类现代化实践的产物，这种新的风险将是大规模的、持续的和不确定的，它超越了地理区域和国家民族的

---

① 参见 Anthony Giddens，*Beyond left and Right：the Future of Radical Politics*，Cambridge：Polity Press，1998，转引自：童星、张海波：《中国转型期的社会风险及识别——理论探讨与经验研究》，南京大学出版社 2007 年版，第 26 页。

② 参见［英］安东尼·吉登斯：《现代性——吉登斯访谈》，尹宏毅译，新华出版社 2000 年版，第 195 页。

③ 参见薛晓源、周战超主编：《全球化与风险社会》，社会科学文献出版社 2005 年版，第 155 页。

限制，在这种背景下，无论是发达国家抑或是发展中国家都概莫能外。

第二节　中国特色的转型期高风险社会

社会的现代化发展，必然伴随着社会系统内部人与自然、人与社会关系的调整和重构，风险是人与自然共同作用的产物，随着时代的不同、体制的不同，它的内涵与外延都不尽相同。在现代社会中，产生风险的动因愈发复杂，由风险所招致的后果也更难预测，集中表现为风险的不确定性。有学者认为，"风险"概念不仅是不同学科关注的中心问题，它同时也是"混合社会"用以观察、描述、评价和批判其自身混合性的方式。在全球化背景下，处于转型期的中国社会不仅呈现出一般社会发展的风险特征，还表现出了在既定体制和制度之下的特色的风险环境。

一、现代社会中风险产生的背景及原因

通常意义上来说，现代社会在本质上即是工业社会（Industrial Society），是继传统社会或农业社会之后的一种社会发展阶段，其根本的属性是以工业生产为经济支柱要素。与传统社会中的自然经济、乡村农业化的单一机械的生产生活方式不同，"现代社会"更多的是市场经济、工商业城市化的多元复合式的社会形态。这种社会形态虽然起源于近现代欧洲，但却逐渐传衍至世界上绝大多数的国家，成为了目前世界上最为主流也最为重要的一种社会形态。一般认为，现代社会即工业社会具有以下八个方面的主要特征：[1]

其一，以市场经济为基础，大力发展工商业和服务业。

其二，科学技术十分发达，以机械化和自动化等生产方式为主导，促使了生产效率的极大提高。

其三，因劳动分工的复杂性，社会组织的结构与功能也随之高度分

---

[1]　参见刘祖云：《社会转型解读》，武汉大学出版社2005年版，第4页。

化和专门化，社会分工精细，异质程度较高。

其四，法治取代人治成为政治系统运行的基本方式，社会的民主化程度提高。

其五，城市数量增加、规模加大，农业人口的比重降低至半数以下。

其六，社会人口的流动性增强，以职业组织和业缘关系为主的组织形式和社会关系逐渐取代了传统社会中的血缘和地缘关系而成为人们社会关系的主要形式，家庭在生产和生活方面的功能分别外移给社会职业组织和社区组织，个人因此得到更多的发展机会和自主权利。

其七，人的思想观念充分更新，竞争意识和时间观念加强，崇尚科学、信服真理、追求变革成为人们基本的行为或价值取向。

其八，交通运输工具和通讯联络手段高度发达，人类不再因时间和空间的限制有所隔阂，高度开放的"地球村"逐渐形成。

由以上特征不难看出，现代工业社会是在传统农业社会长久积累的物质和精神财富的基础上发展演变而来的，两者虽存在着诸多本质的不同，但也并非是绝对的，社会形态的发展是一个缓慢而复杂的过程，绝对的阶段性划分在很大程度上是为了研究和分析的方便。在现代社会的演变过程中，起着主导推动作用的即是人类的社会实践，随着人类干预自然、影响社会的能力的不断加强以及自我认识能力的提高，风险在种类、数量、强度、影响、特性等方面都发生了相当的改变。从某种意义上说，社会变迁日新月异，社会风险层出不穷，传统风险尚存的同时，现代风险又出现了。社会发展是与风险伴随而生的，风险与人类的生产、生活密不可分，现代社会在带来市场经济、科学技术和工业化发展的同时，也带来了具有新内涵和新特征的现代风险。如规模空前的污染、新型工业疾病和自然灾害，以及近些年的全球变暖和气候恶化等问题。它们随处可见，或近或远，或小或大，或多或少地充斥在我们周围，在现代社会中，一方面，传统的风险依然存在（如自然灾害、环境污染、生态破坏），另一方面，新的风险又不断涌现（如技术风险、全球变暖），二者交汇积累，使得每一种风险都变得更加复杂。

现代社会即是一个风险社会，无论是个体、组织抑或国家都是在与"风险"的博弈中获得发展或遭受损失，在现代社会中，风险突破了时间和空间二维限制，表现为不确定性和全球化两大特点。乌尔里希·贝克在论述"风险社会"理论时，特别强调了风险与现代化技术之间的密切关系。乌尔里希·贝克认为，由现代技术所引发的风险已经深刻地影响了人们的生产生活，并成为了现代社会的典型特征，所谓的"风险社会"是一种尚处于过渡状态中的现代性的具体体现，它的存在是毋庸置疑的。具体到风险的不确定性，是指它的发生超过了目前所能预测和控制的范围，它的传播路径也突破了地理和空间的限制，而人类对风险的认知往往也超过当前所能达到的程度。"风险"的不确定性与"风险社会"的确定性，是一对看似矛盾却内在统一的概念，前者是指"风险"预知和判断的不确定性，后者是指"风险"存在的确定性，正是因为现代"风险"的难以预测、界定和控制，才必然引发或带来了更多的风险。

在现代社会中，科学技术的飞速发展是一股不可阻挡的潮流，其在改善人类生活条件，丰富人类精神生活的同时，也带来了极具现代特征的新型风险，高度复杂的技术背后隐藏着高度不确定性的风险，现代科技一方面推动了现代社会的发展，另一方面又给现代社会的发展带来了不可预知的副作用，是一把客观存在的"双刃剑"，并成为现代社会风险的主要来源。乌尔里希·贝克认为，"风险"的不确定性决定了其在某种程度上既不是"危机"也不是"灾难"，而是二者发生的可能性。风险并不是现代社会的独有产物，其在传统社会中依然存在，所不同的是，现代社会中的风险不仅有多种多样的表现形式，同时更多的是一种隐形的、高度不确定性的状态。当人类试图去控制和改变自然并由此产生了种种难以预料的后果时，人类就开始面临着越来越多的风险。因此，现代社会每时每刻都存在着由人类自身制造并酝酿着的潜在风险，它们或被感知，或未被意识，总之，这种潜在的不确定性即是现代社会风险的重要特征之一。

"全球化"源于现代资本主义的社会发展，是现代社会中所特有的属性，最初是用来描述现代经济的特性，即资本和市场不受任何空间的限制，超越地域和国界。直到近些年，"全球化"的概念才被广泛应用于各个领域，风险的"全球化"即是指现代社会的风险不再受到地理空间的限制。其一，风险所带来的不信任感和不安全感，它可以通过现代化的信息手段迅速传播到全世界，引发全社会的恐慌。其二，现代化的风险在影响范围上已不仅仅局限于风险发生地，而是直接或间接地影响着全世界。对每个人而言，全球化，是世界不可摆脱的命运，是无法逆转的祸根。① 人类社会正进入一个全球化的时代，社会范围内的社会联系在空间和距离压缩的过程中逐步强化，并相互依赖，人类的整体意识被突出和加强，对"地球村"的感知越发强烈。全球化可以被视为去地域化，或者人们之间的超地域关系的增长。现代社会是具有全球化特征的社会，但尚未完全全球化，也就是说，对地域的感知逐渐模糊和淡化，但暂时没有消失。

全球化作为一个社会进程或社会动力，它时刻处在动态的变迁之中，吉登斯从现代性的时空分离和社会系统的剥离两个角度来分析现代社会的全球化，他认为，现代性的拓展重构了人类时空距离的关系，使得社会系统从具体的空间结构中剥离出来。现代性将其四个制度层面——资本主义、工业主义、军备力量和社会监督——发展成全球化的四个向度：全球资本主义体系、国际劳动分工、全球军事秩序和民族国家律系，因此全球化是现代性的后果之一。吉登斯进一步指出如果放任全球化的急剧膨胀，可能会导致失灾难性的后果。德国哲学家赫尔德等人提出应将全球化定位在一个具有本土、国家以及区域特征的连续统一体上，一端是在本土和国家基础上组织起来的社会、经济关系和网络，另一端是在区域和全球交往基础上形成的范围更广的社会、经济关系和网络。因此从时空结构上讲，全球化可以定义为"一个（或一组）体现了社会关系和交易的空间组织变革的过程——可以根据它们的广度、强度、速度以及影响来加以衡量、产生了跨大陆或者区域间的流动以及活动、交往和权力实施的网络"②。罗伯逊认为全球化可以从个体、社会、国际社会体系和人类体系等四个层面的互动过程来理解，全球秩序正是透过这四个各具独立性，同时具有相互依赖性的层面形塑而成，具体体现为全球国际化、全球社会化、全球个人化和全球人性化。从全球社会化和全球个人化可以看出，全球化是一个复杂的双重过程，或者说是一个普遍的特殊化和特殊的普遍化两者兼而有之的

---

① 参见［英］齐格蒙特·鲍曼：《全球化——人类的后果》，郭国良、徐建华译，商务印书馆 2001 年版，第 1 页。

② ［德］赫尔德：《全球大变革：全球化时代的政治、经济与文化》，杨雪冬等译，社会科学文献出版社 2001 年版，第 21—23 页。

动态过程。

在前工业社会，人类所面对的风险主要是来自大自然和有限的社会冲突，如自然灾害、疾病、瘟疫和局部性的战争。在传统的工业社会，人类面对的危险相对增多，除了自然灾害和疾病外，还要面对人为的工业污染、交通事故和世界战争等。当前的现代社会带来的不仅是地区性的污染和贫困，还有诸多无法预测的风险，如生化核武器的生产，转基因食品的生产，克隆技术和干细胞的研究与生产等。这些都有可能带来无法预测的全球性风险，如全球气候变暖造成的危害，化学农药对土壤和水资源的破坏，核泄漏引发的全球核辐射危机等，这些都需要全世界人类共同面对。而造成这些现代社会风险的原因是多方面的，技术的片面发展、生产至上主义、单纯地追求国内生产总值的畸形增长、社会结构的畸形化、贫富差距的扩大、政治体制的不合理等都可能是风险的形成原因。较之传统风险，现代社会的风险似乎更为复杂，因为现在整个社会的利益结构和阶层结构都处于急剧的转型时期，这种利益结构和阶层结构的剧烈变革导致了社会阶层多样化和利益主体多元化的特点。

由上述分析可知，风险的不确定性和全球化现实是现代社会的必然产物，风险不是具体的某种事物，而是一种意识中的"构想"，只有当人们相信或感知到它的存在时，才会实施应对之策。而现代社会中风险的不确定性和全球化的特征，使得这种"构想"更为隐蔽，"有组织的不负责任"即是乌尔里希·贝克对这种"构想"的高度概括。风险由什么引发？应该由谁来负责？这些都成为难以回答或本身就没有答案的问题。全球化和现代化打破了时间和空间的界限，我们生活在一个全球化的时代，现代社会风险的"不确定性"更将我们带入了一个"全球风险社会"，人们的社会实践因此有了更大的公共空间和背景，每个人的行为已不再是孤立的个体实践，而是与其他生存者紧密地联系在了一起。以民族国家为中心的现代秩序正处于危机之中。正如有学者所说，全球化经常与"领土民族国家的（意义）危机"密切相关。在全球化的推动下，日益增多的风险与问题或者超了秩序的边界，或者超越了秩序维持者——民族国家的能力。

从政治学意义和社会学意义上看，现代性就是一项由民族国家实施的社会控制和技术控制的项目。美国社会学家塔尔科特·帕森斯最早将现代社会定义为一个建构秩序和控制的企业。这种方式所产生的后果——风险全球化，也正是由于风险诊断内在的非决定性和不确定性所导致的。风险与发展相伴相生，是现代文明的必然产物，它客观存在，不可消除，但风险同时具有主观性——人类对风险的感知与关注。所谓风险社会，在乌尔里希·贝克看来，是指风险逐渐接替财富，成为社会的主要关注对象和内在驱动力。随着现代化进程的逐步深入，风险已从副产品逐渐转为次产品，甚至主产品，其所带来的危害或损失往往超出当前人类社会承受的极限，因此，关注现代社会中的风险，并不意味着我们已经或即将生活在一个充满险恶与危险的时代，而是强调我们更深刻地感知到和认识到我们所生活的环境，强调我们更深入地思考着人类社会未来如何更和谐的发展。

二、社会转型期中国特色的风险环境

"转型"一词最早隶属于生物学范畴，具体指"微生物细胞之间以'裸露'的，脱氧核糖核酸的形式转移遗传物质的过程"①，随后被广泛用于描述事物从一种运动形态向着另一种运动形态逐渐转换的过渡过程。在社会学概念中，"转型"是指社会状态从一种运动形式转为另一种运动形式的过渡过程，即"社会转型"（Social Transformation）。这一概念起源于西方社会学中的现代化理论，后被中国台湾地区社会学家蔡明哲引入大陆，在《社会发展理论——人性与乡村发展取向》一书中，蔡明哲首次将"Social Transformation"译为"社会转型"，并提出"发展"就是由传统社会向现代社会的一种社会转型与成长过程的思想。② 基于西方现代化理论而提出的"社会转型"概念，并非可以被用来描述任何一种社会运动状态的改变，而是特指社会状态由传统社会向现代社会转换的结构性变革，是描述一种现代化的社会变迁和转型。在现代化语境中，"社会转型"是社会状态出现的根本性、实质性变革的统称，具体包括社会结构、社会体制、社会形态、社会制度、社会文化等多方面的社会要素以及身处转型社

---

① 《简明大不列颠百科全书》第 9 册，中国大百科全书出版社 1986 年版，第 258 页。

② 参见范燕宁：《当前中国社会转型问题研究综述》，《哲学动态》1997 年第 1 期。

会中的人的世界观、价值观等的整体转换。因此，无论处于何种结构和体制之下，"社会转型"都不可能一蹴而就，而是一个复杂渐进的缓慢过程。

具体到中国而言，所谓的"社会转型期"，就是从传统社会向社会主义现代化社会变革和转换的过渡过程。20世纪80年代末，我国社会学家郑杭生在其一系列著作和论文中，相继提出了"转型中的中国社会""转型社会""社会转型"等概念，并对此作出了一定程度的阐释和论述。1992年5月，社会学家李培林在《中国社会科学》期刊上发表了署名文章《"另一只看不见的手"：社会结构转型》，至此，"社会转型"的概念被第一次系统而深入地阐述。一般认为，中国社会的转型主要分为三个阶段：第一阶段是1840年（鸦片战争）—1949年（新中国成立），西方帝国主义列强给当时的中国社会带来了深重的灾难，处于封建社会末期的中国社会被迫给予了反抗，此时的社会结构、制度和文化都在发生着一定程度的改变，限于当时的社会体制和状态，这一时期的中国社会转型是十分复杂而缓慢的。第二阶段是1949年—1978年（改革开放之前），新中国成立后，中国社会建立起了基本的政治、经济和文化体制，现代科技和工商业得以较快地发展，但就整个社会的发展而言，依然是不太规则和平衡的，社会结构仍待完善，思想观念十分保守，社会进步呈现出有限且反复的特征。第三阶段是1979年（改革开放）至今，随着1978年党的十一届三中全会的召开，中国社会正式迈出了改革开放的步伐，从此进入了现代化建设的新阶段。此时的中国社会无论是在政治、经济、文化还是社会体制和制度上都有了根本性的变革，真正进入了快速发展的现代化社会转型期。

随着改革开放的不断深入和社会主义市场经济体制的逐步建立与完善，中国社会正式进入了以经济建设为中心、全面对外开放的现代化发展新时代，此时，社会系统的内在结构发生了剧烈的变迁，传统因素与现代因素此消彼长，整个社会进入了深刻而全面的关键转折期。社会系统中的每个部分和要素都以不同的方式和速度在发生改变，虽然各个主体之间由于角色和功能的不同其变化各有差异，但作为整个社会系统的要素组成，这些变化之间却是彼此影响、互相牵制的，呈现出一种辩证地整体发展观。有的学者将当下中国社会的转型主要划分为文明转型、形态转型、制度转型和体制转型四个方面。[①] 还有的学者将其划分为社会资源配置方式、社会资源占有关系、社会分配关系、社会功能结构、社会阶层结构、社会政治与公共生活、社会精神文化生活、对外关系等八个方面。[②] 综合各种视角和阐述，笔者更赞同从经济、社会、政治、文化等四个部分来对当下中国社会的转型内容进行划分[③]：其一，在经济层面表现为从计划经济体制向市场经济体制的转变，从粗放增长型经济向集约增长型经济的转变，完成经济体制与经济增长方式的转型；其二，在社会层面表现为社会与国家关系的重新整合与协调，完成由总体性社会向分化性社会的结构性转型；其三，在政治层面体现为政治民主化的不断推进与深入，完成从传统政治体制向现代政治体制的转型；其四，在文化层面体现为实用性文化与理想性文化的分离，完成从传统文化向现代文化的运行结构转型。由此可见，当代中国的社会转型是全方位的系统性转型，表现为社会系统不同组成部分和要素的整体性转变，各种社会问题及其相互之间的关系，都在如此复杂深刻的转型与发展中不断出现和变化。

在现代化的社会转型中，基于不同的社会背景和当下国情，不同国家或社会结构的转型方式必然有所各异，并呈现各自不同的特征。对于处于转型关键期的中国而言，其不仅表现出一般社会转型中的基本特点，如整体性、渐进性和长期性等，还显示出具有中国特色的社会转型特点。其一，中国的社会转型是在坚持社会主义性质不动摇的基础之上的特殊转型；其二，中国社会的转型不同于西方发达国家所经历的由封建经济体制转为市场经济体制的过程，而是要完成从社会主义计划经济体制向市场经济体制的转变；其三，中国社会转型的最终目标是实现包含市场经济一般特征在内的具有中国特色的社会主义市场经济体制。基于以上的分析，不难看出，当代中国的社会转型是复杂而又特殊的，并更多地倾向于一种社会结构的重新调整与平衡。

一般认为，在改革开放之后，中国社会的现代化转型经历了三个主要的发展时期：1978 年—1991 年称为自发启动转型期；1992 年—2000 年

---

① 参见刘玲玲：《对社会转型范畴的哲学思考》，《北方论丛》1996 年第 5 期。

② 参见陈锋：《中国当代社会的八大转型》，《社会科学》1993 年第 8 期。

③ 参见罗谟鸿等：《当代中国社会转型研究》，西南师范大学出版社 2007 年版，第 16 页。

称为自觉推进转型期；2001 年至今，称为全面加速转型期。三个转型时期是基于中国社会自身发展的规律和阶段性特征而划分的，因此有着内在的发展必然性。进入 21 世纪后，在全球化和现代化浪潮的影响下，处于全面加速转型期的中国社会在诸多领域都有着迅速的发展，也因此引发了社会结构的剧烈震荡，加之中国各地区各民族自身发展现状的不均衡，各个层面的矛盾和问题也随之凸显。在全面加速转型期中，基于竞争和价值机制的共同作用，经济领域正在发生根本性的转变，逐渐由资源约束型经济向需求约束型经济发展，并对当前的管理体制、人力资本、治理模式等提出了更高的要求，同时促使了其他诸多领域的自觉变革。由于经济体制和结构的深刻变革，市场出现了盲目性和自发性的发展特征，如为了实现短期经济效益的迅速提升，不惜以牺牲环境和资源为代价；公共产品的供给被过度的市场化；以放弃公平为前提来提高生产效率等，都给正在高速发展的经济领域带来了危机，轻者引发市场的波动和小范围的失控，重者则可能导致市场彻底崩溃，并引发一系列相关的社会问题。

作为一个处在快速转型期的发展中国家，中国社会当前出现了许多无法避免但却不可忽视的社会矛盾和问题，如在经济体制变革和社会转型过程中出现的利益分化与阶层分化，其具体表现为贫富差距、行业差距、区域差距、城乡差距等。与此同时，存在于社会领域中的内部矛盾和外部矛盾也日趋突出，如群体内部资源与利益分配不均，阶层两极分化严重以及外部的生态和食品安全危机，现代化技术风险等。无论处于何种转型时期，发展与风险总是相生相伴的，与传统社会相对缓慢而有序的变革不同，现代化的全面转型为中国社会带来了更多未知的、复杂的和严峻的挑战，此时矛盾和风险具有难以预测和防范的特点，往往导致有组织的不负责任的情况出现。由此可见，转型时期的社会问题和风险具有复合交叉的特点，它既有传统社会中风险的共性，亦有现代转型社会中风险的个性。随着社会的快速发展，系统内的各个组成要素之间的联系日趋密切，其中任何一个要素的变化都不是孤立的，而是必然带动其他要素乃至整个系统的调整和变动。因此，此时期引发的社会矛盾和风险是不断变化和再生的。

社会本身是一个有机的统一体，所谓社会结构，指的是"一个群体或一个社会中的各要素相互关联的方式"①，在全面快速的转型时期，社会结构的稳定性较差，社会各项运行机制的协调性和控制力都相对较弱，此时，旧的体制已经被改变，但新的体制还尚未建立起来。因此，处于这个时期的社会是非常脆弱和缺乏抵抗力的，矛盾和危机的出现将进一步加剧社会的紧张度，"高风险社会"由此而生。对"风险社会"的概念界定，在乌尔里希·贝克看来，是一种对旧工业社会的完全取代，而呈现出一个强有力的经济整体和集体安全系统，也就是当前一些西方发达国家的社会状态。但具体到中国的国情之下，"风险社会"的概念内涵也就随之发生了一定程度的改变。首先，作为一个发展中国家，就中国当前的社会发展程度而言，其并未完全走入现代化社会的运行体制和模式当中，而是处于传统与现代的交错的变革中。其次，中国的社会转型与西方发达国家相比，在转型基础、模式、内容和目的上都有着本质的区别，因此，即使彻底完成转型，其社会状态也与乌尔里希·贝克所定义的"现代社会"有所区别。再次，中国的社会性质与西方资本主义国家截然不同，其社会主义社会的本质属性无论在何种社会状态中都不会改变，包括现代化的转型时期，所以由不同社会性质所导致的"风险"是不能一概而论的。之所以借用乌尔里希·贝克的风险社会理论来研究处于转型期的中国社会，主要是基于对现代化风险的共性的认知和反思，由人类现代文明带来的一般性风险对分析当前的中国社会具有重要的启示和指导意义。

改革开放30余年来，中国社会的市场化、城市化、工业化、信息化和全球化都取得了举世瞩目的成就，作为一个发展中国家，中国在大力推进现代化改革的进程中，遇到了诸多前所未有的新矛盾和新问题，全面转型期对于中国社会来说，既是一个黄金发展期，更是一个矛盾凸显期。我国的社会转型除了具有变革性、整体性、长期性等一般社会转型的共性特征之外，还同时具有复杂性、双重性、有序性等中国社会转型的个性特征。在当前中国社会的风险环境下，我们不仅要关注各种自然灾害所引发的传统风险，更要关注在现代化社会中由人类的生产和生活实践所引发的"非传统风险"。当现代性的"文明风险"逐渐成为中国社会转型进程中不

① 　[美]戴维·波普诺:《社会学》，李强译，中国人民大学出版社2000年版，第94页。

可忽略的一部分时，风险社会理论的中国化解读与研究便显得尤为及时和重要，因此，借用乌尔里希·贝克对于"传统风险"与"非传统风险"的理论成果来分析中国特色的"风险社会"是极具参考性和建设性的。

进入 21 世纪后，中国社会开始了全面的加速转型，力争到 2020 年底时国内生产总值要比 2000 年翻两番，实现综合国力和国际竞争力的大幅提高。这个目标的确立必然引发社会系统的全面发展和变革，然而中国社会是在尚未彻底完成工业现代化的基础上，便开始了向知识现代化迈进的过程。因此，这个时期也是社会问题和矛盾的凸显期和频发期，在这种情况下，往往更容易出现一些极端的、突发的社会问题。在这种风险背景下，改革、发展与稳定便成为了当前最重要的主题，乌尔里希·贝克的"风险社会"理论，对于我们认识当前的中国社会不仅具有警示意义，更重要的在于其对"风险认知"和"风险意识"的强调，为中国社会的现实发展提供了重要的启示和参考价值。

三、中国风险社会的特征与类别

在某种程度上，乌尔里希·贝克的"风险社会"理论体系包含了更多的西方中心主义的话语色彩，我们借用其风险社会的概念，最重要的目的是利用其理论的反思性和前瞻性来分析当前中国特色的转型期高风险社会。具体到本书则是研究电视新闻如何通过其自身的传播理念与实践来响应在转型期高风险社会中出现的各种较为具体的可能被引发或已经出现的风险现象和问题。有学者认为，社会转型的过程往往表现为现代因素由表及里、由外到内、由名至实的生成和发展过程，中国社会的现代化转型在遵循以上共同原则的同时，更表现出一种跨越式的演进。30 多年的改革开放旨在探索一条适合中国国情的特色发展之路，这一路艰辛与挑战并存，风险与机遇同在。社会转型不同于社会变革或社会变迁，其更多地关注社会变革的动因来源、性质、现状以及不确定性。因此，社会转型的过程往往伴随着更多的风险与不确定性，个人、群体、组织和社会都是在对风险做出判断、分析和应对的过程中求得发展与进步的。

在社会主义现代化的发展进程中，中国社会呈现出了转型期的几大特点，如技术与知识的飞速更新，稳定与发展的辩证互动，风险与矛盾的集中爆发等，社会的和谐与否在很大程度上取决于上述主体之间的关系及其所带来的影响。作为现代化发展的必然产物，风险是既定存在的客观现实，同时又是被人们所感知和建构起来的，它的客观实在性大多是基于快速发展的科学技术和市场经济，而它的主观能动性主要体现为人们思想观念的变迁及知识文化的更新。因此，现代化的风险是人与自然共同制造的混合物，对它的解读和分析也会依据视角的不同而有所差异。当前，我国正处于现代化、市场化、工业化、城市化的高速发展期，政治、经济、社会、文化等系统内部结构以及结构之间的相互关系也都在急剧地发生着调整和变革，与其说社会的现代化转型是一个以经济增长为关键内容的经济问题，不如说是一个既包括经济增长又同时涉及非经济因素变革发展的系统社会问题。所谓快速转型期，不仅仅是经济或社会某个领域的独立变化过程，而是整个系统的内部组织与各组织之间的关系呈现出一种加速度的整体性变革过程，其中包括机制转换、结构调整、利益协调以及观念变迁等，一旦社会发展或变革的状态超过旧系统所能容纳的极限时，风险和矛盾就集中的显现出来了。这不仅要求我们更新和提高风险意识，更需要尽快加强我们认识风险、研究风险、应对风险的能力。

自古以来，人类社会的生产、生活与发展就与风险密不可分，无论是风险的感知、应对或防范都是人与风险之间相互作用的具体体现，人类的社会发展史在某种程度上也是一部风险的发展史。早在 20 世纪 70 年代，一些西方发达国家的社会现代化进程就遭遇了来自社会和自然的双重制约，如某些国家因过度追求短期经济的快速增长，而不惜消耗和牺牲大量的不可再生资源，给自然以及社会环境造成了难以恢复的污染和破坏，进而限制或停滞了自身的发展。由此人们逐渐意识到，若想实现社会长久、稳定的发展，必须将其置于社会系统的整体发展之中，政治、经济、社会、文化等诸多社会组织结构应协调发展。因此，社会现代化的转型是对整个社会系统发展的总体要求，是一种可持续的平衡发展，风险的既定存在与不确定发生，在一定程度上促使了社会各组织结构的及时调整与动态平衡。在中国特色的社会转型期中，风险的引发动因和表现形式十分复杂，难以有一个统一而完美的分类标准，本书试图依据引发风险的动因的主要性质将其分为四大类型，即自然风险、政治风险、社会风险和技术风险。

首先，这四种风险类型并不是绝对独立的，在现代社会中，引发风险的原因往往非常复杂，完全由单一因素引发的风险越来越少，更多的风险是在诸多动因的共同作用而出现的，但出于问题研究的方便性和可操作性的考虑，本书侧重将引发风险的主要动因或动因的主要性质作为分类标准。其次，这四种分类在某种程度上并非能十分恰当地涵盖所有的风险类型，因此，对某些风险的研究更多的是在一种宏观视野的观照之下，剖析其中最具研究价值的部分。再次，本书研究的四种风险类型在本质上都具有风险的一般共性，有所差异的是不同的风险对于研究对象而言体现出了独有的特点，而这些异质的特征即成为本书研究的核心部分，是本研究的立足点和价值所在。

（一）自然风险

因外界自然力的异常变化产生的影响所引发或导致的危害人类生产、生活以及生命安全的风险，它们之中既有地震、火山爆发、泥石流、海啸、台风、洪水等突发性灾难；也有地面沉降、土地沙漠化、干旱、海岸线变化等在较长时间中才能逐渐显现的渐变性灾害；还有臭氧层破坏、水体污染、水土流失、酸雨等人类活动导致的自然环境风险。这些自然风险、灾难和环境破坏之间有着复杂的相互联系，并在现实生活中频繁而剧烈的发生。中国自然风险种类繁多：地震、台风、暴雨、洪水、内涝、高温、雷电、大雾、灰霾、泥石流、山体滑坡、海啸、道路结冰、龙卷风、冰雹、暴风雪、崩塌、地面塌陷、沙尘暴等，每年都要在全国和局部地区发生，造成大范围的损害或局部地区的毁灭性打击。此外，许多自然风险，尤其是其中等级高、强度大、影响范围广的自然灾难发生后，常常诱发其他一系列的风险灾害接连发生，即称之为灾害链，在灾害链中最早发生的起作用的灾害称为原生灾害；而由原生灾害所诱导出来的灾害则称为次生灾害。与此同时，人类社会的稳定和平衡被严重破坏，并进一步导生出一系列其他灾害，这些灾害泛称为衍生灾害。如大旱之后，地表与浅部淡水极度匮乏，迫使人们饮用深层含氟量较高的地下水，从而导致了氟病，这些都称为衍生灾害。

在现代化社会的转型过程中，导致自然风险的原因往往十分复杂，有时一种灾难可由多种动因共同引起，或者一种动因可能引发多种不同的灾难，因此，具体风险类型的确定就要根据起主导作用的动因和其主要的表现形式而定。自然风险大多是突发的、无常的、不可预测的，虽然通常的持续时间较为短暂，但其带来的影响和破坏往往是十分强烈的。自然风险是人与自然矛盾的具体表现形式，其具有自然和社会的双重属性，其具体的特征包括：自然风险动因的不可控性，自然风险发生的周期性，自然风险事故引起后果的连带性等。

（二）政治风险

首先需要说明的是，此处所指的"政治风险"并非特指金融、经济领域内的"政治风险"或"国家风险"，而是泛指所有涉及上层建筑领域中各种权力主体维护自身利益的特定行为以及由此结成的特定关系，并由此引发的相关风险或危机。政治本身即是人类社会发展到一定时期的必然产物，因此，在不同的时代，政治的内涵和外延都有所不同，如其中的规范体系、领导制度、组织制度以及工作制度等。政治作为权力主体维护自身利益的主要方式，主要表现为以国家权力为依托的各种支配行为和对以国家的制约性权力为依托的各种反支配行为，如统治行为、管理行为、参与行为、斗争行为、领导行为、反政府行为、权威性影响、权力竞争等。这些行为的共同特点都是以利益为中心，具有不同程度的强制性、支配性和相互斗争性。政治作为权利主体之间的关系，主要表现为上述特定行为的相互作用，如统治与被统治的关系、管理与参与的关系、权威与服从的关系、相互斗争的关系等。这些关系又基本取决于社会经济关系所具有的内在特征和必然性。

当前，国内外政治形势日趋复杂，政策制定的不稳定、区域经济体的不平衡发展、恐怖主义、宗教与民族主义逐渐上升为意识形态领域的重要力量、跨国公司与东道国政府目标的冲突等，都成为了当前全人类共同面对的复杂政治问题。具体到我国而言，经济的快速发展已经深刻地影响了政治体制的变革，制度的转轨和体制的变革，在不断推进社会发展的同时，也不可避免地带来了与之相关的一些风险，如个别地区的小范围骚乱，与其他国家关于主权和领土完整的交涉等。此外，由腐败所引发的矛盾日趋复杂和严重，2015 年 1 月 13 日，习近平总书记在中国共产党第十八届中央纪律检查委员会第五次全体会议上发表重要讲话，强调"党风廉政建设和反腐败斗争永远在路上"。此外，一本重要著作《习近平关于党风廉政建设和反腐败斗争论述摘编》也已出版发行。《论述摘编》共分9个专题，收入216段论述，摘自习近平2012年11月15日至2014年10月23日期间的讲话、文章、批示等40多篇重要文献，许多论述是第一次公开发表。当前，"腐败"问题已经到了不得不解决的地步，其一方面严重阻碍了社会的发展和政治制度的改革，另一方面更是危及到了社会民心的安定和团结，具有难以估量的破坏力。

（三）社会风险

社会风险是一种引发社会矛盾与冲突，危及社会安全稳定和社会秩序的可能性，换句话说，社会风险意味着爆发社会危机的可能性。一旦这种可能性转变为现实，社会风险就转变成了社会危机，对社会稳定和社会秩序都会造成破坏性或灾难性的影响。当前的中国社会正处于高速发展的社会转型期，与发展并生的社会风险的累积对社会的和谐构建与可持续发展有着潜在的巨大威胁。伴随着中国社会的制度转轨和体制变迁，当前中国社会的风险主要呈现出"风险共生"的特征，在"以经济建设为中心"的现代化转型过程中，出现了更多以市场化、商业化、服务化为指导思想的运作规则，既有的以政治原则为中心的社会组织结构和运行体系被打破，而此时新的社会平衡还尚未建立起来，致使各种各样的社会风险在不同行政区域、不同群体组织、不同行业领域以不确定的方向和速度积聚。因此，转型期的社会风险是一种复合叠加的交叉风险，在此时期，前工业社会存在的传统社会风险与现代化进程中出现的新型社会风险并存，它既非现代的，更非传统的，而是二者的混合体。

现代化转型期的社会风险不仅具有一般社会风险的人为性、破坏性、复杂性等特征，更具有全球性和不确定性等现代化特征。当前，处于转型期的中国社会总体运行是相对平稳的，但其中伴随或潜在发生的各类社会风险已经在不断地累积，如房价高涨问题、腐败问题、贫富差距问题、食品安全问题、大学生就业问题、"三农"问题、医疗改革问题、诚信缺失问题等，其中有一些问题甚至出现了持续恶化的趋势，这些社会问题都是在中国转型期社会中十分突出并亟待解决的问题，它们之中潜藏着巨大的社会风险，倘若未能得到有效的控制和平衡，将引发一系列不堪设想的社会危机甚至灾难。如贫富差距正在威胁社会的安全和稳定；近年来群体性事件的不断增多和"三农"问题未能得到足够的重视和有效的控制密切相关；大学生群体异常严峻的就业形势已经引发了社会情绪的波动和小范围的社会危机。对于转型期的中国社会而言，社会风险的发生是多种因素的共同作用，看似偶然，实则必然，经济的全球化、发展的不平衡、改革和调整的不到位等都在一定程度上加剧了社会风险的发生频率、程度和后果。

（四）科技风险

现代化社会中的科技风险主要是指由于科学技术的快速发展，人们的生产生活方式得以明显改变，但与之相伴的危险也日益突出，如核辐射、基因克隆、转基因、信息安全等。科技和风险是现代社会发展过程中的一对孪生子，科技的发展引发了风险的产生，风险的出现又反作用于科技的发展，二者是辩证的统一体。科技是泛指依据自然科学原理和生产实践经验而发展成的，为实现某一种现实目的的设备、工具或操作方法与技能。其中，科学与技术既有联系又有区别，科学是指人类在长期认识和改造世界的过程中所积累起来的研究自然现象和规律的知识体系。科学与技术的结合，是现代科技风险的本质特征，科学技术的突飞猛进为中国社会的现代化加速发展注入了强劲的动力。与此同时，全球化、现代化的社会特征更加速了科学技术的进步，使之逐渐成为了第一生产力。具体表现为：其一，科学技术是推动现代生产力发展中的重要因素和重要力量；其二，现代化科学技术的超前性对生产力发展具有先导作用。

毋庸置疑，科技的存在与发展是基于人们的社会需求，在传统社会中，科技的价值体现在满足人们生产生活的基本需求，而在现代社会中，科技更多的是为了满足人们更深入更广泛的欲望。然而伴随着科技的发展，许多新型的风险也开始显现了。如核发展在给人类带来能源的同时，更随时潜藏着核泄漏、核爆炸或核辐射等超高风险；转基因技术的发展使植物、动物免受虫病的困扰或变得更有营养价值，在很大程度上满足了现代人类的需求，但由此引发的生物多样性的损失，生态平衡的破坏，甚至出现的变异种类进而造成了更大危害或灾难。再如计算机和电子技术的发展，极大地改变了人类的生活和思想，广播、电视、网络、手机、多媒体终端的逐一出现，使原来遥不可及的地球的另一端变得触手可及，整个地球变成了一个村落，人们交流和活动的范围愈来愈大，生活变得十分方便，但与此同时，国家或个人信息的泄露、网络黑客、网络犯罪等极具现代化特征的新型技术风险不断出现，给社会带来了相当大的隐患。此外，还有一些更为隐性的科技风险，如白色塑料的污染、森林的大量砍伐、全球性的温室效应等，虽暂时尚未给人类社会带来毁灭性的破坏，但倘若任由其发展，后果则不可设想。科学技术的日新月异，不仅给人类社会带来了进步和享受，更是对现代化人类提出了更高的有关"风险意识"的培养要求。

第三节　风险社会视阈下中国的特色化媒介生态

大众媒介自诞生之日起，便与社会的发展息息相关，健康的媒介生态环境是社会稳定发展的有力保障，反之，则会阻碍社会的良性发展。转型期中的风险社会是一个不断打破稳定和传统的发展阶段，此时，媒介即是社会稳定发展的预警器和调节器，其对社会发展中存在或出现的风险和问题进行的有组织的报道，不仅能起到预警和防范的提示作用，更重要的在于能够有效地引发和引导社会舆论，促进各阶层意见的交流和平衡。在社会转型与国家发展的历史进程中，媒介内部生态环境的良性循环与外部生态环境的积极互动将产生一种强大的合力，正向作用于转型期社会的可持续发展，成为社会组织系统中无可替代的动力因素。在某种程度上，一个社会是否能够具备维持现代化和社会稳定之间的调节能力，才是现代化能否成功的关键。当前，媒介特色化的生态环境和其所引发的强大舆论场共同作用于中国特色的社会发展。

一、中国风险社会中的媒介生态

近些年来，中国社会的政治体制和经济结构发生着剧烈的变化，在利益分配格局不断调整的基础上，社会价值体系也逐渐多元化发展，与此同时，各类矛盾和风险也随之凸显，如经济快速发展与生态环境保护，城市化进程与社会安全稳定，科学技术的创新与其负面效应等，都包含着诸多不确定的风险因素。当受到一定程度的刺激时，这些社会隐性矛盾便更多地转为显性，集中表现为突发事件和群体性事件的增多，严重威胁到了社会的稳定和发展。据公安部门提供的资料，从 1997 年起，我国发生的群体性事件开始大幅度飙升。① 目前，我国处在突发公共事件的高发时期，每年因自然灾害、事故灾害和社会安全事件等突发公共事件造成的人员伤亡逾百万，经济损失高达 6500 亿元，占中国国内生产总值的 6%。② 在经济快速发展和改革不断深化的社会背景下，中国社会在未来很长一段时间内仍将处于风险高发期与矛盾凸显期，并且这些风险和矛盾的影响范围将逐渐扩大，影响程度上也将远高于现在的预期，成为中国风险社会的主要特征。

作为社会的守望者，大众媒介的发展理应符合社会转型和变迁的需要，英国传播学者丹尼斯·麦奎尔认为：大众传播是一个和社会一般大小的传播过程。大众媒介的社会位置，既不是个体与个体之间，亦不是处于社会背景中的一个组织，而是在所有的社会关系之中——它是各种社会关系的联结者。③ 具体到中国社会的风险语境下，媒介的生态环境即是随着中国现代化社会的发展而不断地发生变化，其不仅是社会的守望者和监督者，更是社会发展的建构者和推动者，社会的转型和变迁为大众传媒的发展营造环境与机遇，同时，大众传媒通过自我变革来参与和推动社会的现代化发展进程，二者是一种互动发展的共生关系。因此，身处社会之中的大众媒介不是一个孤立的个体，其与自然、社会和人共同构成了一个系统，系统中的个体与个体之间的相互关系都应成为媒介生态的考察对象。

在西方，随着社会现代化进程的逐步深入，人类的社会发展与自然环境破坏之间的矛盾日益凸显，由此引发了人们对社会发展与生态环境之

---

① 参见龚维斌：《正确认识改革发展中的利益矛盾》，《国家行政学院学报》2004 年第 1 期。

② 参见叶建平、聂焱：《中国突发公共事件每年造成人员伤亡逾百万》，2005 年 11 月 27 日，见 http://politics.people.com.cn/GB/1026/3892786.html。

③ 参见李良荣：《当代西方新闻媒体》，复旦大学出版社 2003 年版，第 204 页。

间关系的反思。在此思潮的启发之下，有学者将"媒介"内部与外部的信息交换、运作模式、结构关系等比作一个完整的"生命"系统，其凭借一定的规律和原则来发展变化，旨在维持系统的动态平衡和良性循环。良好的媒介生态是指在一定社会环境中媒介各构成要素之间、各种媒介之间、媒介与人之间、媒介与其外部环境之间关联互动而达到的一种动态平衡的存在状态。① 有学者认为，"媒介生态学"这一概念最早起源于波兹曼在 1968 年的演讲中，他将媒介生态学定义为，将媒介作为环境来做研究，(Media Ecology is the Study of Media as Environments)，这一观点为媒介生态学的发展研究迈出了重要的一步。② 近些年来，北美关于媒介生态的研究主要表现为两大方面：其一是将媒介作为一个自生的独立系统，主要侧重其内部的结构、组织、规律以及与身处其中的人之间关系的研究；其二是将其作为一个开放的外部环境，重点关照其与人类实践的互动影响。总体而言，北美媒介生态学研究可以称之为媒介社会文化决定或者影响论，是在科技发展观指导下，从媒介指向社会的一个思考路径。③

在中国，"媒介生态学"是一个新兴的研究领域，大多数中国研究者认为，"媒介"自身作为社会生态环境中的一个组成部分，其与所在环境之间的互动关系及影响是"媒介生态学"研究的核心议题。其中，媒介自身的内部系统与外部的环境系统相互作用，当外部的政治、经济、社会、文化、技术等系统发生变化时，媒介自身系统将做出相应的调整，并同时反作用于外部变化的系统。面对新的社会变化和上述可资利用的理论资源，也许我们可以把媒体看做是一个社会中的"自我——生态——重新组织的系统"。④ 总之，媒介生态学是媒介研究的分支学科，是"从生态想象介入传播研究，在负责的社会生态体系内，透视人、媒介和社会各种

① 参见邱戈:《媒介身份论：中国媒体的身份危机和重建》，中国传媒大学出版社 2008 年版，第 61 页。

② 参见 [美] 林文刚:《媒介生态学在北美之学术起源简史》，陈星译，《中国传媒报告》2003 年第 2 期。

③ 参见邱戈:《媒介身份论：中国媒体的身份危机和重建》，中国传媒大学出版社 2008 年版，第 63 页。

④ 参见 [法] 艾德加·莫兰:《社会学思考》，阎素伟译，人民出版社 2001 年版，第 73 页。

力量的共栖关系，以期望达到生态平衡"[1] 的一门新兴学科。当前，改革开放的日趋深入、市场经济体系的逐步建立，政治民主化进程的不断推进以及科学技术的迅猛发展，都为大众媒介的发展营造了新的外部环境，全球化趋势和风险社会的到来，更使媒介传统的组织结构和运行规律发生变迁。此时，中国的大众媒介生态已被深刻改变，其原有的媒介角色逐渐模糊，媒介功能亟待丰富，而新的媒介生态系统仍尚未形成，各种风险与矛盾混杂其中。一方面，媒介角色和身份的重新解构，打破了内部生态系统的既有平衡和稳定，并滋生了各类潜在的风险；另一方面，媒介身处的外部环境发生变革，各类外部风险与媒介之间的深入互动，促使媒介在风险应对的过程中与外界各系统建立新的关系。

当前，中国社会正处于现代化社会转型的关键时期，据统计，截止到 2003 年，中国第一次现代化的实现程度为 82%，每年大约推进 1%，预计到 2020 年前后可望全面完成，与此同时，中国已启动第二次现代化，实施"以信息化带动工业化"的战略。[2] 然而，与现代化转型伴随而生的各类风险，如自然灾害、公共卫生事件、群体性事件、人为事故灾难、科学技术威胁等却给传统的大众媒介生态带来了极大的冲击。我国的犯罪增长率，在 1986 到 2005 年这 20 年间，高达 8.8%，社会治安案件增长率高达 10% 以上。[3]2006 年，中央和省两级处理了全国涉及土地征用、房屋拆迁、企业改制等方面的信访问题 300 余万件。[4] 此外，在全球化进程的影响下，国际社会的风险与危机也或多或少地影响着中国社会的发展，如日本"3·11"大地震、恐怖主义战争、利比亚动乱等。面对新的国内外形势，中国的媒介生态也开始发生变革，生态理论学者阿莫斯·霍利认为，一个生态系统越暴露在一般的环境（其他社会或其他社会的文化）

---

[1]　单波、王冰：《西方媒介生态理论的发展及其理论价值与问题》，《新闻与传播研究》2006 年第 2 期。

[2]　参见中国现代战略研究课题组、中国科学院中国现代化研究中心：《中国现代化报告 2006》，北京大学出版社 2006 年版，第 235—250 页。

[3]　参见胡鞍钢：《中国社会转型中的四大新特点》，《中国改革报》2005 年 8 月 15 日。

[4]　参见李亚杰、魏武：《中国各地已建立信访突出问题协调机制》，《新京报》2007 年 3 月 28 日。

中，渗透在系统中的新信息和知识就越有可能产生，变迁、增长和进化就越有可能发生。①

在传统社会向现代社会转型的过程中，中国社会的风险、矛盾与危机呈现出与以往不同的特点，如发生频率高、规模不断扩大、涉及范围广、组织程度高、表现形式激烈，且表现出反复性和交叉性。此时身处其中的大众媒介已经脱离了仅仅被作为工具使用的身份，而成为一种建构社会的主体。在传统的生态环境下，媒介的风险应对更多地受控于政府的指导思想和管理体制，带有极强的意识形态色彩，呈现出保守、落后、不透明的典型特征；现如今，改革开放的深入和政治民主化进程的推进大大改善了媒介的外部生态环境，对信息不合理的遮蔽和管控已不符合当今社会的发展需要，信息公开与舆论监督成为媒介主体身份的集中体现，大众传媒真正成为影响社会发展的主流力量。在中国转型期的风险社会中，发展与稳定是一对矛盾的统一体，发展必然需要打破旧的体制和结构，但同时更需要稳定的社会环境作为保障，此时，大众媒介将发展中遇到的问题和存在的风险恰当地呈现出来，不仅是完成媒介自身的传播使命，更是充当了社会发展的稳定剂与润滑剂。

中国的大众媒介先天具有明确的政治属性，在本质上都是党和人民的"喉舌"，因此，对中国的媒介生态进行考察，必然离不开对中国社会特色制度和体制的分析。当前中国正处于经济转轨、社会转型的风险过渡期，在以市场经济建设为中心的理念指导下，民主化进程的推进以及持续深刻的社会转型带来了利益格局和分配制度的重新调整，客观上增加了影响社会稳定的不确定因子，将整个社会带入了一种活跃的生态系统中，为大众媒介的发展提供了积极的外部环境。与此同时，科学技术的迅猛发展为大众媒介的内部变革提供了有力的技术支持，尤其是随着网络、手机等新媒体的普及，大众媒介已不再是高高在上的"传声筒"，而是成为人们对环境变化感知、意识和实践的引导者，是日常生活中不可或缺的重要组成部分。在某种程度上，媒介的存在价值即是依赖于社会的不断变化，并与变化的范围、程度、频率等呈正比，即社会的变化越多，程度越深，范

---

① 参见孙聚成：《信息力——新闻传播与国家发展》，人民出版社 2006 年版，第 87 页。

围越广，大众媒介也就越具有存在的价值和意义。有学者提出，媒介自身的发展历史表明，新闻传播的效果与社会整合的程度构成反向关系，所谓社会整合程度即指国家范围内民众意识形态的统一程度，在社会整合程度高的国家，媒介的传播效果与影响力就相对较小，而在社会整合程度较低的社会，新闻媒介就具有强大的影响效果。①

美国当代社会学家乔恩·谢泼德在《美国社会问题》一书中把社会问题定义为："一个社会的大部分成员和这一社会一部分有影响的人物认为不理想、不可取，因而需要社会给予关注并设法加以改变的那些社会情况。"② 在中国社会的风险语境中，这样的社会问题也往往是通过大众媒介的新闻报道而为人们所感知和认识的，媒体是社会和公众需要的产物，是分散的社会公众之间发生联系的重要媒介之一，也是社会组织、社会结构维持联系、相互发生作用、共同协调运转的重要因素之一。③ 媒介因社会而产生和发展，其具有建构社会发展和推动文明进步的重要职责，这是其他任何组织机构所无法替代的。大众媒介对风险社会中的社会问题进行有组织的集中报道，一方面传递了有关风险的信息，加强了人们的风险感知和意识，另一方面，由风险传播所引发的社会舆论，也在极短的时间内被迅速集中，形成一个强大的媒介舆论场域，并随着传播效果的持续而不断地释放能量，最终在某个方面或某种程度上协调一致，完成社会意见整合和社会舆论引导的目的，并由此产生了大众媒介的公信力。

现代化社会中的风险具有全球性和不确定的典型特征，而正是这种不确定性为信任的出现创造了前提条件。"具备了确定性，就不存在风险与应对风险这一特定方式了，也就不叫信任了。"④ 迪戈·甘姆贝塔认为，信任是在一种不了解或无法了解他人行为的无知或不确定状态下出现的。就这点而言，信任关注的不是普遍意义上的未来行为，而是所有那些能制

---

① 参见孙聚成：《信息力——新闻传播与国家发展》，人民出版社 2006 年版，第 87 页。

② ［美］乔恩·谢泼德：《美国社会问题》，乔寿宁等译，山西人民出版社 1987 年版，第 2 页。

③ 参见蒙南生：《新闻传播社会学》，中国传媒大学出版社 2007 年版，第 70 页。

④ 郑也夫：《信任论》，中国广播电视出版社 2001 年版，第 19 页。

约我们现在的决策的未来行为。① 作为社会系统的组成部分，大众媒介在风险社会中的公信力主要体现为风险传播中的社会权力和社会功能，"是其在长期发展过程中形成的，在社会和受众中的信誉度、权威性和影响力"②。在风险社会中，公众比以往更加渴望获得更多的真实信息，以及时确切地感知周围的环境，进而有效的保护和发展自我，此时，公众对大众媒介产生了更深层次的社会期待，并致力于寻找与其心理契合度最高的媒介表现。因此，"公信力"虽然从形式上看总是表现为特定对象的某些品质，但只有当这些品质与特定的社会角色期待相对应并能够博取人们信赖感的时候，才能成为"公信力"的构成因素。③ 在某种意义上，媒介生态系统能否保持良性的发展与媒介的"公信力"程度有密切关系，"公信力"反映的不仅仅是媒介的社会评价，更重要的体现了其与社会的互动关系，是整个社会生态系统的一个衡量指标。

社会的发展与大众媒介的发展是互利共生的，一方面，中国特色的风险社会为传媒发展提供了机遇与环境，另一方面，媒介的风险应对与传播响应也为风险社会的顺利过渡和转型提供了有益的支持和参考。良好的媒介生态环境是社会发展前进的必要条件，其既包括透明宽松的政策环境、公平合理的法制环境、积极健康的舆论环境等外部生态环境，同时还包括强大的信息交换能力、高效的组织循环能力以及先进的技术运用能力等内部生态环境，二者相辅相成，缺一不可。现阶段，中国社会的风险和矛盾随着社会转型的逐步深入而愈发突出，其中有些被激化的矛盾更是威胁到了社会的和谐稳定，成为社会可持续发展的阻障。现代社会已是被信息化的一个地球村落，新媒体的迅猛发展让各类突发事件在瞬间就可以传遍全球，并产生强大的、难以逆转的社会影响，因此，面对严峻的内外部形势，中国的大众媒介更需及时地捕捉社会矛盾，探测社会风险，根据不同风险问题的特征和程度，准确地予以传播行为的及时响应，进而掌握主

---

① 参见［英］迪戈·甘姆贝塔：《我们能信任吗?》，杨玉明译，彭泗清校，载郑也夫：《信任：合作关系的建立与破坏》，中国城市出版社 2003 年版，第 270—271 页。

② 佘文斌：《公信力——传媒竞争的重要砝码》，《新闻战线》2002 年第 5 期。

③ 参见喻国明：《中国大众媒介的传播效果与公信力研究——基础理论、评测方法与实证分析》，经济科学出版社 2009 年版，第 3 页。

动的话语权以维持社会的平衡发展。此外，风险社会中媒介生态环境的良性运行也依赖于受众媒介素养的提高，公众对于风险传播的认知和理解，在很大程度上决定了风险传播的效果，并反作用于媒介的风险传播实践。

二、电视媒体在风险社会中的责任与功用

1999 年，全国已有公开发行的报纸 2100 种，通讯社 2 家，广播电台 1200 座，有线和无线电视台 3000 多座。其中，报纸年出版总数达到 195 亿份，广播人口覆盖率达到 88.2%，电视人口覆盖率达到 89%，电视受众超过 9 亿人。与此同时，全国各类新闻从业人的总数也已超过 55 万人。而据 2008 年的统计数据表明，全国报纸的期发数已达 1.07 亿份，稳居世界第一位。在全世界发行量最高的 100 家报纸中，中国占了 25 家（大陆 24 家，台湾 1 家）。电视受众超过了 12 亿，覆盖率达到了 97.1%。宽带网的上网人数超过了 2.23 亿。手机的拥有量超过了 5.39 亿，手机短信的发送量超过 3500 亿条。手机的功能已进入 3G 时代，由一般的通话，发展到手机短信、手机报和手机电视。与此同时，新闻传播业的产值也大大提高，超过了 5440 亿元人民币，成为国民经济的第四大主导产业。[①] 由此可见，现代化社会的飞速发展，不仅扩大了各类媒介的规模和覆盖率，更是催生了媒介形态的多样化发展。然而，在众多的媒介形态中，作为传统媒体的电视始终是不可替代的第一强势媒体。

根据《中国广播电视年鉴（2010）》的统计，截止到 2009 年底，全国共批准设立电视台 272 座，开办电视节目 1310 套，付费电视 139 套。国家级电视台有中央电视台和中国教育电视台，每个省、自治区或直辖市，每个地级或以上城市基本都有至少一座电视台。除此之外，全国还有广播电视台 2087 座（广播电视台是指县级广播电视播出机构），电视发射台 17686 座，微波传输线路 8.5 万公里，有线广播电视传输干线总长 333 万公里，加上用户接入网线路大约共有 400 万公里。全国电视人口覆盖率为 97.23%，有线电视用户达 1.75 亿户，居世界第一，数字电视用户 6320 多

---

① 参见胡百精：《危机传播管理——流派、范式与路径》，中国人民大学出版社 2009 年版，总序。

万户。随着社会的发展和改革开放的深入，我国电视机的普及率已经基本上处于一个相对稳定的状态。2009 年 CSM 媒介研究全国收视调查网基础研究结果显示，家庭电视机拥有率达 98.2%，拥有两台及以上电视机家庭的比例已经超过 29.4%，农村家庭的电视机拥有率为 98.3%（如下表 1–3–1 和 1–3–2 所示）。拥有两台及以上电视机家庭的比例城市为 31.6%，农村为 28.3%。①

表 1–3–1：2009 年全国城乡居民家庭电视机拥有情况

	全国	城域	乡域
一台户比例（%）	68.8	66.5	70.1
二台及以上户比例（%）	29.4	31.6	28.3
没有电视机户比例（%）	1.8	1.9	1.7
百户电视机拥有量（台）	132.1	135.0	130.8

数据来源：CSM 媒介研究 2009 年全国收视调查网基础研究。

表 1–3–2：2009 年全国各大行政区居民家庭电视机拥有情况

	149 样本城市	东北	华北	华东	华南	华中	西北	西南
一台户比例（%）	65.5	76.2	68.0	52.0	74.7	69.4	76.7	69.2
二台及以上户比例（%）	32.7	22.1	31.4	46.6	22.0	28.9	21.5	28.9
没有电视机户比例（%）	1.8	1.6	0.6	1.4	3.4	1.6	1.8	1.8
百户电视机拥有量（台）	136.6	121.5	134.0	155.9	122.8	130.9	121.7	130.6

数据来源：CSM 媒介研究 2009 年 149 城市收视调查网基础研究。

从上述统计情况不难看出，电视作为第一大传统媒体，无论是在覆盖范围上，还是在发展规模上，都是其他媒介形式所无法代替的。2005

① 参见《中国电视收视年鉴 2010》，中国传媒大学出版社 2010 年版，第 288 页。

年 11 月，中国人民大学舆论研究所所长喻国明主持了教育部社会科学研究重大课题攻关项目《中国大众媒介的传播效果与公信力》，本次调查的总体为我国（不包括港澳台地区）地级及以上城市的市辖区 14—70 岁的居民，样本按照 pps 抽样方法抽取，样本分布于全国 28 个城市，调查的有效样本为 4278 人，调查方式为入户面访。经鉴定，本次调查的结论用于推断我国居民总体时的误差≤ ±2%。调查显示，全国城市居民的媒介接触规模从大到小依次为电视、报纸、网络新闻、新闻类杂志和广播，此外，各个媒介在全国城市居民中的受众规模从高到低依次为：电视（95.62%）、报纸（79.02%）、网络新闻（43.56%）、新闻类杂志（37.77%）、广播（34.18%）。再对其中的受众进行分析，进而发现，电视的稳定受众的比例最高，在电视的受众中超过七成的比例是稳定受众，非稳定受众的比例只有 12.82%，而广播和新闻类杂志的稳定受众比例是最低的。[①] 此外，在五种大众媒介渠道中，电视的绝对公信力是最高的，广播与新闻类杂志、网络新闻一起属于及格水平。采用十分制对大众媒介渠道进行绝对公信力的测量发现，五种媒介渠道的平均得分均在及格线上。其中，电视的平均得分在城市和农村抽样地区分别是 7.98、7.82，在五种大众传播媒介中是最高的。广播的绝对公信力在城市和农村抽样地区分别是 6.56、6.84，与新闻类杂志、网络新闻一起属于及格的水平。[②]

因此，从总体情况来看，电视在中国仍是第一大强势媒介。无论在城市或农村，电视的相对公信力都是最高的，有八成左右的比例；其次是报纸和网络新闻；广播的相对公信力较低。[③] 在美国，自 1959 年开始，Roper 机构受电视咨询局（The Television Information Office）委托，对美国民众做了一系列全国性调查，调查持续了 20 多年，目的是对几种主要的大众媒介（报纸、电视、广播、杂志等）进行可信度比较，最终的研究

---

① 参见喻国明：《中国大众媒介的传播效果与公信力研究——基础理论、评测方法与实证分析》，经济科学出版社 2009 年版，第 308 页。

② 参见喻国明：《中国大众媒介的传播效果与公信力研究——基础理论、评测方法与实证分析》，经济科学出版社 2009 年版，第 333 页。

③ 参见喻国明：《中国大众媒介的传播效果与公信力研究——基础理论、评测方法与实证分析》，经济科学出版社 2009 年版，第 327 页。

结果表明，电视仍是人们更为信任的媒介。① 因此，在现代社会里，电视和其他媒介是示范的一个重要来源。② 尤其是对于处在转型变迁时期的中国社会而言，电视在传播信息和塑造文化方面，发挥着极其重要的示范和参照作用。台湾新闻学教授陈世敏在《大众传播与社会变迁》一书中提出，"无论如何，大众文化的成型，的确是受到了大众媒介的影响。所谓，大众文化，便是大众传播媒介所负载、传达的文化内容。"③ 因此，大众媒介通过其自身的传播力量，不断地对社会文化进行着建构，"大众文化之所以能成型，而且大量扩散，无疑是由于大众传播的力量所致"④。其中，电视以其独有的特性和影响力，承担着其他媒介所无法替代的责任和功用。

因此，"对正着手这方面研究的人来说，原因在于电视是一个'客观存在'，既无法否认，也无法逃避。而且，电视似乎无处不在。人们如何利用电视，这已经成为一个值得思考和研究的问题。"⑤ 首先，电视的出现是基于现代工业文明的发展，是现代化科技的必然产物，声音和画面突破空间距离的限制而广泛地传播到任何可以接收到电视信号的地方。其次，电视对其接受群体本身几乎没有任何限制，处于不同年龄、性别、身份、教育背景、经济基础等背景下的人群都可以无障碍的成为电视的目标受众。当一个话题或事件通过电视的全方位传播，便可以立刻成为许多人的话料，电视造成了个人和团体的社会身份（或角色），与电视提供的物理场合的组合，弱化了社会身份和电视提供的物理场合之间的距离。⑥ 再者，电视为社会公众营造了一个虚拟的外界环境，在此环境下，新的思想和行为模式被不断塑造和更新，并往往超出了传播具体信息所包含的主要内容，电视使得原来属于各个社会层面内部的场景推到了前台，从而整合

① 参见喻国明：《中国大众媒介的传播效果与公信力研究——基础理论、评测方法与实证分析》，经济科学出版社 2009 年版，第 175 页。

② 参见卜卫：《大众媒介对儿童的影响》，新华出版社 2002 年版，第 389 页。

③ 陈世敏：《大众传播与社会变迁》，（台北）三民书局 1983 年版，第 56—58 页。

④ 李茂政：《大众传播新论》，（台北）三民书局 1994 年版，第 336 页。

⑤ ［美］罗伯特·C.艾伦编：《重组话语频道》，麦永雄、柏敬泽等译，中国社会科学出版社 2000 年版，第 17 页。

⑥ 参见陈力丹：《解析中国新闻传播学》，上海交通大学出版社 2006 年版，第 176 页。

了信息系统。①

　　在电视创造的公共场景中，拥有不同身份和处于不同物理空间的社会公众被统一地纳入一个共同体，人们似乎可以通过电视屏幕所展示出来的"面对面"交流，来观察别人和反思自我，所有的人都共处于同一个信息公共领域。因此，与生俱来的大众化特质，决定了电视既是一种现代化媒介，又是一种大众或准大众媒体，不存在类似于政党报纸那样（即政党性十分突出，以致明显压倒大众性）的政党电视。②1995年美国俄克拉荷马州政府大楼发生爆炸，CNN等电视新闻媒体进行了24小时连篇累牍的报道。据一项受众分析显示，有近10%的观众误以为整个城市遭到破坏；还有80%的当地电视公众在收看了电视报道后，恐惧感上升。这充分证明公众并不是获得的信息越多，恐惧感就会越低，问题的关键在于他们获得的是什么样的信息，是以何种方式获得的。③"危"与"机"并存相伴，是当前中国转型期风险社会的突出特征，电视媒体作为公信力最高的大众媒介，不仅承担着守望社会、传播信息、预警风险的作用，更重要的在于其凭借有效的传播响应来对风险进行控制、协调和传衍，而这无疑是中国现阶段特殊社会现实的一种具体反映。

　　有关大众媒介在社会中的责任和功用的研究自古有之，并已日渐丰富而深入，如美国政治学家哈罗德·拉斯韦尔在《传播的社会结构与功能》中指出，大众传播媒介具有三个显著的功能：监视周围环境，联系社会各部分以适应周围环境，一代代传承社会文化。随后，美国社会学家查尔斯·赖特在《大众传播：功能的探讨》中又补充了大众媒介的第四个功能：娱乐功能。此外，奥裔美籍著名社会学家拉扎斯菲尔德从不同的研究角度将大众媒介的功能划分为：授予地位、促进社会准则的实行和麻醉受众的神经。在此基础上，传播学理论的集大成者威尔伯·施拉姆在《传播学概论》中正式将传播功能定为：雷达功能、控制功能、教育功能和娱乐功能。④ 从功

---

① 参见陈力丹：《解析中国新闻传播学》，上海交通大学出版社2006年版，第177页。

② 参见张国良：《社会转型与媒强烈的大众性特质的作用介生态实证研究》，上海交通大学出版社2007年版，第5页。

③ 参见史安斌：《危机传播与新闻发布》，南方日报出版社2004年版，第24页。

④ 参见邵培仁：《传播学》，高等教育出版社2000年版，第58页。

能的角度对大众媒介进行分析和研究，正是顺应了社会现实对媒介的要求，"只有当我们把注意的焦点从对个体的分析转移到对社会整体的分析上时，大众传播的某些特定方面才变得突出出来。一旦这样做，我们就开始思考大众传播在社会中扮演的角色，以及大众传播对整个社会发挥的功能。"① 哈钦斯报告《一个自由而负责的新闻界》认为，新闻媒介因其重要的社会功能在社会中占据重要的地位，与此同时，新闻媒介也因这种地位的获得而承担着相应的社会责任。②

电视作为大众媒介中的重要一员，当风险存在或危机发生时，其不仅发挥着大众媒介在社会中的普适功能，还体现出了自身独特的传播效果和社会影响。其一，电视媒体风险预警的高可信度和认知度。一方面，社会公众由于受文化知识、社会背景、时间空间等自身条件的限制，对周围环境的变化及潜在的风险的感知和应对是极其有限的。另一方面，社会决策者限于自身的执行力和注意力，不可能保持对所有社会变化及风险的持续敏感和快速反应。而作为社会"守望者"的大众媒介的首要职责即是对周围的环境进行监测，在提供信息的同时解释社会中的变化及其可能发生的危险与机遇，发挥作为信息沟通平台和传播机构的作用。在中国，电视凭借其广泛的覆盖范围和极高的公信力而成为当今社会的第一媒体，是绝大多数公众在面临风险或危机时的首选媒体。而当危机发生时，电视通过声画合一的现场直播，不仅让受众第一时间知晓信息，更增强了受众对风险的切身感知和认识，立体化的同步传播使电视媒体能够在第一时间对风险做出有效的预警。在突发事件中，及时有效的预警不仅可以提醒公众远离风险，提高自我保护意识，同时也敦促政府等相关决策者采取正确的应对措施，尽可能地控制风险或减少风险带来的损失。

其二，电视媒体在风险控制中的舆论引导与互动干预。随着中国社会民主化、法制化进程的不断推进，信息的公开透明和公众知情权的满足

① ［美］沃纳·赛佛林等：《传播理论：起源、方法与应用》，郭镇之译，华夏出版社2000年版，第336页。

② 参见美国新闻自由委员会：《一个自由而负责的新闻界》，展江等译，中国人民大学出版社2004年版，转引自邱戈：《媒介身份论：中国媒体的身份危机和重建》，中国传媒大学出版社2008年版，第26页。

便愈发地得到重视，这种对真实的、及时的信息的渴望集中体现在风险传播的过程中。澳大利亚危机管理专家罗伯特·希斯（Robert J. Heath）将危机发生时媒体的责任和功能总结为以下五个方面：提供信息，指导公众在不同的危机情境中行动；增强公众的危机意识；危机发生时警示公众；为危机管理者提供信息，关注利益相关者的情绪，可以理解，和分析较大的危机；提供有关做什么、去哪里、联系谁及采取什么措施的信息，以控制并解决危机。①危机发生后，电视媒体在传播风险信息的同时，也成为社会公众发出呼声和表达意见的公共平台，各种社会舆论通过电视媒体的广泛报道，形成了一个多元化的舆论场域。此场域一方面集中展示了真实的民情民意，另一方面成为了决策者采取行动的重要参考，而电视媒介正以信息的公开传播和舆论的有效引导对双方的互动进行干预。

其三，电视媒体在风险协调中的情感协同和受众培养。从危机发生前的预警防范到危机发生时的舆论引导和情感协同，电视媒体始终扮演着不可替代的社会角色。社会转型期中的风险纷繁复杂，不同的风险呈现出不同的特点，如预见难度、波及范围、持续时间、控制难度、损失程度等。但无论何种风险，通过电视媒体的传播之后，都会为广大社会公众所认知，进而引发其对变化环境做出相关的反应，而往往这些对风险的感知和应对都不是彼此孤立的，人们通过电视媒体这个中间介质来寻找一种社会共鸣和集体归属感，进而获得与他人对话和互动的基础，促进自身与周围环境的关系沟通，达到情感的一致协同。真实的信息、形象的现场、及时的传播、权威的意见都在很大程度上加深了电视风险传播中的情感共鸣和意见协同，于无形之中培养着受众对风险的认知和意识，调整和建构着各类社会关系。

其四，电视媒体风险传播的文化继承和经验延续。传播学者拉斯维尔认为，媒介三大功能之一的遗产传承功能，即是一种文化功能，也有学者表达了相同的观点，"传播把文化世世代代传下去，主要在于传达知识、价值和社会规范"。②具体来说，电视媒体风险传播的文化传承主要表现

---

① ［美］罗伯特·希斯：《危机管理》，王成等译，中信出版社 2004 年版，第 191 页。
② 李金铨：《大众传播理论》，中国台湾三民书局 1996 年版，第 18 页。

为两个方面：一是对人们风险知识的丰富和补充，即充当"教师"的角色而展开的独立教育；二是对有关风险应对的价值观、道德观、行为实践以及经验教训的培养和继承。正如霍尔在《文化、传媒和"意识形态效果"》的文章中指出的，现代传媒首要的文化功能，便是选择建构"社会知识"和社会影像。大众是通过传媒建构的这类知识和影像来认知世界，来体味他们曾经经历过的现实生活。[①]电视媒体对风险文化的传衍，往往比较难以察觉，其通过对"拟态风险环境"的电视化建构，来塑造和维护既有文化和价值观，并于无形之中创造着新的电视风险文化，成为社会文化遗产代际传承的重要载体。

三、风险视阈下电视新闻的同构性与异质性

充满风险与机遇的现代社会与工业社会之间存在着本质的差异。有学者认为，这种差异的主要特征就是现代社会的日常生活完全被图像和信息所包围，或用费瑟斯通（1991年）的话来说，被"源源不断的、渗透当今社会日常生活结构的符号和图像"[②]所包围。"把视的机器与听的机器结合起来，就具备了产生有声电影与电视的条件。换言之，在部落时代与现代文明时代之间，社会已经找到了超越时空地分享与储存信息的方法，以便保存历史，使之不致被遗忘，并把一个有效率的社会从少数人扩大为千百万人。"[③]电视作为图像和信息的重要渠道来源，早已深刻地融入到人们的日常生活中，并于无形之中支配和改变着人们的思想和行为。"在大众传播媒介中，电视是一种全息媒介，它可以全方位地调动人体的视觉和听觉器官进行信息接收。"[④]电视凭借丰富的画面和屏幕语言提供了完整、形象的视觉感知，与此同时，真切声音和音响又带给受众立体的听觉感知，"电视可以看作是了解世界的一个窗口，但是它并非百分之百地保真。

---

① 喻国明：《中国大众媒介的传播效果与公信力研究——基础理论、评测方法与实证分析》，经济科学出版社2009年版，第155页。

② ［英］尼古拉斯·阿伯克龙比：《电视与社会》，张永喜等译，南京大学出版社2000年版，第1页。

③ ［美］威尔伯·施拉姆：《大众传播媒介与社会发展》，华夏出版社1990年版，第41页。

④ 汪文斌、胡正荣：《世界电视前沿》，华艺出版社2001年版，第30页。

它主要展示的是世界的一种框架、现实的一种翻版。这并不是存心要误导观众，原因仅在于无法找到唯一公正的、正确的方法来描述现实，这就好比是不同的人对厨房外的情景各有所见一样"①。

据"1997 年全国电视观众抽样调查"表明，人们对三大传媒接触率高低排序依次为电视、报纸和广播；而在人们收看电视的动机上，"了解国内外时事"也已超过"娱乐消遣"成为观众收看电视的首要动机。②1999 年 5 月 8 日，以美国为首的北约悍然轰炸我国驻南斯拉夫使馆，随后，复旦大学新闻学院开展了关于突发事件后传播途径选择的小型调查，调查显示：电视是人们获知信息的主流媒介，这与媒介对于信息播报的时效性和日常接触频度有很大关联。③2003 年，中国人民大学新闻学院对"非典"期间北京居民获取信息的渠道也做了一定规模的抽样调查，调查结果表明，电视凭借其信息发布迅速、权威性高、声画合一的媒介特点，成为人们在重大突发事件面前获取信息的首选媒介。④2005 年，中国社会科学院社会发展研究中心对北京、上海、广州、成都和长沙等五城市互联网使用与影响的情况进行调查，结果显示：在人们使用的大众媒介中，电视依然强势。在总数为 2367 人的被访人群中，看电视者有 2312 人（占 97%）。但同时调查也可以发现，人们已经不再依赖于单一的电视媒介，而是呈现出多种媒介共同使用的情景。

追溯电视媒体的发展历史，不难看出，娱乐节目是电视早期发展阶段的主体内容，当时的电视荧屏几乎无一例外地播放着录制好的文艺娱乐节目，然而，随着电视内容的不断丰富和电视技术的不断提高，新闻节目逐渐成为了各电视台最重要的节目形式，电视媒体的新闻传播功能也被给予了极高的重视。"电视新闻节目因及时传递大事要闻、贴近群众生活实际而最具传播影响力，所以各级电视台一直都有'新闻立台'的说法。"⑤

---

① ［英］尼古拉斯·阿伯克龙比：《电视与社会》，张永喜等译，南京大学出版社 2000 年版，第 23 页。

② 罗明、胡运芳：《中国电视观众现状报告》，社会科学文献出版社 1998 年版，第 4 页。

③ 张晓峰：《解构电视：电视传播学新论》，中国广播电视出版社 2006 年版，第 52 页。

④ 张晓峰：《解构电视：电视传播学新论》，中国广播电视出版社 2006 年版，第 52 页。

⑤ 杨伟光：《中国电视论纲》，中国广播电视出版社 1998 年版，第 94 页。

在现代社会，获取信息更是成为了人们生存和发展的重要需求，电视媒体既具有一般媒体的新闻传播功能，更有着自身独特的传播特色和优势。一般来说，电视传播是"电视从业者使用电子媒介广泛、迅速和连续地传播信息的活动"[1]，而电视新闻传播已由"新近发生的事实的报道"变为"新近或正在发生、发现的事实的报道"[2]。在风险社会中，人们对于周围环境的变化更为敏感，因而对信息也有着更为强烈的渴望，对媒介的依赖性也日趋增强，如何在最短的时间内，获取尽可能全面和权威的信息，以平衡和发展自我，是每个现代人生活的重要议题。

其一，作为大众传播媒介的一种，电视媒体的新闻传播也无一例外地承担着传递风险信息，建构社会现实，培养风险意识，强化风险沟通的功能。在风险社会中，电视新闻是信息的及时传播者，其将周围环境变化的情况以声画合一的媒介表现形式，及时公开地传递给广大民众，不断满足社会大众对信息，尤其是重大突发信息的需求。电视媒体依靠其广泛的覆盖和触角，时时刻刻守望着风险社会的诸多变化，并通过视听综合的传播手段来展示和解释这些变化，在传递新闻信息的同时，不断地建构社会现实，培养风险认知；此外，作为社会系统的协调组织，电视媒体对风险信息的新闻报道，成为了沟通政府、民众和社会的重要渠道，传递风险信息，搜集社情民意，组织动员民众，引导大众舆论，是当前风险社会中电视新闻的主要功能所在。

其二，电视新闻的风险呈现，不仅打破了个体生存的孤立镜像，同时营造了群体生活的同一幻景。现代社会的人们生活在"电视"所营造的虚拟世界中，他们或沉迷于紧扣心弦的电视剧中，或陶醉于精彩的体育直播中，或欣赏着各类轻松愉悦的综艺节目，又或关心或讨论着电视所播出的新闻事件和新闻人物。据 CSM 在 2006 年的调查数据显示，中国大陆年龄在 4 岁及以上的电视观众规模达到 11.99 亿人，占全国 4 岁及以上人口的 95.84%。[3] 而在美国，每个家庭平均每天开电视 7.5 个小时，每人每

---

[1] 石长顺：《电视传播学》，华中理工大学出版社 2000 年版，第 4 页。

[2] 杨伟光：《电视新闻分类与界定》，中国广播电视出版社 1994 年版，第 3 页。

[3] 崔保国：《2006 年中国传媒产业发展分析》，见 http://www.china.com.cn/news/txt/2007-06/20/content_8416822.htm。

天的平均收视时间大约是 230 分钟。① 由此可见，这种电视化的生活状态早已突破了时间和空间的限制，地球上不同种族、年龄、职业和社会背景人群都像生活在同一个封闭的空间之中一样，拥有着相似的信息，体验着相似的感情，实践着相似的行为。以电视为代表的"媒体是连接我们和外界之间的桥梁：它用信息、经验、人物、形象和观点使我们相互联系，虽然如果不是这样，它们通常不会成为我们日常生活的一部分，但是，媒体能影响我们对于信息、经历、人物、形象、观念的选择"。②

纽约大学心理教育学家詹里姆·布鲁诺经研究发现：人类的记忆 10% 来自听觉，30% 来自阅读，80% 则是通过视觉和实践获得。③ 电视凭借不断运动的画面和逼真的现场声音，将事件发生和变化的过程生动形象地呈现在受众面前，现场感与时效性的完美结合，给予了人们身临其境的虚拟感。此时，每个观众的身心都暂时脱离了其所真实存在的个体环境，转而进入了电视呈现的群体情境中。长此以往，社会大众在某种程度上都拥有了共同的群体记忆，尤其体现在对重大风险或突发事件的集体回忆和情绪共鸣。

其三，对于风险的媒介化呈现而言，电视新闻更适合表现未知的、突发的或潜在的风险，且更侧重风险发生过程的展示。当对突发事件进行现场直播时，电视能在第一时间以 30 万千米／秒的速度，将事发现场的真实情景瞬间传遍全球，其凭借声画合一的传播特点更是赋予了受众视觉和听觉的立体感知，逼真的现场画面和声音使每一个观众都恍若身临其境，恰似感同身受。而对未知的或潜在的风险进行信息传递时，电视可通过二维镜头画面，整合所指文字、能指图像等叙事元素，真实地还原现实世界的三维空间④，将事发现场进行"真实复制"或将可能发生的风险和

---

① [美] 贝尔吉：《媒介与冲击：大众媒介概论》，赵敬松译，东北财经大学出版社 2000 年版，第 20 页。

② [美] 科克利：《体育社会学——议题与争议》，刘精明等译，清华大学出版社 2003 年版，第 464 页。

③ [美] 保罗·M·莱斯特：《视觉传播——形象载动信息》，霍文利等译，北京广播学院出版社 2003 年版，第 447 页。

④ 黄匡宇：《当代电视新闻学》，复旦大学出版社 2010 年版，第 32 页。

危机进行"虚拟展演"。在对风险信息进行传播时，单纯的声音传播，如"口播"和"现场同期声"等，已无法满足完整叙事的信息需求，而具有能指功能的图像是对新闻事实的客观记录与描述，起着"眼见为实"的证实作用。因此，在风险传播中，电视新闻具有消除信息不确定性，证实和增强现场感的独特优势，[①] 是一种对客观变化最直接、最彻底的展示，较之其他媒介新闻而言，电视新闻更具说服力和感染力。

　　其四，在"信任危机"频发的媒介生态环境中，电视新闻的公信力成为其在风险传播中的核心竞争力。作为社会系统的重要组成部分，媒介具有稳定社会结构、促进社会发展的重要作用，"信任危机"在媒介生态环境中的出现，绝不仅仅关乎于自身的行业声誉，而是对整个社会产生了深刻的负面影响。"假新闻"的频频出现，媒介从业者职业道德的缺失，"网络新闻"的虚实难辨等都已成为媒介饱受诟病的主要原因。关于媒介公信力的评价标准，有学者提出了三个考量的维度：[②] 其一，媒介在社会分工体系下的专业主义特质，即与媒介完成社会所要求的功能与角色扮演相关的所有品质，如客观、公正、及时、平衡、全面、深刻等，此为媒介公信力的形成基础。其二，公众对媒介社会角色期待的中心指向。在不同的社会制度结构以及不同的社会发展阶段，社会及公众对媒介履行的社会功能和扮演的社会角色的具体要求是有所各异的。因此，当媒介所呈现出其履行社会职能的特质与当时的社会发展阶段中社会和公众对媒介的基本角色期待相吻合时，媒介就会获得更高的公信力评价。其三，公众对媒介社会角色扮演的感知与认同。大众媒介公信力评价不仅与专业主义特质相关，更与公众对特定媒介在文化上、情感上和价值观上的认同有关。在转型期的风险社会中，持续、稳定的高公信力是大众媒介影响和作用社会的重要前提。

　　因此，从本质上讲，媒介公信力即是公众对于大众媒介的社会期待被落实情况所引起的公众心理感知和评价，同时公众的这种感知和评价也是媒介获取公众信任的能力和素质的体现。简单地说就是公众对媒介的社

---

① 黄匡宇：《当代电视新闻学》，复旦大学出版社 2010 年版，第 32 页。

② 喻国明：《中国大众媒介的传播效果与公信力研究——基础理论、评测方法与实证分析》，经济科学出版社 2009 年版，第 9 页。

会期望与媒介实际表现之间契合程度在公众心理上的反映。[①] 有学者认为，无论在何时，处于何种社会环境中，大众传播媒介都应作为一个相对自由的社会信息交流平台和社会文化传播机构，旨在通过一种主流的信息和文化传播方式来影响社会。[②] 而这种极具社会效应的影响力正是基于媒介长期以来在公众心目中积累的公信力，具体到电视新闻而言，其借助传播技术的优势，总是以多视角的画面能指元素，将信息以更加准确、具象、生动、易受的形式呈现在观众面前。尽可能提供生动、准确、形象的新闻视觉元素，是电视新闻节目获取最佳传播效果的起点。[③] 权威的媒介话语，严肃的媒介形象，声画合一的传播形式，广泛的高公信力依然是当前电视新闻在风险传播中独特的媒介优势。

① 喻国明：《中国大众媒介的传播效果与公信力研究——基础理论、评测方法与实证分析》，经济科学出版社 2009 年版，第 27 页。
② 邱戈：《媒介身份论：中国媒体的身份危机和重建》，中国传媒大学出版社 2008 年版，第 246 页。
③ 黄匡宇：《当代电视新闻学》，复旦大学出版社 2010 年版，第 27 页。

第二章

自然风险中电视新闻的风险告知

2008 年 5 月 12 日的汶川强震带来的巨大震动几乎影响了整个中国，甚至波及了邻国。2008 年 6 月 26 日，国务院新闻办公室根据国务院抗震救灾总指挥部授权发布：据民政部报告，截至 2008 年 6 月 26 日 12 时，四川汶川地震已造成 69185 人遇难，374174 人受伤，18457 人失踪①，成为了自新中国成立以来最具破坏力的特大自然灾害之一。鉴于此，国务院宣布：2008 年 5 月 19 日至 21 日为全国哀悼日，在此期间，全国和各驻外机构下半旗致哀，停止公共娱乐活动，外交部和我国驻外使领馆设立吊唁簿。随后不久，经国务院批准，自 2009 年起，每年的 5 月 12 日为全国防灾减灾日。21 世纪以来，以"5·12"地震为代表的自然风险是中国现代社会中最为常见的风险类型之一，所谓自然风险是指因自然因素和物理现象所造成的物资风险，例如雷电、火灾、洪水、地震、崖崩等引发的风险损失等。现代社会中自然风险的发生通常具有突发性、重大性和广泛性，其对人类社会所可能造成的影响已不可低估，而作为社会环境的忠实守望者，电视媒体将日益成为人们获取风险信息，感知风险环境的重要渠道。

---

① 参见《四川汶川地震已造成 69185 人遇难 18457 人失踪》，2008 年 6 月 26 日，见 http://news.qq.com/a/20080626/001630.htm。

第一节　现场直播的风险感知

电视新闻的现场直播，即是在新闻事件的发生地，将现场正在发生的或呈现出的景象、声音以及电视记者在现场的采访、解说等即时同步播出的一种方式，这种无时差、无损耗、无准备的现场纪实播出方式，是当前电视新闻传播中最具魅力和活力的表现形态。当突发风险发生时，电视即可对突发事件进行同步的直播报道，其中，除镜头切换和场景变换之外，不实施任何剪辑手段，摄录、采访、报道、播出是在一个运作系统内同步进行。在突发风险的现场直播中，每一个镜头都是新鲜的、紧张的、充满悬念的，观众在没有任何心理准备的前提下，接受着来自电视画面的强烈刺激，并最终实现了身临其境、感同身受的情感共鸣。在风险传播中，电视新闻的现场直播更强调以一种揭秘式的展演方式对风险发生的情景进行呈现，第一时间的同步传递，新鲜真实的现场情景、持续完整的事件过程、无法预测的未知悬念等，都成为了人们通过电视媒体知晓风险、认识风险、感知风险的手段和方式。因此，现代意义上的现场直播并不是单纯现场的再现，它实际上是电视综合手段在现场的综合效应，是各路信息渠道通过现场直播载体的内信息集约化过程。①

一、同步传播的时效性

通常认为，时效性是指信息的新旧程度、最新动态和进展。它是电视新闻直播的最大魅力所在，能进行现场直播报道的新闻即不考虑采用其他的报道形式，是当前西方电视新闻界默默奉行的新闻理念，然而，电视新闻对时效性的坚持和追求是不分国界的。随着国内电视技术的不断发展与成熟，现场直播已经成为当前中国电视新闻界的不二选择，从"实况转播"到"演播室直播"，再到"新闻现场直播"，逐渐形成了"直播常态

---

① 参见叶家铮:《电视传播理论研究》，北京师范大学出版社 2000 年版，第 143 页。

化"的电视新闻报道态势。对于电视新闻而言,时效性的独特表现即是同步传播,在某种程度上,也正是因为电视新闻现场直播所带来的同步传播,而将过去新闻界对时效性的认识从"TNT"(Today News Today)转变为"NNN"(Now News Now)。电视新闻的现场直播,是通过现代化的电子传播技术,即时将现场事件的进程,同步传送到电视机上,从而实现新闻事件进程在电视屏幕上的同步播放。① 它在真正意义上实现了新闻事件的发生,记者对新闻事件的采集、摄录,以及电视媒介对新闻事件的传递三者之间的共时同步。

在电视新闻的现场直播中,事件的发生与事件的报道之间是"零时差"的同步传播,因此,这种传播方式往往最适宜表现突发的、重大的风险或灾难。当自然风险发生时或者发生后,人们十分渴望在最短的时间内获取相关信息,现场直播的同步传播特征即是在最大限度上满足这种迫切的需求。电视新闻现场的同步传播,在及时传递信息的同时,也给受众营造出了一种强烈的共时体验氛围。对此,日本传播学者滕竹晓认为:"同时享受同一内容,这种电视传播特征,使其成为在全社会范围内令共有体验增殖的媒介。"② 现场直播的同步性是新闻事件共有体验得以完成的基本前提,它通过即时的"现场搬演"实现了电视受众与新闻现场"共时同在"的传播效应。在电视新闻的现场直播中,图像和声音的采摄与传播是同时完成的,整个过程不需要经过胶片冲洗、拷贝配音等环节,只需将信号传入通信卫星传播系统中,即可以超越时间和空间的限制,呈现出一种虚拟的共时感知氛围。在一些极具破坏性的突发自然风险和灾难的电视传播中,这种虚拟的共时感知往往带给人强烈的心灵震撼,是其他任何媒体所无法比拟和替代的。

2008 年 5 月 12 日下午 14 点 28 分,四川省汶川县发生了里氏 8.0 级(在最初的新闻报道中为里氏 7.8 级,后被修正为 8.0 级)大地震,32 分钟后,中央电视台新闻频道首发了有关汶川地震情况的第一条新闻,并从 5 月 12 日 15:20 分开始推出直播特别节目《关注汶川地震》,以"同一主

---

① 参见叶家铮:《电视传播理论研究》,北京师范大学出版社 2000 年版,第 16 页。
② 叶家铮:《电视传播理论研究》,北京师范大学出版社 2000 年版,第 16 页。

题不间断播出"的方式对白天和午夜时段实施了直播全覆盖。其中,自 5 月 12 日 22:00 起,中央电视台新闻频道和综合频道同步并机直播《抗震救灾 众志成城》特别报道,整个直播过程一直持续到 5 月 13 日 20:00,直播时间累计超过 26 个小时,首播新闻累计超过 200 余条,成为国内外各大新闻媒体获取汶川地震情况的主要信息来源。截止到 5 月 14 日上午 10:00,共计 113 个国家和地区的 298 家电视机构转播或部分使用了中央电视台中文国际频道、英语频道、法语频道和西班牙语频道节目的信号。其中 107 家转播中文国际频道节目,231 家转播英语频道节目,10 家转播法语频道节目,7 家转播西班牙语频道节目。共有 239 家全部转播,59 家部分转播。CNN、BBC 大部分引用新华社、中央电视台、四川电视台等相关国内媒体的报道。[①] 公开、透明、高效、权威的直播报道不仅在第一时间满足了人们对突发大地震的信息需求,更是及时地稳定了民心,阻断了谣言的传播,在危机传播中获得了极大的主动权和美誉度。

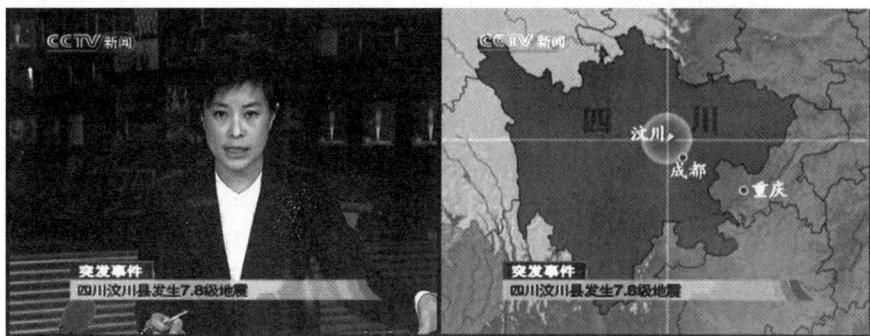

图 2-1-1:2008 年 5 月 12 日 15:06 分中央电视台新闻频道画面

5 月 12 日 15:06 分,中央电视台新闻频道播出首条有关汶川地震的新闻,全文如下:根据国家地震台网的重新确定,北京时间今天下午的 14 点 28 分,在四川汶川县发生 7.8 级地震,震中位于北纬 31.0 度,东经 103.4 度。目前国家地震应急救援预案已经紧急启动,人员的物资装备正在积极的准备中,中国地震救援队的队员也正在集中。

---

① 参见《中央电视台第一时间报道四川汶川地震抗灾情况》,2008 年 5 月 14 日,见 http://news.xinhuanet.com/newmedia/2008-05/14/content_8166932.htm。

仅仅在 14 分钟后，央视新闻频道即推出了直播特别节目《关注汶川地震》，根据央视网关于"四川汶川大地震"24 小时滚动视频直播的记录，可以看出，自从直播节目推出后，几乎每分钟都有关于此次地震的最新消息，如：【电话连线】四川汶川发生 7.8 级地震　成都震感明显（5 月 12 日 16：26），【视频】泰国曼谷、越南河内有震感（5 月 12 日 16：26），【视频】中国军队紧急启动应急预案应对四川汶川地震（5 月 12 日 16：28），【视频】四川震后最新画面（5 月 12 日 16：29），【视频】胡锦涛作出重要指示　温家宝正赶赴灾区（5 月 12 日 16：31），【视频】湖北黄石发生 6.3 级地震（5 月 12 日 16：36），【视频】浙江嘉兴与上海之间发生 5.7 级地震属误传（5 月 12 日 16：42），【视频】中国移动副总裁解答灾区通信情况（5 月 12 日 16：44），【视频】受地震影响　成都机场暂定关闭至 18 点（5 月 12 日 16：48），【视频】地震局新闻发言人介绍四川地震最新情况（5 月 12 日 16：56）等①。

对于汶川地震这类突发的重大自然灾难进行现场直播，是电视媒体优势得以充分发挥的最佳表现方式，现场直播对风险和灾难发生的全过程进行了"零时差"的展演，在此过程中，信息实现了零损耗、零剪辑和零过滤，记者所见即观众所见，记者对事件的探究过程，就是观众获知新的信息的过程。② 在汶川地震发生后不久，四川卫视、重庆卫视、陕西卫视、东方卫视、湖南卫视等国内各大电视台都相继中断或调整了正常播出的节目，转而滚动播出有关汶川大地震的特别报道。四川卫视在地震发生后不到一个小时，便开始了 24 小时全时段直播特别报道；东方卫视紧急调整了播出版面，推出了"聚焦汶川大地震特别报道"；陕西卫视频道全程直播关于四川和本省震区的最新报道；重庆卫视更是将其频道名称改为"重庆抗震救灾专业频道"，只播出和地震有关的各种最新情况；一向主打娱乐牌的湖南卫视也积极响应，撤销了该台四档期品牌娱乐节目，对抗震救灾的最新情况进行实时直播。此外，几乎全国所有的卫视频道和各省市地

---

① 参见《四川汶川大地震视频专题》，见 http：//news.cctv.com/special/C21411/01/index.
shtml.

② 参见吴红雨：《解读电视受众：多元化需求与大众化电视》，浙江大学出版社 2009 年版，
第 59 页。

面频道都在滚动直播此次地震的最新消息以及各地抗震救灾的进展情况。

当重大自然风险或灾难发生时，人们对电视媒体的期待就不仅仅是"刚刚发生的新闻"，转而升级为"正在发生的事实"，对现场同步感受的渴望程度与风险发生的时效强弱、影响程度、波及范围等呈正相关。即时的现场直播无需经历多重中间环节的过渡，共时的传播特性让受众同步感知现场的即刻变化，受众在获取原始信息的同时，也在进行着独立的思考、判断和分析。人类所有的知觉都具有双重维度的特性，时间和空间的交错结合，是感知得以存在的基础，所谓的"风险感知"若失去了"共时同步"的效应，也便失去了意义，过时的场景呈现，即使再真实、再完整，也难以让观者感同身受。具体来说，电视新闻的现场直播有两种主要的形式，一是对事件发生现场的即时播出，二是在演播室内，通过主持人的新闻播报，与记者的连线，与专家、官员及相关责任人的访谈等，来进一步还原、解读和分析事件发生的现状，甚至是未来的发展趋势。因此，对于突发的重大自然风险与灾难而言，电视新闻现场直播的时效性，不仅是"风险感知"的重要前提和基础，更是为事件未来的发展趋势提供及时的决策参照。有效决策的产生依赖于及时的风险感知，而及时的风险感知又依赖于事件现场的同步传播；而从另一个角度来看，及时有效的决策又是防止风险进一步扩大或加深的重要保障，因此，现场直播的同步性特征在电视媒体的风险传播中具有极为重要的地位和作用，只有实现了时间的一致性和连续性，人们对风险的感知才具有当下的现实价值。

二、声画传播的现场感

较之新闻的其他媒介传播形式而言，电视新闻的最大优势即体现在现场感与时效性的完美结合，电视现场直播通过运动的画面和即兴的背景音，将正在发生或已经发生的现场情景，动态且立体地呈现出来。电视新闻是对现实生活中既已发生或正在发生事实的时空"现场"的"真实复制"，它通过二维镜头画面，整合所指文字、能指图像等叙事元素，真实地还原现实世界的三维空间。[1] 在这个过程中，受众既能看到事件发生现

---

[1]　参见黄匡宇：《当代电视新闻学》，复旦大学出版社 2010 年版，第 32 页。

场的真实场景和最新进展，又能听到事发现场即刻出现的各种声音，视觉和听觉的双重满足最终带来了身临其境的现场感。因此，电视新闻的现场直播是对客观事实最直接、最有效的反映形式，从某种意义上讲，声画并行的传播方式是将观众带入事发现场的唯一路径。即时、迅速、纪实、直观是电视现场直播的主要特征，这种动态实况展演的传播特点，使得电视媒体在重大突发事件或风险传播时，具有极强的核心竞争力和感染力。

"电视图像能够使观众产生直接交流的感觉……电视的恒在性和它的系列模式，有助于使观众形成一种电视节目会永恒存在的感觉。"[1] 在事发现场，由于不可避免的自身局限，任何一个记者都无法掌握现场情景所呈现出的所有信息，甚至可以说，在现场，观众所见未必记者能见[2]，而此时，电视机前观众的主动性便被激发，其可以根据自身的理解对事发现场进行极为个性化的解读。这种虚拟的"现场参与"快感，是随着事件的发展而逐步深入的，因此，情景传播的恒久持续性是受众潜意识当中的隐性期待。在对突发风险进行现场直播时，观众是通过现场画面和实况声响的双通道来获取信息的，这种视觉与听觉的立体感知带给受众强烈的临场感、参与感和共鸣感。注重过程、强调参与已经成为当前受众接受媒介信息的一个重要审美追求[3]，当重大风险或灾难发生时，电视新闻将大量现场的情景、鲜活的同期声以及记者的现场解说通过直播的方式同步地传递给电视受众，展示了一幅幅声画并茂的，且正在发生的风险情景，带来了强烈的视觉和听觉冲击。

对于情景传播的虚拟体验方面，电视有着与生俱来的优势，"同步共时"与"声画合一"的传播特色，使观众暂时脱离了对事件发生的具体时间点的关注，转而更加关注事件的动态发展过程。耳闻目睹，感同身受的现场感是受众获得"平等"的接受心理的前提，在这种心理和情绪的感染

---

① [英] 大卫·麦克奎恩：《理解电视：电视节目类型的概念与变迁》，苗棣等译，华夏出版社 2003 年版，第 7 页。

② 参见吴红雨：《解读电视受众：多元化需求与大众化电视》，浙江大学出版社 2009 年版，第 59 页。

③ 参见张晓峰：《解构电视：电视传播学新论》，中国广播电视出版社 2006 年版，第 44 页。

下，电视受众将对事发现场产生强烈的情感共鸣，在虚拟的传播环境中实现了"零距离"的传受互动。"电视"的英文 TV (Television) 是由 Tele 和 Vision 组合而成的复合词，即"遥远之地能看到的图像"，是一种"远距离传送画面"的意思，① 可见，画面图像是电视传播中最具有突出优势的符号形式。影像表述具有化朦胧为清晰、化冷漠为热烈，化抽象为具象、化间接为直接的本质特点，能指图形阅读的智力门槛远低于所指文本阅读的智力门槛②。因此，当各类自然风险进行电视化传播时，受众凭借具象的语言符号即可对风险的发生和发展过程进行远距离地观察、解析和重构，达到能指图景与所指文本的高度契合。

重大突发风险往往是难以预测的，因此，对此类风险进行现场直播有着不小的难度。在风险发生时，摄像机的镜头即成为了电视受众的眼睛，它带领观众进入了虚拟的现场场景，即时观看事件的发生和发展过程。毋庸置疑，现场声音和画面的同步传递，不仅给观众带来第一时间的新闻信息，更重要的是让观众产生自己在现场的错觉，正是这种错觉赋予了电视现场直播的魅力。此处需要特别指出的是，声画合一的现场感，绝不仅仅出现在现场直播的电视新闻中，而是作为电视新闻的内在特征普遍存在。因此，在对声画合一的现场感进行分析时，本书没有选取对自然风险进行现场直播的视频，而是特意选取了录播的视频案例，旨在从普遍性原理出发来对电视新闻声画合一的现场感特征进行分析和解读。

2010 年 9 月 19 日上午 8：40，第 11 号超强台风"凡亚比"自台湾东部莲花县丰滨乡登陆，据台湾媒体报道，登陆时中心附近最大风力达到17 级。晚间 6 时左右，"凡亚比"自台南地区进入台湾海峡，在台湾陆地共滞留 9 个小时。

受"凡亚比"影响，台湾地区多处发生房屋倒塌、民宅被毁、道路塌方等灾情。如下图即是央视新闻频道直播"凡亚比"台风登陆的电视画面，从播出时间来看，是 2010 年 9 月 19 日下午 17 点左右，强台风"凡亚比"在台湾登陆的那一刻，画面中记者的现场解说数次被强大的风力打

---

①　参见张晓峰：《解构电视：电视传播学新论》，中国广播电视出版社 2006 年版，第 139 页。

②　参见黄匡宇：《当代电视新闻学》，复旦大学出版社 2010 年版，第 18 页。

图 2-1-2：2010 年 9 月 19 日 17 时左右中央电视台新闻频道画面

断，甚至一度无法说话。接下来的画面是一辆被严重砸毁的汽车，而如此巨大的力量来自被强台风拦腰斩断的大树，这种对风险的现场直播，将事件的发展进程、现场环境、气氛、画面、声音同时、同步地呈现给电视受众，营造了"百闻不如一见"的现场感。

图 2-1-3：2010 年 9 月 19 日中央电视台新闻频道画面

上述两幅图片也来自央视新闻频道对台风"凡亚比"登陆后现场情景的转播视频画面，画面中打出的"东森台记者"、"啊～～～"以及画面提示语"镜头记录台风'凡亚比'身边的记者"，寥寥数语便将现场正在发生的一切有力地传播了出来。面对这种场景，再多的语言都显得无力和苍白，画面以其最真实、生动，形象的具体符号将每一个场景，每一分情感和每一分体验都传递的淋漓尽致。在空间上，这种现场直播将台风"凡亚比"发生的现场同电视观众之间的距离缩减到最小程度，促使观众对事件发生的每个环节和过程都产生了强烈的新奇感和现场感，进而萌发了主动参与的主体意识。有学者认为，电视新闻在新闻事实的叙述过程中，单一的"口播"形式已经无法完成"完整叙事"的要求，能指画面和图像对新闻事实的客观记录与描述，则具有"眼见为实"的证实作用。① 因此，在对某些突发风险进行应对时，电视新闻往往采用现场全程直播的方式来证实与强化事件的现场感，它综合运用文字、图像、色彩、声音等丰富多彩的表现手段，在消除信息不确定性和碎片化的同时，给予受众丰富的表现力和强大的吸引力。

2010 年 9 月 20 日，央视中文国际频道《中国新闻》栏目报道了台风"凡亚比"对台湾造成的重创。以下为当日当期的口播文字稿：

> 【口播】中国网络电视台消息（中国新闻）：台风"凡亚比"中心已于 19 号傍晚离开台湾，全岛脱离台风暴风圈。20 号上午 8 点左右，台湾气象部门解除本岛陆上台风警报，但离岛金门、澎湖仍在警戒范围。"凡亚比"已经给台湾造成一亿元新台币，死亡失踪各一人的损失。

图 2-1-4：2010 年 9 月 20 日中央电视台中文国际频道画面

强台风"凡亚比"19 号上午 8 点 40 分在台湾花莲登陆，带来 17 级强阵风和暴雨，全台大部分地区雨量超过 1000 毫米，高雄雨量达到 1200 毫米，屏东山区的雨量逼近 1400 毫米。嘉义阿里山地区瞬间

---

① 参见黄匡宇：《当代电视新闻学》，复旦大学出版社 2010 年版，第 32 页。

雨量甚至超过去年造成重灾的莫拉克台风。台风带来的狂风暴雨仍致使各地灾情频传,高雄县市及屏东成了水乡泽国。高雄县有 12 个乡镇市淹水,部分地区淹水超过腰部。

高雄市则创下 50 年以来最严重的淹水灾情,马路成了河流,四处可见抛锚车辆,部门地区水淹超过 1 层楼高。高雄市长陈菊表示台风带来的降水量已经大大超出城市排水能力。台湾台南地区也遭受洪水侵袭,部分地势较低的区域,水深及腰,人员受困。消防部门出动救生艇协助救援。

20 号上午 8 点半,台湾气象部已经解除本岛陆上台风警报,海上台风警报预计下午可以解除。台风移出台湾后,台湾中南部多数县市仍然停课停班。截至 19 号晚上 11 点 30 分,"凡那比"台风在台湾共造成 1 人死亡 1 人失踪,76 人受伤,2 户房屋倒塌,成功撤离人员 11980 人。造成 60 多万户停电停水,36 处道路交通阻断,10 处桥梁封闭。213 个国际航线取消,80 个岛内航线延误或取消。农业损失超过 1 亿元新台币。

图 2-1-5:2010 年 9 月 20 日中央电视台中文国际频道画面

其中,"全台大部分地区雨量超过 1000 毫米,高雄雨量达到 1200 毫米,屏东山区的雨量逼近 1400 毫米。嘉义阿里山地区瞬间雨量甚至超过去年造成重灾的莫拉克台风。台风带来的狂风暴雨仍致使各地灾情频传,高雄县市及屏东成了水乡泽国。高雄县有 12 个乡镇市淹水,部分地区淹水超过腰部"的口播内容与上面两幅图片(视频截图)共同形成了声画合一的双通道传播态势。视觉和听觉的同步记录式传播,在很大程度上使电视受众将正在观看的"电视新闻"等同于正在发生的"身边事实",单一的视觉或听觉,或视觉和听觉的简单合并而非有机统一,都难以使受众产生这种身临其境的现场感。在突发自然风险时,电视新闻传播的情景直观性,是其他任何媒介所无法替代和比拟的,也正因如此,电视成为了当前最大众化的传播媒介,声画同步,视听合一的传播特点在无形之中也强化了电视新闻的可信度和感染力。

2010年9月20日,央视中文国际频道《中国新闻》栏目报道了台风"凡亚比"对台湾农业产物造成的损失。以下为当日当期的口播文字稿:

【口播】台风凡亚比过境台湾,造成南台湾水灾。据台湾"农委会"最新统计,包括农业产物及民间设施等,估计损失高达新台币37亿多元。

差1个月就能上市贩售的龙胆石斑,一尾尾最少200斤、一米长,横躺在鱼塘旁,每一尾都是业者的痛。石斑鱼是台湾销往大陆的大宗渔产品,今年1至6月共有近36万公斤,产值8千万元新台币。高雄屏东地区是石斑鱼主要养殖区域,"凡亚比"过境台湾,高雄县及屏东县养殖鱼塘受损最为严重,石斑鱼销往大陆的数量连带受到影响。台湾"农委会"统计,"凡亚比"给台湾渔业造成的损失总计高达7亿元新台币。

图2-1-6:2010年9月20日中央电视台中文国际频道画面

农作物方面,受损面积4万711公顷,损害程度24%,造成损失估计25.5亿新台币。受损作物中以香蕉5833公顷最为严重,其次为莲雾、木瓜、番石榴等。这些同样是台湾销往大陆的主要农产品，因台风产量减少，销往到大陆的量也会跟着减少。

图 2–1–7：2010 年 9 月 20 日中央电视台中文国际频道画面

其中，"差 1 个月就能上市贩售的龙胆石斑，一尾尾最少 200 斤、一米长，横躺在鱼塘旁，每一尾都是业者的痛"的口播稿与画面呈现出的一条条、并排成队的死鱼形成强烈的呼应。与此同时，画面再配以相应的标题解说，如："龙胆石斑流走死光 损失 6 亿"，以及同期声"这一数就超过百万啦"等。电视是以语言符号字幕、文字和非语言符号图像、动作、色彩、光线、表情、手势、服饰、音响等等为传播符号，同时作用于人的两个感觉器官①，在听觉与视觉"双管齐下"的传播过程中，电视观众获得了极为强烈的视听冲击力和感染力，此举不仅加深了受众对新闻信息的感性体验，更为受众提供了未来主动参与新闻事件的理性认知。

三、过程传播的完整性

电视新闻较之于其他媒体的最大优势在于同步时效和声画合一，基于这两大先天优势，现场直播可以将正在发生的事实完整地、直接地、立体地传播出来，呈现给受众一个真实的事件发生过程。当重大突发风险发生时，电视直播是在一个相对封闭的时间和空间中，对当时当地正在发生的新闻事实进行持续性的展演，与录播不同的是，整个直播过程无法经过缜密的选择和编辑。因此，淋漓尽致地展现过程，并伴随着过程的发展趋

---

① 参见王永利：《电视新闻学概论》，北京广播学院出版社 1990 年版，第 5 页。

势，即是现场直播完整性的具体体现。对事发现场进行即时展演，不仅是电视新闻现场直播的普遍属性，更是稳固受众持久注意力的重要特质。2003 年 3 月，美国及其盟国对伊拉克首都巴格达发动了军事打击，在战争进行的过程中，美国有线电视新闻网 CNN 将一部摄像机架在一座建筑物的楼顶上，并始终固定一个镜头来展示伊拉克首都巴格达某条街道的一处街景，这个被固定的镜头看似单调无味，但它却每天吸引着上亿人的眼球。这个始终在直播的固定镜头持续地展现着战争对这巴格达这个城市每时每刻的影响，在某种程度上，正是这个单调固定的直播场景完整地演绎了整个战争的进程。由此可见，现场直播的过程演绎不仅集中地传递了信息，更让受众在过程体验中获得了对风险身临其境的感知。

　　面对风险的发生，人们不仅需要得到结论性的瞬时信息，更渴望见证风险正在发生的即时情景，而电视媒体是靠光、色、图像以及画面的运动，声音（诸手段）、表情等来强化信息[1]，因此，在电视的现场直播中，正是依靠上述这些表现要素，即时情景的完整性才得以顺利展现。当 5·12 汶川地震发生后，国内外各大电视台的记者都纷纷前往受灾第一线，对现场的抗震救灾情况进行了第一时间的同步直播。以下一段视频案例是 2008 年 5 月 12 日 20 点左右，由央视新闻记者在都江堰医院现场同步发回的现场报道：

　　　　【口播】在都江堰市，现在抗震救灾的临时指挥部正在紧张的运作，而在都江堰的一些受损失的地区，也临时搭建了一些帐篷医院来救助那些受伤的人员，我们的记者从都江堰的帐篷医院的现场发回了报道。

　　　　记者：现在是晚上 8 点钟，在都江堰市奎光路上，我们看到，当地的红十字会医院已经在马路中间搭起了临时的帐篷医院，紧急救助在地震中受伤的群众。

　　　　【口播】由于受到地震影响，院方在地震发生后不久就在医院门口搭起了临时帐篷，从下午 3 点过，一直紧急救助陆续送来的附近受

---

① 参见王永利：《电视新闻学概论》，北京广播学院出版社 1990 年版，第 6 页。

伤群众，到晚上，仍有不少群众被送往这里。目前，医护人员正全力对伤员进行抢救，受伤群众情绪已基本恢复稳定。

群众1：发生这个事的时候，我从这儿过，我看到这儿的样子，所以我晓得了，我喊他们直接往这边送，这边医院里的人相当的热情，而且非常好，结果我妈妈这会儿已经平静下来了。

群众2：现在看起来病情有点松了，只是我还不能救人。

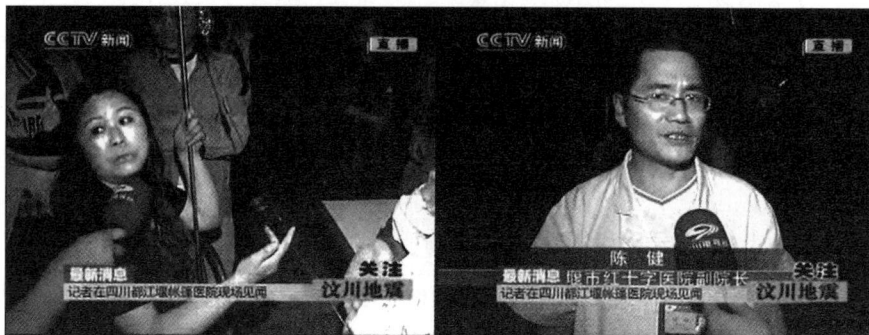

图2-1-8：2008年5月12日中央电视台新闻频道画面

群众3：伤者全部在这儿，重危病人也转了几个走，现场也处置了不少的重危病人。

【口播】院方表示，目前救治伤员急需各种止血药品，同时，由于全城停电，无法对受伤群众进行进一步的检查治疗，因此，需要尽快转到条件更好的医院医治。

在上述案例中，演播室主持人、记者、现场群众共同为观众呈现了当时都江堰临时帐篷医院的伤员救治进展情况，画面中的现场漆黑一片，由此判断事件发生时间必然是晚上，而后通过口播配音得知，全城又遭遇了大停电，因此，事发的现场才如此的漆黑。随后，在场受伤群众的随机采访向电视机前的观众传达了这样一个共同的信息：受伤群众正在接受相对稳定和有序的治疗。连线直播的时间虽然短暂，但却清晰完整地向观众呈现了都江堰临时帐篷医院的即时救助情况，具有相对完整的时空再现性。

电视新闻现场直播对事件发生过程的展示，既是其较之于其他媒体的异质性，更是其优势所在。在现场直播期间，事件的整个发展过程是被电视以一种无间断、无剪辑，甚至是十分粗糙、混乱的方式忠实地记录了下来，然而，也正是这份生涩和模糊才对观众的心理造成了极大的刺激，持久地吸引着受众的注意力。下面一段视频案例是 5 月 13 日早上 8 点，在都江堰医院营救伤员的最新消息。

【口播】来自都江堰医院的一些最新的画面。

记者：现在是北京时间 5 月 13 日早上 8 点，在这个楼房继昨天下午 2 点多垮塌之后，这是我们在现场看到的又一位被从废墟里营救出来的遇险的群众。

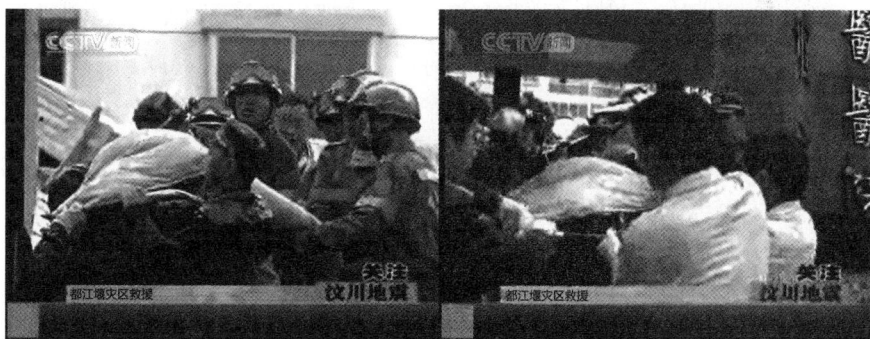

图 2-1-9：2008 年 5 月 13 日中央电视台新闻频道画面

同期：把担架拼起来，把担架拼起来

记者：昨天晚上 10 点多钟，温总理来到了现场，询问了房屋的情况，布置现在的营救人员以及官兵，一定要想方设法抢救被困在废墟里的群众。据当时国家地震局专家的生命探测仪探测到，在这个废墟下面，还是有相当一部分生存者的。现在这个蓝被子底下，就是刚刚从这个废墟当中被救出来的人员，是一个老年妇女，她的情况我们还不了解。因为，现在这个医院已经没有医疗救治的条件，他们将把伤者转到成都来进行下一步的救治。

同期声 1：谁来把工具修一下？

同期声 2：进入现场之后，现场都在焦急等待着（伴随着救护车的鸣响）。

记者：现在救出来多少人？你们知道吗？

医护人员：都不清楚了……

在上述视频案例中，当记者在现场进行如下解说时，"现在是北京时间5月13日早上8点，在这个楼房继昨天下午2点多垮塌之后，这是我们在现场看到的又一位被从废墟里营救出来的遇险的群众"，以及"现在这个蓝被子底下，就是刚刚从这个废墟当中被救出来的人员，是一个老年妇女，她的情况我们还不了解。因为，现在这个医院已经没有医疗救治的条件，他们将把伤者转到成都来进行下一步的救治"，整个画面出现的即是图2-1-9，画面中蓝色被单下正在被救出的现场情景与记者的现场解说相呼应。与此同时，现场同期声中出现的"把担架拼起来，把担架拼起来"、"谁来把工具修一下？"以及当时现场模糊嘈杂的各种声音，都完整而立体地呈现了被困受伤人员是如何从废墟之中被艰难地营救出来的过程。在这个过程中，没有精心的画面选择，没有清晰流畅的声音，更没有完美的蒙太奇编辑，但新鲜、紧凑且持续的过程本身即是极具吸引力和感染力的。

西方传播学者施拉姆认为，"一幅画就是一个完整的传播"①，即所谓的"一图胜千言"，而这种传播特质对电视新闻的现场直播而言，是最具有被验证的潜质的。在风险发生时，电视媒体对事发现场进行的直播具有极高的保真度，时空的独立性和非断裂性在很大程度上又促使了事件发生过程的完整呈现，它不仅在第一时间同步展现和报道事实，还给受众带来了极为强烈的现场感和参与感。因此，电视媒体在应对风险时的现场直播，并非只给观众带来结果性信息，更重要的在于向观众展示风险的发生过程，声画合一的现场直播让观众与记者，以及当事人共同经历正在发生的风险，在极大地满足知情权和好奇心的同时，耳闻目睹的现场感更是实现了受众与媒介的情感协同，成为风险传播中电视媒体最为突出的特质之一。

画面和声音作为电视现场直播中的两大重要组成部分缺一不可，但

---

① ［美］威尔伯·施拉姆等：《传播学概论》，陈亮等译，新华出版社1984年版，第77页。

相比而言，在过程性展示中，画面的优势却明显大于声音，所谓"图像即意义"即是在强调视觉对于人类获取信息的重要性。"看"是人类生存的重要需求，洞察信息的流变，看信息的发生、发展过程及其结局，是电视新闻务必尽力满足人们享受信息、真实、快乐需求的第一要义。[①] 凭借无间断的即时画面，电视媒体可以完成对风险过程的展示性传播，辅之以声音，即可以称之为"完整性传播"。因此，作为"看"的电视画面，它的直觉优势就在于不通过具象与抽象的感觉转换就能切切实实证明新闻本源的实有状况"非语言的符号（图像等）"，它们携带的信息常常不需要任何语言来表达，一幅画就是一种完整的传播。[②] 综上所述，对风险进行的电视现场直播时，其主要任务并非对事件进行系统叙述，而在于通过画面、声音、色彩等多种要素向电视受众传递完整的即时信息，强化新闻的可信度。

四、事件传播的悬念性

在对风险进行现场直播时，整个事件是以现在进行时态朝着无定论的方向在发展，因此无论是当事人、记者还是电视机前的观众都无法预知接下来要发生的情景，正是这份"不可预知"的悬念不仅激发了受众的观看热情，更是将受众的注意力牢牢把控。对风险的发展过程进行呈现，这本身即是极富现场感和吸引力的，现场每一分每一秒正在发生的事实都将立刻地成为历史，具有极强的即时性和不可重复性，而风险的整个发展过程又是充满了悬念，具有极强的随机性和神秘性。与事件同发生，共发展的现场直播，在最大程度上激起了受众的好奇心，为了满足对直播对象未来发展无法预知的好奇心理，人们往往对现场直播的新闻有着天生的偏爱，尤其当展示的过程还伴随着风险与危机时，这种观看的渴望就愈发的强烈。

正如鲍德里亚所言："在今天这个电子传媒高度发达的时代，人们与远近事物的关系已经发生重大改变，无所不在的电子传媒向人们呈现的已经

---

① 参见黄匡宇：《当代电视新闻学》，复旦大学出版社 2010 年版，第 19 页。

② 参见黄匡宇：《当代电视新闻学》，复旦大学出版社 2010 年版，第 148 页。

不是现实本身，而是超现实。"① 电视直播承担的传播任务即是通过对原生态情景的无限接近，来记录和展示正在发生变化的物质世界，作为判断传播价值和意义的重要因素，现场直播所传递的信息量的多少，在绝对意义上取决于这种变化所带来的不确定性的程度，不确定性程度越高，传递的信息量也就越多，反之，则越少。信息理论的奠基人香农和韦弗认为，在任何一次独立的传播过程中，传播内容所包含的信息量的多少与其内容及形式的可预见性成反比例关系，也就是说，越是受众已经知晓或可以预测的信息，其信息量就越小；而越是出乎意料或根本无法预测的信息，其所包含的信息量就越多，并由此在信息论中引入"熵"的概念，即信息不确定度的量度。

汉川地震发生后，各受灾地区相继投入了紧张的救援行动中，以下案例是 2008 年 5 月 13 日中央电视台新闻频道播出的有关汉川地震的一段救援视频：

【口播】截止到今天早上的 7 点钟，武警部队已经向地震灾区投入的救援的兵力是 13000 多人，救出受伤人员 1800 余人，下面这段画面就是武警四川总队通过卫星车给我们传送回来的，他们在都江堰市展开救援的一些情况。

记者：现在在都江堰市一所小学，我们看到，校区内一栋六楼的教学楼几乎全部垮塌，大多数学生和教职员工被掩埋在废墟内。

记者：这下面有人吗？

救援人员 1：有人，有人。

记者：还活着吗？

救援人员 1：在叫，在叫。

救援人员 2：还有七个。

救援人员 3：小妹妹，现在不要说话，保持体力，等叔叔来救你，听见没有？

被救援的小妹妹：我怕有东西往下掉。

---

① Derrick de Kerckhove, *Brain frames*: *Technology*, *Mind and Business*, Utrecht Netherland: Boach & Keuning, 1991, p. 92, 转引自黄匡宇：《当代电视新闻学》，复旦大学出版社 2010 年版，第 35 页。

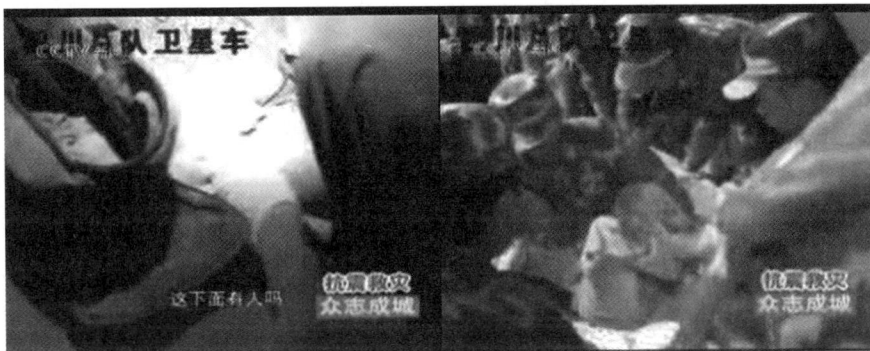

图 2-1-10：2008 年 5 月 13 日中央电视台新闻频道画面

救援人员 3：放心，叔叔不会让它掉下来砸到你的，听到没有？

救援人员 4：下面还有一个活着。

救援人员群体：大家来搬，搬。

救援人员群体：帮一把。

记者：现在是深夜的 11：20，现在的救援情况是 400 余名官兵已经连续奋战了 5 个多小时，截至现在，已经有 20 多人获救生还。

在上述视频案例中，对粉色衣服小女孩的救援过程，充满了悬念和不确定性，从最开始对生命迹象的探测，到与小女孩断断续续的对话，再到艰难的救援过程，以及在救援过程中碰到的困难和问题，直到最终成功将小女孩营救出来。在人类传播中，人们所获取到的信息有很大一部分来自暗示的方式。据统计，在传播中，有 65% 的"社会含义"是通过非语言传送的，电视新闻的画面给我们提供了无须文字说明就可看得懂的信息。[1] 直播中每一秒的画面都包含着新鲜和刺激的元素，极强的视觉与听觉的冲击会让观众产生身临其境的现场感，犹如在现场进行面对面的交流，在这种情况下，有可能刺激所有的感官并使交流的对方同这种全身心的交流相响应。[2]

突发风险的现场直播，属于事件类直播，其目的即是在第一时间将

---

[1]　参见王永利：《电视新闻学概论》，北京广播学院出版社 1990 年版，第 16 页。

[2]　参见 [美] 威尔伯·施拉姆等：《传播学概论》，新华出版社 1984 年版，第 123 页。

事发现场鲜活的情景传播给广大受众，绝大多数事件类直播都没有经过前期的策划和准备，因此，任何人都无法预知下一刻将要发生什么，整个直播的过程也饱含着各种悬念和冲突，充分地调动了观众的收看情绪和参与激情。与经过准备和策划的仪式性新闻直播相比，突发事件类的新闻直播更为纯粹，也更接近新闻的本质，它的即时突发性与未知性，决定了其无需承载过多的象征意义。在突发风险的即时直播中，每一秒的直播镜头都存在着诸多不可控制性和冲突性，无数个充满悬念的镜头连在一起，犹如一部跌宕起伏、紧张刺激的悬念大片，观众的收看过程实则是一种对未知结局不断猜测和期盼的虚拟体验过程。下面一段视频案例是汶川地震发生后，记者在车内拍摄的从绵阳至北川沿途的受损情况。

图 2-1-11：2008 年 5 月 13 日中央电视台新闻频道画面

【口播】现在我们从画面上看到的是从北川刚刚传回来的最新的画面，这是我们的记者在途中拍到的画面，大家可以看到，由于地震造成的塌方，还有岩石的崩塌，路上可以看到随时可见的是巨石。由于车行得比较快，目前，我们还无法看到房屋的情况、北川也是这次受灾最严重的地区之一，刚才我们已经看到的是有一些民房已经倒塌了，这些巨石都是由于地震所造成的。

在上述的视频中，记者在沿途进行拍摄时，对前方的情况完全不知情，记者和观众一样，对下一秒的画面充满了悬念的期待，直播呈现出的动态性非常强，其中的不可预知因素也更多。随着时间的延长和画面的逐步推进，这种对事件发展结果关注的欲望就更强烈，直播从开始到结束，是一个不断制造悬念并不断解开悬念的动态过程。

　　美国学者爱德华·萨皮尔称非语言传播是一种不见诸文字，没有人知道，但大家全都理解的精心设计的代码，他认为，无意中露出的非语言提示比有意给的意思要多。① 因此，随时更新和不确定变化的直播画面，会在有意和无意之中给观众传递更为丰富的现场信息，而这些信息甚至连在场的记者和当事人都未必有所感知和意识。在这个过程中，受众的主体性被极大地激发，观察事实，发现事实，甚至对未知的趋势进行大胆地预测，在图像所带来的"悬念"的刺激下，不同的受众根据自身的理解对同一画面进行了不同的解读，形成了自己对事件的独特认知，此时，图像负载了几乎全部的信息，真正促使了文字意义的回归。② 因此，真正意义上的现场直播，正是由于具有巨大的悬念和不确定性而使观众充满了收看的渴望和期待，尤其对于重大突发性风险而言，电视媒体全程的现场直播定会是人们感知风险，认识风险的第一选择。这也就不难理解，在真正意义上的现场直播出现之后，尤其是直播常态化之后，电视新闻会重新成为人们收视的主要动机。③

第二节　信息公开的多重效能

　　电视新闻声称客观的、及时的报道事件，提供中立的和透明的交流渠道，其逼真的画面图像，看起来就是简单的记录摄像机前面发生的事情，其实正是这一透明神话的主要意义所在。④ 当风险发生时，人们迫切

---

① 参见王永利：《电视新闻学概论》，北京广播学院出版社 1990 年版，第 16 页。
② 参见 ［美］保罗·M·莱斯特：《视觉传播——形象载动信息》，霍文利等译，北京广播学院出版社 2003 年版，第 448 页。
③ 参见吴红雨：《解读电视受众：多元化需求与大众化电视》，浙江大学出版社 2009 年版，第 59 页。
④ 参见 ［英］乔纳森·比格纳尔、［英］杰里米·奥莱巴：《21 世纪电视人生存手册》，栾轶玫译，清华大学出版社 2008 年版，第 104 页。

地渴望尽快得到有关风险的信息，以及时调整自身的行动来积极地躲避风险或对抗风险。施拉姆从信息对于人的重要性的角度进行了阐述，他认为，"信息是人类的基本权利之一，是全世界人民实现自由和尊严所必需的东西"①。在对各类自然风险的响应传播中，电视新闻凭借其及时快速、权威真实且极具现场感的优势，成为了广大社会公众第一时间获取翔实信息的优选媒介。尤其对于重大突发自然风险而言，信息的及时、公开、准确的传播比任何时候都尤为重要。2007 年 1 月 17 日国务院第 165 次常务会议通过了《中华人民共和国政府信息公开条例》，条例自 2008 年 5 月 1 日起正式施行，其中条例第二章第十条第十款特别提到，突发公共事件的应急预案、预警信息及应对情况需及时公开。由此可见，信息公开的迫切性和必要性已经得到了党和政府的高度重视，其不仅是公众知情权的需要，还是政府决策重要的信息来源。搭建风险预警桥梁，为政府和民众提供及时、充分的风险信息，并有效地协调和动员社会力量，是电视新闻在风险传播中的重要价值所在。

一、为政府决策提供充分的信息参考

对于自然风险而言，其往往具有突发性、不确定性和极强的破坏性等本质特征，因此，如何有效的应对已发生或正在发生的自然风险，尽最大可能地保护人民的生命和财产安全是风险社会中政府迫切需要解决的问题。当重大突发自然风险发生时，大众传播媒介的主要功能即是尽快地传递有关风险的最新情况和相关信息，一方面最大限度地满足了公众的知情权，另一方面则是为政府的决策和部署提供充分有效的信息参考。在众多媒介对风险的响应传播中，电视新闻凭借其声画合一的同步传播优势，成为风险传播中最具核心竞争力的媒介。此外，在中国电视传播的大环境下，"广义的电视新闻泛指一切综合反映新闻事实的节目和围绕新闻事实展开的一系列消息报道、连续报道、系列报道、深度报道、专题、评论和现场直播等等"②。因此，在风险的响应传播中，丰富多元的表现形式和与

---

① 〔美〕威尔伯·施拉姆：《大众传播媒介与社会发展》，华夏出版社 1990 年版，第 253 页。

② 杨伟光：《中国电视论纲》，中国广播电视出版社 1998 年版，第 149 页。

生俱来的媒介优势使得电视新闻当之无愧地成为了风险信息的重要传播渠道，是公众和政府在应对风险时的优先选择。

5·12汶川地震发生后不久，国内各大电视台，如中央电视台、四川电视台、成都电视台、东方卫视、凤凰卫视等都纷纷在第一时间对地震灾区进行了关注，不仅暂停播出各台的日常节目进行抗震救灾报道，同时还推出了许多专题评论类、系列报道类的特别栏目，为政府在第一时间内做出有效的风险应对决策提供了积极的、多元的信息支持。本书着重选取中央电视台有关汶川地震的部分新闻报道作为研究文本，主要基于以下三点考虑：一是出于资料获取的便捷性；二是央视的抗震救灾报道是各大电视台抗震救灾新闻报道中最为全面、深刻和典型的；三是由于中央电视台特殊的身份和属性决定了其在为政府决策提供信息参考时的重要地位。以下将要选取的案例范围均集中在地震发生当天，即2008年5月12日下午16：33—19：50，央视有关汶川地震的部分新闻报道（其中绝大多数为实时滚动直播新闻）。

2008年5月12日16：33，中央电视台中文国际频道《中国新闻》栏目：

> 记者12日从军队处置突发事件应急办公室了解到，14时28分，在四川汶川发生7.8级地震后，总参谋部迅速指示成都军区所属部队要协助地方政府查明震情，按照应急预案做好抢险救灾准备，随时准备投入抢险救灾中。军队应急办公室负责人田义祥介绍，地震发生后，总参谋部的应急预案立即启动，成都军区已派出人员前往震中了解情况。

此则新闻传达的重要信息即总参谋部启动应急预案，并指示成都军区相关负责人前往震中深入了解具体的灾情，一方面，该信息及时地告知了广大公众政府当前的一些应对决策，并在一定程度上稳定了民心，更为重要的是，为政府其他相关决策部门提供及时的、必要的信息交流。在共同应对突发风险时，政府各决策部门之间的信息沟通十分容易出现混乱、迟滞的局面，而要经过电视媒体的汇总传播，必将对其中冗余、琐碎的内容进行过滤，最终，大量的精确的决策信息得以及时的传播，成为各决策部门之间共通的信息资源库。

2008年5月12日16：38，中央电视台中文国际频道《中国新闻》栏目：

> 根据新华社的消息，四川汶川发生地震后，胡锦涛总书记立即作出重要指示，要求尽快抢救伤员，保证灾区人民生命安全。温家宝总理正赶赴灾区指导救灾工作。

此则新闻在震后2小时后即传达了党和国家领导人对灾情的重要指示和相关的工作安排，为将对抗震救灾工作进行部署和指导的有关部门传达了最为准确和及时的指示信息，接下来各地区所有的抗震救灾工作将紧紧围绕党和国家领导人的最高指示来展开。

2008年5月12日16：50，中央电视台新闻频道《关注汶川地震》直播特别节目：

> 【口播】我们马上连线的是中国移动副总裁沙跃家。
>
> 主持人：你好，沙总，能给我们介绍一下，你那边有关的最新情况吗？
>
> 沙总：嗯，好的，我们现在正在北京中国移动的网管中心，我们这儿得到的情况是，四川省汶川县发生地震后，除灾区地区以外，我们中国移动的全网的网络运行基本正常。现在得到的统计数字是：中国移动四川公司有三个交换机发生比较严重的拥塞，大约有2300多个基站因断电、拥塞以及其他的一些多种原因退出了服务。由于地震造成通讯联络非常急剧的增多，当地的话务量已经上升到平时的10倍以上，移动电话的接通率降低到正常平均值的一半左右。目前，中国移动已经部署了灾区的通信抢修工作，按照应急通信保障预案，紧急调动一切资源，全力恢复灾区的通信。
>
> 主持人：那你刚才也介绍到，现在除了灾区之外，全网其他地方都还比较正常。那么，各地老百姓遇到打不通电话的情况，该怎么

办呢？

沙总：是这样的，因为大家都很关心灾区，根据我们过去的一些经验，全世界这种通信应急的处理方式，如果一时打不通呢，不要着急，如果大家都在不断的试拨，不断的试拨，反而就造成了更加拥塞。所以，最终我们建议呢，你可以先暂缓一下，让别人打进去就不再打了，然后你再打。否则，大家一起挤，就很可能造成更大的拥塞，大家谁都打不通。

主持人：嗯，好，谢谢沙总给我们带来的最新消息，那么，他的介绍让我们对目前的通信状况有了了解。如果您暂时打不通电话，请不要着急，那么可能是由于大家都在使用手机打电话了解情况，或者是给亲友报平安，可能会造成这种拥塞的情况。另外，由于个别地方可能断电，也会造成手机打不通的情况，请大家千万不要着急。

大地震过后，受灾地区的一些通信设备被严重损坏，但此时广大公众对通信的需求却反而急剧增加，通信网络目前的情况如何，已经出现的通信受阻问题何时可以解决或如何应对，都成为了大地震后整个社会关注的焦点。对各政府部门而言，顺畅的通信网络尤为重要，其一，抗震救灾工作需要依赖于各级政府的实时指导和部署；其二，倘若通信情况不能得到尽快地恢复和解决，整个社会公众的情绪将会受到极大的影响，严重时更可能出现短暂的社会动乱，届时，政府将面临更加巨大的压力和难题。因此，此则新闻的传播功能在于提醒与通信相关的政府各职能部门，应调动一切可能的资源，尽快地恢复受灾地区的通信，并且告知各政府部门，通信在短时间内不会即刻恢复，应做好相应的准备来应对可能出现的通信中断，各部门之间也应采取有效的应急措施来保持联络的畅通。

2008年5月12日16：52，中央电视台新闻频道《关注汶川地震》直播特别节目：

【口播】本台最新消息，成都机场给我们发来的最新消息说，受汶川地震的影响，成都机场已经暂时关闭了，关闭的时间目前是暂定到今天下午的 18 点，请大家不要着急，听从相关的指挥和调度。

在突发自然风险时，公路和机场的交通情况往往是被关注最多的，其不仅关涉到普通百姓的日常交通，更是政府应对突发风险的重要保障。对成都机场关闭情况作出的及时报道，不仅稳定了社会公众的情绪，更是为政府各相关部门提供了信息，提醒其尽快采取相应的措施来应对机场关闭可能出现的状况。

2008 年 5 月 12 日 17：00，中央电视台新闻频道《关注汶川地震》直播特别节目：

【口播】今天下午，国家地震局已经召开了首场发布会，我们了解一下发布会的相关情况。现场同期：这次地震震级大，影响范围也很大，宁夏、甘肃、青海、陕西、山西、山东、河南、湖北、湖南、重庆、贵州、云南、西藏、江苏等省市区，都有感觉。地震发生之后，国家地震局迅速启动应急专项预案。另外，还启动了中国地震救援队，组建了约 180 人的队伍，正在赶赴现场，实施紧急救援。关于地震后的趋势分析，目前正在紧急的会商之中，有情况就会及时地向各位通报。

对国家地震局的首场发布会进行及时的报道，不仅在第一时间向全社会通报了有关此次地震的基本情况以及抗震救灾工作的进展情况，更是为相关的政府决策部门提供了有关地震的权威信息及总体形势，以便其有效地开展和部署抗震救灾的具体工作。

2008 年 5 月 12 日 17：09，中央电视台新闻频道《关注汶川地震》直播特别节目：

【口播】我们也将会不断地连线各地的记者，来了解有关这次地震的相关情况。这次地震据国家地震局的新闻发言人张宏卫说，强度比较大，波及的面积很广，目前，宁夏、甘肃、青海、陕西、山西、山东、河南、湖北、湖南、上海、重庆等地都有震感，为了应对这次强震，国家地震局已经启动了一级预案，一支180人的救援队伍，已经集结完成，准备开往灾区，投入到救灾的工作当中。

此则新闻与上一则新闻在内容上几乎相同，但相隔仅仅9分钟，对于重要的信息而言，必要的重复是克服电视信息传播中的瞬间即逝特性，而采取的最为有效的措施。因此，在风险的响应传播中，实时滚动的电视新闻直播在很大程度上实现了全方位的信息覆盖。

2008年5月12日17：21，中央电视台中文国际频道《中国新闻》栏目：

> 新华社消息，四川汶川地震发生后，成都、重庆和郑州等地的通信网络发生瘫痪，当地居民反映，他们的固定电话和移动电话都已经打不通。中国移动和中国联通的官员对记者表示，四川汶川的大地震可能已经对当地供电设施造成破坏，进而影响当地的移动通信。公司方面正在对有关情况进行调查。另外，他们还表示，地震发生后，激增的电话量也可能导致当地通信缓慢。

此条新闻距离第一条有关"受灾地区通信网络出现故障"的新闻，在播出时间上虽然仅相差半个小时，但内容和侧重点却有所不同，本则新闻更具概括性和综合性，旨在从宏观方面对当前受地震影响的个别地区的通信网络情况进行通报，而上一则相关新闻是采用电话联系的方式向重要部门了解情况，重在突出第一时间的权威消息，稳定因不知情况而产生的混乱局面和焦急的公众心情；此则新闻的消息来源是当地居民的具体反映，上一则是相关部门的权威人士；就产生的社会效果而言，这一则新闻在更大范围上为即将投入抗震救灾工作的政府部门提供了相对完整的通信情况，成为下一步决策部署的重要信息参考。

2008年5月12日17：22，中央电视台新闻频道《关注汶川地震》直播特别节目：

【口播】在成都南二环外的火车南站的立交桥下出现了地下水管

破裂的情况，目前，成都的长寿路街道是被淹没了，这是我们得到的唯一的一个有关市政设施受损的情况。

对次生突发事件进行实时播报，一方面及时地提醒政府相关部门应尽快采取有效的措施加以解决，另一方面为其他非相关部门提供部署下一步工作的信息参考，如某些工作的开展需依赖此条道路的，则要尽快考虑采用其他方式等。

2008年5月12日17：49，中央电视台新闻频道《关注汶川地震》直播特别节目：

【口播】记者从国航、南航、东航了解到的最新消息，四川地区的地震已经影响了多个航班，震感明显的重庆、西安机场在短暂的关闭之后，在下午的3：30已经恢复正常，但是还有流量的控制。目前，部分航班已经备降重庆、贵阳、西安等机场，从广州飞往成都、重庆方向的航班目前是待定，而东航各地要飞往成都的航班都已经取消了，目前正积极做好旅客的退票工作。

在重大突发自然风险时，交通情况的及时发布不单单是为了满足受众的知情权，更重要的作用在于为抗灾行动提供交通信息，在很大程度上可以说，交通就是救灾的生命线，政府相关部门的诸多救灾决策部署都依赖于各种方式的交通渠道。

2008年5月12日18：53，中央电视台中文国际频道《中国新闻》栏目：

【口播】刚才四川地震局的官员介绍，省地震局也已经派了工作队奔赴了汶川灾区。再来了解一下成都的情况，今天发生了地震以后，造成了成都部分的路段交通堵塞，在人群聚集的地区，无线通信也非常困难。截止到记者发稿时，成都市民已经感觉到了多次余震。另外，记者在成都主要的交通干道，像人民南路等地看到，由于担心再次发生地震，很多市民都跑到了街道和绿化带上，还有一些商场、宾馆和医院都实行了清场。另外，有一些正在输液的病人也提着吊瓶在街上接续治疗，而且地震造成手机等无线通信非常困难，记者在一个小时里仅拨通了一个电话，短信还是偶尔能够进行发送的。像人民南路、一环路、二环路尤其拥挤，许多道路几乎都成了单行道，平时只需要十几分钟车程的道路，记者是用了一个多小时才走到了目的地。

本则新闻以记者实地采访的亲身感受来描述地震后成都市区的基本情况，内容涉及道路交通、通信网络、商场、宾馆、医院以及市民的反应等，并以具体的名称和数字来对细节进行描述，提醒相关政府部门应尽快采取措施来解决当前存在的问题。

2008 年 5 月 12 日 19：06，中央电视台中文国际频道《中国新闻》栏目：

【同期声】在这儿整个通话都不是特别的正常，除了在重庆的主城有这样强烈明显的震感以外，在重庆下面的区县，包括涪陵、秀山，秀山是很边远的一个县了，梁平，长寿，万盛都是重庆下面的一些远郊的区县，也有非常强烈的震感。篮球架，办公楼的玻璃都出现了晃动，还有的地方出现了玻璃破碎的情况。江北国际机场的旅客出现了滞留的现象，一方面是原本降落成都的航班选择了重庆备降，另一方面从重庆始发北京的航班出现了延误，5：30 左右时候，航班陆续恢复了正常。目前在重庆，路上的交通、大家的生活都没有受到太太的影响，但很多人还是希望得到更多、更明确的信息，让他们能够更加的安心。

新闻关注了同样受到地震影响的重庆市，从多个角度对地震情况进行汇总报道，一方面向外界告知震后重庆的基本情况，另一方面为重庆市各政府部门提供多方面的有关震后的权威信息，方便其对抗震救灾工作的综合部署。

2008 年 5 月 12 日 19：50，中央电视台新闻频道《新闻联播》：

【口播】今天晚上七点十分，以国务院总理温家宝为总指挥的抗震救灾总指挥部抵达四川太平寺机场，现正前往汶川县地震灾害现场。在专机上，温家宝总理发表了重要讲话。

【同期声】党中央国务院要求，各级领导干部要站在抗震救灾的第一线，身先士卒，带领广大群众做好抗震救灾工作，要发扬不怕牺牲、不怕疲劳、连续作战的作风，一切想着人民，一切为了人民，一切为人民的利益而工作。同胞们，同志们，在灾害面前，最重要的是镇定，信心，勇气和强有力的指挥。我相信，在党中央和国务院的坚强领导下，广大军民团结一致，众志成城，我们一定能够战胜这场特别重大的地震灾害。

【口播】5·12汶川地震发生后，党中央、国务院高度重视，中共中央总书记胡锦涛立即作出重要指示，要求尽快抢救伤员，确保证灾区人民群众生命安全。国务院总理温家宝也在震后4个多小时即赶到四川地震灾区，现场指挥抗震救灾工作。

该系列新闻最重要的意义在于为各级参与到抗震救灾工作中的机构和部门传达党和国家领导人的指示精神，电视新闻声画合一的传播优势在此时发挥得淋漓尽致，在团结斗志和稳定民心方面产生了强大的传播效果。

通过对5·12汶川地震后央视的部分新闻报道进行分析，不难发现，在重大突发自然风险面前，电视新闻绝非仅仅是一个信息传播体，第一，其极高的公信力、权威性和声画合一的媒介特性是其他任何媒体所无法比拟的；第二，对于各政府部门而言，电视新闻报道在承担了信息沟通桥梁的同时，还成为了各类权威信息汇总的资源库，各项决策的制定和实施都不再孤立和片面；第三，在沟通各决策部门的同时，电视媒体对风险的响应传播还成为了政府和民众之间信息沟通的中介，权威的信息下达与及时的信息上传是政府与民众共同应对风险的有力保障。所谓政府决策即是指国家行政机关在履行其职能实施管理行为时，所作出的相关决定及政策，主要包括察觉机制、沟通机制、公众参与机制、专家参与机制、制约机制和协调机制。具体到自然风险发生时，电视新闻成为了政府制定和实施风险应对决策的重要信息来源和参考。

二、集体情绪感染下的社会动员与协调

面临突发的重大自然风险，社会动员往往发挥着巨大的作用，它将发动最广泛的社会群体，共同应对突发的、非正常的风险情况，显示出极强的整体协作性，在很大程度上控制或降低了风险可能带来的次生损失。对于应对突发自然风险的社会动员而言，及时、权威的信息传递与沟通在其中扮演着不可或缺的重要角色，其不仅实时指导着具体的动员方案和行动，更是整个动员组织在精神和思想上的统领者。当突发自然风险发生时，电视新闻正是通过画面的记录性与永恒的现在时态来展示真实的现场情景，传达立体的声画信息。此时，受众一方面从声音符号中形成逻辑推理、概念形象；另一方面又能够从各种视觉信息中去对所闻进行组合，加以证实[1]，进而对新闻所表现的场景产生极强的心理认同和情感共鸣。电视新闻集视觉和听觉两者于一体的传播优势，决定了受众在信息解读时迥然不同于报纸和广播媒体，此外，在风险传播中，信息的准确性、权威性和媒体的公信力显得尤为重要，这些电视媒体的天然优势是网络等新媒体所无法比拟的。

当风险正在发生或在风险发生初期，电视新闻对风险的响应传播是一项特殊又复杂的社会传播活动，一方面，作为一种重要的传播媒介，电视媒体需凭借及时、充分的信息传递来满足广大公众的知情权；另一方面，中国电视媒体的本质属性和社会责任又决定了其在风险应对中的特殊作用，其不仅是上情下达的重要渠道，更是下情上达的纽带和桥梁，凝聚民心和民力的社会整合功能是对电视新闻在风险传播中的特殊要求。"电视新闻沉溺于可见的东西，这使得电视与其他媒体相比，内在地成为了更加感情化的媒体。电视报道能绕过人们大脑的思考而直指人的内心，这就是它巨大力量之所在。"[2] 一般来说，电视新闻中的画面、语言、文字、音响等各个元素都是电视与受众沟通的载体，因此，当风险的信息传播形式

---

[1]　参见黄匡宇：《电视新闻语言学》，中国广播电视出版社 2000 年版，第 125 页。

[2]　[美] 迈克尔·罗斯金等：《政治科学》，林震等译，华夏出版社 2001 年版，第 179 页。

得以立体化、感性化的表达时，受众自然会因此而受到强烈的情绪感染，产生一致的心理共识，进而可能在行为实施上被统一协调，实现高效的社会整合。

2008 年 1 月 10 日至 2 月 2 日，我国大部尤其是南方地区连续遭遇了四次低温雨雪冰冻灾害。对于大多数受灾地区而言，这场持续低温雨雪冰冻灾害属于五十年一遇的极端灾害天气，个别地区甚至达到了百年一遇。据统计，主要集中在长江中下游、华南大部及云南西北部等地的累积降雨（雪）量达 50—100 毫米，其中，苏皖南部、江南大部、华南部分地区超过 100 毫米。与常年同期相比，长江以北大部分地区、江南南部、华南大部及云南西部、西藏东南部及西部等地降水偏多 1—2 倍，部分地区超过 2 倍。我国西北和中东部地区平均气温普遍较常年同期偏低 1℃—4℃，湖北中东部、湖南大部、贵州中东部、广西中北部、甘肃大部、宁夏、内蒙古西部、南疆南部等地偏低 4℃以上。在风险发生期间，城乡交通运输、能源供应、电力传输、农业及人民群众生活等方面一时间受到极为严重的影响，此次重大自然灾难最终导致因灾死亡 129 人，失踪 4 人，紧急转移安置 166 万人；农作物受灾面积 11874.2 千公顷，绝收面积 1690.6 千公顷；倒塌房屋 48.5 万间，损坏房屋 168.6 万间；因灾直接经济损失 1516.5 亿元。①

这场突如其来的重大雨雪冰冻灾害，正是在一年一度的全民大迁徙的春节前夕肆虐全国，人们迫切的返乡行动给航空、铁路、公路带来了激增的交通压力，受灾地区人们的日常生活受到了严重的影响，物资匮乏、出行被困、供电、取暖、通信等生活必需设施被严重破坏，毋庸置疑，特殊的发生时间已在无形之中扩大了此次灾难影响范围，加剧了其影响的程度。在与这场灾难抗衡的过程中，电视媒体成功扮演了信息传播媒介与社会动员主体的双重角色，在实时传递灾情信息的同时，运用多种电视新闻类别，如有关灾情的新闻发布会直播、口播新闻、抗击灾害的优秀人物新闻、实时直播以及电视评论等，旨在从不同角度全面立体地呈现灾情。与

---

① 参见《区域分布》，2009 年 5 月 7 日，见 http：//irisk.bnu.edu.cn/？ action-viewnews-itemid-699。

此同时，电视新闻通过直观形象地反映遭受灾难的人和物来表达其自身的情感取向，传达情感信息，并集借助构图、用光、色彩、节奏、音响等多种艺术手段使这种情感信息得到强化①，进而感染社会公众，激发其积极应对风险的信心。

　　对于正在发生的雨雪冰冻灾害和即将可能发生的更大的风险，电视新闻通过现场直播、滚动报道、系列报道、深度报道和评论等方式持续不断地关注灾情，无论是对受灾现场信息的同步传播，还是对政府决策的及时传达，抑或是对灾情发展的解释性预测和分析，都在满足公众知情权的同时，培养公众的风险意识和应对能力。在 2008 年雨雪冰冻灾害风险发生初期，南方十几个省份的人们还沉浸在享受久违的浪漫雪景之中，然而随着雨雪形势的加剧，一些地区的部分路段已无法正常通行，此时多数地方媒体开始对异常的雨雪天气进行报道。直到 2009 年 1 月 29 日，在京广线彻底中断的当天，中央电视台新闻中心敏感地意识到，这次的大范围雨雪天气与往年有所不同，其将在很长一段时间内对我国南方各省乃至全国造成重大的影响。于是，在短短几个小时之后，中央电视台新闻频道即推出了大型直播特别报道《迎战暴风雪》，并分别与湖南、安徽、陕西、广西、湖北、河北、江西、河南、浙江、山西、广东、贵州等十几个省级电视台以及约 50 个各地市级电视台开展了联动直播报道，形成了几乎覆盖全国的电视抗灾直播联盟。

　　随着灾情的持续加剧，各受灾省市都面临着严重的缺水、缺电、缺物资的实际情况，前方的记者在克服了重重困难之后，通过视频画面、电话连线等多种手段及时地将鲜活、真实的灾情信息报道出来。其中，新闻特写《60 勇士雨夜激战梅花桥》的现场报道，以鲜明生动的画面主题将勇士抗击灾害的精神表达得淋漓尽致，极具视觉冲击力和真情感染力，为广大社会公众树立了应对风险的精神榜样，有效地激发了公众的参与意识和激情。此外，中央电视台新闻频道在直播的整点新闻中都推出了现场灾情的实时直播连线或抗灾斗争中的典型人物及事件的集中报道，晚间的《新闻联播》将当天与灾情有关的信息进行汇总，在及时传达最新指示

---

① 参见王永利：《电视新闻学概论》，北京广播学院出版社 1990 年版，第 110 页。

和精神的同时，集中反映各地民众抗击重大突发自然风险的具体行动。随后播出的《焦点访谈》《新闻会客厅》等栏目则从更加多元和深入的角度，对当前的灾情现状和发展趋势进行解释和预测。连续数日，全国各地几乎所有的电视媒体都在持续不断地关注雨雪冰冻灾情，电视新闻的"跨时空"特性将全国人民抗击灾难的心团结在了一起，并进而激发了全体社会公众积极抗灾的实际行动。"媒介能促进和拓展社会变革"，同时，"媒介可以影响公众对现实、当前的公共问题及其重要性的认识。"①

　　心理学研究显示，在人类对事件的多种感知形态中，"身临其境"的直接参与是最为高级的一种方式。英国电视理论家格林·阿尔金说："电视不只是一种看的东西，然而也没有必要说音响和图像哪个更重要。在制作一个效果好的电视节目时，两者是相辅相成的。如果说两者中任何一个能独立发挥作用的话，那不是对它的赞扬，相反，却说明这两者还没有很好地结合起来。"②当电视新闻对正在发生的风险进行声画合一的立体呈现时，受众无论在情感上还是意识上都已进入虚拟的"真实现场"，其中，尤以现场直播报道最为突出，它不仅可以向观众直观展示事实的真相，而且这种展示往往有事件、情节、冲突甚至悬念，可把观众带入不可预知的过程之中，步步引导观众的关注、介入、参与思考乃至引起思想和感情的共鸣。当风险发生时，电视画面将视觉形象层次分明地按照事件的进展而进展，把新闻现场发生的一切，合乎逻辑地呈现在观众面前，使观众"身临其境"，此时观众凭现场感知去判断事实的认知愿望被满足，信任感和参与感便油然而生。③

　　从社会学的观点来看，电视作用发挥的过程本身就是电视与社会、与观众不断互动的过程④：在这个过程中，电视信息由传播者发出，观众接受了传播者发出的信息后，作出反应并反馈（回传）给电视传播者，传

---

① [美] 梅尔文·L·德弗勒、埃弗雷特·E·丹尼斯：《大众传播通论》，严建军等译，华夏出版社1989年版，第328页。

② [英] 格林·阿尔金：《电视音响操作》，熊国新译，中国电影出版社1986年版，第5页。

③ 参见叶子：《电视新闻学》，北京广播学院出版社1997年版，第259页。

④ 参见邢虹文：《电视与社会——电视社会学引论》，学林出版社2005年版，第217页。

播者根据这个信息对节目进行调整，由此形成了一个循环往复的互动链条。这个互动链条会对社会公众产生两大影响：其一表现为宏观社会层面的社会舆论，其二则是针对传播信息所采取的社会行动。与日常生活中的一般社会互动过程相比而言，电视与社会公众的互动不再局限于两个或多个主体（个体或群体）之间的"点对点"方式，而是呈现出一种"点对面"的"中心扩散"与"观众回馈"的互动方式。正是凭借这种发散式的互动方式以及身临其境的传播特性，电视新闻才具有极强的社会感召力和动员力。

自然与人类是世界的有机统一体，任何自然风险对于所有人类而言，都具有负面的影响潜质，因此，在当前现代化的风险社会语境下，无论这些自然风险是已经发生还是尚未发生，其所带来的影响都已经超越了地域的限制，对它的抗击和应对是全人类共同的责任。与此同时，电视技术的不断发展，更是让整个地球在瞬间变成了一个村落，对这个村落的感知可以不受任何时间和空间的限制。具体到中国而言，电视媒体仍是当前中国社会的第一媒体，从上一章对电视媒体影响力的论述中不难得出，在未来很长一段时间内，电视都将凭借其广泛的受众群体和极高的公信力成为对社会公众影响最大的媒体。电视传播的信息、知识和娱乐充满着观众的生活空间，成为人们生活环境的一个有机组成。人的活动的产生和形成决定于个体行为同特殊环境的联系，以及伴随着行为的情绪体验。[①]

电视不是一种冷冰冰的死的物体，而是一种进行精巧复制和传播视觉幻象的文化媒体，对电视画面的理解是无国界的，它的直接性是一种想象的"海市蜃楼"，一旦某种内容投入电视，它就变成了一种通过形象的时空展现，变成了一种充满历史性的事件。[②]在风险传播中，电视新闻不只是一种节目形态，还是一种符号感受，其具有公开性和多义性的特点。电视不完全是一套万事不求人的意义工具，也不是一箱现成的供出售的意义。尽管它是在文化限度内起作用，但是它也为逃避、调整或挑战这些局

---

① 参见［苏联］肖·阿·纳奇拉什维里：《宣传心理学》，金初高译，新华出版社1984年版，第41页。

② 参见王逢振：《电视与权力》，天津社会科学院出版社2000年版，第1页。

限和控制提供了自由和力量①。可以说，电视新闻在某种程度上对风险进行了再塑造，它使观众在瞬间的情感发生一系列复杂的变化，这种"瞬间震撼"包括了深刻的审美内涵②，即对人与自然的和谐统一的心理期待，并由此而激发了社会公众对自然风险的心理感知与行为应对。

三、搭建风险预警的信息桥梁

随着传播技术和理念的不断更新，电视媒体逐渐将新闻传播作为其最本质、最重要的职能，并由此深刻影响和改变了人类观察世界、认识世界的传统方式。近些年以来，新闻类节目在各大电视台全天播出节目中所占的比重日渐上升，由早些年一天一次的综合性新闻节目发展到如今一天几次，甚至推出了整点新闻、半点新闻，基本实现了全天候滚动播出，大大增加了新闻的总播出量。进入新世纪以来，中国社会无论是在政治、经济还是文化等领域都加快了改革和发展的步伐，与此同时，社会的飞速发展对人们信息获取的能力提出了更高的要求，充分、高效、实用、有深度和针对性的信息才是现代人们所真正追求的。在当今这个全球化时代，人们已不再仅仅关心自己身边的人或事，而是更倾向于关注整个社会的变化以及世界的最新局势，进而适时高效地调节自身的社会行为以求得更好的发展。有的国外学者在研究了公众的新闻来源后指出："电视已是公众的新闻的主要来源。公众将电视当作新闻的主要来源已有20多年了，当由电视所唤起的公民所组成的公众队伍在不断扩大时，电视作为大众传播媒介的主角地位也在继续增长。③"电视作为人类新闻消费的主要形式，表面上看是媒介主宰时代的迫近，实际上是受众主宰时代的来临。④

在美国，超过70%的民众主要通过电视新闻来了解国内外大事。在德国，约50%的人依靠电视新闻了解各种信息。来自中国电视市场的调查结果显示，当前，电视仍是人均消费时间最多的媒介，远远高于广播、

---

① 参见〔英〕尼古拉斯·阿伯克龙比：《电视与社会》，张永喜等译，南京大学出版社2000年版，第175页。
② 参见时统宇：《电视影响评析》，新华出版社1999年版，第88页。
③ 施天权等：《当代世界广播电视》，复旦大学出版社1991年版，第266页。
④ 参见时统宇：《电视影响评析》，新华出版社1999年版，第82页。

报纸及互联网的人均消费时间。①2007 年 12 月 19 日，中央电视台发布了"2007 年全国电视观众抽样调查"的结果，称此次调查是委托国家统计局在全国进行的第五次全国电视观众抽样调查，采用 PPS 抽样方法，对全国 31 个省、自治区、直辖市（港澳台除外）电视信号覆盖区域的城乡家庭 13 岁以上（包括 13 岁）居民及 4—12 岁儿童进行抽样调查，设计抽样的绝对误差限为 1.28%。在 CCTV 以及国内其他相关的传媒网站上，中央电视台发布了关于此次调查的两组结果，一为观众最喜爱的电视栏目前十位，分别为：《新闻联播》《焦点访谈》《同一首歌》《今日说法》《天气预报》《星光大道》《走近科学》《法治在线》《快乐大本营》《幸运 52》；二为观众最关注的社会焦点：医疗、社会治安、教育、2008 年北京奥运会、食品药品安全、养老、反腐倡廉、农民工、台湾问题、法律援助。②

　　上述的调查结果清晰地显示了当前中国社会公众对电视节目类型的偏好及其对社会问题的关注焦点。《新闻联播》《焦点访谈》两档新闻类节目稳坐最受观众喜爱的电视节目前两位，紧随其后的多为社教类和文娱综艺类节目，由此可见，对新闻信息的渴求成为现代化社会电视受众的收视共识。另外，从观众对社会问题的关注领域来看，除"2008 年北京奥运会"一项之外，几乎所有的类别均是与自身或社会可能发生的风险相关联。在复旦大学张国立教授主持的"中国发展传播学"项目中，有关"媒介内容偏好"的调查结果也同样显示，即使是在偏好于电视娱乐节目的农村，近些年来也更加重视对电视新闻信息的获取，这种现象已涵盖在不同区域、学历、年龄、性别、职业身份等各个指标中。③G·斯坦纳在 20 世纪 60 年代曾经作过一次调查，发现随着人们年龄的增长和教育程度的提高，人们对电视上的新闻内容选择呈正比上升，20 年后的研究证实，这个调查在总的方向和比例上仍然是准确的。④

---

① 参见吕正标、王嘉：《电视新闻节目理念、形态与实务》，中国广播电视出版社 2004 年版，第 1 页。

② 转引自吴红雨：《解读电视受众：多元化需求与大众化电视》，浙江大学出版社 2009 年版，第 41 页。

③ 张国良：《社会转型与媒介生态实证研究》，上海交通大学出版社 2007 年版，第 20 页。

④ ［美］威尔伯·施拉姆等：《传播学概论》，陈亮等译，新华出版社 1984 年版，第 174 页。

一般来讲，社会的快速发展自然会产生大量的信息和资讯，同时，充分的信息也是社会不断进步的有力保障，两者之间是相辅相成的互促关系。近些年来，改革开放的深入与受众需求的提升，对我国电视新闻传播理念提出了更高的要求，面对充满风险与矛盾的现代社会，社会公众已不仅仅满足于知晓已经发生或正在发生的信息，他们更加关注即将发生或可能发生的事件，以便及时地调整自身的行为来更好地适应环境。在现代社会的诸多风险中，自然风险的突发性和不确定性的特征是最为突出的，对它的预测和防范也更加困难，此时，及时、全面地获取真实的信息便显得尤为重要。就现阶段而言，在我国电视新闻对自然风险的响应传播中，其预警功能的发挥主要体现为两大方面：其一，是对已经发生的自然风险进行报道，并在分析现状的同时，对可能发生的后续或次生风险进行判断和预警；其二，对气象风险等易于监测的、非突发性的自然风险进行预警。

2011 年 5 月 9 日，陕西卫视《今晚播报》栏目：

【口播】今天全省属宁强的降雨量最大，省气象台预报在今天下午到明天，陕南部分地区有大到暴雨。现在，我们汉中报道组的同志已经赶到了宁强，现在我们来连线前方的记者。

【现场记者同期声】我现在就是在汉中的宁强县，虽然现在的雨水已经停了，但是从今天下午我们从汉中到宁强的路上看到，由于昨天晚上的积水，现在汉中沿途的很多地方由于积水，积水量也是比较大的。今天中午 12 点左右，气象台已经发布了暴雨蓝色预警信号，在汉中的勉县、南郑以及汉中的部分地区，在未来 12 个小时的积水量也应该达到 50 毫米。但我们现在了解到的最新情况是，宁强现在的积水量由于暴雨已经达到了 75 毫米，面对这样的情况，宁强县政府也已经紧急启动防汛的预案。我们也了解到，由于今年的汛期提前了近一个月，所以县政府和防汛办也紧急启动了一些防汛的预案，比如说在地质灾害区，在嘉陵江沿途的各个乡镇不仅启动了应急的预案，包括各级政府……

【口播】谢谢现场记者发来的报道，今天的一场雨确实给咱全陕西都送来了清凉，不过也给不少人惹来了麻烦……

图 2–2–1：2011 年 5 月 9 日陕西卫视电视画面

此则新闻即是对当天陕西省宁强县的大雨进行直播报道，在此基础上，记者还对受灾现场的实际情况进行了多方的解释和分析，并传达了省气象台对明天陕南部分地区有大到暴雨的预警信息，提醒处于地质灾害区的民众注意采取必要的防汛措施以应对可能到来的暴雨风险。

2011 年 4 月 17 日，北京卫视《特别关注》栏目：

【口播】中央气象台今晨 6 时发布沙尘蓝色预警。受冷空气影响，今天早晨至明天上午，内蒙古中西部、山西中北部、河北中北部、北京和天津等地的部分地区将有扬沙或者浮尘，其中内蒙古西部和东部、甘肃河西等地将会有沙尘暴。北京市气象台发布的预报显示，大风将在今天中午开始肆虐京城，风力逐渐会从三四级升至五六级，并将会持续刮到晚间。

2011 年 4 月 11 日，江苏公共频道《早安江苏》栏目：

【口播】江苏省气象台昨晚 20：02 变更大风蓝色预警信号，我省沿江以北地区受到大风影响将持续，未来沿江的苏南地区也将出现 7 级以上的大风，大风天气请各位要关好门窗，加固容易被风吹动的搭建物，刮风的时候不要站在广告牌、临时搭建物等下面逗留。

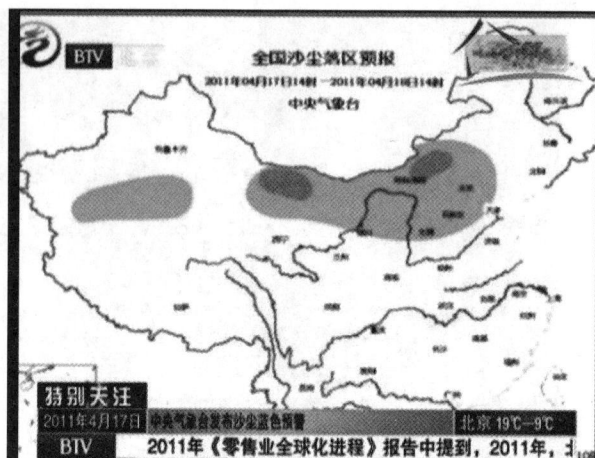

图 2-2-2：2011 年 4 月 17 日北京卫视电视画面

图 2-2-3：2011 年 4 月 11 日江苏公共频道电视画面

　　2010 年 3 月 12 日午后至夜间，阿克苏地区出现年内首场大风天气，地区北部、东部风力 5—6 级，部分地区 7—8 级，13 日早晨风力减弱，阿克苏市西北风 5 级。3 月 11 日 16 时，阿克苏地区气象台针对此次大风天气发布大风蓝色预警信号。与此同时，阿克苏地区电视台在 3 月 11 日和 12 日的《阿克苏新闻》节目中连续播出了大风蓝色预警信号，详细介绍了大风预警信号的科普知识，使广大公众对预警信号有了全面的了解和认识。

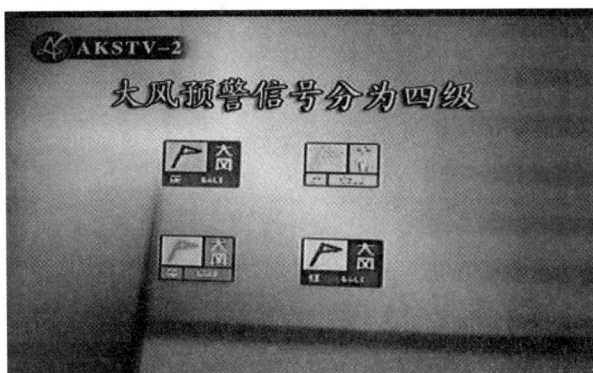

图 2-2-4：2010 年 3 月 12 日阿克苏地区电视台画面

　　上述三则电视新闻都是各地方电视台对未来可能发生的自然风险进行的预警信息传播，在详细说明风险起因和影响的同时，有效地提醒了广大公众应如何采取有效的措施来加以应对，很好地发挥了电视新闻的预警传播功能。然而，随着自然风险的频发和影响范围的不断扩大，人们逐渐意识到在风险传播的过程中，电视媒体不应只满足于对风险信息的传播，对于社会公众而言，其更应承担起风险预警的责任。2003 年 12 月，上海市即出台了《上海市灾害性天气预警信号发布试行规定》，统一规范了对灾害性天气的预警措施及发布程序，全市的预警信号由上海中心气象台发布，并将对灾害性天气进行分色预警，此外，电视等大众媒体需在 15 分钟内播发相关预警信息。

　　2004 年 8 月 24 日上午，中国气象局在《突发气象灾害预警信号发布试行办法》新闻发布会上宣布，今后我国将对气象灾害发布预警信号。灾害性天气预警信号分为台风、暴雨、高温、寒潮、大雾、雷雨大风、大风、沙尘暴、冰雹、雪灾、道路积冰等十一类。预警信号总体上分为四级。按照灾害的严重性和紧急程度，颜色依次为蓝色、黄色、橙色和红色，同时以中英文标识，分别代表"一般"、"较重"、"严重"和"特别严重"。根据不同的灾种特征、预警能力等，确定不同灾种的预警分级及标准。当同时出现或预报可能出现多种气象灾害时，可按照相对应的标准同时发布多种预警信号。在此之前，各地气象部门的预警信号并没有一个统一的标准和标识。当气象预警信号发布时，政府部门和群众应当采取防御措施。灾害性天气预警信号发布将利用电视、广播、互联网、手机短信等多种传播媒介及时向社会发布预警信号，并在各大城区显著位置建立预警信号发布电子显示牌。

2009年4月23日，《四川省气象灾害预警信号发布与传播规定》草案在四川省政府法制信息网公开征求意见。根据草案，广播、电视和通信以及信息网络等传播媒体应与气象台站建立预警信号传输系统，收到当地气象台站提供的气象灾害预警信号信息后，应当立即向公众传播。广播、电视应当滚动播报，通信的短信平台应以群发方式传播；遇有红色预警信号时应中断正常节目进行传播。突发性气象风险是突发性自然风险的重要组成类别，与其他类别相比，突发性气象风险的可监测性更强，与此同时，我国各地的气象部门已与电视媒体建立了长期的信息交流关系，因此，对突发性气象类风险的预警是当前我国电视新闻预警的重要部分。在日本，地震和海啸是频繁发生的自然风险，因此，日本的电视媒体已经建立了对地震和海啸预警的快速传播机制，虽然对地震的准确预报是一个世界性的科学难题，但在2011年3月11日的日本9.0级大地震中，日本NHK电视台却在地震发生前1分13秒，准确地向社会公众预警了即将到来的大地震。

日本当地时间2011年3月11日14时45分左右　日本NHK电视台

地震发生前，日本NHK电视台正在直播一场议会，在会议现场的直播过程中，突然插入了地震预警的画面，并伴有急促且响亮的警报声，此时，字幕和画外提示音同时出现："紧急地震预警　请小心将要发生的强烈震动"，警报声再次响起。虽然此时直播的画面仍是会议现场，但画外音却在进行以下的播报内容："紧急地震预警：下列区域的居民请小心将要发生的强烈地震，宫城县、岩手县、福岛县、秋天县、山形县，很快就会有强烈的震动，请保护好自身安全，不要受伤。请远离容易倒下的家具等物品，请注意上方可能坠落的东西。刚刚发出了紧急地震预警，宫城县、岩手县、福岛县、秋天县、山形县，请保护好自身安全，不要受伤，请远离容易倒下的家具等物品。现在在这个议会现场也能感觉到震动，到现在，议会现场的震动都还在持续，震动已经持续了10秒。"

图 2–2–5：2011 年 3 月 11 日日本 NHK 电视台画面

随后，画面转到了会场外的直播间，主持人进行即时播报：议会的直播当中，我们插播一段关于地震海啸的情报，现在东京的演播室也在震动，演播室也在震动。刚刚发布了紧急地震预警，宫城县、岩手县、福岛县、秋天县、山形县，紧急地震预警。现在位处东京涉谷的演播室内也有震感，演播室也在震动，请感觉到强烈震动的居民注意，请大家冷静行动，等地震停止后再收拾火源。请注意上方坠落，或者倒下的东西，保证自身安全。现在位处东京涉谷的演播室内震感强烈，请注意上方坠落，或者倒下的东西，保证自身安全。现在位处东京涉谷的演播室内震感强烈，（直播同期声：在震动拍东京），现在位处东京涉谷的演播室内震感强烈，请注意上方坠落，或者倒下的东西，保证自身安全。请在震动停止之前，留在安全的地方。NHK 将会在收到最新消息后第一时间向你播报，请不要关闭电视及广播。下午 2 点 46 分在东北地区发生了强烈地震，宫城县北部震度 7 度，山形县震度 5 度弱，震度 6 度强的地区为宫城县中部，福岛中通、福岛县滨通、茨城县北部，震度 6 度弱的地区为岩手县沿岸南部、岩手县内陆北部、岩手县内陆南部等。海啸预警，刚刚发布了海啸预警，NHK 将以日文、英文、中文、韩文、葡萄牙文进行播报……

在 2011 年 3 月 11 日的日本 9.0 级大地震中，东京日本广播公司（NHK）和民营电视网会中断正常节目的播放，迅速插播地震警讯，并搭配警报声。首都东京地区的民众在约 1 分钟后感觉到这次地震首波强大震动，高耸的建筑物摇晃不已，数百万人逃到户外避难。日本气象厅

图 2–2–6：2011 年 3 月 11 日日本 NHK 电视台画面

（Japan Meteorological Agency）地震专家内藤宏人（Hirohito Naito）在接受法新社访问时表示，自 2001 年 10 月宣布启动的地震预警系统运作得很好，为全国各地民众提供了准确的电视地震预警信息。但是由于系统运行以来，确实发现有过误报和错报，在日本也有过争论。因此，对突发性自然风险进行预警本身也存在着极高的风险和不确定性，电视媒体对突发性自然风险的预警功能，在很大程度上也受到风险本身可预测性的限制，以及相关预警机构、组织与电视媒体之间的信息沟通情况。

现代化社会发展的典型特征即是传统与现代的多重博弈，在此过程中，风险和矛盾的发生几率较之以往社会形态而普遍偏高，因此，身处其中的社会公众将比以往任何时候都更加关注来自社会各个领域的风险和危机。在中国，低廉的消费成本、低端的收视门槛、广泛的覆盖范围以及家庭化收视的便利性等优势，使得电视新闻成为中国公众第一时间获取信息的重要渠道。电视可以看作是了解世界的一个窗口，但是它并非百分之百地保真，其主要展示的是世界的一种框架、现实的一种翻版。这并不是存心要误导观众，原因仅在于无法找到唯一公正的、正确的方法来描述现实，这就好比是不同的人对厨房外的情景各有所见一样。① 因此，通过电视这扇窗口，尽最大可能地获取外界变动的真实信息，以应对可能或已经

---

① 参见［英］尼古拉斯·阿伯克龙比:《电视与社会》，张永喜等译，南京大学出版社 2000 年版，第 23 页。

发生的风险，是现代社会人类生存和发展的共同目标。

第三节　拟态环境的营造与受众的"风险想象"

现如今，电视等大众媒介依然是绝大多数公众了解世界的主要渠道，公众通过媒介提供的"虚拟世界"来感知世界，但这个"虚拟世界"却与现实社会有着明显的差异。李普曼认为，任何人对于自己未曾经历的那些事件，唯一的感觉就是他对那种事件的主观印象所产生的感觉。在特定的时候，人们对虚构事件的反应就像人们对真实事件的反应那么强烈。因此，在人与他的假环境之间必然存在一个插人物，他的行为是对于虚假环境的一种反应。所谓"拟态环境"就是信息环境的反应，不是对客观环境及其变化的反应。正是通过创造"拟态环境"，包括电视在内的大众媒介对人们施加影响，而人们则会根据现实社会进行反映，由此形成了二者之间的互动。[①] 正如施拉姆在《传播学概论》中所指出的："我们研究传播时，我们也研究人，研究他们怎样互相影响；受影响；告知他人和被他人告知；教别人和受别人教；娱乐别人和受到娱乐。"[②] 在对风险的响应传播中，电视媒体通过传递风险信息，建构风险环境来营造"象征性现实"，并通过对受众进行长期的、潜移默化的"涵化"过程，来激发公众的"风险想象"。

一、风险的电视化放大与再生

无论是在国内还是国外，作为风险传播中重要的媒介渠道之一，电视媒体对风险信息和情景的及时、形象、准确的报道，成就了其在风险传播中无可替代的地位。电视媒体对风险的响应传播，不仅在第一时间满足了广大公众对风险信息的获取需求，更是凭借其独有的媒介特点，发挥出

[①]　参见邢虹文：《电视与社会——电视社会学引论》，学林出版社 2005 年版，第 228 页。

[②]　[美] 威尔伯·施拉姆：《传播学概论》，陈亮等译，新华出版社 1984 年版，第 4 页。

了电视媒体在风险传播中的诸多社会功能。在众多的现代风险类别中，自然风险的突发性、重大性、瞬时性以及场景的震撼性等特征，又使其成为了最适合电视媒体呈现和展演的风险类型。自然风险的发生场景往往具有较强的视觉和听觉震撼力，电视新闻通过声画合一的同步传播，将自然风险正在发生或已经发生的现场情景立体地展示给受众，使其瞬间产生一种身临其境的"现实感"，进而将所看所听到的"新闻"等同于身处其中的"事实"，这种来自感官器官的直觉体验，麻痹了受众对电视风险传播中的隐性失实的认知。在某种程度上，电视对风险的响应传播是风险的一种电视化再创作，"收看电视影响人们对现实世界的感受和解释"[1]，基于此，美国学者乔治·格伯纳认为，由于受电视等媒介建构的信息环境的影响，人们心目中所描绘的主观现实，尤其是那些难以亲身体验的现实，与实际存在的客观现实之间就会发生很大偏离。

　　一些西方学者在《风险分析》（1988 年）第 8 卷第 177 至第 187 页的《风险的社会放大：一个概念框架》一文中提出，在风险分析中，最令人困惑的问题之一是，为什么被专家评估为一些相对较小的风险和风险事件往往会引发强烈的社会关注，并对社会和经济产生重大影响。[2] 其详细解释了一个试图将风险的技术评估与以心理学、社会学和从文化视角看待的风险和风险相关行为进行系统联系的概念框架。主要论点是，风险与心理、社会、制度和文化进程互动，会强化或弱化公众对风险或风险事件的反映。对风险的社会放大进行结构上的描述成为了可能。放大发生在两个阶段：在风险信息的传递过程中，以及在社会机制的响应过程中。有关风险的信号被个体和社会放大站进行处理，社会放大站包括对风险评估进行沟通的科学家、新闻媒体、文化团体、人际网络等。每个阶段的风险放大都可以区分出关键步骤。被放大了的风险会导致行为上的反应，这种反应反过来会导致次级效应。美国决策研究专家保罗·斯洛维奇（Paul Slovic）也指出，大多数公众评估危险，依靠的是直觉判断，即"风险感

① 　[美] 梅尔文·L·德弗勒、埃弗雷特·E·丹尼斯：《大众传播通论》，颜建军等译，华夏出版社 1989 年版，第 428 页。

② 　参见 [美] 珍妮·X·卡斯帕森等编著：《风险的社会视野（上）：公众、风险沟通及风险的社会放大》，童蕴芝译，中国劳动社会保障出版社 2010 年版，第 79 页。

知",而他们有关风险的经验主要是来自于新闻媒体。[①]

　　一般而言,对于超出经验范围内的事件,公众是通过大众传播媒介来获得相关信息。若媒体对于威胁的解释得以广泛传播,就会影响人们对于风险的感知。媒介不仅简单地传递着特定的风险定义关系,而且无形中构建着风险,媒体成为风险制造模式中的一个部分。[②]在对风险的响应传播中,电视媒体声像双符号的传播特性,更是给予了受众对风险的多维感知,正如古列维奇(1991 年)所说:电视的作用和力量,可以追溯到其源头。在全球通讯转瞬即达的时代,电视作为一个积极的参与者,投身到了据称是各种事件的"报道"中。电视不再被看成(如果曾经被看成)仅仅是事件的观察者和报道者,而且明显地成了它所报道的现实的不可或缺的组成部分。[③]美国哈佛大学心理学名誉教授鲁道夫·阿恩海姆在论述视像编码的生理机制特点时指出:"在视觉感知过程中,对语言符号(文字、语言)信息的感知是左脑占优势,而对非语言符号(图像、姿势语)信息的感知,则是右脑占优势,即便是同时出现多类符号交叉映像,视神经也会筛选、分类编码成神经活动(连续的电脉冲)的信号,送进大脑相关部位,产生明晰的神经语汇、大脑语言,最终在视神经中枢同一区域产生融合,认知外界物体。"[④]

　　高度媒介化的现代社会使得普通大众无法完全脱离媒介来感知和理解"真实的世界",在某种程度上,电视媒体更多地将这种"真实"带至"在场"和"当前",与此同时,广大公众自然也无法完全脱离媒介来认知"风险",因为正是媒介设定了议题,使风险从"不可见"变得"可见",或者从"少见"变得"多见"。这也正如乌尔里希·贝克所指出的:风险的呈现形式从原来的基于概率思维和统计学计算的数字形式,转变为一种

①　参见 [美] 保罗·斯洛维奇编著:《风险的感知》,赵延东等译,北京出版社2007年版,第 220 页。

②　参见 [英] 芭芭拉·亚当、[德] 乌尔里希·贝克、[英] 约斯特·房·龙编著:《风险社会及其超越:社会理论的关键议题》,赵延东等译,北京出版社 2005 年版,第 37 页。

③　参见 [英] 尼古拉斯·阿伯克龙比:《电视与社会》,张永喜等译,南京大学出版社2000年版,第 137 页。

④　[美] 鲁道夫·阿恩海姆:《符号心理学》,五洲出版社 1986 年版,第 146 页,转引自张政、罗振宇:《理解电视的一个角度》,中国青年出版社 2000 年版,第 92 页。

更具弹性的侧重于感知和表述的媒介化性质。当风险进行电视化呈现时，电视的主要优势在于，它能够使我们看到远方发生的事件。我们在一个地方，通常是在家里观看另一个地方发生的事情，虽说距离变化不等，可是通常这并不重要，因为科技已经弥合了差距，建立了亲近的关系。这关系可能是一种幻觉，但是，当我们真正看到远方的事情，通常质的变化就很明显了。① 这种所谓的"质"的变化主要体现为风险的"全球化感知"与"再生性失实"。

电视媒体的出现使人类对世界的认知范围不断扩大，电视将这个不断缩小的世界逐渐变成了一个"村落"，它的出现不仅改变了我们闲暇时间的使用，也改变了对媒介的使用方法。② 电视注重的是现场感和从遥远的地方所呈现的真实，长此以往，这种对事发现场"耳闻目睹"的真实感给予了人们对电视媒体的长期信任和依赖，人们更愿意被这种来自远方的各种信息所围绕，也更深入地沉浸在对这种"全球化"环境的虚拟感知中。电视传播作为一个信息场，其声画语言符号都不再作为一个独立的元素存在，它们是相互依存、相互配合，有机地融合为一个整体，传达出一个共同完成的双重信息的集合。③ 但是同时，电视新闻中真实表现手法的增多使观众所看到的与他或她每天所亲身经历的相去甚远。约翰·艾里斯提出，电视新闻应该提供更多的即时材料这一需求已经把电视新闻推到了一种高度，那就是灵活的数字视频形式和卫星技术正把我们带入一个"实时"新闻的新纪元，我们几乎可以在事件发生的同时看到它们。但是这些事件在原始素材中不会出现，因为它们总是被以一种重构的方式加以解释。④

在风险传播中，电视新闻借助多种符号对风险进行电视化的叙事，包括现场同期声、现场画面、文字配音、字幕、蒙太奇手法、特技以及画

---

① 参见王逢振主编：《电视与权力》，赵国新等译，天津社会科学院出版社 2000 年版，第25 页。

② 参见石长顺：《电视传播学》，华中理工大学出版社 2000 年版，第 26 页。

③ 参见石长顺：《电视传播学》，华中理工大学出版社 2000 年版，第 26 页。

④ 参见 [英] 乔纳森·比格纳尔、[英] 杰里米·奥莱巴：《21 世纪电视人生存手册》，栾轶玫译，清华大学出版社 2008 年版，第 109 页。

面选择等多环节的重构组合，并在有限的时间里呈现出风险事件的一个个片段的真实和人工的组合。其中，风险事件中的主要事实片段与次要甚至是装饰性片段混杂出现，主要事实片段集中体现新闻价值，次要或装饰性事实片段充当补充、丰满新闻报道的角色，当这种主次的结构被改变时，风险的电视化呈现也就被扭曲失真了。然而，在视觉文化转型、感官消费时代，电视有时难以抵挡夸大装饰性细节乃至掩盖主体事实的诱惑，结果导致过于追求画面煽情，强调情节和冲突，追求趣味性和吸引力，而逃避事物复杂的一面，忽略或低调处理缺乏视觉吸引力的要素，这就可能使电视新闻在追求视觉刺激中变成一面"哈哈镜"。① 风险发生时，电视新闻为了吸引观众，往往选择有悬念性、戏剧性和视觉冲击力的画面或细节作为报道的重点，如死亡人数、救援情景、潜在风险、破坏性画面、刺激性声响等，并在现场直播或连续报道中加以凸显，进而夸大了风险的影响范围和程度。由此可见，电视媒体在风险传播中，更倾向于从有待感知的现实中选择更适合其表现的风险情景和事实，即通过电视媒介传播的"框架效果"来影响公众对风险客观、准确地感知。

　　电视的目标总是包含并解释事实，特别是通过叙述的方式，电视希望能用无中介的方式获得事实，但是这又与教化的需要相矛盾，学术评论员对这种根据惯例和新闻节目的格式法则对新闻的调整展开争论，他们认为新闻的表现形式重于其内容：媒介即信息。② 因此，风险的电视化呈现将无可避免地被人为再创造，无论是对声音或画面的组合，还是对气氛和情绪的渲染，抑或是对报道方式和体裁的选择，都无疑地打上了"风险再生"的烙印。需要特别说明的是，此处的"风险再生"有两层含义，其一，是电视新闻对"风险"的再加工和再创造；其二，是这种被呈现之后的风险可能引发的其他再生风险，如过度惨烈的电视画面给人们带来的心理压抑或恐慌等。在20世纪90年代早期的海湾战争时期，法国理论学家吉恩·鲍德里亚（Jean Baudrillard）（1997）就提出对战争几乎无间断的新闻报道使得人们对事件的真实情况的了解透不过气来，以至于战争本身

① 参见黄匡宇：《当代电视新闻学》，复旦大学出版社2010年版，第101页。
② 参见［英］乔纳森·比格纳尔、［英］杰里米·奥莱巴：《21世纪电视人生存手册》，栾轶玫译，清华大学出版社2008年版，第109页。

实际上已被声称去报道它的电视画面所取代。①

　　传播理论中的放大指的是信息在由信息源向传输者传播，并最终到达接收者的阶段中，信号加强或减弱的过程。美国传播学者德弗勒在1966年提出，通过直接的个人风险体验或对有关风险信息的接收都可以产生信号。这些信号被社会及个体的"放大站"进行处理，所谓的"放大站"包括以下情况：

　　执行和传播风险技术评估的科学家；

　　风险管理机构；

　　新闻媒体；

　　政治活动家社会组织；

　　社会团体中的意见领导者；

　　同辈及相关群体的个人关系网；

　　公共机构。②

　　社会放大站通过传播渠道（媒体、书信、电话、直接对话）产生并传输信息。此外，每一个接收者都参与了信息强化（或弱化）的过程，因此，他们也充当了风险相关信息的放大站。③

　　下图详尽描绘了假定的风险社会放大的阶段及其对一个假设的公司的影响情况，通过多个现实风险事例，作者认为，以我们现在的观念，风险的社会放大包含两个阶段（或扩大器）：风险信息或风险事件的传播者，社会的响应机制。④ 由下图不难发现，大众传播媒介在风险的扩大过程中扮演着重要的角色，作为社会中的人，我们越来越生活在现实的图像或画面之中，而不是直接生活在现实之中。实际上，图像与现实之间不再有隔阂。正如菲斯克所说的那样，我们生活在一个充满图像的社会中：充满

① 参见［英］乔纳森·比格纳尔、［英］杰里米·奥莱巴：《21世纪电视人生存手册》，栾轶玫译，清华大学出版社2008年版，第110页。
② ［美］珍妮·X·卡斯帕森等编著：《风险的社会视野（上）：公众、风险沟通及风险的社会放大》，童蕴芝译，中国劳动社会保障出版社2010年版，第86页。
③ ［美］珍妮·X·卡斯帕森等编著：《风险的社会视野（上）：公众、风险沟通及风险的社会放大》，童蕴芝译，中国劳动社会保障出版社2010年版，第86页。
④ ［美］珍妮·X·卡斯帕森等编著：《风险的社会视野（上）：公众、风险沟通及风险的社会放大》，童蕴芝译，中国劳动社会保障出版社2010年版，第86页。

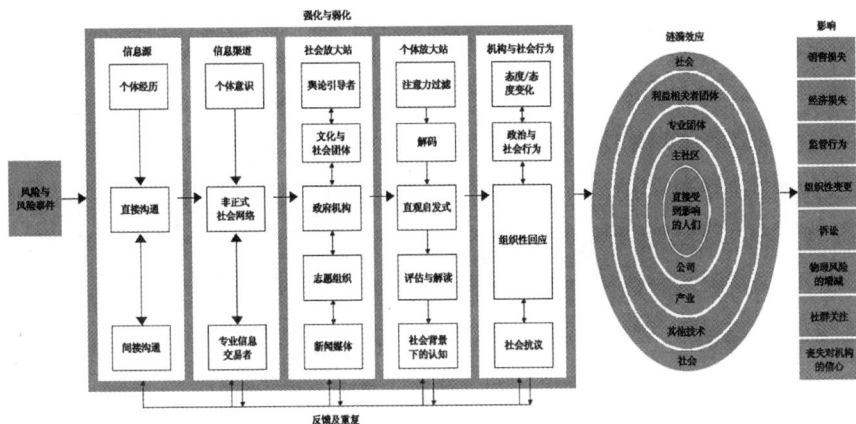

图 2-3-1：风险社会放大理论框架详图

的程度已明显地使我们的时代有别于以前，而且这种差别已不是量的问题。看上个把小时的电视，我们每个人所接触到的图像都有可能比非工业社会里的人毕生所见的图像还要多。这种数量悬殊大得出奇：我们不仅接触更多的图像，而且也在接纳看图像与其他类型的经历之间的一个全新的关系。事实上，在我们生活的这个后现代时期里，看图像与其他类型的经历已没有了差别。① 在全球化的媒介传播时代，发生在世界任何地方的自然风险都可能通过大众媒介传播，尤其是电视媒体的现场直播而瞬间成为"全国性"或"全球性"的风险，整个地球成为了一个村落，"风险"的媒介化呈现也随时面临被扩大或被再生的"风险"。

　　在风险的扩大过程中，一个风险事件将经历一个复杂的信息流过程，包括媒体、人际网络、戏剧化、定位和信号等，逐渐进入到可能被"污名化"的阶段，而公众的风险认知和对风险的标记将决定其是否被"污名化"，其中，风险的性质、变化价值、归责和信任是重要的影响因子。在最后的"污名涟漪及其效应"阶段，风险事件在自我认知和他人认知的共同作用下对整个社会系统产生不同的影响，发挥出风险被放大后的污名涟漪效应。

---

① 参见［英］尼古拉斯·阿伯克龙比：《电视与社会》，张永喜等译，南京大学出版社 2000 年版，第 32 页。

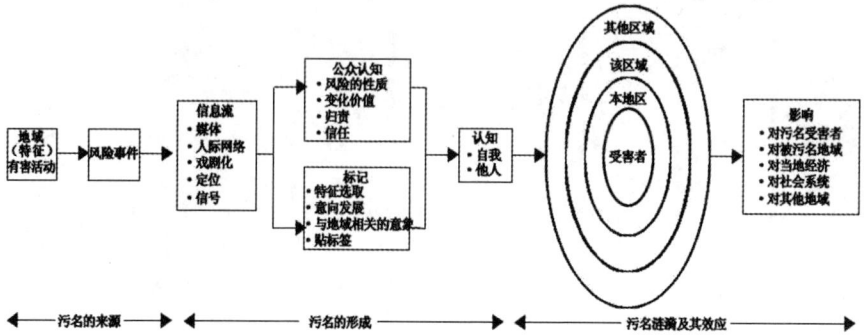

图 2-3-2：风险放大与污名化

二、议程设置中的拟态风险环境

1922 年，美国新闻工作者和社会评论家沃特·李普曼（Walter Lippmann）在其经典著作《舆论学》（*Public Opinion*）中提出了他的观点，新闻媒介影响"我们头脑中的图像"，即我们看到的不是一个真实的世界，而是媒介所反映的世界，这成为议程设置理论的雏形。1968 年，美国传播学家 M·E·麦库姆斯和唐纳德·肖采用实证研究的方法对当年的总统大选进行了较为详细的调查分析，重点研究传播媒介的选举报道对选民的影响，并试图厘清媒介议程与公众议程之间的影响关系。随后，他们在 1972 年的《舆论季刊》上发表了一篇题为《大众传播的议程设置功能》的学术论文，论文对其之前的研究成果进行了总结并提出，在公众对社会公共事务中重要问题的认识和判断与传播媒介的报道活动之间，存在着一种高度对应的关系，即传播媒介作为"大事"加以报道的问题，同样也作为大事反映在公众的意识中；传播媒介给予的强调越多，公众对该问题的重视程度越高。根据这种高度对应的相关关系，麦库姆斯和肖认为大众传播具有一种形成社会"议事日程"的功能，传播媒介以赋予各种议题不同程度"显著性"的方式，影响着公众瞩目的焦点和对社会环境的认知。他们的研究标志着一个新的传播效果理论——"议程设置（Agenda-setting）理论"的诞生。这个理论分为两个方面：一个方面是议题从媒介议程向公众议程的传播过程，另一个方面是公众在头脑中形成这些议题和对象时新闻媒介所起的作用。

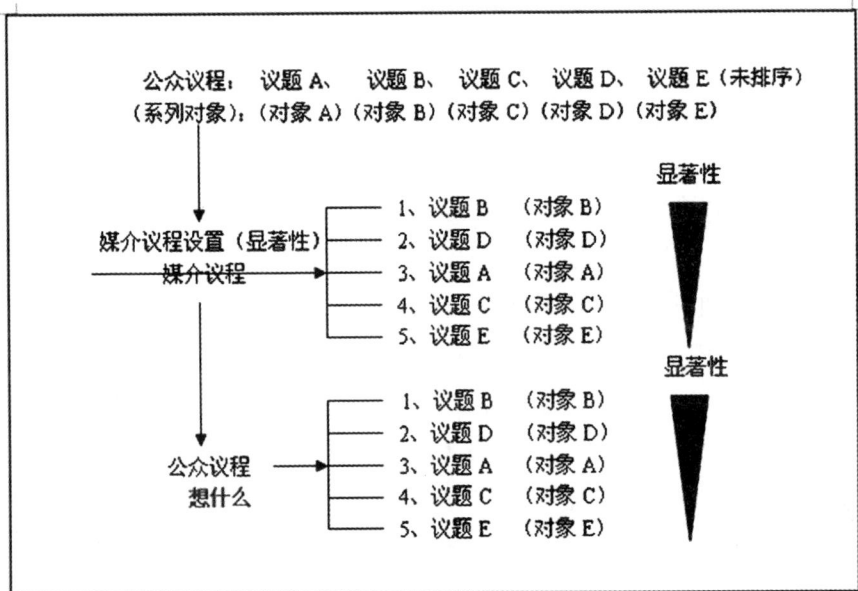

公众议程: 议题 A、 议题 B、 议题 C、 议题 D、 议题 E（未排序）
（系列对象）:（对象 A）（对象 B）（对象 C）（对象 D）（对象 E）

媒介议程设置（显著性）
媒介议程
1、议题 B （对象 B）
2、议题 D （对象 D）
3、议题 A （对象 A）
4、议题 C （对象 C）
5、议题 E （对象 E）

显著性

公众议程
想什么
1、议题 B （对象 B）
2、议题 D （对象 D）
3、议题 A （对象 A）
4、议题 C （对象 C）
5、议题 E （对象 E）

显著性

图 2-3-3: 议程设置示意图

具体到电视媒体而言，即指电视在一段时期内连续以某一传播的重点和"头条"，安排在黄金时段里播出，就会引导受众集中视线，形成社会公众关注的"热点"和社会舆论关注的焦点。[1] 在有关风险的电视新闻报道中，电视媒体虽然不能决定广大公众对风险的具体想法和意见，但却可以通过提供有关风险报道的信息或安排相关的议题来有效地影响公众对于风险的认知，并在无形之中使得他们在日常生活中倾向于主动议论有关风险的话题。毋庸置疑，这在一定程度上会对社会现实中其他"议程"起到冲淡和回避的作用，然而，一旦风险报道的合理尺度被超越，如对风险情景画面的过分渲染、风险议题长期且过于集中的设置、风险信息的片面化解读等，都会使广大公众产生与现实生活不符的错觉甚至负面的情绪。电视的视觉特征使我们相信我们是在直接地目睹世界，然而，电视上所有的选题、图像都是经过删选的，它们并非代表"现实"——它们代表的是现实的某一侧面，其所反映的意识形态并非真的是某一内容、思想，某组

---

[1] 参见叶家铮:《电视传播理论研究》，北京师范大学出版社 2000 年版，第 59 页。

图像或声音，而是将思想、图像和声音组织起来的一套规则。①

2008 年 5 月 12 日汶川地震发生后，中央电视台特别直播节目《关注汶川地震》，以 26 个小时无间断的同主题直播，成为了国内外新闻媒体获取震区最新信息的重要来源。自 2008 年 5 月 12 日至 5 月 20 日止，中央电视台各频道推出的各类有关汶川地震的直播特别节目总时长达 676 小时，在报道内容上分为三个阶段：初期是有关震区各方面的最新情况，中期进入到抗震救灾的规模性报道，后期的主题则转向受灾群众安置以及灾后重建等议题。美国政治家伯纳德·科恩在 1963 年《报纸与外交政策》一书中明确提出：在多数时间，媒介在告诉人们该怎样想可能并不成功，但它在告诉人们该想些什么时，却是十分成功的。大众媒介只要对一些问题给予足够的重视，集中报道，并忽视或掩盖对其他问题的报道，就能影响大众舆论。而人们一般都倾向于关注和思考媒介议程安排注意的那些问题，并按照大众媒介给各个问题确定的重要性的次序，分配自己的注意力。② 此外，汶川地震期间，国内各大电视台都对这次突发性的重大自然风险进行了特色化议题设置，无论是报道主题、播出方式还是栏目编排都是在结合本台的优势基础上，进行针对性地特色化传播。

对于绝大多数公众而言，汶川地震所带来的风险并没有对自身产生直接性或实际性的影响，但媒介通过对地震的议题设置所制造出的风险环境，使得公众对此次地震风险的感知变得清晰而深刻，犹如风险就发生在自己身边。因此，当电视新闻通过形象、生动的声音和画面，连篇累牍地对周围的风险加以报道时，一个虚拟的"风险环境"即诞生了。法国当代社会学家皮埃尔·布尔迪厄将电视的这种霸权特质称为"符号权力"或"符号暴力"，他认为，人们已经"越来越走向一个由电视来描绘并规定社会生活的天地。电视成了进入社会或政治生活的主宰"③。美国传播学者葛伯纳其在《文化指标：论电视暴力》一书中也指出，电视所生产的大众信

---

① 参见［英］尼古拉斯·阿伯克龙比：《电视与社会》，张永喜等译，南京大学出版社 2000 年版，第 28 页。

② 参见石长顺：《电视传播学》，华中理工大学出版社 2000 年版，第 218 页。

③ ［法］皮埃尔·布尔迪厄：《关于电视》，许钧译，辽宁教育出版社 2000 年版，第 20 页。

息是我们文化和社会环境的一个活跃的组成部分。① 在某种程度上，电视成为了人们了解世界，感知现实的窗口，其天然化的传播特质为受众营造出了一个由电视媒体主宰的虚拟环境。"虚拟环境"的理论最早也出自于李普曼的《舆论学》一书，即指在现代社会中，大多数人对"身外世界"的感知主要是依赖于媒介所构造的"虚拟环境"，但这种"虚拟环境"并不是现实世界本身，它最多只能再现部分生活场景，甚至会对现实世界进行歪曲和改造。②

2011 年 3 月 11 日，北京时间 13 时 46 分，日本当地时间 14 时 46 分，日本东北部海域发生里氏 9.0 级特大地震并引发强海啸，造成了重大的人员伤亡和财产损失。地震引发的强海啸影响到太平洋沿岸的大部分地区，并造成日本福岛第一核电站 1—4 号机组发生核泄漏事故。截至当地时间 4 月 12 日 19 时，此次地震及其引发的海啸已确认造成 13232 人死亡、14554 人失踪。地震发生 19 分钟后，中央电视台新闻频道即在新闻直播间通过滚屏字幕播出日本发生大地震的消息。14 点 05 分演播室插播最新消息。14 点 17 分即连线驻日本记者，播出日本地震画面，并报道了中国地震台网正在会商、稍后连线的消息。傍晚 18 点，央视新闻频道打开了日本强震的直播窗口，对地震灾情持续直播。从 3 月 11 日到 3 月 17 日，央视新闻频道打破原有固定栏目编排，从 21:30 到零点，利用"新

图 2-3-4：2011 年 3 月 11 日央视新闻频道直播日本大地震画面

---

① 参见石长顺：《电视传播学》，华中理工大学出版社 2000 年版，第 212 页。
② 参见叶家铮：《电视传播理论研究》，北京师范大学出版社 2000 年版，第 59 页。

闻 1+1"和"环球视线"的创作团队,制作连续两个半小时的特别节目。由于打破了栏目的概念,使整个时段的报道内容完整、风格一致,呈现出不同于常态节目的深度和现场感。在白天时段中,平时固定的栏目时间也被打破,全天候直播,随事态发展随时跟进报道内容。①

日本特大地震发生后,中央电视台中文国际频道推出超过 60 小时的直播特别报道《日本大地震》,以多种方式跟进日本震情及次生灾害动态,引起海内外观众的广泛关注。其中,《日本大地震》特别报道收视率创 1.65% 的同时段新纪录,较该时段日常收视均值增幅达 600%。3 月 15 日,19:00《中国新闻》以 1.49% 的收视率,创该时段收视纪录。② 此次日本特大地震发生后,新闻中心即迅速启动应急预案,第一时间调派驻东京记者、协调引入外来直播信号,并紧急联络中国地震台网等机构展开持续报道。纵观来看,此次央视围绕"日本地震"的风险议题设置主要分为四个阶段:一是抢占"第一落点"。《中国新闻》14:04 第一时间口播最新消息,新闻频道自 14:17 起,高频次电话连线驻东京记者,同步引入 NHK 直播信号,展开全面关注。并同时连线中国地震台网中心、国家海洋预报台、中国气象局等机构,分析本次地震灾害成因和影响;二是及时跟进动态资讯,短时间内三次跟进震级修正情况,实时报道最新灾情、日本政府紧急组建应对本部等;三是发布服务信息,对海啸可能对我国一些地区产生的影响发布预警提示,并报道了地震对航班交通造成的影响;四是中文国际频道推出《日本大地震》直播特别节目,跟进最新消息、介绍台湾对海啸的预警;邀请地震救援专家等,结合前方动态进行深入分析。③

此外,东方卫视、深圳卫视、凤凰卫视、宁夏卫视等卫视电视台以及部分地方电视台也纷纷对日本特大地震进行了多维深入的报道,如在 3 月 11 日当天,山东电视台齐鲁频道晚间新闻节目《一天零一夜》将日本

---

① 参见穆素华、张士峰:《日本地震:电视"快反"报道的创新实践》,《中国记者》2011年第 4 期。

② 参见《中央电视台中文国际频道日本大地震报道取得良好反响》,2011 年 3 月 18 日,见 http://www.cctv.com/stxmt/20110318/104902.shtml。

③ 参见《中央电视台新闻中心第一时间报道日本地震》2011 年 3 月 14 日,见 http://www.cctv.com/stxmt/20110314/109577.shtml。

大地震放在了第一板块，并且破例制作了 8 条和日本大地震有关的报道。对于日本大地震而言，地方电视台先天缺乏新闻资源，但山东电视台齐鲁频道通过捕捉细节，做足背景以及本土化回归等差异化报道策略，成功地完成了对"陌生风险"的贴近性传播。

序号	齐鲁频道新闻要点	时长	齐鲁频道收视率	CCTV1 新闻要点	时长
1	日本地震最新情况	1分15秒	1.97	日本发生强震，日本政府紧急应对	2分04秒
2	地震发生时 NHK 的视频	1分15秒	2.59	驻日记者讲述灾情	1分55秒
3	海啸危害大堪比灾难大片	1分58秒	2.96	驻日使馆：在日中国人无伤亡 防范海啸危害警报	51秒
4	日本防震经验 民众有序撤离，整个东京没有建筑物坍塌	2分25秒	2.97	中方愿提供援助	12秒
5	日本大地震对中国影响	1分45秒	2.94	*时长统计包含主持人演播室导语	
6	多国紧急援助	1分28秒	2.88	*齐鲁频道收视率按当条所处时段的分钟最高点计算	
7	太平洋板块活跃	2分23秒	2.30		
8	全球 100 年来大地震盘点	1分56秒	1.69		

图 2-3-5：2011 年 3 月 11 日山东电视台齐鲁频道有关日本地震的报道分析

在日本地震后的数天之内，有关此次地震的报道几乎成为了国内各大电视台新闻传播的核心议题。虽然日本地震并未给中国公众的日常生活带来直接性的重大影响，但国内电视媒体对地震议题的集中设置，为受众营造出了一个"真实可感"的拟态风险环境，并在无形之中深刻影响着中国公众对于地震风险的感知。美国著名学者李普曼认为，真实世界和我们感应的真实之间存在不一致，在人们和现实环境之间，存在一个拟态环境，而人们往往是根据这个拟态环境做出反应。他指出："对于我们仍然生活在其中的环境，我们的认识是何等的间接。我们可以看到，报道现实环境的新闻传给我们有时快，有时慢；但是，我们总是把我们认为是真实的情况当作现实环境本身。"①

麦库姆斯和唐纳德·肖认为，在公众和媒介的议程之间，存在着一种因果关系，即在一段时间之内，新闻媒介的优先议题将成为公众的优先

---

① 邢虹文：《电视与社会——电视社会学引论》，学林出版社 2005 年版，第 228 页。

议题。受众通过媒介不仅了解公众问题及其他事情，而且根据大众媒体对一个问题或论题的强调，学会应该对它予以怎样的重视。[①] 在某种程度上，媒介提供的"虚拟世界"决定着我们的世界观，而非"真实世界"。而作为媒介来说，它们只可能报道与提供被它们所发现的世界，而那些没有被发现与认可的世界事物将不被人所知。加拿大传播学家麦克卢汉在电视的技术特征中指出，电视的权力在于它创造出了一种电子空间，提供了一种新型的感觉体念[②]，其凭借对风险议题的有效设置，为受众呈现了一个随时随地可被感知的虚拟风险环境。作为现代社会大众传播媒介中的重要一员，电视媒体不断地充斥着人们的闲暇时间，并左右着人们观察和思考世界的方式，"它缤纷的色彩和仿真的影像像隐形之手控制着我们，使每一个人不得不钟情于它，人们深陷于电视的围困和纠缠之中"[③]。

当风险既定存在或已经来临时，电视等媒体即是人们感知超越视野以外风险环境的重要渠道，李普曼认为，在现代社会中，媒介的存在使得客观环境被替换为信息环境，这种替代的结果除了影响人的认知行为外，也会影响现实环境，使现实环境无形中涂抹上信息化的色彩。所谓"拟态环境"并不是现实环境的"镜子"式的再现，而是传播媒介通过对象征性事件或信息进行选择和加工、重新加以结构化之后向人们提示的环境。然而，由于这种加工、选择和结构化活动是在一般人看不见的地方（媒介内部）进行的，所以，通常人们意识不到这一点，而往往把"拟态环境"作为客观环境本身来看待。[④] 因此，无论是突发性自然灾难抑或常态性自然风险，电视媒体的风险响应传播都会产生两方面的效果：其一，快速及时、形象生动的风险呈现极大地满足了公众的知情权，有效地发挥了电视媒体对社会资源的动员和整合功能；其二，风险报道的议题设置以及由此生成的"风险环境"，在一定程度上遮蔽了客观的现实社会，干扰并影响了人们对现实环境的感知与体验。

---

① 参见石长顺：《电视传播学》，华中理工大学出版社 2000 年版，第 220 页。

② 参见邢虹文：《电视与社会——电视社会学引论》，学林出版社 2005 年版，第 294 页。

③ 孟繁华：《传媒与文化领导权》，山东教育出版社 2003 年版，第 193 页。

④ 参见邢虹文：《电视与社会——电视社会学引论》，学林出版社 2005 年版，第 228 页。

三、风险的"不确定性"与受众的"风险想象"

与传统社会相比，现代社会中的自然风险无论是在影响范围还是影响程度上，都有所扩大和深化。这不仅是因为人类社会活动的日趋频繁和丰富，更是现代社会在全面转型过程中的必然产物和具体体现。在传统社会中，自然风险所带来的影响往往受限于一定的地域范围，即使风险本身的强度足够大，其实际影响范围和程度也十分有限；而在现代社会中，自然风险的发生不再受制于时间和空间，其通过大众媒介的即时传播，可以在瞬间给全世界带来各个方面的影响。由此可见，大众媒介在对风险的响应传播中，发挥着巨大的功能，其不仅裹挟了公众的风险感知，更是成为了风险影响过程的主动参与者。如同丹尼斯等所说："大众传播不仅对个人而且对整个社会或文化都有影响；它可以影响一个团体的共同信仰和价值观，影响它对英雄与恶棍的选择，影响它的公共政策和技术。特别是媒介持续不断的信息传播，能对社会产生真正深刻的影响。"①

自然风险的发生本身即具有高度的"不确定性"，自古以来对它的预测都是十分困难的，而这种"不确定性"的特点在现代社会中却被媒介不断地扩大化了。乌尔里希·贝克在对风险社会进行研究时首先肯定了大众媒介在其中的传播作用："对已经确定的风险的定义就像是一支魔棒，在一个对自身造成威胁的迟钝的社会，它可以激活政治中心，从这个意义上说，公众对风险的揭示就成为流行的思想狭隘的'更多同样的事'这一态度的解药。"② 但与此同时，乌尔里希·贝克也辩证地指出了大众媒介对风险事实的呈现和解读往往带有一定程度的欺骗性，进而加剧了公众的不安全感，使之产生了某种程度的"风险想象"。美国传播学者德弗勒在1966年提出，一个信息源向传输者发出一簇信号（构成信息），或直接将信号向接收者发送。这些信号被传输者或接收者解码，使得信息被理解。每一个传输者都改变了原来的信息，通过加强或者减弱，添加或删减所收到信号的方式，向下一个传输者或信息接收者发送出一簇新的信号，然后这些信号再被解码。因此，每条信息都可能包含事实的、推断的、价值相关

---

① [美]梅尔文·L·德弗勒、埃弗雷特·E·丹尼斯：《大众传播通论》，严建军等译，华夏出版社1989年版，第328页。

② [德]乌尔里希·贝克：《"风险社会"再思考》，《马克思主义与现实》2002年第4期。

的、象征性的意味。①

　　1974 年，杰伊·布卢姆勒和伊莱休·卡茨从社会动因的视角出发研究了受众对媒介的使用需要，并提出了五种具体的使用需要动因：其一，社会局势产生各种紧张关系和冲突，导致要通过使用大众媒介来缓和。其二，社会局势造成对问题的发觉，要求注意并从媒介寻求可能得到的有关情报。其三，社会局势提供了可以满足某些需要的少有的真实的机会，导致向为大众媒介取得辅助性、补充的或替代性的服务。其四，社会局势使某些价值提高，而利用媒介中合适的材料是有助于确认和增强这些价值的。其五，社会局势提供一种要求熟悉某些媒介材料的有希望的领域，而这些材料必须记录下来以便维持其继续作为有地位的社会团体的成员。②上述五种社会动因都从不同的角度揭示出：公众在对媒介产生使用需要时，必然与周围环境的变化密切相关，换句话说，当公众对周围环境变化所产生或即将产生的风险有所意识和感知时，其对大众媒介即产生了强烈的使用需求。

　　对公众的"风险想象"进行追溯，不难看出，正是风险的"不确定性"和风险传播的"潜在扭曲性"（即媒介对风险呈现的放大或变形的可能性），给予了公众更多的风险感知，并通过媒介对受众的长期培养，促使其对风险的想象。因此，无论是直接的个人体验还是通过风险信息、风险事件和管理系统获得的间接、次级体验，都是公众风险想象的基础。对于危险活动或事件的直接体验可以是令人愉悦的（如驾驶机动车），也可以是令人惊慌的（如飓风或洪水）。总体上来说，对于巨大事故或风险事件的体验增加了危险的记忆和可意象性，于是强化了风险认知。其中，绝大多数风险并非人人亲身经历的，当直接的个人体验缺失或不足的时候，个体们会从其他人和媒体那里获得有关风险的情况。信息流成为了公众反应的一个关键因素。③ 当前，大众传播媒介对现代社会及个人进行影响、

---

① 参见［美］珍妮·X·卡斯帕森等编著：《风险的社会视野（上）：公众、风险沟通及风险的社会放大》，童蕴芝译，中国劳动社会保障出版社 2010 年版，第 86 页。

② 参见石长顺：《电视传播学》，华中理工大学出版社 2000 年版，第 239 页。

③ 参见［美］珍妮·X·卡斯帕森等编著：《风险的社会视野（上）：公众、风险沟通及风险的社会放大》，童蕴芝译，中国劳动社会保障出版社 2010 年版，第 88 页。

操纵、支配的力量已被广泛认同，"在社会基本的意识形态、思想及交感上，媒介当然能够协助人们与其所身处的社会状况做一整合。当社会中的大部分成员都具有较为一致的想法及概念时，此社会自然能够借由思想或意识形态，来说服人们接受或改变某些事情。"①

美国批判理论家道格拉斯·凯尔纳认为："当今，电视是文化象征的主要表现者。电视上的图像既是主观规范的又是客观描述性的。它不仅用于图画展示社会上的新鲜事，而且还引导人们怎样去适应社会秩序。此外，它还表明如果不适应就会受苦挨罚。相同图像反反复复地再现产生了这样一个电视世界：传统就是准则，遵从是硬性规定。"② 在风险传播过程中，电视较之于其他传播媒介而言，有着自身独特的优势，在麦克卢汉看来，电视是"凉"媒介（Cool Medium），而非"热"媒介（Hot Medium），人不仅仅是看电视，而且参与（Engage in）电视，从电视上发现由电视观众所分享的公有意义（Communal Meaning）。电视促成了具有立即传播和分享经验两大特性的地球村（Global Village）。③ 因此，电视媒介在传递风险信息的同时，也改变和培养着受众对风险的认知，并于无形之中建构着公众的"风险想象"。正如英国学者迈克尔·奥肖内西所言："电视必须跟人们的实际生活相联系，包括现实生活和想象中的生活；如果在电视中看不到我们自己的生活、愿望及梦想，那么电视对我们来说就毫无意义可言。"④

著名传播学者乔治·葛布勒曾指责说："电视的重要信息就是引起恐惧。"⑤

① [美] Joseph Straubhaar、Rabert LaRose：《传播媒介与资讯社会》，（台北）亚太图书出版社1996年版，第35页，转引自蔡凯如、黄勇贤：《穿越视听时空：广播电视传播论》，新华出版社2003年版，第257页。

② [英] 尼古拉斯·阿伯克龙比：《电视与社会》，南京大学出版社2002年版，第35—36页。

③ 祝基滢：《政治传播学》，（台北）三民书局1983年版，第50页。

④ [英] 迈克尔·奥肖内西：《大众文化：大众电视与霸权》，转引自 [英] 安德鲁·古德温、[英] 加里·惠内尔编著：《电视的真相》，魏礼庆、王丽丽译，中央编译出版社2001年版，第60—61页。

⑤ Victoria Sherrow，*Violence and the Media：The Question of Cause and Effect*，Brookfield，CT：the Millbrook Press，Inc.1996，p.95，转引自蔡凯如、黄勇贤：《穿越视听时空：广播电视传播论》，新华出版社2003年版，第262页。

此话虽有些极端，但却在很大程度上折射出电视之于风险以及受众的风险想象的重要性。事实上，"当人们从媒介中获得大量各种各样的信息时，其实也就在接受着媒介的教育。现代人的大多数教育通常都是往这种无处不在、不知不觉的过程中完成的。"[①] 在有关风险传播的电视新闻中，声音与画面分别各司其职，前者（语言播音＋现场语言）主要承担着"叙事"（新闻事件的变化和经过）这一任务，而后者作为"看"的电视新闻的画面，它的任务是体现"照相本性"，以准确的画面内容证实新闻事件中涉及的人、物体、地域等新闻要素的可信性，最大限度地消除信息中的"不确定性"成分，为电视观众提供"一种显而易见的近亲性"（克拉考尔语），以满足受众"百闻不如一见"的心理欲求。[②]

曾任联合国教科文组织总干事的马约尔认为："电视以其力度和敏锐能激发我们，使组织我们的感知的形式发生变化，并且，可能首先是它已经打开了我们的眼界，使我们知道，在我们的日常生活经验之外还有许许多多我们需要知道的。"[③] 现代社会中自然风险的不确定性、风险的电视化呈现以及受众的"风险想象"共同作用于公众的风险感知，因此，风险传播中的"电视交流"，是区别于传统互动方式中主体之间的交往实践，是主体面对作为客体的电视的交流过程，即信息的发送者并不在场，接受主体实际上是通过客体（媒介）来接收发送者所传递的信息，即风险是通过电视媒介而被受众感知和想象的。在这种"电视交流"中，电视作为一种传播媒介，把不在场的东西呈现给观众，使得交流过程中面对面的直接经验被一种中介化或媒介化了的间接经验所取代。在互动过程中，互动的环境和场景基本上是由电视所创造出来的而非现实社会生活场景，因此具有很强的虚拟性，这也为风险的电视化扩大和受众的风险想象创造了前提。从"电视交流"的这些特点来看，"电视交流"实际上是一种"拟态环境"中的精神文化互动，并不是发生在现实社会中的实际交往行为，风险也因此成为了一种虚拟的感知体验，并预留了更多被再生和想象的空间。[④]

---

① 蔡凯如：《新闻传播的文化观照》，华中理工大学出版社1998年版，第18页。

② 参见黄匡宇：《电视新闻语言学》，中国广播电视出版社2000年版，第241页。

③ 时统宇：《电视影响评析》，新华出版社1999年版，第236页。

④ 参见邢虹文：《电视与社会——电视社会学引论》，学林出版社2005年版，第218页。

　　此部分之所以将有关风险的"不确定性"和"风险想象"的研究具体到"自然风险"类别,并非意味着只有"自然风险"才具有上述特质,现代社会中的所有风险都无一例外。只是在风险传播的过程中,"自然风险"的上述特质在电视化传播中的表现更为突出,其对受众的影响也更为直接,因此,不管受众活跃与否,他们都处于媒介信息的包围之中;电视以其独有的特性,对受众进行着信息刺激。随着时间的推移,电视对大众的影响是长期的、细微的和隐蔽的,它以日积月累的形式向受众灌输观点,使受众在无意识中采纳它们的解说,接受它们的立场。① 高度"不确定性"的风险有赖于媒体的呈现,但受制于传播机制与风险语境的传播本身,也可能牵动风险或危机传播的价值悖谬与传播效果的逆转,在一定程度上构成了风险传播的悖论。②

---

① 参见邢虹文:《电视与社会——电视社会学引论》,学林出版社 2005 年版,第 297 页。

② 参见郭小平、秦志希:《风险传播的悖论——论"风险社会"视阈下的新闻报道》,《江淮论坛》2006 年第 2 期。

第三章
政治风险中电视新闻的风险控制

　　早在 1971 年，美国学者斯特芬·罗伯克（Stefan H.Robock）即在其一篇极有影响力的论文《政治风险：识别与评估》中，对"政治风险"这个概念做出了一些解释，如经营环境中出现的一些不连续性；这些不连续性难以预料；它们由政治变化所带来，且经营环境中的这些变化必须具有对某家企业的利润或其他目标有重大影响的潜在可能性时才构成"风险"。① 然而，斯特芬·罗伯克所定义的"政治风险"是特指"国际经营中的政治风险"，并非本文所定义的"政治风险"。道格拉斯和维达夫斯基在对风险进行分类时，分别提出了政治风险、经济风险和自然风险三个种类。他们认为，政治风险是指来自内部的异常人员对社会结构的威胁，特别是来自犯罪或外部军事敌人等人类暴力的风险。本书所界定的"政治风险"更倾向于此处道格拉斯和维达夫斯基的定义，是指人们在政治实践过程中一些政治事件发生的可能性，并且这些政治事件的发生会给特定的公民和社会群体带来一定的不利影响。具体来说，就是指一个国家由于政治方面的原因引发罢工民变、战争暴乱、敌对行动、示威游行、政府更迭、国家政策的变更以及其他不测事件，导致人民生命、财产的严重损害，国家、社会、执政党利益严重受到侵害的可能性。

---

① 参见张传明：《当代跨国公司经营中的政治风险问题》，《世界经济与政治》1999 年第 5 期。

第一节 从"听政发布"到"训政解释"的互动干预

在中国，人民是电视的主人，中国的电视事业是人民的电视事业，中国的电视媒体不仅拥有世界上最广泛的受众群，更是党和政府重要的宣传工具，这是具有中国特色的社会主义电视的根本特征，也是社会主义电视与资本主义电视的本质区别。随着我国改革开放的深入和政治民主化进程的发展，电视在社会政治生活中的重要性日益凸显，并呈现出不同于传统体制下的新特征，这种特征集中体现为对国家政治环境的独立监督和能动参与。具体到政治风险的响应传播中，电视媒体日趋显示出其独立的运行逻辑，从以"听证发布"为主的"喉舌"功能逐渐演变为"训政解释"的"干预"功能，这在很大程度上摆脱了政治逻辑的绝对统领，拥有了一定的自我独立性。当前，中国电视媒体在政治生活中的互动干预角色主要表现为：信息的传播者、政府的监督者、社会的预警者、公共管理的主体以及公众参政议政的平台，作为意识形态的重要载体，电视媒体为现代政治的公众参与创造了极为必要的先决条件。

一、报道框架中的风险呈现与遮蔽

作为电视节目类型的重要组成部分，"电视新闻是以现代电子技术为传播手段，以声音、画面为传播符号，对新近或正在发生、发现的事实的报道"[①]。正是因为对"新近或正在发生、发现的事实"进行了取舍和选择，"新闻媒介才不会把事情原原本本地告诉我们，不会也不可能不带任何偏见；新闻媒介不可能完美地反映现实"[②]。新闻价值是选择和衡量新闻事实的客观标准，即事实本身所具有的足以构成新闻的特殊素质的总

---

① 杨伟光主编：《电视新闻分类与界定》，中国广播电视出版社1994年版，第3页。
② ［美］梅尔文·L·德弗勒、埃弗雷特·E·丹尼斯：《大众传播通论》，严建军等译，华夏出版社1989年版，第341页。

和。① 对于新闻媒介而言，与"风险"相关的事实本身即包含着更多的新闻价值要素，风险的发生往往是极具时效性和重要性的，而这也正是吸引新闻传播主体做出选择的重要依据。所有有关电视新闻分析的出发点都是研究连接不断的世界大事与新闻节目之间的关系，后者由前者编排而成。然而，限于节目时间和受众注意力的稀缺性，新闻节目不可能将世间百态穷尽呈现，因此，决定选择报道哪些内容，如何报道，都在很大程度上体现了该媒体的气质特点。

以此来看，电视新闻即是在对具有新闻价值的事实进行取舍的前提之下，收进某些观点和信息，并加以突出；同时，它又排除其他的、或许是相反的观点，并以此挡住观众的视线。这一过程是以几种不同的方式发生的。最为重要的是，新闻明确了问题，决定哪些是重要的，并根据那些新闻价值来安排内容的播报。② 长此以往，电视即对公众的认知力和注意力的分配结构产生相当的影响，即体现为电视的"议程设置"功能。"如果我们能改变人们的注意力分配结构，那么我们就能在很大程度上将人们可能采取的行为限定在一定范围内——或者说，实施某种意义上的社会控制。而电视恰恰是当代社会中，最有效改变人们注意力分配结构的途径和渠道之一。"③ 在风险传播过程中，电视传播主体即是通过对风险事实的选择性和策略性传播，来发挥其"把关人"职能，对公众所处的风险环境进行电视化的呈现与遮蔽。正如李普曼所说，"媒介更像是探照灯，该探照灯往何处照，往往取决于在议题上有其特殊利益的集团，取决于人们为获取注意而制造的伪事件，也取决于新闻记者本身的某些工作惯例。"④

"议程设置"即 Agenda-setting of Risk，Agenda 指议事日程、会议事项等，set 是安排、设置之意，风险报道框架的产生是基于媒介对风险事实的议程设置，媒介通过对风险事实的选择、编排，在一段时间内集中

---

① 参见余家宏等编著：《新闻学简明词典》，浙江人民出版社 1984 年版，第 75 页。
② 参见 [英] 尼古拉斯·阿伯克龙比：《电视与社会》，张永喜等译，南京大学出版社 2000 年版，第 55 页。
③ 邢虹文：《电视与社会——电视社会学引论》，学林出版社 2005 年版，第 292 页。
④ [美] 沃纳·赛佛林等：《传播理论：起源、方法与应用》，郭镇之等译，华夏出版社 2000 年版，第 268 页。

突出报道，从而吸引受众的注意力，使之成为公众议论的话题。李普曼在 1922 年所著的《公众意见》一书中提出，"新闻媒介影响我们头脑中的图像"，换句话说，公众所感知和认识的世界并非真实的世界，而是媒介所呈现和遮蔽的世界。1982 年，英国格拉斯哥大学传媒集团对大量有关工业关系、经济行为、战争与和平的新闻报道进行了详尽的内容分析，最终得出结论：电视虽然不能左右人们的思想或行为，但却深刻地影响了人们考虑事情或问题的思路，电视新闻确定了议事的程序，决定什么是重要的、什么需要特写。更为关键的是，它很大程度上决定人们根据什么来思考：电视控制着我们认识世界的主要信息。① 毋庸置疑，电视新闻对世界的形象化描述和呈现，有着极强的选择性以及选择差异性，从传播学专业的角度来理解、审视和阐释电视对事实的这种遮蔽式呈现，必将会发现存在于电视背后的隐性权力机制。

具体到政治风险的电视化传播中，电视的这种权力机制将发挥出更为突出的作用，它会根据自身的价值取向和选择判断来对政治风险事实进行报道，"电视能够通过电波快速传播各种事件，并使它们具有爆炸性"，审视以一种比普通政治体系快得多的速度（让人们）了解各种事件，使得一些事件甩开了政治家们，甩开了他们的深谋远虑而独立地向前发展。② 符合什么特征的政治风险会成为电视媒体的报道目标，何时报道，如何报道等都是电视媒介对政治风险进行议程设置的必经过程。在全球风险社会中，在现代性第一阶段里建构起来的统治着（社会）思想和（政治）行动的控制和安全类型已经形同虚设。我们越是急于在风险范畴的帮助下去"开拓"未来，它就越发地脱离我们的控制。在世界风险社会中，"外在化"风险的办法变得不再可能。这正是导致风险议题如此"政治化"（在一种颠覆性的意义上）的原因。③

---

① 参见［英］尼古拉斯·阿伯克龙比：《电视与社会》，张永喜等译，南京大学出版社 2000 年版，第 55 页。

② 参见［美］戴维·哈尔伯斯坦：《无冕之王》，白梅、家有等译，新华出版社 1985 年版，第 85 页。

③ 参见［英］芭芭拉·亚当、［德］乌尔里希·贝克、［英］约斯特·房·龙编著：《风险社会及其超越：社会理论的关键议题》，赵延东等译，北京出版社 2005 年版，第 328 页。

从时效性角度对政治风险进行分类，可大致分为常态性政治风险与突发性政治风险，前者大多属于社会转型发展的伴生性产物，不可避免亦不能在短时间内解决或改变，如利益冲突、权力弱化、体制滞后等；后者则更多的发生于社会转型期中的一些关键时刻点，并往往是因为受到特殊的外因刺激而突然爆发，如"3·14"事件、"钓鱼岛冲突"、"利比亚战争"等。在新闻价值和社会影响方面，突发性的政治风险无疑更具有先天性的传播优势，政府和媒介作为政治风险传播中的两大关键主体，对于公众的风险感知产生着决定性的影响。其中，电视新闻以其权威的公信力和影响力，在政治风险的传播效果中扮演着重要的角色。科技的飞速发展使电视媒体拥有最现代化的信息采集和传播手段，使电视新闻传播具有最强的时效性；声画同步的形象构成使电视新闻的真实性不容置疑，现场感、说服力和感染力极强，能够极大程度地调动观众的参与意识；电视深度报道能使观众了解新闻事件本身，也能对新闻事件的来龙去脉、前因后果及其背景和意义作全面深刻的分析。因此，电视新闻在政治风险传播中的解疑、释惑、协调、干预甚至解气方面发挥了不可替代的社会作用。①

据美国《外交政策》杂志 2010 年 1 月 4 日报道，《外交政策》杂志对全球 2010 年重大政治风险进行预测时，将中美关系列为首要政治风险。文章称 2010 年世界将面临更为严峻的挑战：世界各国正在摆脱经济衰退，逐步复苏。新的政治风险开始转移到新国际秩序带来的挑战，包括发达国家与发展中国家、原有的单极世界与正在形成的无极世界形态、管理自由市场资本主义的全球化体系与正在发展的国家资本主义之间的对峙。这三种挑战合为一体形成了 2010 年最大的政治风险——中美关系。将美国 10% 的失业率与中国 10% 的增长率简单相加并不等于 20%。中美两国领导人为了维护正常的中美关系付出了巨大的努力，类似于国际社会建立 20 国集团让所有国家认识到问题的严重性。但随着世界主要国家承受的压力降低，继续保持紧密合作的动力也会降低。② 在国内，各种常态和突发性的政治风险亦时刻存在，当前，国内社会的利益结构和阶层结构都处

---

① 参见张晓峰：《解构电视：电视传播学新论》，中国广播电视出版社 2006 年版，第 125 页。
② 参见王凯：《2010 政治风险排行：中美关系第一伊朗第二》，2010 年 1 月 5 日，见 http://www.cnr.cn/allnews/201001/t20100106_505854402_1.html。

于急剧的转型时期，与此同时，政治体制改革与民主化进程的不断推进，也在一定程度上促使了政治风险的发生。2011 年 3 月 14 日，国务院总理温家宝在十一届全国人大四次会议和全国政协十一届四次会议闭幕日举行的总理记者会上，明确指出，腐败是中国此时面对的最大政治风险，协调推进政治和经济体制改革，可实现一个更具公平正义的社会，但政治体制改革的前提是社会稳定和谐，并在中国共产党的领导下有序进行。

　　风险和风险事件的信息通过两个主要的传播网络流通——新闻媒体和非正式的人际网络。作为风险"发声器"的新闻媒体也因它们在公众舆论和议程设置方面至关重要的作用而受到了大量科学上的关注。[①] 对于常态性政治风险而言，电视媒体往往采用解读政策、观照现实、反映舆情等方式来渐进呈现，此时，电视媒体对政治风险的干预主要体现为传达政令和疏通民意，旨在为政府的下一步决策提供相对客观、全面的舆情参照。从这个角度来看，政治风险的电视化写实是一种真切自然地宣传占主导地位的意识形态的、相对保守的表现形式。这种对风险现实的"真实化"映照，不是将它定为某一特殊社会和文化的产物的过程，而是一个将意识形态现实化或自然化的电视化响应过程。将意识形态扎根于现实，对于政治风险的电视化传播而言，是一个不容置疑和改变的做法，因此，在某种程度上，这也是一个保守的政治策略。[②] 而对于突发性政治风险而言，电视媒体对其的呈现将更为集中和具体，如对风险事实进行现场直播、连续报道、系列报道以及深度报道、新闻评论等，此时，"受到某种议程影响的受众成员会按照该媒介对这些问题的重视程度调整自己对问题重要性的看法"[③]。

　　除报道政治风险事件以及即时的信息流之外，电视媒体还对将要或可能发生的政治风险进行着持续的、广泛的社会意义上的解读，电视新闻

---

① 参见 [美] 珍妮·X·卡斯帕森等编著：《风险的社会视野（上）：公众、风险沟通及风险的社会放大》，童蕴芝译，中国劳动社会保障出版社 2010 年版，第 89 页。

② 参见 [英] 尼古拉斯·阿伯克龙比：《电视与社会》，张永喜等译，南京大学出版社 2000 年版，第 26 页。

③ [美] 梅尔文·L·德弗勒、埃弗雷特·E·丹尼斯：《大众传播通论》，严建军等译，华夏出版社 1989 年版，第 344 页。

以具体物象作为信息载体进行形象化传播，直接作用于受众的感觉器官，并使其逐渐由感性的认知上升到理性的分析。直觉思维的信息传播和处理过程，有效地塑造了受众对其所传递的信息的认识和意见，进而培养了公民对所处政治环境的认知观。这种构建信息环境，引导舆论基本方向的传播理念，是当前电视新闻对风险及风险事件传播的积极响应。其中，电视媒体之于风险的议程设置，是引导社会舆论的基础，议程设置研究最开始即是被应用于政治传播研究中，一个风险事件或论题在电视传播中出现的频率和方式，是观众赖以评价风险事件或论题重要与否的主要依据，电视媒介通过集中地、系统地、突出报道某些问题来发挥议程设置的舆论引导作用。"引导舆论的核心是播撒真理，向人民提供客观世界的真相，用全面、深刻准确的意见校正群众的思想混乱，这是新闻活动引导舆论的最高目的。"①

在有关政治风险议题和框架的电视报道中，电视新闻的叙述功能亦将从以下四个方面展开②（约翰·哈特利于1982年提出的"电视新闻的叙述功能"）：第一，结构框架是确定新闻主题的活动，通常是由充当新闻读者的中间人角色的人来做。政治新闻通常被确定为对抗性的。虽然协调者，例如新闻推荐人，以中立的方式记录，而且也给他们自己和新闻发布单位建立了一个中立的形象，这样的结果就是观众看不出来叙述模式的建立：看起来是由新闻自身而不是由报道新闻的方式产生的。

第二，热点聚焦指的是把新闻报道展开到具体的细节，是由代表新闻播出机构讲话的记者或者通讯员所传达的。这些机构的代言人们通过提供背景信息，对新闻事件的重要部分进行解释，引入评论和真实素材来展开叙述。对亲身经历事件的人的采访，电影报道和他们的评论是所谓的真实再现功能的一部分；因为他们把新闻故事建立在证据和相关的个人和团体的解说之上。

第三，真实素材的可用性给新闻报道增添了重要的价值，因为它对于再现故事的叙述功能至关重要。但是虽然真实素材可以看作电视新闻节

① 刘建明：《社会舆论原理》，华夏出版社2002年版，第228页。
② 参见［英］乔纳森·比格纳尔、［英］杰里米·奥莱巴：《21世纪电视人生存手册》，栾轶玫译，清华大学出版社2008年版，第108页。

目符号的主要类型，它的视觉符号从来不会在没有画外音解说词的伴随下出现。因此，真实再现会巩固新闻报道者的结构框架和热点聚焦的语言。

第四，结尾指的是一则新闻报道走向一个浓缩的包装，有可能在结尾重复新闻节目的头条，此外，结尾会忽略一些报道中已经出现过的关于新闻事件的观点，或者会重复结构框架和热点聚焦里面已经介绍过的要点。

早期的传播学理论研究中的经验主义，对几乎所有关于大众传播媒介的强效果理论都表示怀疑，而"议程设置"说则对传播的强效果持肯定态度。因为它主要涉及的是学习，而不是态度改变，也不直接涉及意见改变。英国传播学者丹尼斯·麦奎尔认为，事实上，对大众传播的经验主义（实证）研究已经证实这点，即最可能产生的影响是对信息问题的影响。电视新闻对不同的政治风险事实采取不同的表现方式和处理方式，如事实报道在电视新闻播出中的位置、长度和是否形式多样、生动活泼等。这种安排自然使受众将电视上经过选择的风险信息中的一小部分议题列为关注重点。[①]"人们常常以为，观众观看电视节目越投入，电视对他们的影响就越大。如果他们与节目中的人物或情节密切相关，他们似乎就有可能接受节目中体现的价值观和见解。反过来，如果观众能与节目保持一定距离，我们似乎可以合理地推断他们受到节目中可能含有的任何思想内容的影响都比较小，并能够对所看的节目采取一种对立的态度。"[②] 因此，电视媒体有关政治风险新闻报道，在很大程度上扮演了干预政府风险决策，影响受众风险感知的参与者角色，最终，"选择同编码的主题相关的信息，舍弃无关或无关紧要的信息"[③]，成为了政治风险电视化呈现与遮蔽的重要路径。

二、风险传播中政府与电视媒体的互动机制

2004 年，中国共产党十六届四中全会 9 月 16 日至 19 日在北京举行。

---

① 参见石长顺：《电视传播学》，华中理工大学出版社 2000 年版，第 220 页。

② ［英］尼古拉斯·阿伯克龙比：《电视与社会》，张永喜等译，南京大学出版社 2001 年版，第 196—197 页。

③ 童兵：《理论断闻传播学导论》，中国人民大学出版社 2000 年版，第 165 页。

全会审议通过了《中共中央关于加强党的执政能力建设的决定》，《决定》指出要坚持党管媒体的原则，增强引导舆论的本领，掌握舆论工作的主动权……重视对社会热点问题的引导，积极开展舆论监督，完善新闻发布制度和重大突发事件新闻报道快速反应机制。在我国，大众传播媒介是我国党、政府和人民的"喉舌"，担负着"上传下达"的媒介职责，是政府行政职能的拓展和延伸，对于公众而言，大众传播媒介与政府是一体化的从属关系，但在各种力量的博弈制衡中媒介又有一定的独立空间，可在一定程度上对政治权力进行监督。被称为是行政、立法、司法之外第四种权力的大众媒介，其独立性会不可避免地受到政治和经济势力的操控，表现为一定的表面性和相对性。在中国，电视作为一种巨大的社会力量，其对当代社会政治的影响几乎无孔不入，但无论如何，电视不可能改变一个国家的政治制度，其与政治永远保持着一种依附关系。①

当前，我国正处于政治体制改革的关键时期，公众对于媒介的期待更多的是对它的政府职能的一种期待，如社会的瞭望哨、权力的监督者等，而这种期待又建立在公众对于媒介政治身份信任的基础之上，这份信任既包括公众透过媒介对政府权威的信任，又取决于媒介在新闻专业取向上的一些做法，如正确、可靠、无偏见、信息的完整等。②在我国，媒介作为政治体系链条上的一环，对我国政治体制改革以及民主化进程的推进发挥着特殊的重要作用，我国台湾学者祝基滢在《政治传播学》中提到，印刷文化之影响所及，形成了高度个人的民主政治，着重私有财产、个人的意见、全民参政。说话的媒体造成密切的社会关系，印刷媒体促进高度自由化的个人行动，电视的产生则形成集体民主。电视在转型期的现代社会中的广泛参与和影响，使得电视的政治性质和政治功能日益凸显，电视是一种政治社会化的有力工具，这已在全世界形成了广泛的共识。美国政治学家阿尔蒙德·鲍威尔认为："政治体系不仅包括政府机构，如立法机关、法院和行政部门，而且包括所有结构中与政治有关的方面，还有诸

① 参见时统宇：《电视影响评析》，新华出版社1999年版，第9页。
② 参见喻国明等：《中国大众媒介的传播效果与公信力研究——基础理论、评测方法与实证分析》，经济科学出版社2009年版，第10页。

如……大众传播工具之类的非政府组织等。"① 美国的著名记者和历史学家西奥多·怀特将此观点表达的更为直接："美国的政治与电视现在已经纠结得难解难分，谈政治离不开电视，谈电视也离不开政治。所有的政治活动都在为适应这一舞台而变化着。"②

"20 世纪的人类是一个政治化的人类。"③20 世纪电视的诞生赋予了政治生活形象化的特征，政治事件的视觉化呈现突破了仅仅依靠言语所达到的社会效果，对于身处媒介化社会中的政党和组织而言，通过电视媒体来提出、阐释政治观点和主张已成为其稳固政治立场的重要途径。电视通过传递传播政治信息、监督政治环境、统一政治规范、塑造政治形象以及传承政治文化，多方位地表现了社会政治的整体面貌。④ 作为 20 世纪科技发展对人类社会馈赠之一，电视与其他科技成果有着最为本质的区别，即电视不仅改变了人类的生活状态，更是直接影响着社会政治的实际内容和表现形式。因此，从人文主义视角对电视进行观照，其政治功能所发挥的社会效果已经日趋凸显。在政治风险的电视化传播过程中，政府与电视媒体之间有着既复杂又紧密的关系，对于常态化的政治风险而言，电视媒体更多地发挥着传递政治信息和监督政治环境的功能；而对于突发性的政治风险而言，电视媒体除发挥上述基本功能之外，还参与了政府决策、公众互动、协调内外部关系等。"随着当代政治的发展，电视在政治领域中所扮演的角色更加多样更为巧妙，电视成为旋转变化的政治舞台，它不仅是政变夺权的工具，也成为政治角逐、政治斗争的武器，更是政治文化的晴雨表。"⑤

在 21 世纪的第一个十年当中，我国经历了两次重大的国内政治风险，一是发生在 2008 年 3 月 4 日，由境内外"藏独"分子策划并制造的

---

① [美] 阿尔蒙德·鲍威尔：《比较政治学》，曹沛霖等译，上海译文出版社 1987 年版，第 5 页。
② [美] 西奥多·怀特：《美国的自我探索——总统的诞生》，中国对外翻译出版公司 1985 年版，第 191 页。
③ 王沪宁：《比较政治分析》，上海人民出版社 1987 年版，第 2 页。
④ 参见邢虹文：《电视与社会——电视社会学引论》，学林出版社 2005 年版，第 317 页。
⑤ 严峰、韩玉芬：《TV 风景线》，中国人民大学出版社 1993 年版，第 17 页。

拉萨"3·14"暴乱事件；二是 2009 年 7 月 5 日，发生在新疆乌鲁木齐市的"7·5"重大血腥暴力事件，该事件是由境内外三股势力长期策划并精心组织的。暴徒分子在两起事件中的使用的手段之残忍，造成的影响之恶劣，时至今日都令人发指。纵观两起暴力犯罪事件，其在性质上、类别上、社会影响上都存在着诸多相似之处，但在这两次政治风险事件中，政府和电视媒体的表现却迥然不同，由此引发的社会舆论和带来的社会影响也因此而大相径庭。正如英国学者罗杰·西尔弗斯通所认为的，电视融入日常生活的明显之处在于：它既是一个打扰者也是一个抚慰者，这是它的情感意义。它既告诉我们信息，也会误传信息，这是它的认知意义；它扎根在我们日常生活的轨道中，这是它在时间和空间上的意义。它对人造成的冲击，被记住也被遗忘；它的政治意义在于它是现代国家的一个核心机制。[①] 以这两起相似的暴力政治风险事件为例，对电视媒体的响应传播作为以及政府与电视媒体的互动干预进行分析，将会更具体且更深刻地解读政治风险事件中政府与电视媒体之间的互动机制。

早在 2007 年达赖窜访欧美时即多次声称："2008 年是最关键的一年，奥运会也许是藏人的最后机会"，呼吁有关国家在与中国打交道时，把"西藏问题"与北京奥运会联系起来。从 3 月 10 日开始，境外达赖集团"藏青会"等组织开始举行从印度到西藏拉萨的所谓"挺进西藏活动"。并宣称，一旦活动在境外受阻，将发动各种抗议活动，并煽动境内藏区僧俗群众闹事，内外配合、统一行动。3 月 14 日，滋事活动进一步升级。上午 11 时许，西藏自治区首府拉萨市的一些僧人在小昭寺用石块突然袭击执勤民警。与此同时，一些暴徒在达赖集团的策划和煽动下，开始在拉萨八廓街聚集，呼喊分裂口号，大肆进行打砸抢烧，并暴力冲击公安派出所、政府机关、学校、新闻机构、银行、商铺、加油站、市场等。事发当天，拉萨市区的所有主要交通路段都出现了商铺被冲抢，汽车被烧，行人被打、杀，政府机构被砸毁的情况，场面极其的血腥与混乱。据初步统计，"3·14"不法分子纵火 300 余处，拉萨 908 户商铺、7 所学校、120 间民房、5 座医院受损，砸毁金融网点 10 个，至少 20 处建筑物被烧成废墟，84 辆汽车被毁。有 18 名无辜群众被烧死或砍死，受伤群众达 382 人，其中重伤 58 人。拉萨市直接财产损失高达 2.8 亿人民币。①

"3·14"事件发生不久之后，西方的大众媒体纷纷将焦点聚集于此，来自报纸、广播、电视以及互联网的有关"3·14"事件的新闻报道和评论便铺天盖地地袭来，其中，以客观、公正的视角报道事实的新闻少之又少，绝大多数的西方报道都是在极为强烈的主观感情影响下的捕风捉影，甚至是黑白颠倒。如个别新闻报道将已经发生在他国的有关警察驱赶闹市喇嘛的画面，嫁接到中国的"3·14"事件中，并配以"中国军警正在暴力镇压抗议者"的解说词；还有电视画面展现的是中国公安民警正在协助医护人员将受伤群众运送至救护地点，而画外音却说这些受伤群众是被中国公安民警打伤、打死的，并正在被抓走；而在同一天的电视新闻报道中，各西方媒体关于死亡人数极为不一致的说法，则更体现出了西方媒体对此事件的别有用心。短短数日之内，西方传媒不负责任的负面宣传报道，便在境外掀起了声势较大的反华浪潮。

3 月 15 日晚，中央电视台在《新闻联播》节目中首次播出了 50 多秒钟的暴乱分子打砸抢烧的镜头。随后，在事件报道的中后期，中央电视台采取了针对性的反击，重点即是通过客观的事实对西方媒体混淆是非的报道予以驳斥。中央电视台中文国际频道和新闻频道纷纷通过大量的现场拍摄、人物采访对"3·14"事件进行多角度的报道，中央政府以及相关地方政府也积极采取措施与各大媒体进行互动，包括实时的信息沟通、发布等。

图 3-1-1：中央电视台中文国际频道"3·14"事件报道画面

① 参见《"3·14"拉萨打砸抢烧暴力袭击实录》，《国际新闻界》2008 年第 3 期。

上述画面真切、形象地展示出"3·14"事件中拉萨市的混乱惨状以及暴徒们惨绝人寰的卑鄙行径。

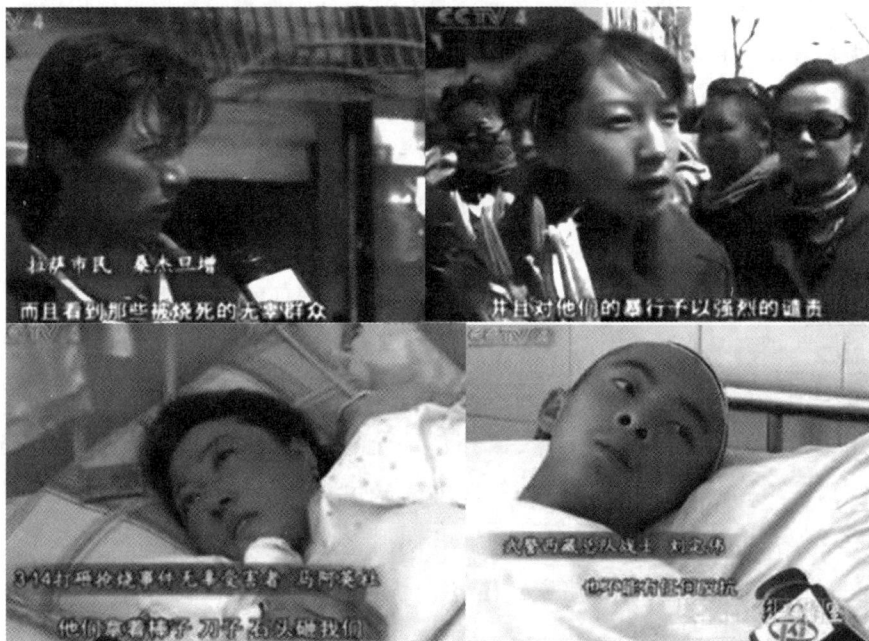

图3-1-2：中央电视台中文国际频道"3·14"事件报道画面

新闻从多个角度对事件予以真实呈现，视频画面中所展示的情景包括拉萨市民对无辜受难者的哀悼、对暴徒分子的强烈谴责以及在暴力事件中受难的无辜群众和武警战士。

随着国内媒体对"3·14"事件逐步深入的报道，以及一些友好国家和媒体对事件的真实报道，才使国内外受众全面地了解了"藏独"暴徒分子打砸抢烧的犯罪真相。

2009年7月5日，新疆维吾尔自治区乌鲁木齐市又发生了一起由境内外民族分裂分子策划并制造的打砸抢烧犯罪暴力事件。在拉萨"3·14"事件的经验和教训基础上，国内各大电视台都纷纷积极主动地对新疆"7·5"事件进行全方位的报道，及时、透明、翔尽的事实报道不仅满足了广大公众的知情权，第一时间稳定了社会各界特别是事发地群众的情绪，更重要的是为中国政府赢得了国内外舆论的主动权，树立了一个负责、透明、公开的国家政府形象。

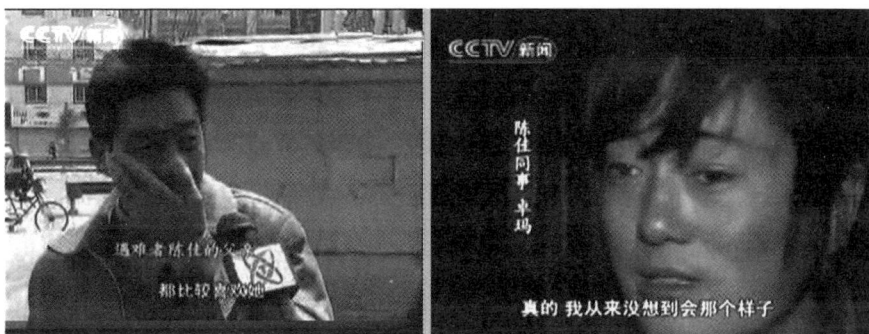

图3-1-3：中央电视台新闻频道"3·14"事件报道画面

新疆"7·5"事件发生后，中央电视台在第一时间分派记者赶赴乌鲁木齐市，进行全方位的现场新闻跟踪报道，并坚定地表达了中国政府对此次事件的态度。

图3-1-4：中央电视台《新闻联播》报道"7·5"事件的新闻画面

而随后的《焦点访谈》栏目则对新疆"7·5"事件进行了更为深入的详细报道，并就此展开了中央电视台对"7·5"事件为期一个月的连续报道。在新疆"7·5"事件的新闻报道中，中央电视台启动了1套、4套、7套、9套、12套、新闻频道等多个频道进行报道，并及时启用了几乎所有的新闻类栏目，如《新闻联播》《焦点访谈》《新闻1+1》《今日关注》《新闻会客厅》《新闻调查》《东方时空》《防务新观察》等，采用不同的新闻报道形式对新疆"7·5"事件进行多角度的呈现。①

图3-1-5：中央电视台新闻频道报道"7·5"事件的新闻画面

　　记者刘晨：也就是在此时此刻，我们连线的时刻，依然在医院里有1000多名白衣天使继续奋战在抢救伤者的第一线，今天我在医院采访时，抓住了几个非常感人的细节，比如说在我采访的人民医院里面，当时的医生不到500人，但在昨天晚上8点钟，暴力事件发生之后，很多在家休息的医生和医护人员，自发地冒着生命的危险步行（整个交通已经阻断）来到单位，在路上他们也同样受到攻击，有人还受了伤，为的就是来抢救在暴力事件中受伤的这些伤者。

　　主持人：刘晨，你说你是土生土长的乌鲁木齐人，这次你带着采访任务回到乌鲁木齐市以后，你观察到的乌鲁木齐市的现状是怎么样的？

　　记者刘晨：可以说，从7月份开始，一直到9月和10月金秋，用乌鲁木齐的原话来讲的话就是像金子一般的季节，这个概念不仅仅是指这个季节气候宜人，瓜果飘香，更重要的是，对于西部城市来讲，旅游业是非常重要的一点，这次的严重暴力事件以后，对于乌鲁木齐的损失不仅仅是现在纸面上所体现的这些，伤828人，死140人，损毁260余辆车，整个焚烧的建筑面积是56850平方米，通过这些数字来理解对乌鲁木齐的这次打击和损失。更多的是来自于

———————————

① 参见刘洪：《突发事件报道的新突破——央视"乌鲁木齐7·5事件"报道评述及思考》，《新闻知识》2009年第8期。

对乌鲁木齐人的心理本身，和很多像我一样对乌鲁木齐有着特别美好的印象，旅游者也好，向往它的人也好，是一种心理上的沉重打击。我今天特意到了一个乌鲁木齐夏季旅游非常热闹的一个地方，也恰恰是昨天发生暴力事件，受影响非常严重的地方，往往在每年的夏季和秋季的时候，我们看到的是，来自国内各地，甚至是海内外操着不同语言，有着不同肤色的游人在这里流连忘返。但是今天，我再来到这里的时候，看到的是紧锁的店铺和人们紧锁的眉头，在这里我已经感觉不到瓜果飘香的金色世界的感觉。看到的是老人眼中的哀伤和孩子眼中的惊恐，不仅是作为一个土生土长的乌鲁木齐的人，任何一个有良知的人都会对昨天发生在乌鲁木齐的严重暴力事件进行严厉的控诉。

　　主持人：刘晨，当你听到这个消息的时候，你是否会担心在乌鲁木齐市的家人会受到伤害？

　　刘晨：说实话，我会担心。但当我赶到乌鲁木齐市的时候，我反倒又有一定的安心。因为我们在道路上看到的是武警和公安干警在维持社会的治安。我采访到的一个武警战士，从昨晚发生暴力事件到现在为止基本上，他们都没有合眼，20出头的小伙子，一群人从昨晚一直冒着生命的危险，在保卫着一方的平安。他们一直在驻守着暴力犯罪最严重的区域，他们依然在坚持。

　　从上述的新闻文本中不难发现，中央电视台针对此次新疆"7·5"事件做出了直接又快速的反应，现场连线的方式不仅让公众在第一时间获得了有关事件的最新信息，更是以先发制人的气势占据了舆论的主动权。真实的现场画面、极具说服力的事实细节以及鲜明的观点立场，无不体现出作为国家媒体的立场、使命和责任。自"7·5"事件发生后的第二天，中央电视台即与新疆电视台、乌鲁木齐市电视台进行联动式报道，真正采用了新闻资源实时共享的报道策略，以"第一时间、第一落点、第一评论"作为报道的总方针，并有效运用视频、现场访谈、文字（包括滚动字幕）、图片以及与前方记者连线等多种形式，在充分报道事件真相的同时，积极地引导社会舆论，成功地塑造了国家和政府的形象。

"7·5"事件中，政府与媒体，尤其是与电视媒体始终进行着积极的互动和沟通，及时地将政府的相关决策通过电视传递给广大受众，各种权威的新闻发布会滚动地播报"7·5"事件的最新死亡人数、受伤人数、失踪人数等数据，以及党和政府对"7·5"事件所做出的最新决策、善后措施和处置态度。与此同时，中央电视台还将热比娅在监狱中信誓旦旦不搞分裂的视频与其在美国进行分裂祖国活动的视频、图片进行对比性播出，并利用半岛电视的新闻资源对事件的真相进行全方位、多角度的诠释。主动、公开、透明、全面的互动机制有效地粉碎了谣言可能产生的路径，赢得了国内外舆论的一致好评。由此可见，对于突发性政治风险而言，政府只有采取积极的策略来善待、善用和善管媒体，通过媒体这座隐形的桥梁来与国内民众和国际社会之间进行有效的沟通。

三、电视媒介逻辑与政治文化逻辑下的政治风险响应

美国著名的政治家西奥多·怀特在《美国的自我探索》一书中说，电视就是政治工具。在美国，谈政治离不开电视，谈电视也离不开政治，而有些国家甚至把电视部门直接纳入政治结构中，各派政治力量无不利用电视导演出形形色色的政治事件。从某种意义上说，"电视成为旋转变化的政治舞台"，一系列的政治事变、政治竞选、政治主张都在电视这个"舞台"上表现，电视传播或隐或显的对政治产生极为重要的影响。[1] 如今，这句话对于中国社会而言也有着相当的适用效力，改革开放以来，中国的政治体制和经济体制都在进行着深刻的转型，由此也引发了中国电视体制由内而外的变革，主要体现为三个方面：其一，从"喉舌论"到双重属性；其二，从"四级办台"到集团化；其三，从政府补贴到自主产业化。其中，"双重属性"是三大变革中最为根本的，是后两者转变的先决条件，从"四级办台"到集团化是中国电视结构调整后必然结果，亦是传媒体制改革的核心，从政府补贴到自主产业化则体现了电视事业运行机制的改革方向。[2] 与此相适应，中国电视媒体在新闻报道等业务方面的运作逻辑也

---

① 参见石长顺：《电视传播学》，华中理工大学出版社2000年版，第52页。

② 参见张晓峰：《解构电视：电视传播学新论》，中国广播电视出版社2006年版，第113页。

发生了改变，尤其明显地体现在应对突发事件时的报道原则、报道策略、报道手段以及报道形态等。

2007 年 11 月 1 日起正式实施的《中华人民共和国突发事件应对法》和 2008 年 5 月 1 日起正式实施的《中华人民共和国政府信息公开条例》对中国媒体的新闻报道业务有着重要的现实指导意义。《中华人民共和国突发事件应对法》中明确指出：新闻媒体应当无偿开展突发事件预防与应急、自救与互救知识的公益宣传；此外，《中华人民共和国政府信息公开条例》也指出：行政机关应当将主动公开的政府信息，通过政府公报、政府网站、新闻发布会以及报刊、广播、电视等便于公众知晓的方式公开。由此可见，"政治民主进程的发展为大众传媒的发展拓宽了政治所能包容的空间，使大众传媒有了更广阔的活动空间和更大的新闻自由，也更加能够发挥对政治的影响和作用。"[1]

无论在何种政治体制之下，媒体天生都与政治有着不解之缘，国内学者邢虹文在其专著《电视与社会——电视社会学引论》中将电视与政治的关系概括为三个方面：传递政治信息，监督政治环境，塑造政治形象。[2]在传递政治信息方面，电视凭借自身的权威影响力和独特的声像技术，对政治活动及其影响范围进行了广泛的延伸，并进而成为政治活动的重要工具和手段；在监督政治环境方面，电视通过其画面、文字、声音的综合表现来对社会现实予以观照，为广大公众提供有效的意见表达平台，以此来制约和平衡社会政治环境的发展；在塑造政治形象方面，电视媒体以立体塑造各种政治形象来推动和促进政治体制改革的公开化、透明化和社会化。总之，对于转型期中的社会政治体制改革而言，电视媒体是敏感的政治触角，其对社会政治环境的建构效果会随着政治体制改革的逐步深入而愈发凸显。当前，中国的政治体制较之以往更为开放和透明，这也在根本上促进了媒体新闻报道的多样化发展，媒体在应对政治风险时，已彻底摆脱曾经被动的"传声筒"角色，并逐渐发挥出主动的参与功能。

中国的电视媒体自始至终都是党和政府的重要传播工具，拥有其他

① 刘华蓉：《大众传媒与政治》，北京大学出版社 2001 年版，第 23 页。
② 参见邢虹文：《电视与社会——电视社会学引论》，学林出版社 2005 年版，第 317—318 页。

媒体所不具备的特殊优势，并集中体现在电视新闻领域。中国的电视新闻不仅代表着党和政府的声音，更是在表现形式上有着极强的规范性、严肃性和权威性，在某种程度上，这种权威的核心角色是由以《新闻联播》为主体的电视新闻来奠定的。1982 年开始，《新闻联播》被授权比其他媒介早一天独家发布重要新闻，从而改写了电视在媒介阵营中的从属地位。今天，人们仍然可以经常从"明天出版的《人民日报》社论"这种特别的新闻语式来识读政府对电视媒介的信任。① 与其他媒介新闻形式相比，中国的电视新闻也因此承担了更为重大的责任和使命，政治的透明度、公众的知情权、社会的稳定发展都与电视新闻传播息息相关，并突出体现在电视新闻对突发性政治风险的响应实践上。从这个意义上讲，电视之所以能够成功介入国家政治体制改革与发展的进程中，恰恰是因为顺应了转型与改革的本质需求，表现出电视是政治形态与意识形态传播者的本质属性。在某种程度上，电视与政治是一个互动的生态系统，对于系统内部而言，电视与政治是以两大主体的身份进行着密切的互促式发展，而在系统外部，电视与政治即形成了一个互动的整体系统，正如阿莫斯·霍利所言，"一个生态系统越暴露在一般的环境（其他社会或其他社会的文化）中，渗透在系统中的新信息和知识就越有可能产生，变迁、增长和进化就越有可能发生。"②

作为社会信息传播的载体之一，电视新闻与生俱来的政治性和服务性使其成为最具公共性的大众传播事业。基于电视媒体天然的公共政治属性，社会关系的建立与巩固、权力的获得与实施、阶级斗争的爆发与协调、各项政策的制定与执行直至国家的宏观统筹与管理，都离不开电视媒介的有效传播。正如美国传播学者阿特休尔所指出的，在所有的新闻体系中，新闻媒介都是掌握政治和经济权力者的代言人。因此，电视并不是独立存在于媒介真空中，它只是潜在地发挥着相对独立的功能。③ 这种独立功能的发挥具有极为广泛的影响领域，如"我们与国家的政治民主进程之间的关系、我们的身份／认同感、我们的安全感以及我们对其他社会成员

①　参见欧阳宏生：《电视传播核心价值论》，北京大学出版社 2010 年版，第 83 页。

②　孙聚成：《信息力——新闻传播与国家发展》，人民出版社 2006 年版，第 87 页。

③　参见邢虹文：《电视与社会——电视社会学引论》，学林出版社 2005 年版，第 116 页。

的理解和宽容"①。中国社会转型期中的政治风险无处不在，有的一直存在只是尚未发生，有的则以各种方式显露出来，然而，无论政治风险处于何种状态或是否发生，其对整个社会政治环境以及大众传媒都是一场持久的考验。面对政治风险，电视媒体新闻传播不仅是完成作为媒介载体的基本功能，其更重要的目的在于引起广大公众产生同传播主体立场一致的共鸣，激发其进一步关注和参与政治的意识和热情，进而形成较为一致的政治立场和舆论方向。

从政治文化传播的逻辑来看，电视与政治的互动是以"电视新闻"为主要纽带的关系协调与平衡。所谓政治文化，"指的是一个民族在特定时期流行的一套政治态度、信仰和感情，它关系到一个政权和社会的稳定与安宁，对形成人们的政治理想、政治目标、政治观念能够产生巨大的统一化的影响。"② 这种主流的政治文化不仅是巩固和维持政治体系的必要条件，还是培养公众政治观念、引导公众政治舆论的文化范本，它的形成与普及主要依赖于政治信息的媒介化传播，更具体地说，即是政治信息的电视化传播。乔治·格伯纳认为，电视已成为整个社会文化的指示器。"人们生来就处在电视的符号环境里，并在整个生命历程中与电视这个反复不断的教科书生活在一起。电视从外部培养了人们预先的倾向，这种倾向性影响到将来人们的文化选择和使用。"③ 因此，各国政党、政府都十分重视运用电视媒体，尤其是电视新闻，向公众普及政治文化、传播政治思想，旨在使人们在各项政治活动中保持较为统一的规范。在电视与政治的互动过程中，电视在给政治力量、政治人物、政治活动提供表演的宽阔舞台的同时，也在不断地校正和巩固自身在社会政治舞台上的特定的角色。④

在乌尔里希·贝克看来，现代社会的风险是人为的混合，它结合了政治、伦理、演绎、媒体、科技、文化以及人们的特别感知，"风险社会

---

① ［英］哈里森：《英国的地面电视新闻与文化生产》，转引自［英］伯顿：《媒体与社会：批判的视角》，史安斌译，清华大学出版社 2007 年版，第 297 页。
② 石长顺：《电视传播学》，华中理工大学出版社 2000 年版，第 52 页。
③ 施天权等编著：《当代世界广播电视》，复旦大学出版社 1991 年版，第 284 页。
④ 参见时统宇：《电视影响评析》，新华出版社 1999 年版，第 2 页。

的定义关系可以看作是类似于卡尔·马克思的生产关系，其主要包括在特定的文化环境中构成风险识别和评估的特定规则、制度和能力。它们是风险政治运行于其中的法律的、认识论的和文化的权力模子。"① 这种别具一格的视角，为人们更透彻地理解现代风险社会中，媒体与政治及政治文化之间的关系提供了独特的思考维度。马克思主义新闻理论认为，新闻媒介是维护政治权力合法性的重要手段，是社会统治阶级、统治集团传播自己的思想，从思想上维持自己对社会的控制和统治的有力工具。另一方面，新闻媒介又是社会各阶层成员参与社会政治决策，传递自己政治见解的阵地，是社会成员监督社会统治者的有力武器。② 在政治文化逻辑与媒介自身运作逻辑的共同作用下，公众所获得的各种权威可靠的政治信息基本都是通过电视媒体，其已逐渐成为公众参政、议政的信息交流平台。如此一来，即使是政府主导型的政治信息，也需尊重市场经济逻辑与新闻传播规律，符合受众的接受心理和习惯，方能达到最佳的传播效果。

电视媒体既是社会系统中的一个组织机构，就是一个有着自身运作逻辑的实施主体，与其他媒介相比，电视媒体所具有的特殊的角色地位和传播方式，使其在政治风险的传播中发挥着不可替代的作用，对中国现代社会的政治体制改革产生了巨大的影响。所谓"媒介逻辑"，国内传播学者邵培仁将其定义为"一套控制'内容应该如何处理和呈现，以便竭尽所能地运用既定媒介的优点'的内在法则与规范"③。具体到政治风险传播中的电视媒体，则是指电视在风险应对中如何积极地发挥其"信息传播"和"政治参与"的主体功能，体现出相对独立的媒介运作逻辑。在对政治风险的响应传播中，政府通过电视这座桥梁及时、准确地传达了最新的决策和部署，民众通过电视这座桥梁表达意见、发表看法。在扮演政治宣传角色时，电视媒体被用来传达政策，解疑释惑，而在扮演舆论监督角色时，其又是政府工作和政治环境的监督者，它对社会政治的影响不仅关乎能否

① [德]乌尔里希·贝克：《世界风险社会》，吴英姿等译，南京大学出版社2004年版，第191页。
② 参见蒙南生：《新闻传播社会学》，中国传媒大学出版社2007年版，第14页。
③ 邵培仁、潘祥辉：《危机传播推动中国媒介制度的变迁——从汶川地震看危机事件与媒介制度创新的内在关联》，《现代传播》2008年第4期。

实现政通人和，有时甚至影响和改变国家的政治决策。

随着中国现代化政治改革的不断推进，电视在政治领域中所扮演的角色更加深入也更为多样，其不仅仅是政变夺权的工具和武器，更是现代政治文化的温度计和晴雨表。在政治文化的研究语境下，电视是被当作社会控制的一部分进行阐释与解读的。倘若将社会视为一个充满活力和变动着的事物，而电视作为社会生活被赋予意义的一种手段，以及作为当代社会被呈现和争论方式来分析的话，电视节目可能被视为"官方"语境和"平民"语境的竞技场。在这种分析传统中，电视研究是发现社会意义如何被确立、延续和修正的多种方法之一，也是发现电视呈现方式如何与某个特定历史时刻——尤其是当下——以及更广阔的媒体景观发生联系的方法。[①] 此时，电视观众通过采取或者放弃来源于电视新闻和其他电视形态的思考和生活的方式，来协调他们与地方、区域甚至全球电视文化相关的空间、时间以及群体的感觉，并进而形成对政治环境的电视化感知。

第二节　风险应对中的舆论引导与脱敏

无论处于何种政治体制和社会制度下，有关政治风险的新闻舆论往往都更为敏感，此时，大众传播媒介提供了民意上传的重要渠道，社会成员及公众团体可以借此围绕其自身利益公开发出呼声，形成舆论，进而成为政府决策动议的重要参考。在某程度上，"电视不仅改变了权力平衡，而且它还变成了新的权力平衡的一部分"[②]。在对政治风险进行响应传播时，电视新闻有效地搭建了政府、公众与社会交流的共同平台，社会各组织阶层对风险事件的观点、意见和态度都得以合理有序的表达，并进而

---

① 参见［英］乔纳森·比格纳尔、［英］杰里米·奥莱巴：《21 世纪电视人生存手册》，栾轶玫译，清华大学出版社 2008 年版，第 4 页。

② ［美］戴维·哈尔伯斯坦：《无冕之王》，白梅、家有等译，新华出版社 1985 年版，第586 页。

形成有效的公众舆论，促进政治风险事件的平息和化解。电视新闻在政治风险中的舆论引导与监督，是其政治功能发挥的重要方式，政府决策者通过对新闻舆论的关注和参考，来了解民意，洞察民情，进而采取有效的措施来应对风险。风险传播中的新闻舆论，犹如一朵带刺的玫瑰，无法远离却也不能靠得太近，对舆论既要敏感，然而又不能太过敏感，无论对于新闻媒体，还是政府决策者，适时、适势、适度的舆论敏感才是推动政治体制改革与民主化进程的有效动力。

一、电视新闻舆论场域与意见平衡

在中国古代典籍中，"舆"字的本意是指车或轿子，推车或抬轿的人则为"舆人"。《左传·僖公二十八年》载："晋侯患之。听舆人之诵。"意思是说晋文公听推车的士兵唱歌谣。又据《晋书·王沉传》："自古贤圣，乐闻诽谤之言，听舆人之论。""舆人"由车夫、轿夫逐渐演变，有了"众人"之意。① 将"舆论"二字直接连用始见于《梁朽·武帝纪》："行能臧否，或素定怀抱，或得之舆论。"而在近代西方，有关"舆论"的定义则因学科以及学科派别的不同而各有不同。美国社会学芝加哥学派的派克和蒲其斯提出，舆论不是全体公众或大多数人的意见，也不是特殊人物的个人意见，而是代表全体公众一般倾向的综合意见；英国政治学家蒲莱士认为舆论是根基于社会流行的见解、信仰和成见而表现的关于社会事实的强有力的意见；美国社会心理学家奥尔波特则把舆论看作是个人相同意见的集合。② "舆论"一词在英语中为"Public Opinion"，翻译成汉语，意为"公众意见"，与汉语中的舆论意思相近。

当前，国内有关"舆论"的定义也尚未统一，具体到本书的研究对象上来，笔者较为认同陈力丹教授对"舆论"的定义，"舆论是公众关于现实社会以及社会中的各种现象、问题所表达的信息、态度、意见和情绪表现的总和，具有相对的一致性、强烈度和持续性，对社会发展及有关

---

① 参见雷跃捷：《新闻舆论的内涵和特征》，转引自贾乐蓉主编：《新世纪大众传媒的发展——中俄学者的对话》，中国传媒大学出版社2007年版，第26页。

② 参见杨桂华：《转型社会控制论》，山西教育出版社1998年版，第163页。

事态的进程产生影响。其中混杂着理智和非理智的成分。"① 其中，社会公众、被关注事实以及态度、意见是组成"舆论"的三大关键要素，而作为"舆论"的一种具体表现形态，"新闻舆论"即指社会公众通过新闻媒体表达对某事物形成的意见或态度。中国的新闻媒体是党、政府和人民的耳目喉舌，因此，政党、政府以及社会公众都是新闻舆论主体；最新的事态发展、变动则构成了新闻舆论的本源；意见表达是新闻舆论的最终表现形式。"新闻"和"舆论"是拥有不同表现形式的社会意识，前者是通过报道事实来反映客观世界，后者则通过表达意见来影响客观世界，两者分别以不同的方式作用于客观世界。

　　作为两种不同形态的社会意识结合体，新闻舆论的产生既需要一定的前提条件，也需要一定的产生过程。其一，引发公众讨论和关注的新闻事件具有特定的属性，如突发性、重大性、不确定性以及贴近性等。其二，大众传播媒介自身的不断成熟是新闻舆论产生的根本保障。其三，新闻舆论的形成依赖于民主化、法制化、公开化的社会环境，即一个有利于新闻媒介发布舆情的社会环境，"舆情是一定时期、一定范围内公众对社会现实的主观反映，是群体性的思想、心理、情绪、意志和要求的综合表现，是社会发展状况的'温度计'和'晴雨表'"②。在一定的时间和空间之内，舆情即构成了一个相对封闭的"舆论场域"。所谓场域，法国社会学家皮埃尔·布迪厄将其定义为经过客观限定的位置间客观关系的网络或一个形构，此场域并非被一定边界物包围的领地，而是有着内在驱动力、爆发力和潜力的一种客观存在。具体到"舆论场域"，则是指处于一定时空环境中的舆论关系网。此外，新闻舆论的产生也需要一定的过程③，一般经历酝酿、形成、生效三个阶段。在酝酿阶段，事实所引起的关注度需达到运用新闻媒介展开讨论并进行传播的程度；在形成阶段，针对事实的意见和态度通过新闻媒介得以表达和传播；在生效阶段，舆论的广泛传播

① 陈力丹：《舆论学》，中国广播电视出版社 1999 年版，第 11 页。
② 雷跃捷：《新闻舆论的内涵和特征》，转引自贾乐蓉主编：《新世纪大众传媒的发展——中俄学者的对话》，中国传媒大学出版社 2007 年版，第 27 页。
③ 参见雷跃捷：《新闻舆论的内涵和特征》，转引自贾乐蓉主编：《新世纪大众传媒的发展——中俄学者的对话》，中国传媒大学出版社 2007 年版，第 27 页。

对社会产生了巨大的精神和道义的力量。

从人类社会的历史发展来看，社会存在决定社会意识，作为公共利益的集中表现形式，舆论并不一定总是能正确地表达公共利益。在现代社会中，舆论往往是通过大众媒介而得以在公共领域中形成和传播，然而"由于不同个人和团体影响大众传媒的能力各异，处于弱势的个人和团体比处于强势的个人和团体影响大众传媒的可能性小，又由于传媒传播信息的有选择性及其议题的不同设置都深刻影响与改变着舆论"①。对于身处转型期的中国社会而言，不同主体间的利益和权力不断地进行着重新的分配、转移和平衡，由此带来了诸多不稳定、不和谐的因素，冲突和矛盾也较之以往更为突出。此处所言的"不同主体"并非仅仅是指国内各机构、组织和个人，还包括不同的国家主体，各主体在争取公众支持、引导社会舆论方面，纷纷寻求媒体作为自己的代言人，因此，在某种程度上，媒体就成为各方利益的角力场。马克思把舆论看作社会中一种"普遍的、隐蔽的和强制的力量"②，这种无形的力量通过新闻媒介的收集、选择、呈现和放大之后，即形成新闻舆论，并对公共社会产生持续、广泛、深刻的影响，是转型期社会实现微平衡和软调控的重要手段之一。

近些年来，中国社会面临着诸多显性或隐性的政治风险，这些政治风险的主体、性质、范围和影响程度都各有不同，对社会生活所产生的影响也不能一概而论。在应对政治风险的过程中，新闻媒介以社会环境守望者的身份，发挥着重要的舆论引导和意见平衡的作用，并日益成为影响国家政治、经济和社会发展的巨大社会力量。法国著名启蒙思想家卢梭十分重视社会舆论的作用，认为它是在政治法（根本法）、民法和刑法之外的一种最重要法律："这种法律既不是铭刻在大理石上，也不是铭刻在铜表上，而是铭刻在公民们的内心里；它形成了国家的真正宪法；它每天都在获得新的力量；当其他的法律衰老或消亡的时候，它可以复活那些法律或

---

① Van Zoonen, *The Womens Movement and Media*: *Constructing a Public Identity*, European Journal of Communication, 7, 4: 453-476, Maxwell E. McCombs and Donald shaw The Agenda Setting Function of the Press, Public Opinion Quarterly 36: 76-186, 转引自金冠军、郑涵:《当代传媒制度变迁》，上海三联书店 2008 年版，第 59 页。

② 《马克思恩格斯全集》第 1 卷，人民出版社 1995 年版，第 385 页。

代替那些法律，它可以保持一个民族的创制精神，而且可以不知不觉地以习惯的力量代替权威的力量。我说的就是风俗、习惯，而尤其是舆论。"①政治风险事件自身的敏感性、重大性、突发性等特征，即是最具有新闻价值的关键性要素，因此也自然成为了新闻媒体所关注的对象。其中，电视新闻凭借其特有的声像优势不仅呈现了风险现实，传递了风险信息，同时还扮演了社会舆论引导者的角色，对中国政治生活产生了重要的影响。

2011年以来，埃及和突尼斯的政局变动波及了整个中东，并引发了全世界的舆论关注，其中，地处这两国之间的利比亚受到了最直接、也最强烈的冲击。埃及反政府力量用基本和平的方式，迫使执政长达30年的穆巴拉克总统下台，使利比亚境内外的反政府力量深受鼓舞。他们采用各种手段试图推翻执政长达40余年的总统卡扎菲。于是，自2011年2月15日开始，利比亚第二大城市班加西等地出现武装冲突，迫使利比亚

图3-2-1：中央电视台中文国际频道"利比亚撤侨"事件报道画面

① ［法］卢梭：《社会契约论：政治权利的原理》，何兆武译，商务印书馆1980年版，第73页。

军警进行开枪镇压。随后，来自国外的干涉势力日益渗透，利比亚国内局势开始大乱，出现了严重骚乱和内战。当时身处利比亚的中国同胞大约有 33000 名，此次的利比亚内战严重威胁到中国在该国几万侨民的人身财产安全。[①] 于是，中国政府从 2011 年 2 月 23 日起正式开始了从利比亚撤回中国在利比亚滞留人员的工作，截止到北京时间 2011 年 3 月 5 日 23 时 15 分，中国政府协调派出的上海航空公司包机 FM608 航班抵达上海虹桥机场，从马耳他接回最后一批从利比亚撤出的 149 名中国同胞。至此，中国撤离在利比亚人员行动圆满结束，共撤出 35860 人，已全部回国。此次利比亚撤侨行动自始至终由政府主导，举国之力倾情救援，2 月 23 日至 3 月 5 日，中国政府协调派出 91 架次民航包机，12 架次军机，5 艘货轮，1 艘护卫舰，租用 35 架次外国包机，11 艘次外籍邮轮和 100 班次客车，海陆空联动，开展了新中国成立以来最大规模的有组织撤离海外中国公民的

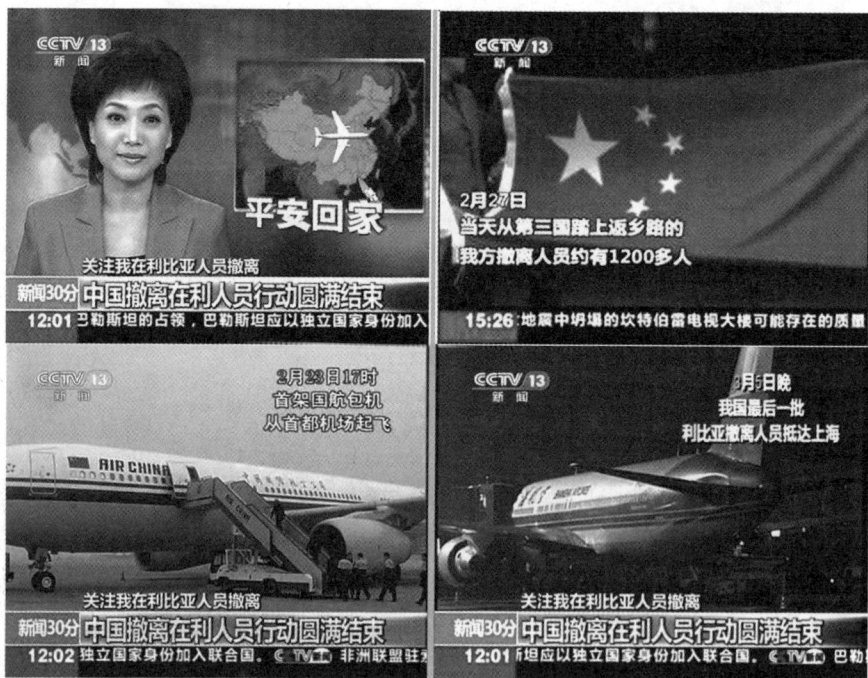

图 3-2-2：中央电视台新闻频道"利比亚撤侨"事件报道画面

---

① 参见张历历：《中国全力从利比亚大撤侨分析》，《当代世界》2011 年第 4 期。

行动。这次利比亚撤侨行动不仅向全世界证明了中国政府在面对突发政治风险时的坚定决心和国家实力，更从一个侧面显示了中国良好的国家形象。

在此次利比亚撤侨行动中，中国的媒体，尤其是中央电视台对这次跨国的政治风险进行了积极的应对，包括对利比亚局势的现状分析、滞留在利比亚的中国公民的情况以及撤侨行动的即时进展等。在短短十天的时间里，通过多档节目全天候地关注利比亚撤侨的实时进展。

除了及时、详细的信息传递之外，中央电视台各频道节目如《面对面》《今日关注》《新闻直播间》《焦点新闻播报》《中国新闻》《环球视线》《24小时》《今日亚洲》《共同关注》《新闻调查》《焦点访谈》等都分别对利比亚撤侨事件进行了全方位、多角度、多层次地差异化的报道，旨在通过全面、真实的事实传播和鲜明的立场观点来引发公众对事件的关注和思考。

图 3–2–3：中央电视台新闻频道《面对面》栏目、《环球视线》栏目有关"利比亚撤侨"事件的报道画面

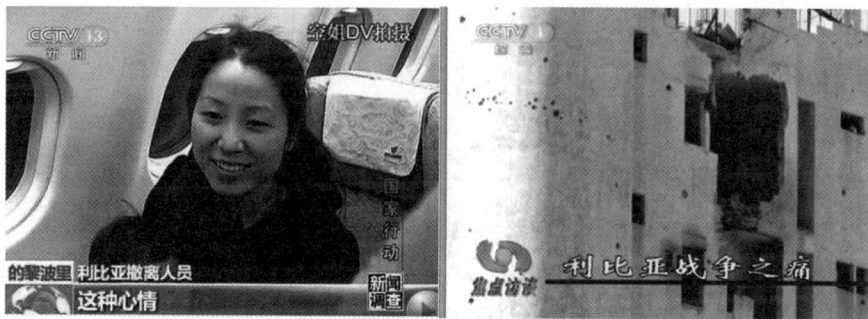

图 3–2–4：中央电视台新闻频道《新闻调查》栏目、《焦点访谈》栏目有关"利比亚撤侨"事件的报道画面

　　面对极为复杂的利比亚局势，中国政府在短短十日之内，即完成了新中国成立以来最大规模的一次有组织撤离海外中国公民的行动，这次撤侨行动的口号掷地有声，"我们的目标是，一直要到最后一位中国同胞安全撤离为止"。日本新华侨报网发表署名评论文章称，国际舆论感叹中国的不仅仅是撤离规模和行动速度，而是其中展现的非凡"中国实力"，是一种其他国家所不可比拟的、令人称奇的"国家能力"。① 这场跨国的突发政治风险事件，引发了全世界的舆论关注，中国政府的大规模撤侨行动更是成为了国内外公众关注的焦点。与此同时，中国的电视媒体也以及时全面、真实形象的报道，独到深刻、立场鲜明的评论赢得了国内外民众的普遍认可和尊重，在平衡多方意见的基础上，有效地引导了社会舆论，为中国的国家形象塑造和国际地位的提高奠定了扎实的舆论基础。

　　当前的社会是一个信息爆炸的社会，人们社会分工的日趋细化，决定了个人生活时间和空间的有限性，因此也就不可能去亲自感受和体验无限的万物世界。此时，媒体即成为了个人感知世界的重要渠道，媒体提供的内容和观点往往会成为社会公众的集体认知，媒体以其无孔不入的存在方式，潜移默化地影响着人们的观念、喜好、习惯甚至信仰。媒体将社会公众分散的、非公开的各种意见和观点加以选择性地呈现，形成新闻舆论并再反作用于公众，进而推动事态的解决或向前发展，以此来影响社会政治生活。信息是舆论的建筑材料，它决定着人们对事实掌握的程度和对外界的感知，是意见态度形成的基础，是人们判断的依据。大众媒介通过议程设置，对公众的社会知识、社会情感和社会意志具有统一作用，最后形成公众的公共态度和共同的行为模式。② 正如美国传播学者詹姆斯·罗尔教授（James Lull）所认为的："意识形态组合往往提倡某些观点和排除他者，大众传媒通过联结这些组合并把意识形态的影响与权威资源相结合，就能构建某些受众最普通、最重要的经验来组合和调节社会现状。"③ 因此，在某种意义上，新闻舆论是政府在政治风险应对中实施软调控的重

① 参见《外媒关注中国在利比亚撤离行动　快速有力鼓舞侨胞》，2011年3月6日，见 http://news.xinhuanet.com/overseas/2011-03/06/c_121153738.htm。

② 参见黄富峰：《大众传媒伦理研究》，中国社会科学出版社2009年版，第85页。

③ James Lull, *Media*, *Communication*, *Culture*, Columbia University Press, 1995, p.60.

要手段之一。

　　1996 年 9 月 26 日，江泽民在视察人民日报社时发表重要讲话指出："舆论导向正确，是党和人民之福；舆论导向错误，是党和人民之祸"。2008 年 6 月 20 日，胡锦涛同志在人民日报社考察工作时也指出："舆论引导正确，利党利国利民；舆论引导错误，误党误国误民。"正确的新闻舆论导向增强了社会公众对风险的防范意识，以及对可能发生的风险保持高度的敏感和警惕。对于潜在发生的政治风险而言，正确的舆论导向可以引导社会公众对风险进行理智的判断和分析，消除人为制造的恐惧心理甚至混乱局面，稳定民心，发挥新闻舆论的"风险缓释"功能；对于已经发生的政治风险而言，正确的新闻舆论导向则可以在第一时间向公众呈现最积极的事实态势，进而鼓舞人心，激发斗志，团结民力，促使风险向趋利的方向转化和发展。新闻舆论是一把"双刃剑"，既可以将风险化险为夷，转危为安，也可以对其雪上加霜，引发更大的危机或灾难。电视新闻极高的权威性和公信力，使其成为党和人民重要的舆论工具和社会舆论"公器"，在风险传播中，担负着引领社会主流舆论的神圣职责。特别是在信息技术日新月异的今天，大众传播的生态环境已经发生了深刻的变革，不断频发的风险和竞合发展的媒体环境对电视新闻的舆论引导能力提出了更高、更复杂的要求。

　　电视新闻本身即具有意识形态的功能，其所引发的新闻舆论既包括自身的舆论倾向性，又包括对社会舆论的引导，它使得公共舞台上的政治、商业和国际事务变得更加具有报道价值。新闻舆论场域即是新闻舆论发生的具体环境，是使各种意见通过新闻媒介的相互依存、相互作用并实现能量的外延、内聚或转换的整体环境，在舆论场中，各种舆论的构成要素形成强大的压力，出现并形成协调一致的舆论反应，达到引导社会舆论与社会意见的整合作用。[1] 在危机四伏、风险频发的政治环境中，社会公众比以往任何时候都更具有关注国情、参与政治的热情，作为公众参与政治生活、表达和反映民意的平台，新闻舆论场成为了风险环境下政府与民众沟通的重要渠道。当电视新闻对政治风险进行议程设置时，就同时引起

---

[1]　参见孙聚成：《信息力——新闻传播与国家发展》，人民出版社 2006 年版，第 221 页。

了一股强大的风险舆论流,它能引发社会结构中各阶层人群在风险应对时的心理变化,促进各种态度、意见的交流与平衡。此时,一个隐形虚拟但却客观存在的新闻舆论场域即出现了,政府了解民意舆情,民众表达意见呼声,这股无处不在的内在舆论流深刻地影响着整个社会的政治生活,发挥着强大的政治功能与社会价值,是国家政治体制改革与社会进步的重要力量。

二、新媒介环境下电视新闻评论的舆论整合与引导

一般来讲,"舆论"是指一种界定较为清晰,程度较为强烈,但却不一定建立在充足的事实根据和全面认识基础上的看法和意见。① "舆论"在政治生活中表现为常态和异态两种形式,所谓常态即是"舆论"在社会政治环境较为缓和、稳定时表现出的相对理性和平衡的状态;异态大多是指"舆论"在应对显性政治风险的过程中所呈现出的波动和亢奋的状态。"舆论"并非是长期存在于社会生活中的某种集体意识或价值观,而是指对某个具有争议价值的事实或问题的意见和态度,因此,在现实的政治生活中,"常态舆论"和"异态舆论"往往可以相互转化,较少出现极为明显的界限划分。"舆论"大多是阶段性的、动态性的、非统一性的,电视新闻评论作为一种社会舆论工具,具有动态反映舆论和平衡引导舆论的作用,其在传达党和政府的立场和态度时,亦在对社会公众的意见和看法进行整合,以鲜明的观点和意见对新闻事实进行补充、解释和延伸。电视新闻评论在风险传播中营造的意见环境,是对社会认知、态度和行动的集中体现,是当前中国风险社会环境中最强大最有影响力的舆论形态。

新闻评论,是指报刊、通讯社、广播电台、电视台、新闻网站等新闻传播媒介就当前具有普遍意义的新闻事件和重大问题发表的看法和意见。作为一种政论性的文体,新闻评论就事论事,以论为主,以深刻的推理、严密的逻辑、透辟的分析来吸引和影响受众,对受众产生感召力。从新闻业务的流程看,新闻评论是采、写、编、评中最后一道程序,是代表编辑部对新闻事件和重大问题的"发言",被称为新闻媒体的"旗帜"和

---

① 参见刘继南主编:《大众传播与国际关系》,北京广播学院出版社1999年版,第203页。

"灵魂"。① 从舆论导向的维度对新闻评论和新闻报道进行考量，不难发现，前者是通过对新闻事实发表直接、鲜明的意见和评价的"显性导向"，而后者则是通过对新闻事实进行选择性呈现，将意见和观点隐藏在事实之中的"隐性导向"，两者各有所长，各司其职。在风险的响应传播过程中，电视新闻评论是建立在风险事件的新闻报道的基础上，"对新闻（事实）或新闻（事实）关联事件的评论"②，其是对新闻事实本身的深化，具有一定的新闻性，但却区别于电视新闻报道，更多地扮演着舆论引导和整合的角色。

　　"舆论"天生与"公众"不可分割，广义上的"公众"是指一个国家或一个社会的一般成员的集合体③；本书所讨论的"公众"则具体是指被大众传播媒介所影响受众群体。美国社会学家布鲁默（H. Blumer）认为，公众是相当巨大、广泛散居、持久存在的集合体，在现代民主社会开放的政治环境中，其主要目标是形成一定的利益和舆论，完成独立的政治变革。但广泛的社会公众因各自文化背景、政治地位、经济条件、教育程度、宗教信仰、价值取向以及利益诉求的不同而有所差异，即使面对同一事实也会出现不尽相同甚至大相径庭的态度和意见。如黑格尔在《法哲学原理》一书中所说："公共舆论中真理和无穷错误直接混杂在一起，所以决不可能把它们任何一个看做的确认真的东西。"④ 因此，并非所有的公众意见都能通过新闻媒介得以呈现和表达，电视新闻节目通过给予矛盾的各方和利益群体大致相等的报道时间来实现内在的平衡和客观。但是平衡和客观是相对于一种普遍的标准、一种文化的构建，因此，会随着现有的权力的平衡而变化。⑤ 风险事件中的新闻评论往往是将"公众舆论"与"媒介观点"相结合，具有较强的权威性、综合性和指导性。

　　进入 21 世纪之后，飞速发展的信息技术给大众传播媒介的生态环境带来了巨大的改变，特别是随着网络、手机等新媒介形态和传播方式的出

---

① 参见赵志立：《危机传播概论》，清华大学出版社 2009 年版，第 149 页。

② 殷俊等编著：《媒介新闻评论学》，四川大学出版社 2005 年版，第 9 页。

③ 参见刘继南主编：《大众传播与国际关系》，北京广播学院出版社 1999 年版，第 203 页。

④ ［德］黑格尔：《法哲学原理》，范扬、张企泰译，商务印书馆 1979 年版，第 333 页。

⑤ 参见［英］乔纳森·比格纳尔、［英］杰里米·奥莱巴：《21 世纪电视人生存手册》，栾轶玫译，清华大学出版社 2008 年版，第 108 页。

现，信息传播的渠道、速度、范围和影响都与日俱增。在当前的媒介生态环境中，信息和观点才是最为稀缺的资源，不同媒介种群之间的竞争以及同类媒介种群内部的竞争都日趋激烈。强势的媒介种群或媒介个体自然会占有较多的资源，拥有更多的生存和发展的空间，反之，相对弱势的媒介种群或媒介个体因缺乏足够的资源，而时刻面临着被淘汰的风险，即在媒介生态环境中出现强者愈强、弱者愈弱的"马太效应"。与报纸评论、广播评论以及诸多新媒介评论形态相比而言，电视新闻评论依托各种电视传播的视听双符号和事实论据的形象性，在充分展示事件过程中进行同步的、多层次、多视角的评论，从而使评论达到强大的感染力、公信力和说服力的统一。①"如果电视要让我们了解世界，而不仅仅是看到世界，就必须在画面、音乐和杂音之外再加上评论员的声音——因为，语言能在我们看到特殊的时候谈到一般，能在我们看到果时解释因。"②

　　所谓电视新闻对政治风险的传播响应，并非仅仅是指对突发的显性政治风险的应对，还包括对潜在的隐性政治风险的守望。"中央政府发现并利用了电视媒体在反映真实信息，监督地方政府方面所发挥的不可替代的功能。在这一意义上，《焦点访谈》成为中央政府强化自身权威，落实中央精神的一个得力的舆论工具。"③2011年7月1日，胡锦涛在中国共产党建党90周年大会上明确指出，"在世情、国情、党情发生深刻变化的新形势下，提高党的领导水平和执政水平、提高拒腐防变和抵御风险能力，加强党的执政能力建设和先进性建设，面临许多前所未有的新情况新问题新挑战，执政考验、改革开放考验、市场经济考验、外部环境考验是长期的、复杂的、严峻的。精神懈怠的危险，能力不足的危险，脱离群众的危险，消极腐败的危险，更加尖锐地摆在全党面前，落实党要管党、从严治党的任务比以往任何时候都更为繁重、更为紧迫。"④长期以来，电视媒体

---

① 参见叶家铮：《电视传播理论研究》，北京师范大学出版社2000年版，第116页。

② [英] 约翰·费斯克、[澳] 约翰·哈特利：《"读"电视》，《电视艺术》1990年第1期，转引自胡智锋：《电视美学大纲》，北京广播学院出版社2003年版，第49页。

③ 梁建增：《〈焦点访谈〉红皮书》，文化艺术出版社2002年版，第64页。

④ 《庆祝中国共产党成立90周年》，2011年7月1日，见 http://cpc.people.com.cn/90nian/GB/225417/index.html。

在应对改革开放中出现的政治风险和社会问题时，都发挥了重要的舆论监督作用，突出体现在促进政府信息公开、遏制腐败等方面，以无形却有力的方式逐渐嵌入政治生活的整体运行机制当中。

作为电视新闻中最直接、最活跃的表现方式，电视新闻评论融合了多种形象、生动的传播符号，并赋予其理性思辨的色彩，最终以丰富的外在表现形式和深刻的内在思考价值在诸多媒介新闻评论形态中独占鳌头。电视新闻评论中的语言符号和非语言符号为论据和论证的呈现提供了多样化表现的选择，具体表现为以下几种形态：用图像证实或证伪某种观点；通过纪实拍摄手法来揭示真相；通过权威人士的点评来发表意见；以普通公众的言语来表述观点；通过字幕来对事件进行提炼和强调；利用历史图像资料论证观点；主持人或评论员的直接评论或点评。[1] 全方位、多符号的媒介优势，增强了电视新闻评论的立体感和纵深感，使其在风险应对中拥有更为主动的话语权和更强大的说服力。中央电视台的诸多评论性栏目，如《焦点访谈》《新闻调查》《东方时空》《实说实说》《面对面》等都是当今中国电视新闻评论节目的优秀代表，在风险传播中充分发挥出了电视新闻评论的优势和特色，通过其有力的舆论引导和监督，预警和化解了各种政治风险和社会矛盾，促进了社会运行秩序的协调发展。

美国学者罗森豪尔特认为，危机是指"对一个社会系统的基本价值和行为准则架构产生严重威胁，并且在时间压力和不确定性极高的情况下必须对其作出关键决策的事件"[2]。由上可知，危机是风险的显性化表现形式，政治危机较之政治风险而言，有着更强的影响范围和影响程度，政治危机可能破坏现有的政治体制和社会秩序，对公众政治生活的稳定造成极为不利影响。介于政府和公众之间的媒介既受政府制约，又在一定程度上影响政府，既引导舆论，又需要满足公众需求[3]，面对风险和危机，电视新闻评论的价值就在于按照新闻传播的自身规律对危机处理过程进行干预

---

① 参见叶家铮：《电视传播理论研究》，北京师范大学出版社 2000 年版，第 115 页。

② 吴海荣：《政府危机传播管理决策：经验必须给科学让路——以广东"两大事件"危机传播管理为例》，《理论导刊》2003 年第 6 期。

③ 参见吕正标、王嘉：《电视新闻节目理念、形态与实务》，中国广播电视出版社 2004 年版，第 26 页。

和影响，通过有效的舆论引导和平衡，促使危机向趋利的方向转化，实现社会运行效益的最大化。在某种意义上，电视新闻报道和电视新闻评论都是电视媒体整合舆论、引导舆论的有效方式：新闻报道通过对客观事物有选择地报道，经过长期潜移默化的过程，在观众心目中可以形成一种辨别是非的舆论标准；新闻评论通过对事实进行剖析，对舆论进行整合，形成一种引导舆论的态度。①

改革开放以来，中国经济体制改革的不断推进，使社会的利益分化倾向日益凸显，公民利益表达的愿望日益增强，与此同时，政治体制改革的不断深化为公民提供了更多利益表达的方式和渠道，我国公民的政治参与出现了由过去的"革命型政治参与"和"动员型政治参与"向"建设型政治参与"和"自主型政治参与"的巨大转变。②1998年5月17日，即将离职的中央电视台台长杨伟光曾说过这样一段耐人寻味的话："从《东方时空》《焦点访谈》到《新闻调查》，经过这样一个发展过程，我越来越觉得评论性节目的加强，确实使新闻改革迈出了深刻的一步。过去的改革都是在报道的时效加快、信息量增加等方面。这在一定意义上，不算是改革，只是改进。新闻评论性节目的改革成功，对中国电视栏目宣传改革产生了重大影响。"③电视新闻评论节目的兴起在某种意义上成为了电视媒介权力生成的一个重要标志，其最大的意义在于以新闻评论性节目为标志的电视媒介参政、议政的功能得以真正实现并日渐加强。④"对于一个走向国际性大台的电视台来说，走向成熟的标志之一就是新闻评论类节目的成熟。如果一个电视台没有新闻评论类节目作为主打，作为旗帜，不能算一个国际性大台，不能算一个成熟的电视台，不能算一个对公众有着广泛影响力的电视台。"⑤

在《焦点访谈》的《质量管理手册》中，有这样一段话："传媒有自

① 参见欧阳宏生：《电视传播核心价值论》，北京大学出版社2010年版，第86页。
② 参见梁丽萍、邱尚琪：《建国以来中国公民政治参与模式的演变分析》，《中国行政管理》2004年第5期。
③ 梁建增：《〈焦点访谈〉红皮书》，文化艺术出版社2002年版，第336页。
④ 参见刘宏主编：《电视学》，中国传媒大学出版社2008年版，第184页。
⑤ 梁建增：《〈焦点访谈〉红皮书》，文化艺术出版社2002年版，第351页。

我膨胀的天性，所以要用制度自我限制。因为，我们如果不自律，权力会反过来腐蚀我们自己。"① 寥寥数语，却深刻有力地传达出媒介从业者自觉的权力认知理念，每一个新闻从业者都拥有监督他人的权力，同时也承担着自我监督的义务。作为新闻舆论监督节目的代表，《焦点访谈》在关注风险、响应风险的同时，其自身的创建和发展也充满了曲折，时任《焦点访谈》制片人梁建增曾对其作了形象的描述："创办《焦点访谈》，风险犹如冰峰，胆怯的人远离它，无能的人绕过它，圆滑的人只在口头赞扬它，只有勇士，一群胆大心细、义无反顾的人才会面对困难，勇敢地攀登而上。"② 《焦点访谈》栏目在其《质量管理手册》中对自身的新闻评论特色作了独到的定位："求实：不是你在说话，也不是事实在说话，而是你必须通过事实来说话。公正：不仅是新闻报道的形式要求。知情权：时有时没有是一种权利，因为有时你也不知道你有这种权利。话语权：当你的话没有人听的时候，应当想想还有谁和你一样。"③

中国电视媒体的政治功能主要体现为有效调动公众的注意力与情绪，引导社会舆论。评论类电视新闻充分运用了电视传播手段，对新近发生的重大事件或有典型意义的社会问题发表意见并进行分析和述评，而这类事件或问题往往就是风险发生的前兆，及时的解读和积极的响应，是结合相关形势的"因势利导"，针对相关事件的"因事利导"以及把握有利时机的"因时利导"，最终得以从更深的层次发挥舆论的引导和监督的功效。④ 在一定程度上，电视新闻评论在强化公众既有观点的同时，也可能正在阻止某些变化的意见的产生，而趋向于维护一种稳定的现存体制和结构。在此基础上，形成的"沉默的螺旋"理论即认为，"当我们相信自己的意见能够符合舆论的潮流时，我们的信念会因而更加坚强"⑤，反之，则可能保持沉默。在政治风险应对的过程中，电视媒体将政府对事件的决策告知公

① 梁建增：《〈焦点访谈〉红皮书》，文化艺术出版社 2002 年版，第 112 页。

② 梁建增：《〈焦点访谈〉红皮书》，文化艺术出版社 2002 年版，第 11 页。

③ 梁建增：《〈焦点访谈〉红皮书》，文化艺术出版社 2002 年版，第 11 页。

④ 参见张晓峰：《解构电视：电视传播学新论》，中国广播电视出版社 2006 年版，第 126 页。

⑤ 蔡凯如、黄勇贤：《穿越视听时空——广播电视传播论》，新华出版社 2003 年版，第 284 页。

众，目的并不仅仅是满足公众的知情权，更重要的在于激发公众对于该事件的参与和讨论，并通过新闻评论等节目形式将这些公众意见进行整合表达，为政府决策提供舆论参照的同时，实现社会公众参政议政的民主权利，充分发挥电视媒体舆论监督的功能。

在中国，"新闻舆论监督"是一个极为重要的社会议题，党的十三大、十四大、十五大、十六大、十七大政治报告都明确将其放在相当突出的位置，所谓"新闻舆论监督"，其核心内涵主要是指：大众传媒通过对国家及社会生活中消极、阴暗的现象进行公开揭露，并在公共领域形成相当强度的社会舆论，以此来监督或规范国家政治生活的秩序，维护政治生活的公平与公正，促进社会机制的有效运行。① 融评论与深度报道于一体的新闻评论类节目是电视媒体发挥舆论监督功能最有力的工具，现如今，电视新闻评论的形式也呈现出百花齐放的态势：按播出方式可分"口播式"与"声画结合式"，口播中又有编前、编后、短评、即兴发挥的"脱口秀"和夹叙夹议的"说新闻"；按节目形式可分为"话题式""访谈式""调查式""解析式"等。② 与此同时，在新型的媒介生态环境中，电视新闻评论不仅独立发挥了自身舆论整合和引导的功能，并与其他媒介形式积极配合，如开办网络电视台、与当地的报纸、广播、手机终端组合成全媒体中心等方式，形成了多维立体的新闻舆论监督场域，共同承担着应对风险、引导舆论的媒介责任。

三、舆论脱敏：从"仪式性报道"到"事实性报道"

20 世纪 90 年代之后，中国电视新闻节目形态逐渐走向丰富和成熟，随着信息传播技术和新闻传播理念的发展，多种新闻节目形态层出不穷，在具体的新闻业务实践中相互依赖、相互补充。如针对同一个风险事件进行报道时，电视新闻会通过各类节目形式给予事件不同角度的关注，消息类新闻节目侧重时效性、同步性；专题类节目侧重全面性、系统性；评论类节目侧重观点表达和舆论引导。当突发性重大风险事件发生时，电视媒

---

① 参见金冠军、郑涵：《当代传媒制度变迁》，上海三联书店 2008 年版，第 207 页。

② 参见赵志立：《危机传播概论》，清华大学出版社 2009 年版，第 151 页。

体的各类新闻节目即表现出联动的信息传播模式，同一信息经由不同的节目形式分别从若干角度和层面进行传播，滚动字幕、卫星电话连线、演播室专访、讨论、多画面多视窗等多种报道方式得到综合运用，最终实现信息传播的多维化、立体化。如今，电视新闻直播已进入常态化发展阶段，电视新闻报道以及电视新闻评论自然成为了公众在风险应对中的首选信源，声画并茂、形象直观、富有现场感与表现力的电视新闻在第一时间、甚至是同步为公众呈现真实生动的事实，与此同时，通过电视新闻评论发挥其舆论引导、舆论监督的社会功能。

作为政治生活体系中的重要组成部分，电视新闻是一种不断进行转换的日常仪式，虽然可以断定它不是一种宗教现象，但它确实似乎具有某些特权，具有某种神圣的地位，并且通常显得像一种礼拜仪式。对电视新闻的内在结构组织和运作机制进行分析，不难发现，它的功能主要体现为时常改善不断瓦解的世界，并呈现出某种仪式的顺序特点。英国人类学家维克多·特纳（Victor Turner）认为，仪式几乎总是伴随着由一种转换到另一种状态，它具有某种精神特征/传达那个定期举行仪式的团体最牢固的价值观。不过，特纳把仪式与典礼区分开来：仪式是变化的一种载体，一种文化虚拟语气，而典礼是陈述语气，一种反对变化，认可规范、秩序的方法。典礼"对由文化的虚构，它的可塑性和变化性引起的基本问题不加任何思考……（它）力图说明宇宙和社会世界，或它们某一具体部分是井然有序的，是可解释的，并且目前是固定不变的"，因此，典礼是社会控制的一种手段，它不是在最主观关系的层面上来约束人，而仪式是"将价值和目标结合在一起的最高手段"，这种手段是对人类行为的激发①。

美国传播学者詹姆斯·凯瑞在其《传播研究的文化取向》一文中，首次对"仪式传播"思想作了较为明确的定义，他将传播分为两大类：传播的传递观（a Transmission View of Communieation）和传播的仪式观（a Ritual View of Communication）。他认为，"传播的传递观"是将传播看作一个讯息得以在空间上传递和发布的过程，以达到对距离和人的控制；而"传播的仪式观"则更强调在时间上对一个社会的维系；不是指分享信息

---

① 王逢振：《电视与权力》，天津社会科学院出版社 2000 年版，第 155 页。

的行为，而是共享信仰的表征。① 仪式传播是一种"隐喻"，是对仪式理论的移植和借用，由此发展出一种阐释性、意象性的传播研究视角。"仪式传播"在较为宽泛的意义上，包括"仪式的传播"（"传递观"意义上）和"仪式化传播"（"仪式观"意义上）两个层面。② 电视新闻以一种虚拟的"在场性"感知，重构着人们对"现场参与"的感受与理解，在电视新闻的所营造的仪式场域中，公众不必再亲身参与公共性的仪式来满足自我的参与需求。因此，有学者提出，由于人们在家中从媒介中参与公共事件，其公共事件的特性已经发生了变化，它转变为"为数众多，同时重复进行，以家庭为基础，诸事依序排定的微观层次的事件"③，是一种特殊的媒介事件了。

作为中国电视新闻"仪式化"报道的典范，中央电视台的《新闻联播》自诞生以来，一直承载着"仪式性报道"的传播使命，我们今天看到或听到的《新闻联播》类节目基本上是典礼式的，它有一个受限制的"主持人"，采用一种独白式结构和陈述语气，这种典礼式新闻用来"编排"规范和限制反应。它几乎不属于某个"非交易范畴"，但它本身却是一个商品，并把它的观众也作为商品进行交换。它既不是反思的，也不是主体间性的，但是如果没有仪式，新闻便不能成为一种"活生生的现实"。因此可以说新闻是一种杂交形式，它具备仪式的各种特点，暗指更高的价值观，它本身有许多不确定的东西和可能的选择，它充满着以不同的独特方式重新连接起来的文化的方方面面，它还对熟悉事物进行新奇的组合等。④ 因此，电视新闻在风险的响应传播中，也天然具有了更多变化的可能性，如出现了民生新闻、公共新闻等更具反思性、更具有主体性的电视新闻形态，这类新闻中采用的人格魅力和主要形式表明了新闻是某种范围更广的文化变化的一部分，这种变化脱离了自文艺复兴和工业化以来在西方文化中占主导地位的现实主义、文化和客观性形式。在某种程度上，民

---

① 参见郭建斌：《理解与表达：对凯利传播仪式观的解读》，2006 中国传播学论坛论文集，2006 年。

② 参见闫伊默：《"礼物"：仪式传播与认同》，《国际新闻界》2009 年第 4 期。

③ 刘继南主编：《大众传播与国际关系》，北京广播学院出版社 1999 年版，第 94 页。

④ 参见王逢振：《电视与权力》，天津社会科学院出版社 2000 年版，第 156 页。

生新闻、公共新闻等是这种文化转型的一部分，一种迹象，还是一个煽动者，践行了一种从"仪式性报道"到"事实性报道"的新闻品格。这种杂交的新闻形式，一种把我们当做话语的再现，并不预示着对"口头"文化的一种回归，而是表明一种新的文化形式和复杂性的边界重绘的出现。①

电视新闻在一段特定的时期内对一个政治风险事件进行报道和呈现，相当于为社会公众设置了该时期内集中关注和讨论的政治话题，无论是发布政府的决策动议，抑或是搭建公众的意见平台，都是电视新闻的一种"仪式化"展演，其所带来的政治影响是不可逆转的。电视新闻作为一种线性的瞬时传播形式，瞬时情景的展示及节目编排的非逆特性，都使得电视新闻与更广范围的不可逆转的、不可编排的形式相联系，所有这些形式都通过以新出现的物质确保重复的、准仪式的、近似的同一性来补偿不能返回去再看同样的东西的遗憾。②"如果在塑造政策过程中公民意见和观点没有任何影响，有关阶层的利益在政策结果中得不到体现，如果普通公民的要求和愿望与政策结果没有任何关联，无论一个国家政治生活的其他方面看起来是多么民主，都只能是一种美丽的形式和装饰。"③英国学者戴安和凯兹（Dayan and Katz）在研究电视转播集体式的庆典仪式时曾说："电视观众数量庞大这回事，已经将庆典置换为一个亲密的聚会。典仪的空间已被重构，在家中重构。参与仪式的单位是整个小团体，聚在电视机前，专注在符号核心，明白还有许多其他团体，同样在收看电视，方式近似，时间相同。这种空间建构实际上来自两方面，一是制造了一种'参与'的感觉，二是制造了一种共同经验，即'共享'的感觉。"④

电视新闻利用其意识形态社会化的媒介功能，长期地对公众的政治意识施加潜移默化的影响，对于社会公众而言，"媒体决定着什么会成为新闻，而新闻则为公众设定了将要讨论什么的日程表。"⑤当政治风险呈现

---

① 参见王逢振：《电视与权力》，天津社会科学院出版社 2000 年版，第 156 页。
② 参见王逢振：《电视与权力》，天津社会科学院出版社 2000 年版，第 172 页。
③ 赵成根：《民主与公共决策研究》，黑龙江人民出版社 2000 年版，第 46 页。
④ 刘继南主编：《大众传播与国际关系》，北京广播学院出版社 1999 年版，第 94 页。
⑤ ［美］托马斯·R·戴伊：《自上而下的政策制定》，鞠方安、吴忧译，中国人民大学出版社 2002 年版，第 51 页。

为重大性、突发性的异常状态时，电视新闻则在相对较短的时期内集中对某一政治风险进行报道和评论，并将分散的公共要求和意见聚合集中并加以报道，从而形成对公共政策施压的公众舆论，公众舆论一旦形成，公众就不仅仅是政治风险事件的知情者，而是真正成为了事件的参与主体。美国学者 G. 格伯纳也认为，电视内容可以培养受众的世界观。电视的主要功能在于散布、稳定社会行为模式。观看电视多的人"意见主流"相似，而观看电视少的人意见更为多样化。当电视世界的经验与个人经验趋于一致时，培养效果会如同"空谷回音"一样显著扩大。在现代社会，大众传媒提示的象征性现实对人们认识和理解现实世界发挥着巨大影响，由于大众传媒的某些倾向性，人们心中描绘的"主观现实"与实际存在的客观现实之间出现很大的偏差。同时，这种影响不是短期的，而是一个长期的、潜移默化的"培养"过程，它在不知不觉中制约人们的现实观。[1]

　　所谓"政治舆论"是指一段时期内，社会公众对政治生活中某个（或某些）具有争议的政治问题所形成的一种具有普遍共识度的集体意识，并通过电视媒体得以进一步的交流、探讨、争论和深化。政治舆论一旦形成，即具有一种相当的规约力量，其不仅是共识群体的思想与行动指导，更是对非共识群体产生一种无形的约束力和影响力。正因如此，"政治舆论"往往被称为政治生活中的"温度计"和"压力表"，长期受到各阶层的积极关注，尤其被政府相关决策机构和组织高度重视。"新闻传播期待中的社会作用能否奏效，传播者颇为欣赏的新闻信息或者意见能否产生预期中的'轰动效应'，除了取决于传播者所提供的信息及意见的质量之外，则主要取决于受传者对这些信息与意见的心理反应，及其对之所采取的相应行动。"[2] 在面对敏感的政治风险舆论时，相关政府决策部门往往表态迟缓，言辞闪烁，以回避、拒绝媒体的方式求得一时的"平稳"，有甚者更采取一些极端的措施来遏制舆论，打压舆论，由此激化了社会各阶层的矛盾冲突，不仅没能及时地化解风险，疏通民意，反而造成了极为恶劣的社会影响，有时甚至是难以挽回的损失。此外，一些媒体在应对突发或"敏

---

① 　参见邢虹文：《电视与社会——电视社会学引论》，学林出版社 2005 年版，第 229 页。
② 　童兵：《理论新闻传播学导论》，中国人民大学出版社 2000 年版，第 141 页。

感"的政治风险事件时，也显得畏首畏尾，由此可能导致人为性的"集体失语"，媒体的"舆论监督"功能变味成了"监督舆论"。

美国传播学博士詹姆斯·史提夫在其著作《说服传播》一书中指出："说服传播是一种有意图地形成、强化，或改变他人反应的信息。在过去的 30 年里，大众传播，特别是电视媒体，已成为对大众进行说服活动中（诸如议会会议资讯、竞选组织会议沟通报告等），传播讯息的主要管道"。由此可见，有效的舆论监督不仅是天然的防腐剂，同时也是增进、加强政府与民众理解沟通、降低决策成本的润滑剂。在转型期的中国风险环境中，民主社会的培育，取决于舆论环境的开放程度；政治文明的建设，取决于舆论监督的执行力，此时的舆论不仅应当被呈现，更应当以透明、公开的方式呈现。电视新闻叙事的过程是一个将事实符号化、意义化的过程，也就是意义的生产过程。新闻叙事就是通过判断、选择有新闻价值的事实并与舆论导向要求的配合等，生产出一个有意义的有关国家和社会的符号世界。① 心理学家贝雷尔森与斯坦纳指出，理解是一个"复杂的过程，人们在此过程中对感受到的刺激加以选择、组织并解释，使之成为一幅现实世界的富有含义的、统一的图画。"② 从政治学意义上来看，电视新闻对公众舆论的引导与监督，即是在实现社会政治结构中各个层级之间的内部交流和理解，并通过媒介化的表现形式将这个过程公开化、透明化，促进政府对政治风险环境的善治。

第三节　风险社会中国家形象的塑造与传播

在现代社会中，大众传播媒介已不仅是一国政府对外传播政策动议的工具，其更是以积极主动的参与者身份成为一国外交活动中的主体。当风险发生时，大众媒体及时、客观、丰富的信息内容即成为相关政府部

① 参见黄匡宇：《当代电视新闻学》，复旦大学出版社 2010 年版，第 102 页。
② [美] 沃纳·赛佛林等：《传播学的起源、研究与应用》，陈韵昭译，福建人民出版社 1985 年版，第 118 页。

门、社会公众、他国政府及公众的重要信息来源，有时甚至是唯一来源，其中，最敏感也最复杂的政治风险传播往往对一国的国家形象塑造产生深刻的影响，尤其是重大突发性政治风险。美国前总统里根和布什的外交事务顾问丹尼斯·罗斯曾说过一句话："在突发事件中，从 CNN 报道中所获取的信息比从政府自己的渠道获取的信息要多得多。"① 由此可见，大众媒介传播外交信息和塑造国家形象的功能，是与政治风险事件的发生性质、程度、范围密切相关的，政治风险越偶然、越重大、越复杂，大众媒介所表现出的政治参与力越强，进而对一国国家形象的塑造和建构发挥巨大的能动作用。当前，一国的信息传播力，尤其是信息的国际传播力是一个主权国家综合国力的重要组成部分，国家对信息的生产、传播、接收、控制、反馈等各环节把关是一国软实力的具体体现，集中反映了该国政府的国际事务参与能力与该国国民的政治教化与媒介素养。

一、电视媒体的身份认知与角色扮演

在转型期的政治风险环境中，中国的电视媒体发挥出了无可替代的政治功能，国内学者张昆将其概括为五个方面：政治参与功能、议程设置功能、舆论监督功能、政治沟通功能、政治控制功能。② 作为社会组织结构中的重要组成要素，电视媒体多重政治功能的实现，必然依赖于社会系统内部的各组织结构，并与之产生特定的关系。正如英国学者格雷姆·伯顿所言："媒体与受众之间，实际上也包括与政府机构之间，存在着一种难以把握的、不断演进的关系。这种关系是一种动态的关系，这是因为它是在不断变化和演进的。"③ 在对风险的响应传播中，政府机构、电视媒体、社会公众之间的关系将会在无形之中得以加强，通过电视媒体这个中介平台，政府需要传达政策和动议，公众也需要表达意见和态度。美国传播学家梅尔文·德弗勒对突发危机事件中的媒体功能和角色进行了研

---

① Patrick O heffernan, *Mass Media and American Foreign Policy*, Ablex Publishing House, 1991, p.41.

② 参见张昆：《大众媒介的政治社会化功能》，武汉大学出版社 2003 年版，第129—140 页。

③ ［英］格雷姆·伯顿：《媒体与社会：批判的视角》，史安斌主译，清华大学出版社 2007 年版，第 1 页。

究，并提出了"媒介依赖论"，他认为受众对媒介依赖有两种情况：一是日常依赖，为满足一般信息需求而习惯使用某些媒介；二是异常依赖，社会发生重大变化，情况不明，急于从媒介了解情况，依赖明显增加。在危机事件中，公众处在一种非常态的集合行为中，容易受到群体暗示、群体感染等传播机制的影响而产生非常态行动，因此，他们更需要对媒介的依赖。[①]

随着中国政治体制改革和民主化进程的不断推进，电视媒体在社会组织系统中的政治地位愈发突出，其不仅扮演着政府与公众之间的意见桥梁，更承担着引导公众舆论、塑造国家形象的重任。尤其是当显性的、突发的政治风险发生时，信息成为政府、媒体和公众共同关注的焦点，围绕着信息的识别与选择、信息的管理与控制、信息的接受与传播形成了一种隐形的博弈关系。作为一个相对独立的社会组织，媒介处在政府、媒介、公众的共同生态关系中，多种身份的相互叠加，使其在应对政治风险时，将不可避免地进行多重身份转换的博弈与平衡。[②] 从理论上讲，"身份"的本意是指社会群体中个体的出身及其在社会生活中的地位。作为社会体系的最基本的结构部分，"身份"是个体成员在交往中识别个体差异的标志和象征，其在与他人关系进行定位的同时赋予社会一定的秩序和结构。电视媒体的"身份"是其在社会组织结构中的所处的地位、所扮演的角色以及所发挥的功能和作用的集中体现，在应对风险的过程中，电视媒体的"身份"将随着风险的性质、程度、影响范围以及自身的传播角色的变化而变化。

2007 年 10 月 15 日，胡锦涛在党的十七大报告中明确指出，要"推进决策科学化、民主化，完善决策信息和智力支持系统，增强决策透明度和公众参与度，制定与群众利益密切相关的法律法规和公共政策原则上要公开听取意见"。无论是决策信息的公开，还是听取群众的意见和建议，都必须依赖大众传播媒介的无障碍参与。所谓"参与"即非被动的信

---

① 参见［美］梅尔文·L·德弗勒、［美］鲍尔 – 洛基奇：《大众传播学诸论》，杜力平译，新华出版社 1990 年版，第 251 页。

② 参见汤天甜：《突发危机事件中媒介传播的专业逻辑与身份边界——以菲律宾人质劫持事件为例》，《新闻记者》2010 年第 11 期。

息传递，而是在传播政府决策动议的同时，将社会各阶层的意见和态度通过及时的双向沟通，来满足上情下达和下情上达的信息互动需求。如今，电视媒体在现代政治风险环境中拥有重大的权利与责任，曾任佛罗里达州立大学麦肯锡政府研究系教授的托马斯·R·戴伊指出："在政策制定过程中，媒体的权力体现在制造问题，并将这些问题进行装扮，使之变成危机，问题，使人们开始关注并谈论这些问题，最终迫使政府官员不得不采取措施解决这些问题。"他甚至说："媒体不关注的问题决不会成为政府加以解决的问题。换句话说，媒体不关心的问题也就是政府可以忽略不计的问题。"① 也许这种说法有些夸张，但却由此可见媒体之于政治生活的重要影响。

英国学者布赖恩·麦克奈尔在其著作《政治传播学引论》中把政治传播定义为"关于政治的有目的的传播"，具体到政治风险中，即是"有关政治风险事实的目的性传播"。改革开放的深入，民主政治的推进以及传播技术的发展，为社会公众提供了更为宽松的参政议政的环境，公众借助大众媒介表达意见，参与政治生活的积极性被大大激发。电视媒体在政治生活中的身份和角色，是与社会系统中的组织机构相对应而存在的，具体体现为其在社会系统组织架构中所处的位置、所拥有对权利和所承担的义务。布赖恩·麦克奈尔把媒体在民主政治中的功能概括为五项：其一，媒体必须告知民众在他们身边发生了什么，这是媒体的"侦察"或"监控"功能；其二，媒体必须教育民众，让他们知晓发生了的"事实"的意义和重要性；其三，媒体必须为政治讨论提供一个公共平台，促进公共舆论的形成，并把舆论回馈给公众，而且这个平台必须为反对意见预留空间，做不到这一点，谈任何民主共识都毫无意义；其四，给予政府和政治机构曝光率，让执掌权力的人的行为被公开监督，公共舆论才有意义；其五，媒体作为鼓吹政治观点的一个渠道，向需要对大众公开自己政策和纲领的政党开放，媒体的鼓吹功能也可以视为劝服的一种。②

① ［美］托马斯·R·戴伊：《自上而下的政策制定》，鞠方安、吴忧译，中国人民大学出版社2002年版，第136页。

② 参见［英］布赖恩·麦克奈尔：《政治传播学引论》，殷祺译，新华出版社2005年版，第21—22页。

　　从某种意义上讲，电视媒体的政治功能是其在政治生活中身份和角色的具体表现，作为组织、实施新闻传播活动的社会机构，电视媒体全程参与政策实施过程的所有环节，成为公共政策制定、实施和效果反馈的监测平台。正如英国传播学者丹尼斯·麦奎尔所言："大众传播是一个和社会一般大小的传播过程。大众媒介的社会位置，既不是个体与个体之间，亦不是处于社会背景中的一个组织，而是在所有的社会关系之中——它是各种社会关系的联结者。"[①] 政策动议的公布、解读、讨论、互动，直至达成共识，都是电视媒体对其政治身份和政治角色的具体阐释。电视媒体一方面为政府部门和相关机构提供政策发布、解释的渠道，另一方面为公众监督政府，参与政治生活搭建了广阔的平台。这种实时的、动态的、循环的政治互动过程，既有利于决策者广泛了解民意、吸收民智以促进决策动议的有效实施，也有利于社会公众对政治生活的主体性参与。"由于现代人的利益多元化、价值多元化，所以，如果新闻媒体不对政策进行准确、主动的把握和解读，极有可能使人们对政策存在各种各样可能的误读、不理解乃至对抗情绪，影响政策影响力、执行力、效力。"[②]

　　美国学者梅罗微兹（J.Meyerrowitz）在论及卫星电视等新媒介重新界定了社会位置与"方位"的观念时，曾经有这样的观点：电子媒介究竟以何种方式冲垮了物理环境及社会情境的传统关系，以至于我们"身处的地方不再与从前相同"，是因为这些媒介"让我们变成其他地方发生的情景的阅听人，并且让我们接近其实并不在场的阅听人"[③]。根据他的说法，这些媒介利用传播符号，产生了多种"虚拟的社会互动"，创造了新的"多种社会区"，将原本分离的许多人群，围绕电视而得到"共同的经验"，这是"由此及彼"的一种文化同质化过程。法国社会学家吉恩·鲍德里拉德早在 1983 年便提出了类似的观点，他认为电视是现代社会创造"模拟文化"的主要图像采源，电视新闻具有图像与现实重合的特质。费瑟斯通（1991 年）将这一观点概括为：具体现实感的消失，大量的、流动着的

①　李良荣：《当代西方新闻媒体》，复旦大学出版社 2003 年版，第 204 页。

②　杨兴锋：《政策解读的意义和原则》，《中国记者》2006 年第 1 期。

③　刘继南主编：《大众传播与国际关系》，北京广播学院出版社 1999 年版，第 92 页。

信号和图像的形式源源不断地产生出彼此不同的模拟。鲍德里拉德把这现象称作"超现实"，在这样的世界中，由于消费主义和电视的作用，信号、图像和模拟大量涌现，从而使人们对现实产生了一种不稳定的、被美化的幻觉。在鲍德里拉德看来，文化已经得到了有效的、自由的传播，乃至于文化无所不在，并积极地调整、美化社会结构和社会关系。①

在现代化的社会环境中，电视媒体的"全球化"身份日趋凸显，人们的日常生活越来越呈现出一种"无地域、无国界"的状态，吉登斯将这一过程称之为"时空的拉大"。他对全球化的定义是"加强将相距遥远的地区联系起来使当地发生的事情与数英里以外的事情相互影响的世界范围的社会关系"。在这种全球化的过程中，电视媒体发挥了巨大的作用：第一，电视媒体凭借其"全球化"的身份始终关注国际事务，并最终培育出全球观众；第二，电视内容传播范围的国际性使其天然不受任何时间和空间的限制；第三，电视内容制作和传播的所有权越发国际化，并日趋集中在国家这一层面上，也因此更具有参与政治、影响政治的潜在特质。② 这正如马歇尔·麦克卢汉所言："一切媒介都要重新塑造它们所触及的一切生活形态。"③ 在中国，电视媒体始终是党、政府和人民的"喉舌"，是社会主义现代化建设中的重要力量，其价值不仅在于反映当今中国政治生活的现状，更重要的在于推动中国政治体制的改革和发展，加快社会主义民主化、法制化的进程。

电视媒体在政治生活中的的身份和角色，在很大程度上决定了其对政治生活进行干预的能力和程度，曾担任人民日报副总编辑的梁衡认为，一个国家的传媒随国家发展而发展，大众传媒在某个时期的影响范围、结构组成、价值取向都可以看为特定社会政治变革的证据。在社会转型与变迁时期，电视媒体通过公开、透明的新闻报道和评论，整合社会公众的舆

---

① 参见［英］尼古拉斯·阿伯克龙比：《电视与社会》，张永喜等译，南京大学出版社2000年版，第32页。

② 参见［英］尼古拉斯·阿伯克龙比：《电视与社会》，张永喜等译，南京大学出版社2000年版，第32页。

③ ［加］马歇尔·麦克卢汉：《理解媒介：论人的延伸》，何道宽译，商务印书馆2000年版，第86页。

论，进而在广泛范围内对政治权力予以监督，"由新闻媒介的监督而形成的大面积和大范围的新闻舆论监督既是政治监督的重要组成部分，也是大众传媒影响政治的最直接、最主要的形式"①，以公众的舆论权力制约政治权力，防止权力滥用导致的权力膨胀和扭曲。此外，大众媒介在对政治权力给予监督的同时，也是另一种隐性权力运行的载体，即对法律和行政等强制性力量进行补充的公众舆论监督权力，三者共同构成完整的权力制约机制。"在权力制约机制中，舆论监督的重要贡献就是，提高了政治行为和活动的透明度，弥补了司法监督和行政机构监督可能存在的不足和缺漏。"② 在实时互动的监督过程中，电视媒体的身份会因所处角色的不同而不断变化，这种变化始终趋于达到一种共同的"身份认知"，双方立场基本一致的情况下自然容易达成共识，而且两者之间的任何相似链、共同点都能加强信息沟通的有效性。对于社会公众而言，"这种相似性会使人产生一种'同体观'倾向，把传播者和自己视为一体"③，进而生成一种"无障碍、无隔阂"的舆论监督场域。

随着电视媒体政治影响力的逐步提升，现代社会的政治运行机制已经形成了对其的高度依赖，尤其是当突发性政治风险发生时，电视媒体往往更能折射出作为一种权力资源放大器在现代社会中的巨大影响力。澳大利亚危机管理专家罗伯特·希斯将媒体的在突发危机事件中的作用概括为：提供信息，指导公众在不同的危机情境中行动；增强公众的危机意识；危机发生时警示公众；为危机管理者提供信息，关注利益相关者的情绪，可以理解，和分析较大的危机；提供有关做什么、去哪里、联系谁及采取什么措施的信息，以控制并解决危机。④ "风险一方面将我们的注意力引向了我们所面对的各种风险，另一方面又使我们的注意力转向这些风险所伴生的各种机会。风险不只是某种需要进行避免或者最大限度减少的负面影响，它同时也是从传统和自然中脱离出来的，一个社会中充满活力的规

① 刘华蓉：《大众传媒与政治》，北京大学出版社 2001 年版，第 146 页。
② 刘华蓉：《大众传媒与政治》，北京大学出版社 2001 年版，第 152 页。
③ [前苏联] 肖·阿·纳奇拉什维里：《宣传心理学》，金初高译，新华出版社 1984 年版，第 86 页。
④ 参见 [美] 罗伯特·希斯：《危机管理》，王成等译，中信出版社 2004 年版，第 191 页。

则。"① 因此，转型期中的政治风险在很大程度上成为了政治体制改革与完善的内在催化剂和原动力，电视媒体在政治风险的应对中逐渐发挥出了政治参与、议程设置、舆论监督、政治沟通、政治控制、政治社会化以及政府形象等多种媒介政治功能。

从社会学视角对电视媒体进行研究，不难看出，现代社会中的电视媒体已经融入到普通公众参政议政的政治环境中，并作为政治意识表达的必备载体，对社会公众进行政治培养和教育，成为政治机构"官方"价值观和社会公众"平民"价值观的展示台。所谓的政治参与（Political Participation）是指普通公民通过各种合法方式参加政治生活，并影响政治体系的构成、运行方式、运行规则和政策过程的行为，是政治学领域的核心概念之一。公民的政治参与对于现代民主制度具有重要意义，一方面对政府形成合法的监督和制约，另一方面政治参与是公民本应享有的基本权利。② 胡晓坤在《电视与美国政治》一文中深入分析了电视对美国政府制定政策产生的重大影响："电视与其他新闻媒介一样，是通过揭露政府、批评政府来影响政府政策的制定的。它的主要手段有两种，一是把政府尚处于制定过程中的政策提前公之于众。一般来说，总统、国会议员、行政机构和院外利益集团，在通过一项法律或采取一项政策之前，往往要讨价还价，寻求同盟者，互相妥协，最后才取得较为一致的意见。为此，在制定政策的过程中，他们需要保密。但电视总是千方百计要把政府的活动公之于众，及早地向公众披露这些尚处于制定过程中还不成熟的政策。二是制造强大的公众舆论来影响政府的政策。由于电视和其他新闻媒介拥有自由报道权，报道什么、如何报道，完全取决于媒介自身的需要。因此，他们常常通过人为地把宣传重点集中在某个问题或某个事件上，以引起强大的公众舆论来迫使政府修改或者重新制定政策。"③

---

① 刘小枫：《现代性社会理论绪论——现代性与现代中国》，上海三联书店 2000 年版，第47 页。

② 参见喻国明等：《中国大众媒介的传播效果与公信力研究——基础理论、评测方法与实证分析》，经济科学出版社 2009 年版，第 129 页。

③ 胡琳：《电视与美国政治》，《新闻与传播研究》1995 年第 3 期。

二、从纠正型传播到塑造型传播的风险传播策略

1995 年 4 月 19 日，一个美国退役的海湾老兵为了"抗议政府的残暴统治"，将一辆装载 7000 磅炸药的卡车，停在联邦大楼托儿所的窗下。一分多钟之后这辆车自动引爆，俄克拉荷马州九层高的政府工作大楼被炸。这次爆炸事件造成 168 人死亡，其中包括 19 名儿童，另有 500 多人受伤。爆炸发生后，CNN 等电视新闻媒体对其进行了 24 小时的连篇累牍的报道。据一项受众分析显示，有近 10% 的观众误以为整个城市遭到破坏；还有80% 的当地电视公众在收看了电视报道后，恐惧感迅速上升。[①] 这个案例充分证明公众并非获得的信息越多，恐惧感就会越低，问题的关键在于他们是在何时、以何种方式获得什么样的信息。由此可见，大众媒介的新闻报道在对公众心理的引导方面具有不可低估的影响。"传播"之所以不同于"教育"的原因在于，"传播"是通过识别、选择和编排事件信息来影响受众，并形成预期的舆论。倘若同样性质的信息经过长期、反复、密集的传播，特别是当没有其他异质的信源来检验或打破这些信息所形成的舆论环境时，社会公众的心理就会发生与所传信息一致性的变化。经过一段时间，众多散碎的、个体的心理趋同变化就会凝聚成具有相当规模的公众舆论，进而形成能产生社会影响的舆论力量。

电视媒体与印刷媒体、广播媒体、网络媒体的主要区别在于它独具特色的声画同步传播方式和极高的社会公信力，它创造的视听文化给予了受众强烈的视听感受，鲜活的图像与声音紧紧地牵动着受众的注意力和情感。各国领导人、政治家和外交家很早就意识到电视在政治外交中的重要作用，并积极利用电视媒体进行对外宣传，实施"媒介宰制式"的软外交策略。"外交"是指主权国家之间交往、交涉等相互关系的官方行为，是维护本国利益、参与世界事务的对外行为总称。[②] 在现代社会中，"外交"一词的内涵和外延得以不断地丰富和补充，具备了更广泛意义上的指称，其一是实施主体范围的扩大，现代社会中"外交"行为的实施主体不仅包括官方，还包括非官方和准官方等作为补充；其二是"外交"领域的拓

① 参见史安斌：《危机传播与新闻发布》，南方日报出版社 2004 年版，第 24 页。
② 参见杨伟芬：《渗透与互动——广播电视与国际关系》，北京广播学院出版社2000年版，第 22 页。

展，除传统意义的政治外交之外，诸如文化外交、经济外交等非政治外交的领域也日趋活跃。作为一个时时都在发生变化的动态过程，"外交"对信息有着特殊的需求，及时、准确、权威的信息是"外交"得以顺利进行的有力保障，因为无论是主动发出行为，还是被动接收反馈，都是实施外交的必经过程。电视媒体的优势即是在第一时间传递和反馈形象生动的信息，为外交决策提供信息参考的依据。

　　一直以来，中国的电视媒体就与政治有着难分难解之缘，在过去政权高度集中的体制下，电视媒体作为政治的传声筒，是政治权力的组成要素，不具有参与公共事务传播的权利，亦没有独立的媒介权力和品格。随着市场经济和改革开放的深入发展，电视媒体逐渐从政治权力、经济权力和文化权力的博弈中分离出来，找准了自身的媒介定位，并运用独立的媒介权力来对社会政治、经济、文化生活产生影响。媒体机构对政府的态度主要取决于以下两个方面：一是政府介入媒体的程度，具体来说，就是由政府对特定的传媒产业的规制所决定的；二是特定的媒体机构及其所有者所持的意识形态立场，即媒体所有者根据他们对媒体、受众关系的认识，对政府所享有的权力的态度。① 在当前中国的政治体制和社会环境中，政治场域与媒介场域彼此依赖却又互不从属，曾经的"政治——媒介"复合体已不复存在，媒介可以从政府以外的渠道获得新闻，同时，政府发布政策动议也有了更广泛的媒介渠道可以选择。从最高层面上看，媒体与政府之间的关系体现了互惠互利的原则，两者处于一种互动干预的协同状态，这种关系既符合双方的共同利益，也有各自独立的发展空间，在应对显性的政治风险时，政府在通过媒体发布信息的同时，还在某种程度上规范媒体的传播行为；而在应对较为稳定的政治风险时，政府大多运用媒体来发布决策和动议，并通过公众舆论来检验决策的实施效果，进而采取必要的调整或改进措施。

　　1999 年 7 月，我国驻联合国副代表沈国放大使在接受《环球时报》记者的采访时明确提出："当今世界媒体扮演越来越重要的作用，它既是

---

① 参见 [英] 伯顿：《媒体与社会：批判的视角》，史安斌译，清华大学出版社 2007 年版，第 16 页。

舆论的传播者，又是舆论的领袖。媒体外交已经成了外交的一个重要组成部分。"① 外交与媒体看似分属于两个截然不同的领域，但却因为信息的相互交换而紧密相连，当前，大众传播媒介已表现出多种介入外交领域的方式，如现场直播、场外报道、深入访谈、跟踪报道等，成为国家外交不可或缺的组成部分。重大的外交信息通过媒介的传播，往往会在短时间内即形成一股舆论，这股舆论在外交中在争取理解与获得支持的外交行动中发挥着意想不到的作用，有时甚至直接推动外交活动的进展。美国著名学者伯纳德·科恩在其经典著作《新闻媒介与外交政策》一书中对"公众舆论"下了这样的定义："公众舆论是外交政策制定者政治轨道之外的环境中能作用于外交政策的一种政治力量，一种能推动、限制或者纠正决策行为的力量。"② 这一观点相对客观地阐释了公众舆论在外交行为中的作用，公众舆论作为一种隐形的政治背景力量，虽不能决定外交决策的实施，但却可以成为决策者实施外交决策时的重要信息参考。

作为国家外交中最为敏感，但却始终无法回避的议题，政治风险一直是大众传播媒介关注的重要领域，从以往的风险研究得知，大众传媒在风险报道时进行了大量筛选。为了争夺稀有的媒体报道的时间和空间，风险和风险事件之间展开了较量，较量的结果主要取决于两个主要方面：其一，在社会处理和应对风险的过程中，风险是否经过了社会增强或削弱，其二，风险在地域污名化中是否处于中心地位。大众传媒还会在风险问题或威胁的表达和使其变得戏剧化方面发挥关键作用。报道的程度、对特定"事实"的选取以及用以描述风险的措辞都格外重要。③ 政治风险一旦发生，便会置于媒体的全程"监视之下"，政治决策者从自身决策的角度出发，尤其强调媒体的政治功能，如监视环境、收集信息、反映舆论以及协调关系等。作为一把"双刃剑"，媒体可以引导风险事件向积极的方向发展，成为风险危机的减压器，也可能作为催化剂，导致事件向更恶劣的方向发展。因此，在政治风险的应对过程中，媒体必须及时、准确、全面、

---

① 张桂珍等：《中国对外传播》，中国传媒大学出版社 2006 年版，第 48 页。

② 刘继南主编：《大众传播与国际关系》，北京广播学院出版社 1999 年版，第 203 页。

③ 参见 [美] 珍妮·X·卡斯帕森等编著：《风险的社会视野（上）：公众、风险沟通及风险的社会放大》，童蕴芝译，中国劳动社会保障出版社 2010 年版，第 154 页。

公正地传播相关信息，并理性把握政治风险信息传播的程度、视角、态度等。此时，媒体一方面代表公众时刻关注、监视风险的进展情况，另一方面，又作为党和政府的发布渠道，传播实时的政策动议，树立良好的国家形象。

2010 年 9 月 7 日，一艘有 15 名船员的中国拖网渔船"闽晋渔 5179 号"在钓鱼岛附近海域进行捕捞作业时，日本海上保安厅一艘巡逻船"与那国"号赶到钓鱼岛海域久场岛西北 12 公里处现场，试图"驱逐"中国渔船，并冲撞"闽晋渔 5179 号"。10 时 15 分左右，"与那国"号巡逻船船尾附近部位与"闽晋渔 5179 号"船头附近部位发生碰撞。巡逻艇的栏杆支柱断裂。日本海上保安厅随后派出两艘巡逻艇"水城"号和"波照间"号，对中国渔船进行追踪。10 时 55 分左右，在距离久场岛 15 公里处，"闽晋渔 5179 号"与阻止其前行的"水城"号巡逻艇右舷发生碰撞。据日本海上保安厅称，两次碰撞没有造成双方人员的伤亡和燃料泄漏。"与那国"号巡逻艇甲板上的两根支柱断裂，"水城"号巡逻艇船体被撞出坑洼，另有五六根扶手被碰断。但其并未透露中国渔船的受损情况。下午 1 时左右，6 名巡逻艇上的日方保安官强行登上中国的渔船，迫使"闽晋渔 5179 号"停止行驶。其后海上保安总部派出 22 名海上保安官，登上中国渔船，以涉嫌违反《渔业法》为由对"闽晋渔 5179 号"进行了搜查。7 日上午发生撞船事件后，我国被撞渔船"闽晋渔 5179 号"遭到日方扣押。中国外交部副部长随后奉命约见日本驻华大使，要求日方停止非法拦截行动。日本海上保安厅于 8 日凌晨 1 点左右下达逮捕令，以嫌疑妨碍公务逮捕渔船的船长，同时以涉嫌违反《渔业法》对该船展开调查。中国外交部表示，中方严重关切这起事件，并已向日方提出严正交涉，外交部发言人姜瑜 9 日抗议日方荒唐、非法和无效的扣押行为，并对日本巡视船非法扣留中方渔民渔船表示强烈抗议，要求日方立即放人、放船，避免事态进一步升级。13 日上午，日本海上保安厅释放了 7 日非法抓扣的 14 名中国船员。9 月 24 日，日本地方检察厅宣布释放中国渔船船长。9 月 25 日凌晨，被日方非法抓扣的渔船船长詹其雄返回福州。

"9·7 钓鱼岛"事件作为一个重大政治风险事件，对中日两国而言，都具有极为敏感的政治意义。事件发生后，中国各大媒体，尤其是电视媒

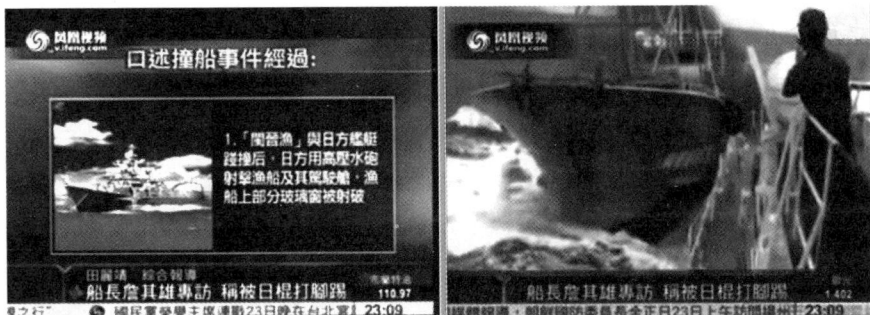

图 3–3–1：2010 年 9 月凤凰卫视有关"9·7 钓鱼岛"事件报道的新闻画面

体纷纷对其进行了高度的关注和及时的报道，在第一时间内从各个不同的角度，为社会公众传播各方面的信息并给予必要的评论和分析，同时也为相关政府决策者提供信息参考。

凤凰卫视对该新闻的报道主要侧重于中日船只碰撞的真实过程，并揭露了中国船长詹其雄被抓后的事件真相。以被采访者（詹其雄）对事件发生过程的讲述为依据，有理有据地将媒体自身的观点渗入其中，表达了对日方相关政府机构做法的不满和谴责。此则报道的特点主要体现为对日方已报道的情况进行纠正式的补充报道，如对日方流出的 45 分钟撞船短片的表示怀疑和反驳等，旨在运用电视媒体的政治功能对已产生的社会舆论进行纠正和引导。

图 3–3–2：2010 年 9 月 7 日东方卫视有关"9·7 钓鱼岛"事件报道的新闻画面

东方卫视则对"9·7 钓鱼岛"事件进行了较为全面和详细的解读，包括中日有关"钓鱼岛"争议的相关背景、此次撞船事件的经过、中方对此次事件的态度和立场等。该则报道以中国政府的立场为出发点，主动对第一手的信息进行披露和分析，通过翔实的资料和事实来表达态度和观点，占据外交舆论的主动权和国际社会的话语权，进而从正面的角度阐明中国政府的立场，积极塑造中国的国家形象。

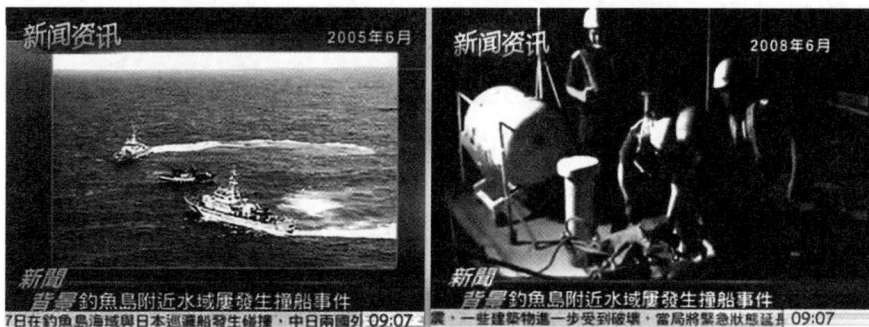

图3-3-3：2010年9月凤凰卫视有关"9·7钓鱼岛"事件报道的新闻画面

凤凰卫视以历史回顾的方式，通过形象、翔实的图片和资料，对中日船只在钓鱼岛的屡次相撞进行了总结。思路清晰，有理有据的新闻报道，给予了公众极高的可信度，为今后的事实传播和相关评论奠定了扎实的认知和信任的基础，是风险传播中极为典型的塑造型传播策略的具体表现。

以下是2010年9月8日央视新闻频道《环球视线》有关"9·7钓鱼岛"事件的报道："我严重关切钓鱼岛渔船被撞事件"。

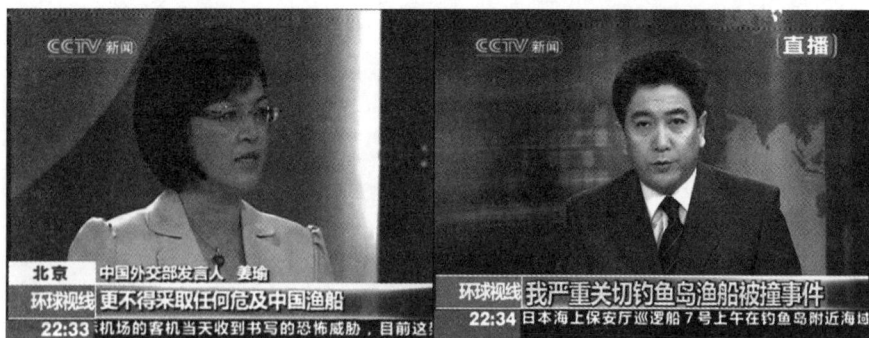

图3-3-4：2010年9月8日中央电视台新闻频道《环球视线》栏目画面

主持人水均益：大家晚上好，欢迎您收看新闻频道正在直播的《环球视线》，我是水均益。7号上午，日本海上保安厅巡逻船在钓鱼岛附近的海域冲撞一艘中国拖网渔船，虽然没有造成中国人员伤亡，但由于事发地点敏感，已经引起了中日两国从政府到民间的广泛的关注。中国外交部发言人姜瑜也表示，中方对这起事件表示严重的关切，已经向日方提出了验证交涉，具体情况如何，我们首先通过一个短片了解一下。

报道开篇即对"9·7钓鱼岛"事件进行简单概括，同时表明中国政府的立场和态度。

（播放短片）

解说：9月7号上午10点15分许，一艘有15名船员的中国拖网渔船在钓鱼岛海域进行捕捞作业时，日本海上保安厅一艘巡逻船"与那国"号赶到现场，并冲撞渔船，随后，日方又派出两艘巡逻船跟踪渔船。当日13点左右，日本巡逻船上的22名海上保安官登上航行中的中国渔船，命令渔船停止航行，并宣称违反日本渔业法，对渔船进行检查。事件发生后，中日双方都已通过外交渠道，向对方国家提出严重抗议。9月7号，中国外交部发言人姜瑜在例行记者会上表示，中方对这一事件严重关切，并保留做出进一步行动的权利。

对"9·7钓鱼岛"事件的发生过程进行详细的说明，并引出中国外交部发言人对本次事件的严正声明。

中国外交部发言人姜瑜：钓鱼岛及其附属岛屿自古就是中国的领土，要求日本的巡逻船不得在钓鱼岛附近的海域进行所谓"维权活动"，更不得采取任何危及中国渔船和人员安全的行为。我们将密切关注事态的发展，保留做出进一步反应的权利。

在阐明事实真相，表明政府立场的基础上，以平衡报道的新闻理念，引出日方媒体有关此事件的新闻报道，并再次重申中国政府的对此事的态度。

　　解说：中国外交部副部长宋涛当天奉命约见日本驻华大使丹羽宇一郎，就该事件提出严正交涉，并要求日方停止非法拦截行动。9月7日晚，中国驻日大使程永华已就日方在钓鱼岛海域扣留中方渔民和渔船问题向日方提出严正交涉，要求日方立即放人，放船，避免事态进一步升级。但是，据共同社报道，日本海上保安厅9月8号凌晨决定，计划以涉嫌妨碍执行公务为由，扣留中国渔船船长，并移送前往冲绳县石垣岛的海上保安部接受调查。当天，中国大使馆就日方采取司法措施，向日方提出严正交涉。

引用日本共同社的新闻报道，为政府决策者提供信息参考。

　　另据日本媒体今天报道，日本内阁官房长官仙谷由人今天在记者会对中国渔船被扣押的事件做了说明。他表示，日本国内也要冷静对待这一事件，避免事件进一步升级。今后必须通过外交协商来进行处理。

中日双方政府都是通过电视媒体，在记者会上发布有关该事件的相关决策和动议，并在"外交协商"方面达成共识。

图3-3-5：2010年9月8日中央电视台新闻频道《环球视线》栏目画面

　　水均益：有关这个事件的最新动向，我等一会儿要来连线一下我们中央电视台驻日本的记者李卫兵，请他给我们介绍最新的情况，不过在这之前，我们先用一点点时间，了解一下这次被撞中国的拖渔船"闽晋渔5179"号这艘船的基本情况。这艘船应该说是一个不太大的船,排水量在166吨,长度是33米,事发的时候一共有15名渔民在船上。在这个事件过程当中,首先赶到现场并且与咱们中国这艘渔船发生碰撞的日本的巡逻艇,叫"与那国"号,我们来看一下这艘巡逻船的情况。它是2009年服役的,排水量在1349吨,几乎是中国渔船的将近10倍,长89米,舷高11米,也就是说船很大,相比这艘渔船,而且船也非常高,最高航速达到每小时30海里,而且船上还配备有30毫米的机关炮,而且还有舰载直升机起降的平台,这是我们了解的有关这艘巡逻船的基本情况。通过这个数据的对比,我们基本上能够大致地感受当时这艘巡逻船。画面我们看到的也是我们渔船跟日本巡逻船大小的对比,基本上不是一个数量级,这是一个基本的情况。

形象、生动的图像画面对比,给予了受众强烈的感性震撼;翔实的数据罗列和通俗的数据解释,又带给了受众对事实的理性认知。该则新闻报道充分利用了电视媒体多方面的优势(声画合一、通俗易懂、极高的公信力等),以全景式的报道角度向受众呈现了事件的真相,此外,理性与感性相结合的报道方式更是加深了受众对事件的深入理解和思考,因此极具可信度和说服力。

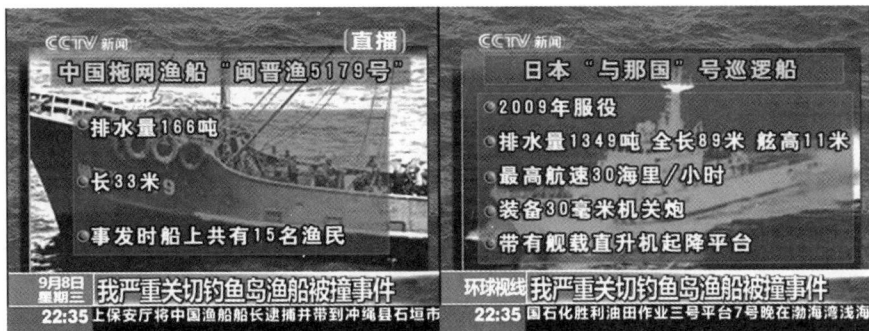

图3-3-6:2010年9月8日中央电视台新闻频道《环球视线》栏目画面

我们接下来就要来连线一下我们中央电视台驻日本东京的记者李卫兵。卫兵,你好。

本台驻日本东京站记者李卫兵：你好，水均益。

水均益：能不能首先给我们介绍一下，这件事情从昨天到今天，特别是今天这一天以来，最新的一些动向。特别是日本媒体是怎么报道这件事情的？

李卫兵：是这样，在冲撞事件发生之后，日本媒体对这一事件进行篇幅不小的报道。总体的基调都是说中国渔船进入到日本领海内进行非法捕鱼作业，在受到日本的保安厅巡逻船的停船命令以后，仍然是继续行驶，并且突然改变方向，与日方的巡逻船相撞，造成日方船只的损伤。其中日方巡逻船"与那国"号的栏杆支柱出现了断裂，另一艘巡逻船"水城"号的右舷出现了一条长约三米的凹陷，我们在电视上也看到了它所谓受伤的这个画面。但是把我们的渔船与和日本的巡逻船放在一起看，就会看到我们30多米的渔船和日本的80多米巡逻船大小的比较。像日方所说的小船撞大船的情况应该说是匪夷所思的。总之，日本媒体它是站在日方的角度来报道、解读这一事件的。

另外，日本媒体还对日本的态度还进行了报道。比方说官房长官仙谷由人还说外相冈田克也等政府高官都相继出面表示，日本将依照日本的法律对这一事件进行处理，同时也呼吁各方保持冷静态度，避免事态的进一步升级。

对日本媒体有关该事件的报道进行了极具针对性的分析和评论，并将其中自相矛盾的地方进行重点解读，再次澄清事实的真相，表明中方的坚定立场。

水均益：那天我们知道船和人现在都被日方非法扣留，同时我们也知道，中国驻日本大使馆现在也已经派员前往冲绳的石垣岛去探视我们的渔民，有关这方面的情况，您了解得怎么样，特别是这些渔民的状况怎么样？

李卫兵：是这样，中国拖网渔船"闽晋渔5179"号是在当地时间今天下午5点钟左右抵达了日本的冲绳县的石垣岛。据记者了解到的情况，中国驻日本大使馆的相关人员已经抵达石垣岛，对中国船员也进行了探视，并且确认了他们的安全。

另据日本共同通讯社今天晚上刚刚播发的消息，这个报道称，日本海上保安厅的官员将到日方的巡逻船和中方的渔船上，对相关人员进行相关的调查，目前的最新情况就是这样。

该则新闻的末尾对事件进展情况进行了实时的补充和丰富，以第一时间的信息发布占据政治风险传播舆论的制高点。从电视媒体对风险的传播立场、传播效应进行划分，大致可分为"纠正型"传播和"塑造型"传播两种，前者主要是指对已经产生的或既有的社会舆论予以"纠正式"或"反驳式"的传播，后者则是以积极主动的"塑造"传播态势占有舆论的第一落点。在心理学中，"首因效应"是指人们第一次与某物或某人接触时会留下深刻印象，个体在进行社会认知时，通过"第一印象"最先输入的信息对客体以后对该事物的认知将产生重要影响。实验心理学研究表明，外界信息输入大脑时的顺序，在决定认知效果的作用上是不可忽视的，这种先入为主的"第一印象"对人们认知事物所发挥的作用最强，持续的时间也最长。当不同的信息交织在一起时，人们往往倾向于重视和相信之前所接收的信息。即使人们同样重视了后面的信息，也会认为后面的信息是非本质的、偶然的，人们习惯于按照前面的信息解释后面的信息，当后面出现的信息与前面的信息不一致时，也会屈从于前面的信息，进而形成整体一致的印象。由此可见，当电视媒体对风险进行传播响应时，"塑造型"传播策略即是打造风险信息的"第一印象"，而"纠正型"传播策略则试图对已产生的"第一印象"进行改变或调整，其所耗费的时间和代价较之"塑造型"传播而言都更多、更大。由此可知，在政治风险传播中，积极主动地采取"塑造型"传播策略而非"纠正型"传播策略将是电视媒体充分发挥其政治功能，塑造国家形象的不二选择。

三、风险传播中的国民教化与国家形象塑造

在全球化传播的时代，人们的世界观、人生观、价值观都在一定程度上与他们所接触的媒体有着直接的关系，大众传媒在加强人们已有的现

实信念的同时，也可能对正在进行的社会变化进行必要的干预。"当我们相信自己的意见能够符合舆论的潮流时，我们的信念会因而更加坚强，反之，如果我们知道自己所持有的是一种并不普遍的信念时，便可能保持沉默。"最终，由"沉默的螺旋"效应所导致的一种所谓的"自我不朽"（Self-perpetuating）之循环开始形成，逐渐使那些较不受欢迎的观点受到压抑。① 对于大众传播在国家发展中的积极作用，传播学之父威尔伯·施拉姆曾有过经典的论述，他认为在为国家发展服务时，大众传播媒介往往扮演社会变革的代言者的角色，"它们所能帮助完成的是这一类社会变革向新的风俗行为、有时是向新的社会关系的过渡"。而"在这一类行为变革的背后，必定存在着观念、信仰、技术及社会规范的实质性变化。"② 因此，电视媒体在应对政治风险时，往往发挥着两方面的政治效应：其一是促进政治风险本身朝着趋利的方向得以解决；其二是向政府行动和公众舆论同时施压，分别进行国家形象塑造和国民公众教化。

梅罗微兹在研究电子媒介改变"人类生活的地理情境空间"时指出，电子媒介已经改变了人们从现场得知信息比通过媒介得知信息更重要的看法，"从四面八方带来信息与经验"，"国殇、战乱、太空飞船尽入戏码，几乎可以在每个家庭的客厅中上演"③。媒介与生俱来的意识形态属性，使其在实施政治干预时，必然从自身所代表的政治立场出发，来呈现和解读新闻事件。布赖恩·麦克奈尔分别从不同的层面对此做出分析：从宏观层面上看，新闻是人类生活中的一种"中介力量"。从微观层面上看，新闻"既是一种由作者创作出来的叙事，又是一种意识形态势力。它所传播的不仅仅是事实、而且还包括理解和阐释这一事实的方式"，"新闻因此成了理解和阐释的不同方式相互竞争的场域"。从这个意义上看，新闻不仅为公众呈现了有关世界的一种或几种描述，同时还赋予了理解世界的某些特有的方式。换言之，社会公众对"真相"和"现实"的理解都来自于其所

---

① 参见 ［美］Joseph Straubhaar，Rabert LaRose：《传播媒介与资讯社会》，涂瑞华译，（台北）亚太图书出版社 1996 年版，第 18 页。

② ［美］威尔伯·施拉姆：《大众传播媒介与社会发展》，金燕宁等译，华夏出版社 1990 年版，第 121 页。

③ 刘继南主编：《大众传播与国际关系》，北京广播学院出版社 1999 年版，第 93 页。

接收到的新闻。从表面上看，新闻的内容与国家、政府和政治有关，其背后也蕴含了社会政治和不同社会群体之间的权力关系，新闻始终是意识形态的产物。[①]

电视媒体作为全球传播时代中的媒介基石，率先冲破了时间和空间的限制，促成了"武力和信息的结合"，使"一种通过传媒和符号进行的革命"成为可能，美国著名的社会学家和未来学家阿尔文·托夫勒在《力量转移》一书中，将电视媒体称为"颠覆性的传播媒介"。他在书中详细分析了电视在东欧剧变、菲律宾马科斯倒台等 20 世纪 80 年代以来世界上的一些重大社会变革和政权交替中所发挥出的重大作用，并指出"在全世界各地，人们在利用新的传播媒介或使用老传媒的新方法（主要指电视媒体）来对国家的权力提出挑战——有时是推翻这种权力"[②]。法国社会学家皮埃尔·布尔迪厄也从他的符号资本理论角度出发，将大众媒体（如电视媒体）的这种霸权称为"符号权力"或"符号暴力"。他认为，人们已经"越来越走向一个由电视来描绘并规定社会生活的天地。电视成了进入社会或政治生活的主宰。"[③]在现代社会中，社会公众的知情权和表达权被日益尊重，民意已成为政府制定和实施决策过程中的必要组成部分，社会公众有关公共政策的讨论和批评意见越来越大地见诸电视媒体。这其中既包括电视媒体为社会公众创造舆论空间，搭建意见平台；也包括电视记者主动深入民间搜集公众意见，并最终以新闻报道的形式呈现出来。无论何种形式的表达，都是电视媒体深入政治生活并影响政治生活的具体体现。

具体来看，现代民主政治在中国社会中仍处于变化发展期，来自各个方面的力量与政治、经济、文化、社会及大众媒介共同影响和作用于公众参与政治生活的方式和程度。作为国家的"小同谋"，大众媒介依靠对政治的权威报道干预着国家对内和对外的政治发展，通过共同的意识形态、信仰和文化积淀来对国民实施政治教化。新闻传播是一种信息传播，受众是信息传播的"目的地"，是传播效果的"显示器"，是职业传播

---

① 参见［英］伯顿：《媒体与社会：批判的视角》，史安斌译，清华大学出版社 2007 年版，第 302 页。

② ［美］阿尔文·托夫勒：《力量转移》，刘炳章译，新华出版社 1996 年版，第 383 页。

③ ［法］皮埃尔·布尔迪厄：《关于电视》，许钧译，辽宁教育出版社 2000 年版，第 20 页。

者是否够格的评判者。① 在某种意义上，电视受众的政治教化程度，即依赖于电视媒体在政治领域内对公众的涵化培养。乔治·格博纳曾对电视媒体的涵化（Cultivation）功能有过精辟的阐述，他认为，"涵化"指的是观众对电视上经常出现的画面所达到一种意义共识②，是电视媒体影响社会生活的具体体现。尤其是在面对政治风险时，乌尔里希·贝克认为种种社会运动、压力集团的活动都日趋政治化，可以称作"来自底层的解决"或者"亚政治"。这些团体或运动懂得动员各种传播压力（即是长期受到媒介政治教化的意识反映）——利用媒介报道它们的各种事件、抗议活动，乃至政治陈述、社会调查和公共辩论对掌权者施压，试图影响政治权力的履行。③

原外交部发言人沈国放大使在分析做好外交工作的五个要素时，曾提出"要善于面对新闻媒体"。他认为，"一国的立场观、国家形象和地位，都需要通过大众传播媒介来加以传播和认同。"④ 概括而言，一国的国家形象即是社会公众（国内外）对一国持有的相对稳定而普遍的综合评价，包括一国的政治、经济、人民、文化、历史等诸多方面在国际上的总体形象。从本质上来讲，国家形象是由一国在国际社会上长期表现出的具体言行所形成的，而这种表现往往又是通过大众媒介的传播才为社会公众所感知和认识。因此，大众媒介在某种程度上成为塑造国家形象的重要主体，社会公众通过全球化的媒体获得持续不断的新信息，并根据自身的价值观来对信息进行主动的内容选择和认知评价，进而在某种思维定式的基础上逐步对某国形成一些相对固定的形象概念。任何一次风险事件的发生，都可能对一国的国家形象带来正面或负面的影响，而大众媒介对风险事件的新闻报道和舆论引导，即是决定这种影响发生方向性改变的关键性

---

① 参见邵培仁：《传播学》，高等教育出版社 2000 年版，第 196 页。

② 参见［美］奥格尔斯等：《大众传播学：影响研究范式》，关世杰等译，中国社会科学出版社 2000 年版，第 219 页。

③ 参见［英］詹姆斯·库兰、［美］米切尔·古尔维奇编：《大众媒介与社会》，杨击译，华夏出版社 2006 年版，第 157 页。

④ 杨伟芬主编：《渗透与互动——广播电视与国际关系》，北京广播学院出版社 2000 年版，第 25 页。

因素。

与此同时，风险传播中媒介自身的形象也是国家形象的重要组成部分之一，该国媒体对风险事件的报道是否及时、客观、公开都成为他国公众感知、认识、评判该国的重要参照指标，媒体形象之于国家形象的影响突出表现在政治风险事件的新闻传播中。正如德国学者汉斯·马格努斯·恩森斯伯格在《媒介理论诸要素》一文中就明确提出，其中，"媒介决定了一种进步的政治冲力，并构建了平等的自由主体"①。"现代社会，因为信息处理技术的发达而带来控制能力的提高，因为各种媒介的膨胀而带来信息流通量的增加，从而被称为信息化社会。信息化社会，同时也是信息传播活动遍布全社会，高度管理化、操纵化的社会。"② 在这种高度媒介化的社会中，普通公众有着更为丰富多元的信息渠道可以选择，在无法直接参与国家外交活动的前提下，获取他国信息最为有效的途径即是通过大众媒介，当前，公众对媒介依赖的程度已随着社会媒介化程度的加深而逐渐加深。大众媒介不仅是一国形象的综合表现的平台，更是国家形象的重要标志，作为一种无形但却巨大的影响力，大众媒介始终是各国在国际关系中塑造自身形象的不二选择。因此，在国家形象的塑造理论中，存在着一个具有普适性的公理："政府行动 + 媒体解释 = 国家形象塑造"。

作为调节国际关系的重要手段，外交是各主权国家政府之间处理国家关系并参与国际事务的政治交流活动，其中，大众媒介除了对国家外交决策动议施加影响之外，还发挥着直接参与外交活动的重要功能。大众媒介凭借其极为丰富、生动、多样的表现形式为政策动议的出台营造舆论声势，为具体的外交行为提供信息参照，丰富外交内容、拓展外交渠道等，深刻地影响着外交活动的进程和目标。在一些西方国家，卫星电视因其在国际上所发挥出的霸权作用，而被认为是与核武器一样重要的强国标志。当前，越来越多的国家利用电视媒体对外表明政治立场、阐明政策动议、展示文化价值观念，尤其是当风险事件发生时，国际卫星电视更是成为政府表明政治立场的重要平台，因此出现了所谓的"电视外交"。著名的英

① 　［美］马克·波斯特：《第二媒介时代》，范静哗译，南京大学出版社 2005 年版，第 18 页。
② 　［日］竹内郁郎编：《大众传播社会学》，张国良译，复旦大学出版社 1989 年版，第 28 页。

国广播公司（BBC）的负责人曾经公开地宣布过 BBC 在国际电视传播中的这一作用。① 未来学家托夫勒甚至将电视等现代电子媒介称为"颠覆性媒介"，"在全世界各地，人们在利用新的传播媒介或使用老传媒的新方法来对国家的权力提出挑战——有时是推翻这种权力"②。

一般说来，社会公众对政治风险事件的认知度和参与度都普遍不足，一些民众情绪化的言行急需通过一定的渠道得以宣泄，而声画合一的电视媒体即在此时为普通公众参与事件、表达意见以及宣泄情绪提供了一个大众化的参与平台，甚至可以说，社会公众通过电视媒体来表达情绪和意见是为了弥补自身相对于国家权力机构在国际外交活动中的弱势地位。美国传播学者乔治·格伯纳认为，电视是现代社会的文化指标，文化透过大众传播媒介与其自身沟通，而这样的沟通则维系或修正出文化内一致的价值观。③ 因此，无论是政治文化抑或是非政治文化都可通过大众媒介的持久影响，作用于公众的认知，进而培养其相对一致的意识形态和价值观念。在政治风险传播中，电视媒体之于社会公众培养和国家形象塑造方面发挥着无可替代的功用，其生动的、长期的、隐蔽的传播参与力，日益成为风险外交中各国政府表明国家立场，传播国家文化，建构国家形象的重要工具。与此同时，一国国民的政治素养和教化也在电视媒体的长期培养中得以形成，并呈现出一种无意识的、隐性的认同一致。

① 参见刘继南主编：《大众传播与国际关系》，北京广播学院出版社 1999 年版，第 99 页。
② ［美］阿尔文·托夫勒：《力量转移：临近 21 世纪时的知识、财富和暴力》，刘炳章译，新华出版社 1996 年版，第 383 页。
③ 参见邢虹文：《电视与社会——电视社会学引论》，学林出版社 2005 年版，第 297 页。

第四章

社会风险中电视新闻的风险协调

在当今时代，风险已成为人类社会生活中的客观存在，作为一种导致损失的可能性变化，风险不仅产生于公众身处其中的自然环境和社会环境，以及公众个体或群体所做出的每个选择和每个行为，同时还来自于风险发生之后的再生或次生的新风险环境。社会学家卢曼认为，风险概念的产生是近期才出现的，"把风险从危机中分离出来的可能性必然源于现代性之社会特征。从本质上说，它产生于人们对以下事实的认识：大多数影响着人类活动的突发性事件都是由人为造成的，而不是由上帝或大自然所造成的"①。从历史的角度看，社会风险是任何时代的任何社会都无法完全避免的，因此我们可以看出社会风险是客观的、普遍的和永恒的，甚至可以说社会风险在一定程度上是社会发展与进步所要付出的必然代价。② 国内有学者认为，社会风险是一种将导致社会既有运行机制和稳定局面遭受破坏的不确定因素，其核心特质为一种导致社会危机与社会冲突的可能性，在共时态上表现为一种社会不安状态，在历时态上表现为一段持续发展过程。③

改革开放后，中国社会整体进入了快速发展的转型期，由此引发的各阶层之间的利益和矛盾也日趋突出，并逐渐在社会的不同阶层、不同领

---

① ［英］安东尼·吉登斯：《现代性的后果》，田禾译，黄平校，译林出版社 2000 年版，第 28 页。

② 参见李明德、王蓓：《大众传媒与化解社会风险》，《理论导刊》2099 年第 1 期。

③ 参见申凡、陈奕：《试论传媒化解社会风险的过程管理》，《理论月刊》2008 年第 8 期。

域中以不同的方式、不同的规模和不同的速度聚集起来。然而，既然社会风险是一种基于人为因素所引发的损失可能性，其在某种意义上即是具有可控性的，电视新闻对社会风险的传播响应，即是从风险传播的维度对其进行协调性控制。作为社会风险传播中的具体表现形式，电视新闻通过对社会风险及时、公开、适度的呈现，来进行风险信息传递、风险环境监测、风险舆论监督、风险情感协同以及风险意识培养，以电视新闻特有的媒介优势和特点实现社会风险的媒介化控制。

第一节　从"社会守望"到"社会对话"的风险传播理念

2007年10月15日，胡锦涛在中国共产党第十七次全国代表大会的报告中，明确提出"依法保障人民的知情权、参与权、表达权、监督权"、"确保权力正确行使，必须让权力在阳光下运行"。2007年3月5日，温家宝在十届全国人大五次会议上的政府工作报告中，也明确强调"依法保障公民的知情权、参与权、表达权、监督权"。党中央的政治报告和我国最高行政机关的政府工作报告，均明确强调人民的知情权、参与权、表达权、监督权，这是中央对各级党组织和各级政府的决策及施政行为提出的一项新要求，也是对民众参与公共决策和管理过程的新角色定位。其中，大众传播媒介作为现代民主社会中的重要组织机构，是包括政府、个人及社会各利益群体了解信息、表达意见、监督舆论、参与政务的公共平台。尤其是当突发事件或风险危机来临时，大众传播媒介更是承担了及时传播风险信息、整合社会各方观点、有效引导社会舆论、稳定社会情绪等诸多重要责任。因此，在风险传播过程中，大众传播媒介不再是传统意义上的"传声筒"，而是从立足于信息的发布权到立足于信息的解释权，从意见的表达者到意见的平衡者，从担负"社会守望"到参与"社会对话"的组织者。

一、新闻专业主义理念下知情权的满足

1974 年 3 月 26 日，美国新闻自由委员会发表了《一个自由而负责的新闻界》的报告，其是由独立于政府之外的公共力量组织"哈钦斯委员会"撰写而成，因此也被称为《哈钦斯报告》，该报告成为后来以"Four Theories of the Press"（1980 年中文版名《报刊的四种理论》）为名的著作所提出的大众传播"社会责任论"的渊薮。《哈钦斯报告》对美国新闻自由的现状和前景展开了一系列调查，其研究范围包括了当时美国的广播、报纸、电影、杂志和图书等主要的大众传播媒介，同时对新闻界的业主的良知、责任，以及这些责任对于形成公众舆论的普遍益处进行了讨论，重点围绕新闻自由和防止新闻界滥用权力等重大问题提出了诸多至今仍十分受用的宝贵建议。自报告提出半个多世纪以来，新闻专业主义理念已成为西方新闻界业主的共同信仰和追求，它的核心思想即是要求新闻从业者遵守新闻工作相关的职业规范，以独立于任何党派和团体的立场来报道新闻，在坚持新闻工作客观性和独立性的前提下，自觉主动地践行为社会公共利益服务的新闻专业主义精神。新闻专业主义（Professionalism）概念本出自于资产阶级新闻学，但因其包含了新闻工作的共同价值观而被世界各国新闻界广为接受，其客观性、独立性的核心理念亦成为当前中国新闻从业者所致力追求的新闻信仰。

"作为在美国政党报纸解体之后而出现的一种'公共服务'的新闻理念，新闻专业主义是改良时代行政理性主义和专业中立主义总趋势的一个部分"[1]，它独立于任何权威之外，并带有一定的理想主义色彩，旨在强调以客观、真实、公正的立场去呈现新闻最本真的事实，服务于全社会的公众。诚然，在不同的国家，新闻专业主义理念具体的内涵和外延都各有差异，但其核心的价值要素，如客观性、真实性等始终具有无国界的普适性。具体到中国新闻界而言，新闻工作者应以客观中立的立场，依据"新闻价值"的内在要求，真实地反映事实的原貌，在达到局部真实或细节真实的基础上，实现整体真实。与此同时，作为社会公器的大众媒介应具备

---

[1] 谢静：《20 世纪初美国的媒介批评与新闻专业主义确立》，《新闻与传播研究》2004 年第 2 期。

相当的独立性和自由性，以满足广大社会公众的信息需求为主要目标，其中，采访自由、出版自由、表达自由和信息获取自由是"新闻自由"的最高旨意，也是公众实现信息"知情权"的有力保证。随着改革开放的深入和政治民主化进程的推进，中国的新闻传播媒介逐步褪掉了"政治传声筒"的青涩外衣，转身投入到政治民主化的历史进程中，成为饱含民主精神和民主意识的"社会公器"。在转型期的中国社会中，政治民主是新闻事业得以深入发展的重要保障，只有实现了公民的民主权利，大众传播媒介的独立性、主动性才能充分发挥，而公民的信息知情权是其一切民主权利得以实现的基础和前提。

　　知情权又称获知权、知晓权、知悉权、知的权利等，是指公民获取有关社会公共领域信息以及与本人相关信息的权利，具体可以包括政治知情权、司法知情权、社会知情权和个人信息知情权。[①] 从1987年党的十三大报告首次提出"重大情况让人民知道，重大问题经人民讨论"，到1997年党的十五大报告提出的坚持公平、公正、公开的原则，"实行政府信息公开"，再到2007年党的十七大报告提出的"依法保障人民的知情权、参与权、表达权、监督权"的精神，关于保障公民"知情权"的提法逐渐得以规范和完善，充分体现了中国共产党对于保障公民知情权的认可和重视。"知情权"的概念最早是由美国新闻记者肯特·库柏（Kent Copper）于1945年首次提出，并主张用其替换"新闻自由"的提法，库柏认为，公民获取、知悉信息的权利应在最大程度上予以尊重和保障。作为"社会公器"的大众传媒，其最基本的社会责任即是保证社会公众拥有通过传播媒介获取、接收和传播信息的自由的权利。"从广义来说，知情权指的是社会成员获得有关自身所处的环境及其变化的信息以及生活所需各种有用信息的权利，所以在某种意义上，它也是人的生存权的基本内容之一。"[②]

　　在现代社会中，知情权是社会公民基本的民主权利之一，民众不仅有获取社会公共信息的权利，也有知悉政府工作情况的权利，特别是当信息具有个体接近性或相关性时，公众对信息的需求和依赖便显得尤为突

---

① 参见谢鹏程：《公民的基本权利》，中国社会科学出版社1999年版，第263页。

② 胡兴荣：《新闻哲学》，新华出版社2004年版，第217页。

出。而公众知情权的实现正是建立在大众传播媒介对信息及时、充分和准确的传播基础之上，从这一意义上说，大众传播媒介即是公众知情权实现的载体，其对信息传播享有的自由权利在很大程度上决定了社会公众知情权的有效实现。《多种声音一个世界》一书中指出，受众"有权按照个人所能选择的方式，得到或探求个人由于自己的原因或作为社会的一个成员所希望获得的消息情报，特别是当消息情报影响到他的生活和工作，并且影响到他也许不得不做出的决定的时候。凡有意扣留消息情报，或传播假的或歪曲失实的消息情报，就是侵犯了这项权利"[1]。由此可见，对信息的获取已经成为现代社会中人类精神需求和满足的基本方式之一，知情权是现代民主的根本要求，它的明确提出旨在进一步强调社会公众有权通过新闻媒介及其他手段，知晓和掌握作为一个社会成员所需获得的种种相关信息。施拉姆从信息之于人的重要性的角度早已进行了精辟的阐述，他认为，"信息是人类的基本权力之一，是全世界人民实现自由和尊严所必需的东西"[2]。

对于当前的中国社会而言，以电视媒体为代表的大众传播媒介是保障公民知情权得以实现的重要主体，其在完成信息采集和发布的同时，也满足了社会公众对信息的需求。在某种意义上，公众知情权与新闻自由是互利共生的统一体，二者在一定条件下互为前提和结果，所不同的即是各自所处的不同立场。换句话说，知情权具有两重主体：其一是公众作为获知的主体，其二是媒介作为获知的主体。前者是公众知情权，即从大众与当权者的关系出发，认为大众有从当权者那里获知各种公共信息的权利；后者则是新闻自由，即从媒介与当权者的关系出发，认为媒介有从当权者那里获知各种公共信息的权利。[3] 这种互利关系所带来的显性影响，即是促进大众媒介的社会功能的丰富，具体包括：（1）提供有序参与、治理民主所必须依据的事实；（2）提供愿望的"交易所"，通过妥协解决利益冲突；（3）提供意见的市场；（4）提供道德的"立法院"，形成道德规

[1] 联合国教科文组织：《多种声音一个世界》，中国对外翻译出版公司1981年版，第155页。
[2] ［美］威尔伯·施拉姆：《大众传播媒介与社会发展》，金燕宁等译，华夏出版社1990年版，第253页。
[3] 参见张晓峰、王新杰：《传媒协同发展论》，新华出版社2006年版，第1页。

范；(5) 帮助理解、评判"约定"，即法律与法令；(6) 监督违约（违规）行为。①

　　无论处于何种政治体制之下，政府都是最大的信息拥有者和掌控者，因此，公众知情权的根本问题就在于政府信息的公开范围和程度。从广义上来讲，知情权是指社会公众享有的、获取合法的各类信息的自由权利；从狭义上来讲，知情权特指知政权，即公众对政府及其相关部门所掌控的信息享有的知晓权。在任何国家，信息公开的主体都是政府，客体是公众，大众传播媒介是连接信息主体和信息客体的桥梁，其一方面为政府的信息公开提供及时、有效传递的渠道，满足公众对信息的需求；另一方面对公众关注的信息进行必要的阐释和深入的剖析，促成公众对某些政治议题的关注和讨论，进而以社会舆论的形式实现政治认同。② 公众知情权的实现是现代民主社会发展的根本保障，亦是大众传播媒介践行新闻自由的前提基础，大众媒介凭借其遍布社会的触角，及时、准确、公开地向社会公众提供环境发展变化的各类信息，承担着告知真实信息的重要职责。

　　"现代社会，因为信息处理技术的发达而带来控制能力的提高，因为各种媒介的膨胀而带来信息流通量的增加，从而被称为信息化社会。信息化社会，同时也是信息传播活动遍布全社会、高度管理化、操纵化的社会。"③ 面对信息高度管理化、操纵化的现实，时任世界银行副总裁兼首席经济学家的约瑟夫·斯蒂格利茨（Joseph E. Stiglitz），于 1999 年 1 月 27 日在英国牛津大学所作的报告中指出，政府产生、收集、加工的信息具有公共知识产权权利的性质，公众已通过赋税等方式支付了政府收集信息所耗费的成本，因此这些信息不应成为政府官员的私家收藏，而是应该成为公众普遍所享有，这和政府的桌椅及建筑设施以及其他固定资产为公众所有是非常类似的④，政府无权对这些信息进行屏蔽、垄断、扭曲和窃取。

---

① 参见臧海群：《决策·传播·中国——访北卡罗来纳大学新闻与传播学院副教授赵心树博士》，《新闻大学》2001 年第 8 期。
② 参见张晓峰、王新杰：《传媒协同发展论》，新华出版社 2006 年版，第 193 页。
③ [日]竹内郁郎编：《大众传播社会学》，张国良译，复旦大学出版社 1989 年版，第 28 页。
④ 参见 [美] 约瑟夫·斯蒂格利茨、宋华琳：《自由、知情权和公共话语——透明化在公共生活中的作用》，《环球法律评论》2002 年第 3 期。

由此可见，政府的信息公开是现代民主社会的本质要求，任何组织和力量都无法垄断或封锁全部的信息资源，相反，任何对信息的扭曲甚至篡改，都会给谣言的产生制造无形的空间，一旦谣言得以大范围的散播，其所带来的社会损失和负面影响将难以挽回。透明、及时、公开的信息发布不仅是现代社会发展的稳定剂，更是政治民主化进程中的重要助推力。

与公众的知情权相类似，大众传播媒介对于政府信息也具有天然的接近权，也应受到相关法律法规的支持和保护。因此，在保障公民知情权的前提下，一系列有利于信息发布的制度政策相继出台，如政府信息公开条例、政府新闻发言人制度等，都使政府信息的发布得到了制度的保证。2007 年 4 月 24 日，国务院公布了《中华人民共和国政府信息公开条例》，该条例是目前中国出台的首部有关保护公众知情权的法规。根据条例，中国公众有权依法获知除涉及国家秘密、商业秘密和个人隐私以外的政府信息。条例明确了政府信息公开义务的承担者。根据条例，政府信息公开的主体主要是行政机关和法律、法规授权的具有管理公共事务职能的组织，而这两类主体是政府信息的拥有者，也是政府信息公开义务的承担者。条例的核心内容，即是从主动公开、依申请公开和不予公开三个方面对政府信息公开的范围分别作出了明确的规定，这对于实施政务公开已有十多年历史的中国政府而言，具有里程碑式的跨越意义。

1983 年 4 月 23 日，中国记者协会首次向中外记者介绍国务院各部委和人民团体的新闻发言人，正式宣布中国建立新闻发言人制度。在经历了 30 多年的发展之后，中国的新闻发言人制度已日趋完善，其内容涉及政府的重大事项、重要活动、社会关注的热点问题、海内外关注的问题、重大突发事件、公共政策、公共服务、政府决策等所有与公众利益直接相关的问题，针对这些内容提供的一种接受公众公开咨询、质询和问责的制度安排。新闻发言人制度在中国的兴起和发展不仅符合了改革开放的内在需要，也顺应了社会主义政治民主化的发展要求，新闻发言人制度成为沟通为党和政府与大众媒介以及社会公众之间的一条信息纽带，在满足公众知情权的同时，激发了公众参政议政的积极性，有效推动了社会主义民主政治的建设。2011 年 8 月，中共中央办公厅、国务院办公厅印发了《关于深化政务公开加强政务服务的意见》，提出要抓好重大突发事件和群众关注热点问题的公开，客观公布事件进展、政府举措、公众防范措施和调查处理结果，及时回应社会关切，正确引导社会舆论。进一步完善政府信息依申请公开、保密审查和监督保障等措施，认真做好涉及政府信息公开的举报投诉、行政复议、行政诉讼等工作。《意见》提出要创新政务公开方式方法，坚持方便群众知情、便于群众监督的原则，拓宽工作领域，深化公开内容，丰富公开形式，促进政府自身建设和管理创新。坚持问政于民、问需于民、问计于民，畅通政府和群众互动渠道。

信息的公开透明和公众知情权的拥有是现代民主社会的基本要求，"信息成为与物质和能源同等重要甚至比之更加重要的资源，整个社会的政治、经济和文化是以信息为核心价值而得到发展的社会"①。在此背景下，任何风险事件的发生都具有天然的信息敏感性和稀缺性，此时，公众对信息的需求会比平时更为强烈，对大众媒介也寄予了更多的期待。大众媒介根据风险的具体情况，为公众提供应对风险的信息策略，其在风险事件发生前、发生时和发生后都扮演着信息使者的重要角色，是社会公众知情权得以满足的责任主体。然而，在大众媒介对风险事件的具体响应中，仍有一些信息未能通过畅通的渠道得以及时传递，也因此为谣言的传播和恐慌情绪的蔓延留有了余地。风险传播中媒体的"不作为"或信息的"被阻滞"不仅不能稳定社会公众的情绪，反而可能成为次生风险的源头，造成难以挽回的巨大损失。因此，信息的公开透明是现代化国家发展的基础，满足公众的知情权是民主化社会进步的内在要求，也是大众传播媒介参与社会发展的动力出发点。

二、公共话语平台形成中表达权的实施

表达权又称表达自由，《牛津法律大辞典》认为言论和表达自由是主要的公民权之一，其含义是指公民在任何问题上均有口头、书面、出版、广播或其他方法发表意见或看法的自由。②2007 年 10 月 15 日，党的十七大报告将"表达权"作为公民的基本权利之一，"表达权"是指公民有权

---

① 郭庆光：《传播学教程》，中国人民大学出版社 1999 年版，第 35 页。

② 参见［英］戴维·M·沃克：《牛津法律大辞典》，邓正来等译，光明日报出版社 1988 年版，第 354 页。

依照法律法规，通过出版、集会以及新闻媒体等各种途径公开表达自己的观点和思想。从形式上讲，公民表达可分为语言表达、行为表达、沉默表达；从内容上讲，公民表达可分为群体利益的表达和公民对重大政治、经济、社会、文化等公众问题发表见解与主张的权利。① 在现代民主社会中，公民的一切权利都始于个体的表达自由，来自社会各个不同阶层、不同群体的人们独立平等地拥有表达自己看法和主张的话语权，既是个人自我价值的实现途径，更是社会稳定的重要保障。从某种意义上讲，"表达权"的实现程度是衡量一个国家法治、民主和文明的重要尺度，正如白岩松所言，表达自己的声音必须在理性的约束之下，要守住法律与道德的底线。民主的魅力恰恰在于理性。没有理性支持的民主运行更易带来破坏而不是建设。②

在转型期的中国社会中，公众对于任何事物的建议或意见，都应有公开的、合理的表达渠道，所谓"为川者决之使导，为民者宣之使言"，表达自由（包括新闻自由）作为公民最为重要的民主权利之一已经成为国际社会的共识并得到了法律的切实保障。③ 公民作为表达权的实施主体，需要在公开场合发表自己对事物的意见和看法，而对于普通公众而言，最具可行性又会产生强烈社会效果的"公开场合"即是大众传播媒介。新闻自由既是大众传播媒介传递信息、发表观点的媒介权利，也是社会公众实施表达自由的具体体现，公众通过大众传播媒介这个公共的、公开的平台，及时有效地表达自己的观点。大众媒介一方面将公众的意见收集起来，并适时地公开发表以疏通言路；另一方面通过对公众意见的选择来整合社会舆论，进而有效地引导社会公众的整体意见。美国哲学研究者约翰·杜威（John Dewey）认为，大众传播使人们能够分享社会信息，从而维持了整个社会的存在；不仅如此，大众传播还是社会变迁的工具。此外，美国传播学研究的鼻祖库利（Charles Horton Cooley）对此观点也表示认同，他认为大众传播是人类进步的动力，是拯救社会的工具；而罗伯

---

① 参见李树桥：《公民表达权：政治体制改革的前提》，《中国改革杂志》2007 年第 12 期。

② 参见白岩松：《民主能让中国发出自信的声音》，《南方周末》2008 年 4 月 24 日。

③ 参见郑保卫等编著：《新闻传媒与和谐社会建设》，中国人民大学出版社 2006 年版，第 137 页。

特·帕克则进一步指出，大众传播具有参考功能和表达功能。① 由此可见，"表达自由"不仅是实现人民自治的重要手段，更是政治民主化和国家法治化的有力保障。

当前，转型期社会利益复杂化的发展趋势日益凸显，在此背景下，分属不同社会阶层的群体，因其所处立场、教育背景、目标要求、认知水平及个性情绪的不同，其利益诉求也呈现出分层化、多元化的特征。来自不同利益群体的多样化的表达需求已成为一种客观存在的必然，且这种表达需求会随着社会公众认识水平及民主意识的提高而愈发强烈，此时的大众媒介即成为公众意见交汇互动的公共平台。其中，"就电视的关系性用途而言，该媒体首先起到了一个交际辅助器的作用"②，电视媒体让观众充分体验到最为真实、平等的传播与接收状态，为普通公众提供了广阔的意见表达空间。社会公众不仅可以直接参加节目的直播或录制，还可以通过电视评论类节目、谈话类节目等来发表自己的观点、意见；此外，一些读报类电视节目也从另一个角度将社会公众对当下时事的各种评论集中起来，有选择性地进行整合传播。"电视特色常常就是与观众交流的特色。大量的节目都采用面对观众，直接说的形式"③，正因如此，电视媒体往往也成为公众实施"表达权"的最佳渠道平台。

社会公众对大众媒介的接近权与使用权是"表达自由"的前提基础，信息公开的、充分的流动是"表达自由"的核心内涵，只有当信息通过大众媒介得以传播，并在社会公共领域中发挥功效时，公众的利益才得以实现。所以，更确切地讲，作为公共话语平台的大众媒介应保障社会公众有公平、自由接近和使用媒介的权利，也就是"公民的利益如何可能通过使传媒充分可问责而得以表达"④。一方面，大众媒介为社会公众提供了意见

① 参见邢虹文：《电视与社会——电视社会学引论》，学林出版社 2005 年版，第 3 页。

② ［英］尼古拉斯·阿伯克龙比：《电视与社会》，张水喜等译，南京大学出版社 2000 年版，第 171 页。

③ ［英］尼古拉斯·阿伯克龙比：《电视与社会》，张水喜等译，南京大学出版社 2000 年版，第 19 页。

④ Leen d'Haenens and Jo Bardoel, *Introduction to the Special Issue: Media Responsibility and Accountability*, Communications 29 (2004), 1-4, 转引自金冠军、郑涵：《当代传媒制度变迁》，上海三联书店 2008 年版，第 20 页。

交流和信息传递的平台，使相关的时事政策得以透明、公开的讨论；另一方面，大众媒介通过对公众意见的整合来沟通、维护和协调各方利益关系，促使社会结构趋于一种动态的平衡。随着中国民主化进程的深入推进，社会公众参政议政的政治意识也逐步增强，但就目前的现状来看，公众个体表达政治意见或干预政治的能力仍十分有限。因此，大众媒介不仅应当倾听和回应公众，而且应该积极推进公众参与公共领域的论辩。① 因此，大众媒介在进行基本却又必要的政治或社会制度维护的同时，也应对多元的社会利益进行统筹协调，使之和谐共存。

转型期社会中的利益表达较之其他社会阶段更为多元，也更为复杂，尤其是当社会发展还伴随着来自个人、组织和公共领域的诸多风险与危机，此时，利益的协调表达尤其需要畅通的媒介渠道。20世纪90年代以来，一些国际传播学者致力于研究大众媒介在特殊情况下（如风险、危机来临时）的媒介责任，他们"从对传媒责任宏观和抽象的思考转向对这些概念（从责任到问责）的更切合实际和具体的解释"②。"风险"与"风险社会"，"危机"与"公共危机"都是转型期中国社会的关键概念，其中，"公共危机"的频发是"风险社会"最为突出的特征，有学者从话语与实践的维度对其进行了框架式的解读（见下表)③：

表 4-1-1："风险"与"风险社会"，"危机"与"公共危机"关系图

公共话语	弱实践性	弱实践性
	风险社会	公共危机
私人话语	风险	危机

由上表不难看出，"公共话语"之于"私人话语"的重要区别即在于

---

① 参见 Herbert Gans，*What Can Journalists Actually Do for American Democracy?*，Harvard International Journal of Press and Politics，Autumn，1998，pp.6-12，转引自金冠军、郑涵：《当代传媒制度变迁》，上海三联书店 2008 年版，第 20 页。

② Jo Bardoel and Leen d'Haenens，*Media Meet the Citizen：Beyond Market Mechanisms and Government Regulation*，European Journal of Communication，Vol. 18 (2)，2003，转引自金冠军、郑涵：《当代传媒制度变迁》，上海三联书店 2008 年版，第 20 页。

③ 参见童星、张海波等著：《中国转型期的社会风险及识别——理论探讨与经验研究》，南京大学出版社 2007 年版，第 22 页。

其具有公共认知性和适用性，大众传播媒介作为公共的社会资源，是风险时期社会公众实施"表达权"，参与公共领域、干预公共事务不可或缺的重要平台。也正因媒介所可能产生的巨大影响力，任何国家都会制定相应的政策制度来对其进行约束或控制，特别是当社会发展处于转型期等不稳定阶段，适当的媒介控制更有利于社会整体的平衡发展。

三、媒介使命与责任承担中监督权的保障

监督权是指公民有监督国家机关及其工作人员公务活动的权利，其作为公民参政权中的一项不可缺少的内容，是国家权力监督体系中的最具有活力的监督形式。从广义上讲，监督权包括公民直接行使的监督权和公民通过自己选举的国家代表机关代表行使的监督权，另外，公民的许多权利具有监督国家权力的性质。据公开资料显示，在中央国家机关各部委纪检监察机关查处的大量违纪案件中，有 90% 以上的案件线索是通过信访举报渠道获得的。从 1994 年 1 月到 1995 年 6 月，65 个中央国家机关的纪检监察机关共收到 68983 件次举报，这些信访举报为中央国家机关查处各类违法违纪案件提供了重要线索和依据。[1] 在现代化的民主社会中，新闻舆论监督是公民监督权的一种具体表现形式，新闻媒体与生俱来的显著性和权威性，是其代表广大社会公众，对政府及其相关部门进行权力监督的最大优势，也因此成为公民行使批评权、建议权、控告权、检举权的最有效和最直接的手段。当前，中国社会正处于深刻变革的转型发展期，各种利益结构和分配格局仍在不断调整完善，来自社会各个领域、各个阶层的突发事件频繁发生，社会矛盾日益凸显，作为社会"守望者"的大众传播媒介，也因此承担了更多的媒介使命和社会责任。

中华人民共和国《宪法》第 41 条规定："中华人民共和国公民对于任何国家机关和国家工作人员，有提出批评和建议的权利；对于任何国家机关和国家工作人员的违法失职行为，有向有关国家机关提出申诉、控告或者检举的权利。"公众的批评建议权就是一种舆论监督权，其通过大众媒

---

[1] 参见高武平：《信访制度存废辨——兼谈中国信访制度的变革之道》，2005 年 2 月 21 日，见 http://www.cssm.org.cn/view.php? id=5827。

介的公开传播与表达，成为了显性的新闻舆论监督权，并在诸多法律法规文件中得以确认。1993 年《消费者权益保护法》第 6 条规定："大众传播媒介应当做好维护消费者合法权益的宣传，对损害消费者合法权益的行为进行舆论监督。"该法第 32 条第七项规定："对损害消费者合法权益的行为，通过大众传播媒介予以揭露、批评。"1997 年《价格法》第 37 条规定："新闻单位有权进行价格舆论监督。"1990 年《报纸管理暂行规定》第 7 条把"发挥新闻舆论监督作用"列为报纸的功能之一。1996 年《河北省新闻工作管理条例》第 5 条规定："新闻工作应当……发挥新闻舆论的监督作用。"① 随着《政府信息公开条例》和《党内监督条例》的相继出台，舆论监督尤其是新闻舆论监督的地位和作用被突出强调，"尊重舆论是施行监督的一个重要形式，从事实出发的新闻舆论监督应该得到保护"②。

信息透明、政务公开是社会主义民主政治发展的基本要求，新闻媒体及时将政府工作的相关信息传播给公众，并将公众对决策事件的意见和评论表达出来，以公众舆论的具体形式对政府公务进行监督。监督权的有效实施不仅是公众参政议政积极性的表现，更是在揭露社会弊病，反映社会问题，促进政府提高工作效率方面发挥着不可替代的重要作用。改革开放之前，中国的大众媒介主要扮演着"政治传声筒"的角色，特别是当重大突发事件发生时，政府往往是唯一的信息控制者，媒体的信息传播自由被完全束缚。随着改革开放的逐步深入和大众传播媒介的迅速发展，以往的信息管控模式已完全不能适应时代的发展需求，取而代之的是及时、透明、公开的信息传播方式，大众媒介真正成为影响国家政治、经济、文化、社会等各方面的重要力量，政府、媒体与公众之间的关系已发生了显著的变化，并呈现出与以往不同的新特征。其一，政府对大众媒介的管理方式逐渐从单一的行政管理转为行政管理、市场管理与公共管理并存；其二，媒介的属性、地位、功能也相应地发生了改变，逐渐从单一的"传声筒"变为双向的"信息桥梁"；其三，公众的知情权、表达权、监督权通过大众媒介得以真正实现。

① 郑保卫等编著：《新闻传媒与和谐社会建设》，中国人民大学出版社 2006 年版，第 138 页。
② 赵志立：《危机传播概论》，清华大学出版社 2009 年版，第 50 页。

　　作为信息的重要载体，大众传播媒介不仅决定着信息的呈现内容和方式，还深刻影响着社会公众对于信息的感知范围和评价态度，在某种程度上，媒体选择的信息引导公众的思维方式、行为方式，决定着公众的社会化程度及其自我意识建构的路径。① 大众媒介所营造的"拟态环境"成为现代社会中人们感知现实的精神寄托，正如李普曼所说，"我们任何人都是直接接触消息，不是直接接触我们看不到的外界环境的"，人们已经习惯于在媒介化的社会环境中感知"现实"，形成意见，表达态度，对媒介所提供的信息和意见具有天然的"免疫缺陷"。大众媒介在对人类感觉能力进行延伸的同时，也在对人类的思想和意识能力进行潜移默化地培养，从这个角度上来讲，大众传播媒介还担负着培养社会公众认知和评价能力的责任。社会公众在通过大众媒介接受信息并表达意见的同时，也对自身作为主体的内在价值尺度进行衡量，并试图寻求与自我意见相同或相似的信息，以对自我的社会认知能力进行验证，进而检验、修正、深化和巩固自己的意见看法。其中，电视媒体的跨时空、跨地域的特性，极大地拓展了公众的感知视野和监督范围，进而在最大程度上调动了公众认知参与的积极性，给予了其对新事物监督的可能性，并形成了新的舆论环境。

　　现代社会中的民主与自由有着与生俱来的相关性，在民主社会中，公众享有充分的自由，同时，公众也有权对国家事务进行干预或监督，而这都需要政府给予最大限度的保障，而表达自由和舆论监督即是社会公众行使民主权利的最佳路径。广义的舆论监督，是指公民在了解情况的基础上，通过一切传播媒介和传播途径，表达意见、建议，形成舆论，对国家事务和社会公共事务及相关人物的言行进行监督，进而影响公共决策和权力运行过程。狭义的舆论监督，是指新闻舆论监督，公民依法运用新闻传媒充分发表意见、建议和呼声，表达自己意志，对国家事务和社会公共事务及相关人物言行实行监督。在这一过程中，公民所享有和行使的就是舆论监督权。② "随着现代民主主义的逐渐成熟，舆论在政治世界里的作用

---

① 参见吴飞主编：《传媒影响力》，中国传媒大学出版社 2005 年版，第 34 页。

② 参见郑保卫等编著：《新闻传媒与和谐社会建设》，中国人民大学出版社 2006 年版，第138 页。

越来越大了。舆论的活跃与否，成为反映民主主义活力的晴雨表。"① 在中国，舆论监督权是广大人民群众的基本权利之一，大众传播媒介是人民实现舆论监督权的重要保障，离开了大众媒介，人民的监督权将难以真正实现。媒介在为社会公众提供舆论平台和阵地的同时，也以"参与者"的身份积极介入其中，如对信息、意见的核实、选择，对其新闻价值和社会价值的综合考量，以及对其可能产生的社会影响进行评估等。因此，在某种意义上，大众传播媒介也是舆论监督权的实施主体，只是它较之社会公众而言更为隐性，但却同样发挥着舆论监督的社会功效。

所谓"舆论工具"，即是指那些在舆论监督过程中发挥沟通、连接以及表达功能的主体，而"舆论领袖"则是特指在舆论的形成和传播过程中起主导作用的个人或组织。通常情况下，普通社会公众对事物的看法或意见或多或少地会受到"舆论领袖"的影响，并最终通过"舆论工具"公开表达自己的观点，实施对公共事务的监督权。当社会风险事件发生时，各利益主体为争取各自的舆论阵地，必然需要得到更多公众的思想认同和行为支持，由此演变为各方的舆论斗争。在国际舆论斗争中，各国为保护自身的国家文化不被侵略，都积极借助于大众传播媒介进行文化安全保护，此时，大众传播媒介就无可避免地成为了各方舆论斗争的主战场。西方国家的不同利益集团、组织、党派都分别掌控着各自的"舆论工具"，为其随时可能发生的或已经进行的舆论斗争服务，并于长期的舆论斗争中培养己方的舆论领袖和舆论群体。与之相比，国内的舆论斗争主要体现为各利益主体的不同意见表达，大众传播媒介一方面成为不同观点、主张、态度的呈现平台，另一方面将不同的舆论意见进行整合，并对其进行合理的疏导，使之向着有利于社会稳定前进的方向发展。由此可见，"舆论"与大众传播媒介具有天然的亲近性，在"舆论斗争"中，"舆论领袖"通过媒介这个"舆论工具"维护各方的利益安全，社会公众也通过"舆论工具"发表社会舆论，行使舆论监督权。

具体到电视媒体而言，深度报道、系列报道、新闻评论等多种节目

---

① 　[日] 竹内郁郎编：《大众传播社会学》，张国良译，复旦大学出版社 1989 年版，第173 页。

形态在发挥新闻舆论监督功能时都各具特色，尤其是当风险发生时，电视媒体往往在第一时间到达事件发生现场，通过鲜活的画面和现场的同期声将事件最真实的情况呈现出来，与此同时，来自社会各个群体对事件的意见、看法、态度也通过电视媒体得以及时、有效地传播。电视媒体凭借其独有的政治干预力和社会影响力，对风险事件发生的历史背景、进展情况、社会影响等进行持续的深度解读，极大地调动了社会公众的积极性和注意力，使之受到广泛的社会关注和监督，进而引发公众舆论。对于某些尚不显著的社会风险而言，电视媒体的新闻报道和舆论监督的确发挥了见微知著、未雨绸缪的启示作用，对可能发生的风险或危机有着积极的预警效果。从政府管理者的角度来看，在应对风险事件的过程中，也非常需要大众媒介担当问题发现者、问题监督者的角色，及时、透明地将风险应对中的各种问题或不良行为予以公开，充分保障社会公众舆论监督权的实施，促进风险或危机的合理解决。任何不利于风险处置或不利于公众利益的行为，都在大众媒介实时、透明的公开监督之下而得以尽快地纠正。

对于大众传播媒介而言，制造舆论与传播信息是同一个过程的两个方面，一方面是通过传播信息来形成舆论，另一方面是将舆论本身作为一种信息来进行传播。[1] 任何一次的媒介传播行为都是具有目的性和方向性的，因此，传播者（包括社会公众和大众媒介本身）必然会影响和控制信息传播的内容以及方式等，以期达到预设的传播目的。大众传播媒介为民意的上传提供了现代化的工具，社会公众监督权的行使也因此得到有效的保障，社会公众及组织不仅可以围绕其自身的利益需求，公开地发表意见或言论，还可通过新闻舆论对政府公共事务的执行情况予以实时地监督。新闻舆论是由最新事态引发的，其形成之后将对社会公众产生一定的影响，或启发人们对最新事态的思考，或引导人们参与对问题的解决。新闻舆论对人们更好地认识当下最新事态，推动最新事态的解决或向前发展，具有很强的现实指导意义。[2] 因此，在思考政府、大众传播媒介与

---

[1]　参见杨伟芬：《渗透与互动——广播电视与国际关系》，北京广播学院出版社2000年版，第18页。

[2]　参见贾乐蓉主编：《新世纪大众传媒的发展——中俄学者的对话》，中国传媒大学出版社2007年版，第28页。

社会公众之间的关系时，日本学者伊藤阳一提出了"三极模式"（Tripolar Model）的理论，他认为，政府、媒体和公众三极相互独立又相互影响，它们相互作用的结果就是社会舆论的形成。[①] 作为影响社会舆论的三支最重要的力量，政府、媒体与公众理应从各自的身份和立场出发，为舆论的形成营造积极健康的环境，使社会公众的表达权和监督权得以真正实现，以促进转型期中国社会的民主化进程。

在中国社会转型期的特殊背景下，新闻舆论监督对政治民主化的影响可以概括为以下四个方面：（1）新闻舆论监督有效地增强了政治的透明度，成为衡量民主政治的参照指标之一。（2）新闻舆论监督给政治发展过程提供了过渡的空间，缓解了由于一时增长的政治参与诉求和参与条件之间的矛盾。亨廷顿认为，政治稳定取决于政治参与和政治制度化的水平比率，当发展中国家公民政治参与的要求超出制度载体承受限度时，将造成社会不稳定。新闻舆论监督能在很大程度上为社会公众提供参政议政的表达渠道和空间，极大地减轻了处于变化之中的政治体系的内部压力，进而为政治民主化进程持续、稳定的发展提供必要的支持。（3）新闻舆论监督可以有效地降低政府及相关主导者对当前社会发展形势的错误判断概率，为民主建设提供有力的社会支持和舆论环境。（4）当前，由于我国社会各项制度和体制仍尚待完善，社会公众的法治意识也相对淡薄，新闻舆论监督是中国特色的社会主义民主现阶段的必然选择，草根民主的出现正说明了新闻舆论监督在现阶段是不可替代的，并且是非常重要的。随着"以民为本""执政为民"的施政理念演化为一系列具体的制度后，新闻舆论监督将逐步走向法制化。[②]

在现代民主社会中，政府既是媒介的管理者，又是媒介的监督对象，政府通过大众媒介来了解社情民意，公众通过大众媒介来表达呼声和意见，媒介成为其中不可替代的信息和舆论纽带，并在社会管理中扮演着参与者和引导者的重要角色。大众传播媒介是社会环境的"守望者""瞭望哨"，肩负着预警风险、监督环境、协调关系、引导舆论等多重媒介责任

---

① 参见吴飞主编：《传媒影响力》，中国传媒大学出版社 2005 年版，第 37 页。

② 参见张晓峰、王新杰：《传媒协同发展论》，新华出版社 2006 年版，第 187 页。

和使命，其不仅是党、政府和人民的喉舌，还是政府公共管理的重要资源和工具。在中国建立和完善社会主义民主制度的转型时期，各自社会矛盾和风险日渐凸显，尤其是权力的腐败和贫富差距的扩大引发了社会公众强烈的不满。此外，社会经济快速发展与社会资源逐渐短缺、社会环境急剧恶化等之间的矛盾仍十分突出，各类社会安全事件、人为事故灾难、公共卫生事件等时有发生，这些都对大众媒介的新闻舆论监督职责提出了更高标准、更深层次的要求。因此，大众传播媒介应充分发挥新闻舆论监督的社会功能，在维护社会公共利益的基本前提下，最大限度地保障公众知情权、表达权、监督权的有效实施，促进社会的稳定发展。

四、受众本位与意见平衡中参与权的实现

所谓"参与权"，主要是指公民有依照法律的规定通过各种途径和形式，参与管理国家事务，管理经济和文化事业，管理社会事务的权利，参与权更多的与公民行动和公共实践有关系，包括对国家公共生活的管理参与与决策参与。此处的"各种途径和形式"，包括选举、投票、协商、座谈会、论证会、听证会、批评、建议、通过平面媒体和网络讨论国家政务等。"参与权"的实施一方面使公民感受到自己是国家主人、社会主人、本人所在共同体（本人所在的单位和所参与的社会组织）的主人，感受到自己对国家、对社会、对所在共同体、对他人的责任，从而积极与政府和单位、组织的管理者合作，推动社会公共事业的发展；另一方面，公民对国家政务（如立法、决策、执法等）和社会事务的参与，有利于防止社会公共政策和公权力行为的偏差和失误，平衡和协调各社会不同阶层、不同群体人们的利益冲突。在现阶段中国政治民主化的发展进程中，公众"参与权"的有效实施主要基于以下三个方面的理论基础：其一，参与权是民主政治的关键。公民有效地表达自己的意志，将自己的意志体现为国家公共政策，就必须有有效的平台和途径参与到公共生活中，而不是一种空发议论，"参与权"因此成为了一种隐性的制度保障；其二，参与权是实现社会自治的关键。社会自治是社会的自我管理与自我服务，这需要社会主体的参与精神与参与能力，"参与权"的实施为社会公众提供了一定的锻炼与实践的机会；其三，参与权是政府监督的前提条件。社会公众通过有

效地参与国家的管理与决策，能够同时监督执行权与决策权的有效行使，敦促权力运行的透明化、公开化。

公民的参与权是中国社会主义民主政治的重要内容，胡锦涛在党的十七大报告中强调，中华人民共和国的一切权力属于人民，要广泛动员人民参与国家事务、管理社会公共事务，积极推动公民的有序政治参与。"推进决策科学化、民主化，完善决策信息和智力支持系统，增强决策透明度和公众参与度，制定与群众利益密切相关的法律法规和公共政策原则上要公开听取意见。"2008 年 11 月 7 日，李长春在第十八届中国新闻奖、第九届长江韬奋奖颁奖报告会上强调指出，新闻工作要认真贯彻党的十七大和十七届三中全会精神，要坚持贴近实际、贴近生活、贴近群众，把体现党的主张与反映人民心声统一起来，把坚持正确导向与通达社情民意统一起来，把正面宣传为主与加强和改进舆论监督统一起来，保障人民群众的知情权、参与权、表达权、监督权，增强新闻宣传的亲和力、吸引力、感染力、公信力。要坚持改革创新，按照导向正确、及时准确、公开透明、有序开放、有效管理的要求，完善新闻发布制度，健全突发公共事件新闻报道机制，提高主流媒体国内国际传播能力，始终坚持正确舆论导向，不断提高舆论引导能力，为推动经济社会又好又快发展提供有力的舆论支持。[1] 当今的政治参与是现代社会的理性政治参与，它是民主制度运作的基础，是一种讨论、对话、谈判的机制。具体来讲，"参与权"作为社会公民的基本权利之一，在不同的领域有着不同的表现形式，如在宪法上体现为选举与被选举权，在行政法领域主要体现为听证的权利，在新闻传播领域则体现为舆论表达和监督的权利，大众传播媒介也因此成为公民参与权实现的重要保障。

政治参与（Political Participation）是普通公民通过各种合法方式参加政治生活，并影响政治体系的构成、运行方式、运行规则和政策过程的行为，是政治学领域的核心概念之一。[2] 公民的政治参与对于现代民主制度

---

[1]　参见《李长春在第十八届中国新闻奖第九届长江韬奋奖颁奖报告会上的讲话》，2008
年 11 月 10 日，见 http：//gb.cri.cn/18824/2008/11/10/882s2314634_1.htm。

[2]　参见喻国明等：《中国大众媒介的传播效果与公信力研究——基础理论、评测方法与实
证分析》，经济科学出版社 2009 年版，第 129 页。

具有重要意义，一方面对政府形成合法的监督和制约，如公权力的合法行使等；另一方面政治参与是公民应该享有的基本权利。在当前的中国社会中，大众传播媒介始终以舆论为纽带，来沟通和平衡政府权力与公众权利之间的关系，其一方面培养公民积极参政议政的民主精神和民主作风，消除公民对政治事务的淡漠感，并辅助公民对国家公共事务进行管理和干预；另一方面又敦促政府信息的公开透明和管理体制的不断改进。由此可见，无论是作为政府信息公开的平台、公民利益表达的载体抑或是民主精神体现的公共空间，大众传播媒介都以其特殊的身份角色和社会功能有力地保障着公民参与权的实现。而对这种关系的描述正如 20 世纪 70 年代日本学者从政治学和社会学角度提出的"社会参与"概念相类似，即广大群众有权直接参加传播过程，可以通过传播媒介自由发表意见，而大众传播媒介应该成为受传者发表意见的社会讲坛。①

"舆论是公众关于现实社会以及社会中的各种现象、问题所表达的信息、态度、意见和情绪表现的总和，具有相对的一致性、强烈度和持续性，对社会发展及有关事态的进程产生影响。其中混杂着理智和非理智的成分。"② 其中，社会公众是舆论的主体对象，社会公共事务、问题及引发社会公众共同关注的事物是舆论的客体对象，而社会公众最终对事物形成的观点、意见、看法和态度则是舆论的本体对象。舆论本体是社会公众对公共事务形成的理智与非理智意见的总和，大众传播媒介作为意见呈现的公共平台，不仅要关注舆论动态，呈现舆论内容，观察舆论产生发展的各个不同阶段及其可能发展的方向，更要分析各类舆论的科学性和合理性，从适当的角度来平衡和引导舆论。在大众传播媒介的舆论场域中，社会公众不仅是舆论的制造者，同时也是舆论的接收者，"新闻传播期待中的社会作用能否奏效，传播者颇为欣赏的新闻信息或者意见能否产生预期中的轰动效应，除了取决于传播者所提供的信息及意见的质量之外，则主要取决于受传者对这些信息与意见的心理反应，及其对之所采取的相应行动。"③

在风险与危机频发的今天，各种权力与利益在不同的社会主体之间，

① 参见石长顺：《电视传播学》，华中理工大学出版社 2000 年版，第 240 页。

② 陈力丹：《舆论学》，中国广播电视出版社 1999 年版，第 11 页。

③ 童兵：《理论新闻传播学导论》，中国人民大学出版社 2000 年版，第 141 页。

不断进行着重新的组合、分配和转移，由此引发的冲突、矛盾以及不稳定的因素较之以往更为凸显，并突出表现在各类突发事件和危机事件中。风险或危机发生后，便会置于大众传播媒介的全程"监视"之下，包括政府、组织、机构、个人在内的各方利益群体，会从各自的立场和角度发表意见，表明态度，媒介此时成为各群体的舆论场。媒体一方面代表公众时刻关注、监视危机事件处理的进展，另一方面，又作为政府发布信息的公共平台。在这个过程中，大众传播媒介所发挥的社会作用往往具有"双刃剑"的效果，并能折射出作为一种权力资源放大器在现代社会中的巨大影响力。由此看来，社会公众对事务的参与范围和参与效果，在很大程度上取决于舆论所产生的社会影响。"当占支配地位的或日益得到支持的意见甚至更得势，看到这些趋势并相应地改变自己的观点的个人越多，那么一派就显得更占有优势，另一派则更是每况愈下。这样，一方表述而另一方沉默的倾向便开始了一个螺旋过程，这个过程不断把一种意见确立为主要的意见。"① 这个过程也就是传播学理论中的"沉默的螺旋"理论，此时"被沉默"一方对自己能力无法实现的欲望，或不存在的经历，或意见得不到认同时，往往通过对讯息内容的角度置换，达到一种心理的满足，即受众的移情心理。此时，社会公众通过大众传播媒介完成了自我意见的表达、修正，甚至改变，即使是"被沉默"的意见，也是公众实施表达权和参与权的表现形式之一。

大众传播媒介作为分散在广大社会公众之间的公共产物，它的运转与政府机构、部门组织、社会公众有着不可分割的密切联系，时刻影响着外界，也被外界所影响着，并以信息传播和新闻舆论的形式来作用影响或协调平衡着与社会各个领域、阶层之间的关系。对于社会公众普遍关注，甚至强烈关注的社会公共事务，大众传播媒介通过对来自人民群众的呼声与要求的反映，成为民众参与中介性社会事项，表达意见与对决策看法的平台，使国家管理者及相关决策机构及时了解最广泛的民意舆情。在大众媒介影响力日益提升的现代社会中，媒介已经成为整个社会高度依赖的客

---

① 　[英] 丹尼斯·麦奎尔等：《大众传播模式论》，祝建华、武伟译，上海译文出版社 1987 年版，第 93 页。

观存在，作为重要的社会协调组织机构，大众传播媒介虽然不具有与政府平等的管理权力与地位，但却扮演着与政府部门、组织机构及社会公众共同管理的参与者角色。当前，中国社会转型期特殊的生态环境导致了各方利益关系的转移和调整，也由此引发了复杂的社会矛盾。这就需要大众传播媒介积极发挥舆论监督的社会功能，在保障社会公众知情权、表达权、监督权、参与权得以实施的前提下，主动协调各种冲突和矛盾，有效地整合引导社会舆论，稳定社会心理，维护社会稳定。

第二节　价值认知与情感协同中的媒介素养

1989 年，英国的教育科学部在将传媒素养纳入正式教学体系的同时，把传媒教育作了这样的定义：媒介教育的目的是培养更积极、更有批判性的媒介使用者，他们将要求媒介产品的更大范围和多样化并为此作出贡献。1989 年，联合国教科文组织（UNESCO）发表了一项声明，声明说："媒介教育是这个世界上每个国家所有居民的权利，自由表达的权利，它有助于建立和维持民主。"① 在现代化的信息时代，大众传播媒介之于公众的重要性不亚于空气和水，无论是公众对大众传媒的认识、态度、参与、选择或利用，抑或是其媒介信息内容的鉴别、分析、判断或批判都直接关系着个人的日常生活状态和方式，以及大众传播媒介自身的发展方向和生存环境。传播学之父韦尔伯·施拉姆曾这样表述：对于大众传播的现状和未来变革，"责任又属谁？答案十分明白，应由三方面（即政府、媒体、大众）来共同承担"；他特别指出："媒体必须承担一个中心责任，而阅听大众应以传播动力（Communication Dynamic）为主要的推动者责任。……大众的基本责任，是运用一切可能性，使自己成为机警而又有鉴别能力的阅听大众。进一步的责任，乃是鼓励对媒体展开睿智的批评。……最后，

---

① 刘笑盈：《政府发言人与媒介素养》，载蔡国芬等主编：《媒介素养》，中国传媒大学出版社 2005 年版，第 187 页。

他们应学习如何来运用媒体。"① 因此，从这个意义上来讲，社会公众这种运用媒体的能力即是其个人媒介素养的具体体现，"真正的教育也离不开新闻（媒介），因为大众传播工具是一种扩大器，可以使教育者的作用超越一般传统的对象。"②

一、从媒介使用到媒介参与的主体认知

改革开放以后，中国社会一直处于经济转轨与社会转型的"双模式"变革期，即从计划经济向市场经济的转轨以及从传统农业社会向现代化工业社会的转型。在此过程中，各方利益关系、利益格局面临着重新的调整和分配，由此导致的社会不稳定的因素明显增多。社会风险和矛盾也逐步由隐性转为显性，使中国社会进入了高社会风险的发展阶段，每年因自然灾害、事故灾害和社会安全事件等突发公共事件造成的人员伤亡逾百万，经济损失高达 6500 亿元，占中国国内生产总值的 6%。③ 如在 1986 到 2005 年这 20 年间，中国的犯罪增长率就高达 8.8%，社会治安案件增长率高达 10% 以上。④ 在群体性事件发生的领域呈现出反复性和集中性的特点，多层次矛盾问题交织，解决难度加大。仅 2006 年一年，中央和省两级处理了全国涉及土地征用、房屋拆迁、企业改制等方面的信访问题 300余万件。⑤ 此外，在政治经济全球化背景的影响下，国际间的风险和冲突如"全球金融危机、恐怖主义、全球生态环境恶化等"，也在对中国社会的发展产生着关联性的影响。据国家安全生产监督管理总局发布的年度报告显示，2010 年全国发生各类事故 363383 起，死亡 79552 人。全国年度各类事故死亡人数约 8 万人。其中，2010 年发生重大生产安全事故 2 起，死亡 26 人，分别是湖南湘西"7·20"重大透水事故，死亡 10 人，直接

---

① 陈先元：《大众传媒素养论》，上海交通大学出版社 2005 年版，前言。

② [法] 贝尔纳·瓦耶纳：《当代新闻学》，丁雪英等译，新华出版社 1986 年版，第 277—281 页。

③ 参见叶建平、聂焱：《中国突发公共事件每年造成人员伤亡逾百万》，2005 年 11 月 27 日，见 http://politics.people.com.cn/GB/1026/3892786.html。

④ 参见胡鞍钢：《中国社会转型中的四大新特点》，《中国改革报》2005 年 8 月 15 日。

⑤ 参见李亚杰、魏武：《中国各地已建立信访突出问题协调机制》，《新京报》2007 年 3 月 28 日。

经济损失 729 万元；山东招远"8·6"重大火灾事故，死亡 16 人，直接经济损失 1289 万元。①

由此看来，当前中国社会仍处在风险高发的社会阶段，并且在未来很长一段时期内，还将面临诸多突发的风险与危机。其中，社会风险的发生原因、作用范围、影响程度都更为复杂和强烈，并呈现出较之以往所不同的特点，如发生频率高、参与主体多元，影响人数众多、规模领域广大、组织化程度高，且具有较为激烈的对抗性，给社会带来的危害呈加重趋势。2011 年 1 月，零点调查公司公布的最新《2010 中国人民生活质量指数报告》显示，2010 年度中国城乡居民的生活质量满意度比过去的5 年指数结果有比较明显的下降，对于短期生活质量改进的信心也显著跌落，对于政府在社会管理方面的信心也呈下降现象，拉低生活质量感受的最主要的因素是物价上升、房价高涨、个人收入水平无改善并随之带来职业满意度微降、消费信心下降，对于政府在改进就业、惩治腐败方面的作为的信心在原来低位水平上继续趋降。1/4 的城乡公众觉得自己比周围的人穷，而主流的（超过七成）居民觉得自己生活贫困并不是因为自己不努力，而是因为社会体制的不公平、不合理。②

在中国社会转型期，各类社会风险正以不同的表现形式和特点存在于公众的日常生活中，如是否可预见、可控制、影响范围、持续时间、损失程度以及认知程度等。但其实绝大多数风险都并非可被每一个社会公众所亲身感知和体验，此时，大众传播媒介就成为社会风险与社会公众之间的感知中介，人们通过大众传播媒介来间接了解和认识其所生活的风险社会环境，并进而形成有关风险的认知、意见和心理。而"大众传播效果将取决于传播的知识和信念的性质，取决于知识和信念系统化与多样化程度，以及取决于我们个人对作为一种信息来源的大众媒介的信赖程度。"③

---

① 参见《2010 年全国安全生产情况》，2011 年 1 月 13 日，见 http：//www.chinasafety.gov. cn/newpage/Contents/Channel_4181/2011/0113/121258/content_121258.htm。

② 参见《零点调查集团董事长袁岳：社会风险正在上升》，2011 年 1 月 3 日，见 http：// money.163.com/11/0103/10/6PFG923800253G87.html。

③ [英] 丹尼斯·麦奎尔等：《大众传播模式论》，祝建华、武伟译，上海译文出版社 1987 年版，第 12 页。

因此，即使是在网络、手机等新媒体大行其道的今天，电视媒体凭借其极高的权威性和公信力，依然成为中国社会公众在风险传播中的首选媒介。当风险或突发事件发生时，公众总是倾向于选择电视媒体作为获取风险信息的第一工具，电视传播中形象、生动、逼真的现场情景，极大地满足了受众第一时间感知风险的心理需求。与此同时，电视媒体及时的信息传递，深入的背景解读，权威的分析评论，都在最大程度上激发了公众参与其中的积极性。

美国学者詹森运用内容分析和访谈相结合的方法，对 1993 年某一周之内的全世界电视新闻节目进行了研究，得出了以下一些结论：(1) 人们通过新闻了解到他们所处的环境——包括国家的地位和世界形势；(2) 对于受众而言，新闻报道常常与他们的安全感或对这种安全的威胁有关；(3) 人们通过新闻认识到了权力和权威所处的地位——主要是他们在社会等级制中所处的地位和国家/政府的权力；(4) 在某个特定的时间框架内，人们通过新闻了解到国家正在朝着哪个方向发展；(5) 人们通过新闻了解到"他者"的状况，从而在自我和"他者"的对照当中获得了自己的身份/认同，这里所说的"他者"既指民族国家内的同胞，也指外国人。①由此可见，"电视已成为美国（并逐渐成为世界各国）大众的学习课堂。它既是社会生活的镜子同时也引导社会生活。它最初是我们的故事讲解员，而现在它已成为流行文化图像信息的主要发布者。电视给我们展示生活并告诉我们有关生活的信息，人、环境、竞争、权力和命运。它讲述了好的和坏的、高兴的和沮丧的、强大的和弱小的人或事，让我们了解相关的事物，以及什么是成功和失败。"②

随着电视传播技术的发展和媒介融合的逐步深入，社会公众已不仅仅满足于通过电视媒体来获取风险信息，而是以主体者的身份和行为参与到风险的电视传播过程中，如通过数码相机、数码摄像机、短信、电话以及新媒体等多种方式。2010 年 11 月 15 日 14 时，上海余姚路胶州路一

① 参见［英］伯顿：《媒体与社会：批判的视角》，史安斌主译，清华大学出版社 2007 年版，第 332 页。

② ［美］宁斯·布莱恩特、［美］苏珊·汤普森：《传媒效果概论》，陆剑南等译，中国传媒大学出版社 2006 年版，第 88 页。

栋高层公寓起火。据附近居民介绍，公寓内住着不少退休教师，起火点位于10—12层之间，整栋楼都被大火包围着，楼内还有不少居民没有撤离。截至11月19日10时20分，大火已导致58人遇难，另有70余人正在接受治疗。目前，事故原因已初步查明，是由无证电焊工违章操作引起的，四名犯罪嫌疑人已经被公安机关依法刑事拘留，还因装修工程违法违规、层层多次分包；施工作业现场管理混乱，存在明显抢工行为；事故现场违规使用大量尼龙网、聚氨酯泡沫等易燃材料；以及有关部门安全监管不力等问题。2011年8月2日，上海市第二中级人民法院陆续对"11·15"火灾事故26名责任人做出了一审判决。至此，上海"11·15"特大火灾案暂告一段落。在火灾发生当天，东方卫视、中央电视台、上海电视台等电视媒体先后对火灾进行了直播，其中，社会公众对火灾现场拍摄的视频和图片被各大电视媒体广为采用。

> 主持人文静：刚才我们也在尝试连线前方记者赵钱江，了解上海市静安区胶州路707弄1号的正在进行外面施工的一个高层住宅脚手架起火的最新状况。我们再来尝试连接钱江。钱江，你好。
>
> 记者赵钱江：你好，文静。
>
> 主持人文静：嗯，看不到你的图像，你一定要确保自己站在安全位置。我们现在非常关注救援情况进行得怎么样？火势控制住没有？

图4-2-1：央视新闻频道报道上海"11·15"特大火灾大火视频画面

> 记者赵钱江：好的。目前起火的这幢建筑还在继续着火，但火势

比我们一小时前到来的时候略有缓和。目前这幢30多层高的建筑，20层以下基本上火势已经控制住了，虽然还在往外冒着浓烟，但是已经看不到火光了。但20层以上，我们透过建筑的窗户，还能看见里面的大火仍然在熊熊地燃烧。目前，上海市的消防部门出动了至少20至30辆消防车，而且在起火建筑的顶上，我们看到有2架警用直升机，一直在上空盘旋。刚才看到了佩戴着防毒面具和氧气罐的消防官兵，准备试图进入这幢起火的建筑，并且刚才直升机上也通过旋梯放下了一名消防官兵到楼顶，可能是要勘察下楼内有没有人员以及火势的情况。

目前，消防的难度是，我刚才也说了，20层以下的火势基本上控制住了，最主要是因为消防车的水枪高度只能打到那个位置。20层以上，因为水枪的高度不够，这个也算是高层建筑。目前在这幢楼的旁边有一个同时期盖起来的楼，高度也是差不多的，在这个楼的顶上有三支水枪在向楼顶喷射，但这个水枪的威力，据我的观察，不能够和消防车的水枪威力相比，所以只能控制住高层的一部分的火势。而且我刚才也看到了，在这个楼的顶部，还有人员在活动，也就是说，这个楼内是有人的。另外，目前上海的风向是东南风，所以说楼的东北角部分还没有被完全烧黑，还能看到这个楼的外立面，其他的地方全部都已经烧黑了。不时还可以看到，建筑物品被燃烧过以后在向下掉落的残渣。现场有很多群众在围观，在这里我们也要提醒一下围观的群众，尽快地离开这里，注意安全。

主持人文静：好的，钱江，你也要注意安全。刚才我们听到记者在前方报道情况时，也说到了在楼上面还有被困人员，所以现在的救援是迫在眉睫，非常的紧张。我们也在期待前方传来的最新消息，同时，也希望大家在听到记者的提醒之后，能够及时的疏散，确保自己的注意安全。有最新的情况，我们随时关注。

在上述案例报道中，中央电视台新闻频道采用"网友拍摄画面"，作为第一时间报道上海"11·15"特大火灾的视频来源。社会公众以自拍的新闻视频素材，来对风险的电视化传播过程进行参与，积极地表现了其对

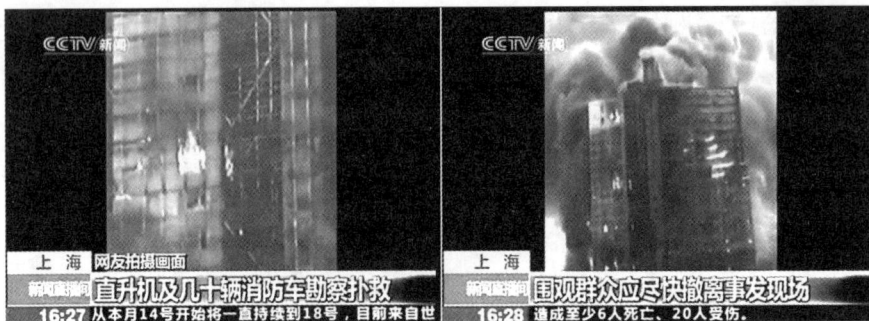

图 4-2-2：央视新闻频道采用"网友拍摄画面"报道上海"11·15"特大火灾

风险电视化传播的主体认知和参与意识。进入 21 世纪后，视频影像技术迅速发展，"影像记录从 20 世纪的专业传播及高档消遣阶段转化为当今全民影像消费阶段，视觉文化真正成为大众'书写'工具的重要组成部分"[①]。以数码相机、数码摄像机以及有摄录功能的手机终端为主的移动影像工具，已经成为当今最为普及的个人化用品。具体到电视新闻传播领域中，当突发风险发生时，越来越多的普通民众在第一时间即拍摄到风险现场的图片和视频，大大弥补了以往电视新闻记者由于风险的突发性而未能及时拍摄的遗憾。2008 年 5 月 12 日四川汶川地震发生时，是一位正在成都附近的青城山旅游的秘鲁游客用手中的 DV（数码摄像机）记录了地震时那一瞬间的画面。2009 年 2 月 9 日央视新大楼火灾，是社会名人潘石屹最先发出 DC（数码相机）图片，随后大量 DV 及手机视频记录的发布都早于专业记者。伦敦地铁爆炸案（2005 年 7 月 7 日）、美国有史以来最严重的校园枪击案（2007 年 4 月 17 日）、孟买恐怖袭击（2008 年 11 月 26 日）、美国飞机迫降（2009 年 1 月 15 日）等突发事件的 DC 图片、DV 视频的第一瞬间记录无一不是来自普通民众之手。[②] 电视新闻视频影像来源的大众化普及，使每一个普通公众都具有随时参与电视新闻传播的机会，无处不在的社会大众使风险，特别是突发性风险被"随时随地"的目击成为可能，"全民记者"正在成为现实。

---

① 黄匡宇：《当代电视新闻学》，复旦大学出版社 2010 年版，第 17 页。

② 参见黄匡宇：《当代电视新闻学》，复旦大学出版社 2010 年版，第 17 页。

2005 年 7 月 7 日，在伦敦地铁爆炸发生几分钟之后，伦敦的媒体就得到了群众发来的大量的有关现场的图片和影像资料，这些影像资料大多来自手机影像，并且为缉拿恐怖分子提供了大量宝贵的证据。随处可以获得的影像信息，使得电视新闻传播更加便捷、迅速、现场感强。因此，有专家预言，今后新闻媒体上将有更多的重大突发性新闻是来自于普通公众，而非专业的新闻记者。这正如资深新闻记者和创意总监及其网络出版人 Jeff Jarvis 所说："在某些场合下当重大新闻发生时，差别在于越来越多身处其中的目击者可以迅速捕捉和分享这些影像和新闻。"[1] 移动影像技术的发展不仅为普通公众参与新闻传播过程提供了技术上的支持，也激发了公众自主发布新闻，核实新闻事实的积极性。诚如中国摄影家协会副主席于健 2004 年在"第七届全国摄影理论研讨会"上所言："在视觉文化时代，摄影的本质和功能正在发生变化，照相机、摄像机在一定程度上，像笔一样，也成为人类的一种书写工具；摄取图像不再是某一部分人的专利，而成为大众日常生活的内容。"[2]

2011 年 7 月 15 日凌晨 1 时 55 分，杭州市钱江三桥南引桥发生桥面塌陷事故，造成一辆运输钢板的重型货车坠落。随后，在 7 月 19 日，北京怀柔区的一座桥梁在凌晨时分也发生坍塌事故。一辆严重超载，载重达 160 吨的沙石 6 轴货车在驶过该桥的第一孔桥洞时，该桥发生坍塌，随后 4 孔桥洞全部坍塌，呈 W 形波浪状，所幸并无人员伤亡。桥梁垮塌的事故频频出现，引起公众对出行安全的极大忧虑。全国各大媒体也纷纷对桥梁的安全问题进行了多角度的报道，以下视频案例是广西卫视《新闻夜总汇》栏目对国内近期出现的桥梁坍塌事故的新闻报道，以及对桥梁坍塌背后的真正原因进行的深度剖析和评论。

1. 北京：货车载货 160 吨，严重超载压塌怀柔宝山寺白河桥

接下来我们要聚焦一个字：桥。昨天凌晨，一辆载重超过 160 吨

---

① 刘宏主编：《电视学》，中国传媒大学出版社 2008 年版，第 87 页。

② 于健：《与时俱进，探索视觉文化时代摄影创作走势，完善摄影作品分类及评价体系》，载《视觉维度：第七届全国摄影理论研讨会论文选》，第七届全国摄影理论研讨会，2004 年。

图 4-2-3：广西卫视《新闻夜总汇》栏目报道桥梁坍塌事故视频画面

的严重超载货车在通过北京怀柔宝山寺白河桥时，大桥突然发生坍塌，整个桥就被压成了 W 形，还好没有造成人员伤亡。详细内容：

看看，这就是现场坍塌的画面，多惊险！事故发生后，怀柔公路分局人员立即赶赴现场，第一时间启动应急预案，设置提示标志，制定绕行路线。应急抢修队伍立刻到达现场并完成围挡设置，并安排专门人员进行交通导行。

宝山寺白河桥始建于 1987 年，桥梁全宽 11.5 米，全长 232.81 米。2006 年上部结构加固，经检测为二类桥梁，设计荷载为汽车-20 级（应该念成：汽车杠 20 级）。按这个级别，根据规定，货车车货总重超过 46 吨不允许擅自上路，而肇事车辆总重已经超过 160 吨，属于

图 4-2-4：广西卫视《新闻夜总汇》栏目报道桥梁坍塌事故视频画面

严重超载非法上路。

事故发生后，路政局立即组织专家对该桥垮塌原因进行分析，专家一致认为，车辆超载是桥梁发生垮塌的主要原因。

2. 湖南路桥承建桥梁接连垮塌，被封为"塌桥公司"

再来看看另一起桥梁坍塌事故，就在本月15号凌晨，杭州钱塘江三桥引桥桥面发生塌陷事故，出现一个长二十米，宽一点五米的缺口，一辆重型挂车坠毁桥下。负责建设这座大桥的是湖南路桥集团公司。有网友翻出旧账，说2007年垮塌的凤凰大桥、九江大桥都是由这个公司建造的。于是这家公司就被网友封为"塌桥公司"。

话说钱江三桥在发生坍塌四年前，就有网友预见了这一事故。2007年8月15日，天涯论坛上署名"天籁慧音"的网友发了一则帖子：惊天巧合！今年2座发生塌桥的凤凰大桥、九江大桥都出自一家施工单位！由这家单位施工的杭州钱江三桥危在旦夕！这家施工单位指的就是湖南路桥建设集团公司。

在杭州市民的记忆中，钱江三桥建成以后，就经常因为维修而封桥；设计时允许货车通行，通车不久后，就禁止货车上桥；2004年，钱江三桥的总指挥叶德范、副总指挥赵詹奇相继因为受贿落马。这一切早就使得当地市民对桥梁质量议论纷纷。

钱江三桥发生垮塌之后，网友把四年前的预言帖一个个挖掘出来，在网上疯狂转发，而湖南路桥建设集团公司则被网友封为"塌桥公司"。

对于网友的封号，湖南路桥建设集团公司董事长叶新平表示，虽然湖南路桥承建了已经出现垮塌现象的钱江三桥和广东九江大桥，但钱江三桥垮塌标段和九江大桥的出事标段，都是当地企业承建的，与湖南路桥没有关系。只有2007年垮塌的湖南凤凰沱江大桥，湖南路桥最终被国务院事故调查组认定为第二责任主体。

3. 桥梁事故频频，原因到底在哪里？

7月11日凌晨　江苏盐城境内328省道通榆河桥发生坍塌

7月14日上午　建成不到12年的武夷山公馆大桥轰然倒塌

就在这短短不到十天的时间，媒体上关于桥梁事故的报道让人看得心惊肉跳。如果说这些事故都出于偶然，难以让人信服，深究背后的原因或许更有意义。

桥梁质量问题堪忧

人们对于发生事故的桥梁，焦点大多聚集在桥体的质量问题上，而有关部门对于这一问题却似乎有些"隐约其辞"。交通部公路科学研究院院长周伟认为，钱江三桥这样的桥梁，设计使用寿命至少有五六十年，建成以后不到十年主桥就要大修，是比较少见的，肯定是"有某种原因"。关于怀柔白河桥的质量是否有问题还有待于进一步的调查评估，但联系其 2006 年刚刚进行过检修加固的情况来看，桥梁本身情况还真让人担心。

超载问题为何禁而不止

货车超载问题由来已久，有关部门的治理也一直在持续之中。问题是，对这个严重威胁道路安全及人民生命财产安全的顽疾，为什么时至今日，也没有一个可行的、令民众满意的办法。白河桥的事故货车载重比限定的重量要超出数倍，这样的货车为何仍能上路？而钱江三桥发生事故前，装载了100多吨钢板的重型挂车也堂而皇之地迈上了大桥。

桥梁事故亟待综合治理

超载问题，除了加大管理处罚的力度之外，也应从更深的一个

图 4-2-5：广西卫视《新闻夜总汇》栏目报道桥梁坍塌事故引用网友对节目所报道内容的评论和意见

层次，来探寻一下司机及货主之所以动辄超载甚至不惜交罚款仍要超载的原因。这其中，除了司机和货主希望多拉快跑多赚钱的简单想法之外，有没有公路收费过高导致物流成本增加等方面的因素？

4. 网友大声说

再来听听新闻夜总汇的汇友们对于这个话题有什么要说的，新浪汇友【这很有意思】说，监管体制不健全，就算有资质承建的工程，也因转手承包，层层盘剥而使工程质量下降，导致了豆腐工程。这是建筑工程的通病。汇友【小巷深处】说，事故一起又一起，先撇开造成的损失不说，在建成时的验收是怎样的过程，其中又有什么猫腻就显而易见了！劳民而伤财，费力而不讨好，是该认真整顿了，而不是事后补救。恭喜两位，你们将获得由栏目送出的奖品。

新浪汇友【这很有意思】：转手承包，层层盘剥使工程质量下降
新浪汇友【小巷深处】：事前检查比事后补救更有意义

图4-2-6：广西卫视《新闻夜总汇》栏目报道桥梁坍塌事故邀请网友对节目所报道内容进行参与讨论

在上述案例报道中，网友四年前在天涯论坛上的帖子被引用到电视新闻报道中来作为新闻。与此同时，节目在播出的过程中不断地与网友进行实时的互动，公众通过在节目的官方网站论坛发表意见和评论，如新浪汇友【这很有意思】评论道：转手承包，层层盘剥使工程质量下降；新浪汇友【小巷深处】建议相关政府管理者，事前检查比事后补救更有意义。

由上述两个代表性案例不难看出，现代化社会中的媒介受众已具有了不同于传统社会媒介受众的新特征，他们从被动的选择性接收信息的状

态，变为以主动的心态，现代化的工具手段去积极参与到电视新闻传播的具体过程中。"民众记者"在风险传播中的平民视角，往往会展示出事件发生的一些特殊的、不易被专业记者所发现的场景和过程，这些基于真情实感的画面和镜头也最具有震撼人心的感染力。此外，电视传播主体的平民化趋势，也让普通公民的话语权有了更多释放的渠道和空间，为民众和政府之间的交流提供了更为平等的机会，在有效保障公民表达权和监督权得以实施的同时，以持续的、有力的、但却相对隐蔽的媒介力量推动着整个社会的现代化民主进程。

二、从被动灌输到批判解读的价值判断

在电视发展的早期，美国著名传播学者托尼·施瓦兹就把电视喻为"第二个上帝"。他认为，电视观众犹如电视的信徒，电视将左右人们的思想、道德以及对世界的看法。与之相同的观点出现在乔治·奥威尔在1949年出版的预言小说《一九八四》里。在书中，奥威尔认为，独裁者利用电视就可以完全控制人民的行为。[1] 毋庸置疑，上述观点在很大程度上肯定了电视媒体具有整合大众意识形态和思想认知的社会功能，但却忽略了电视受众在信息接收过程中的主体能动性，具有相对的局限性。一直以来，大众传播媒介与现实社会之间的关系，都并非是简单的呈现与被呈现的关系，媒介作为社会现实再现的制造者，能够同时构建多个有关社会的不同版本；另一方面，这个社会当中的各种力量也在塑造媒体自身。换句话说，大众传播媒介在对社会大众产生影响的同时，社会大众也在运用大众传播媒介来发挥影响。媒体机构在生产文本的过程中，可以利用某些手段表达对某种读解的"偏好"；与此同时，受众主导着对文本的读解。文本具有一定的"意义潜力"——或许是具有选择性的和部分的潜在意义。但是，这种"意义潜力"的实现有赖于受众／读者在脑海中完成了认知的过程——也就是说，他们"读懂"了文本的意义。[2] 因此，虽然说"媒介是受传播者操纵的，但它却不是完全被动的，一旦进入传播过程，就有自

---

① 参见邢虹文：《电视与社会——电视社会学引论》，学林出版社 2005 年版，第 3 页。

② 参见 [英] 伯顿：《媒体与社会：批判的视角》，史安斌主译，清华大学出版社 2007 年版，第 84 页。

身的内在特性"①。

当代美国批判社会学和文化保守主义思潮的代表人物丹尼尔·贝尔就曾断言："当代文化正在变成一种视觉文化，而不是一种印刷文化。"② 对于现代化社会的媒介受众而言，他们早已不满足于被动地接收媒介信息和文本，而是根据自有的人生观、价值观在对所获取的媒介信息进行着批判式的解读和判断，最终形成符合自我理解框架的新信息。正如有学者所言，新闻信息真正被接受并不是在媒介报道之后，而是在由新闻工作人员、消息来源、受众、社会情境之间共同作用而生成的一系列的媒介框架和受众框架的互动过程中。③ 受众框架对于新闻报道内容首先是过滤似的选择，对于全与框架要求不相容的内容不予选择，而对于其他内容有一个同化或改造的步骤，即与自身框架一致的内容进行吸收与同化，对于与自身框架不一致的内容，进行改造；最终，受众框架对报道产生意义的进行诠释，并影响更深的心理层次与媒介的消费等行为。反过来这些行为又影响到媒介框架。④ 也就是说，一则新闻实际上是经过媒介框架和受众框架的互动后，才产生出意义，而各类媒介不同的媒介特质决定了其功能发挥和效果生成的范围和程度。因此，"媒介是社会发展的基本动力，每一种新的媒介的产生都开创了人类交往和社会生活的新方式。如果我们把媒介和媒介技术理解为社会生产力的重要内容，那么媒介的进步对社会变革的巨大影响是无可否认的。"⑤

本书分别选取了以下三个较为典型的案例来具体呈现电视媒体之于社会风险的传播响应，以及现代电视受众在面对社会风险电视化传播时的价值批判意识和自我建构行为。

---

① 沙莲香主编：《传播学：以人为主体的图像世界之谜》，中国人民大学出版社 1990 年版，第 148 页。

② [美] 丹尼尔·贝尔：《资本主义文化矛盾》，赵一凡等译，生活·读书·新知三联书店 1989 年版，第 157 页。

③ 参见臧国仁：《新闻媒体与消息来源——媒介框架与真实建构之论述》，（台北）三民书局 1999 年版，第 113 页。

④ 参见喻国明等：《中国大众媒介的传播效果与公信力研究——基础理论、评测方法与实证分析》，经济科学出版社 2009 年版，第 103 页。

⑤ 郭庆光：《传播学教程》，中国人民大学出版社 1999 年版，第 36 页。

甲型 H1N1 流感为急性呼吸道传染病，其病原体是一种新型的甲型
H1N1 流感病毒，在人群中传播。与以往或目前的季节性流感病毒不同，
该病毒毒株包含有猪流感、禽流感和人流感三种流感病毒的基因片段。人
群对甲型 H1N1 流感病毒普遍易感，并可以人传染人，人感染甲流后的早
期症状与普通流感相似，包括发热、咳嗽、喉痛、身体疼痛、头痛、发冷
和疲劳等，有些还会出现腹泻或呕吐、肌肉痛或疲倦、眼睛发红等。2009
年开始，甲型 H1N1 流感在全球范围内大规模流行。2009 年 5 月 11 日上
午，卫生部确诊了中国内地首例甲型 H1N1 流感患者。据卫生部通报，截
至 2010 年 1 月 10 日，中国内地已有 124764 例甲型 H1N1 流感确诊病例
（不包括临床诊断病例），其中 744 例死亡。除海南外，所有省区都报告了
死亡病例。疫情正继续向农村蔓延、社区扩散。截至 2009 年 10 月 18 日
中国澳门有 2 例死亡病例报告。截至 2010 年 1 月 10 日中国香港共有 56
例死亡病例报告，中国台湾共有 38 例死亡病例报告。截止到 2010 年 8 月，
世界卫生组织宣布甲型 H1N1 流感大流行期已经结束。①

在甲流疫情不断蔓延的情况下，为促使甲型 H1N1 流感现状和趋势能
够得到更加准确和科学的反映，国家卫生部决定于 2009 年 11 月 18 日起，
每周三发布甲型 H1N1 流感信息通报。与此同时，国内各大媒体也积极响
应，配合做好甲流 H1N1 流感的信息通报工作。然而，中国工程院院士钟
南山在接受电视采访时，却对卫生部通报的甲流疫情及其真实性提出了质

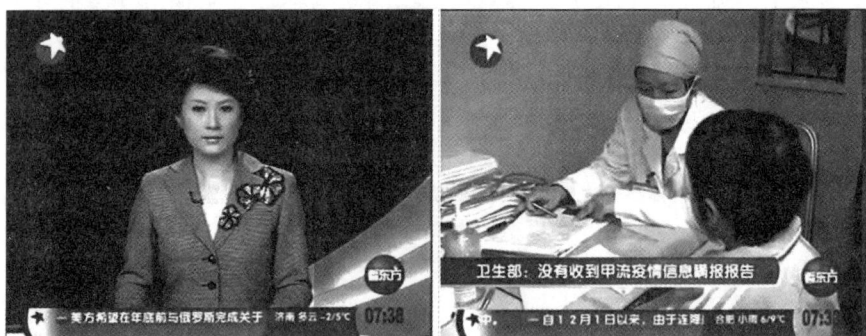

图 4-2-7：东方卫视《看东方》栏目报道卫生部澄清"甲流"疫情信息瞒报报告的相
　　　关情况

① 该数据来源于百度百科，见 http://baike.baidu.com/view/2433607.htm。

疑，随后，广大社会公众也纷纷表达了自己对甲流疫情病例及死亡人数的质疑。以下视频案例是 2009 年 12 月 12 日东方卫视《看东方》节目中，有关甲流疫情是否瞒报、漏报的相关视频。

案例一：

主持人口播：而对于不久前，钟南山院士对于甲流疫情及其真实性提出了质疑，卫生部表示，这是公众的误解，卫生部目前没有收到甲流疫情信息瞒报报告。

现场同期（卫生部官员）：他更正了他的说法，他说他不是说瞒报。

东方卫视记者朱巍，李柏林北京报道。

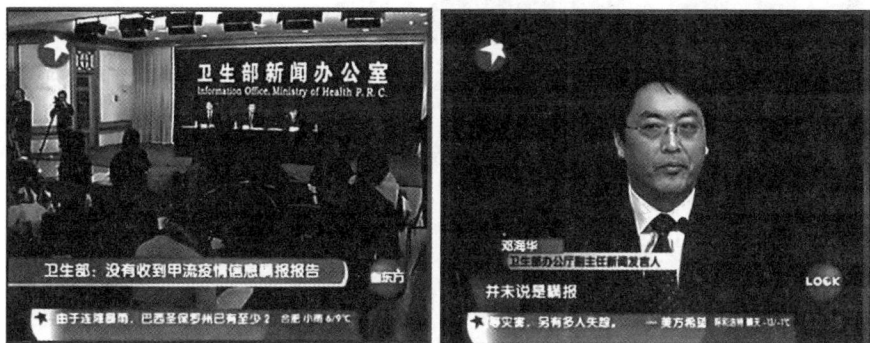

图 4-2-8：东方卫视《看东方》栏目报道卫生部澄清"甲流"疫情信息瞒报报告的相关情况

案例二：

对于甲流，同样我们再看一个信息，这是《京华时报》登出的《瞒报甲流疫情者将追究责任》，这个是卫生部回应钟南山质疑瞒报甲流死亡病例最新的一个说法。通过媒体，大家也已经了解到了，钟南山近日在接受记者采访的时候质疑说，在我们国内，现在某些地方宣称的他们的甲流死亡病例，实际上是有隐瞒之嫌。也就是说，可能会比他们报出来的要多很多，但是他们不说实话。那么，针对这样一个事件，卫生部也明确表示了说，欢迎各界对甲流防控工作进行社会监督和舆论监督；对于未依法履行疫情报告和发布职责，或故意隐瞒、谎报、缓报疫情信息的，将按照规定追究相关人员的责任。而且同时表示了，如果说各地出现了一些什么样的情况，应该第一时间的准确的报告出来，其实这也是做好甲流预防工作的一个首要条件。

图 4-2-9：东方卫视《看东方》栏目报道有关"甲流"疫情信息瞒报的相关情况

在上述案例中，社会公众对甲流疫情及其真实性提出的质疑，一方面是受到"舆论领袖"钟南山院士言论的影响，另一方面是受到"非典阴影"的影响，对媒体所公布的疫情信息大多持怀疑的态度。即使是通过最具权威性和公信力的电视媒体所公布的疫情信息，也遭到了社会公众的质疑和猜测。由此可见，政府及大众传播媒介公信力的塑造并非一日之功，特别是在重大突发社会风险发生时，社会公众对风险信息的敏感度会急剧升高，任何模糊的、延迟的、片面的信息传播行为都将面临社会公众的质疑。因此，及时、透明、公开的信息通报不仅是为了满足公众知情权的需要，更是政府部门、大众媒介塑造公信力的基础和前提。

由此可见，公众在通过媒体获取相关风险信息时，已不再囫囵吞枣似的对所得信息全盘接受了，而是运用自己对风险事件的批判意识和分析能力，从不同的角度对媒介所提供的信息和事实予以重新解读，并积极地、公开地通过媒介表达自己的意见和质疑，体现出了现代社会公众相当的价值判断意识和逻辑思辨能力。

三、从僵硬化到人性化的情感协同

1973 年，德国物理学家赫尔曼·哈肯首次提出了"协同学"的概念，并将它发展成为一门跨学科、跨专业的横断科学"协同合作之学"。[①] 并强调"协同学"是"一门在普遍规律支配下的有序的、自组织的集体行为的科学",它的目标是"在千差万别的各科学领域中确定系统自组织赖以进行的自然规律"[②]。当前,"协同学"已经成为系统论、控制论、信息论之后的又一系统科学理论,同时也是一种分析社会的世界观与方法论。"一般说来,可把协同学看做是处理复杂系统的一种策略。实际上,在现代科学和社会中,我们不得不越来越多地对付复杂系统,即由相互间以一种复杂的方式作用的许多单元所组成的系统。"[③] 协同与协调是两个有区别的概念,协调一般是从外界施力使组织结构发生改变,协同是无外力时系统内部结构变化,侧重于研究"结构是怎样自行组织起来的"[④]。强调系统内各部分或各要素在同一时空内具有不同的角色定位、不可替代的作用和同心合力、相互依存、相互配合的关系。赫尔曼·哈肯发现了一个基本原理:任何复杂系统既有独立的运动,又有相互影响的整体的运动。当系统内各子系统独立运动占主导地位时,系统呈现出无规则的无序运动;当各子系统相互协调,相互影响,整体运动占主导地位时,系统呈现有规律的有序运动状态,即"系统协同作用"。在当今社会,合作、协同、互助、和谐,一切综合的发展"越来越被看做是社会灵魂的一种觉醒"[⑤]。有学者提出,"协同发展"是传媒发展的基本规律,是使新闻传媒的结构与功能相协调,与社会发展的目标与路径相契合。[⑥]

当前,电视媒体的"协同发展"理念已不仅体现在结构与组织之间的关系中,更是深入到其与电视受众之间的互动过程中。这也正符合了涵

---

① 参见 [德] 赫尔曼·哈肯:《协同学——大自然构成的奥秘》,凌复华译,上海译文出版社 2005 年版,第 1 页。

② [德] 赫尔曼·哈肯:《协同学——大自然构成的奥秘》,凌复华译,上海译文出版社 2005 年版,第 8—9 页。

③ 曾健、张一方:《社会协同学》,科学出版社 2000 年版,第 18 页。

④ [德] 赫尔曼·哈肯:《协同学——大自然构成的奥秘》,凌复华译,上海译文出版社 2005 年版,第 3 页。

⑤ [法] 弗朗索瓦·佩鲁:《新发展观》,华夏出版社 1987 年版,转引自曾健、张一方著:《社会协同学》,科学出版社 2000 年版,第 49 页。

⑥ 参见孙聚成:《信息力——新闻传播与国家发展》,人民出版社 2006 年版,第 3 页。

化分析的中心观点，即"看电视多的人（比看电视少的人）更会体现出电视内容所反映的观念和信仰"①。风险传播中，电视媒体凭借其声画合一的传播特点，无论从其内容上还是形式上，都与受众保持并不断建立着一种情感上的协调和互动。正如施拉姆所言，传播的实质就是使受传者同传者因一种特定信息而协调一致。其中，从"僵硬化"的情感宣泄转为"人性化"的情感交流，是电视媒体在应对社会风险时所表现出的最为突出的、也最为重要的情感协同方式。本书分别从电视新闻传播理念、电视新闻传播方式以及电视新闻传播功能三个方面，来具体论证电视媒体在社会风险响应传播中的情感协同转变。

其一是电视新闻传播理念从"动态消息"转为"栏目化运作"。即电视媒体在对某种社会风险进行传播时，从之前的以动态消息报道、专题报道为主的新闻传播理念，逐渐转为"栏目化"的新闻。尤其是对于社会关注度高，影响力大的社会风险和问题而言，这种新闻传播理念的转变具有重大的社会意义和价值。

在"十一五计划"制订工作展开之际，国家发展与改革委员会课题组对来自国务院各部委、重点科研院校、主要民间组织以及国外大学、驻华国际组织的 98 名中外著名专家进行了调查。这些来自不同领域的学科带头人和领军人物对我国"十一五"时期（2006—2010 年）可能影响我国经济社会可持续发展的风险因素、风险领域以及风险冲击程度进行了科学预测和分析，并公布了"2010 年前中国十大风险"排行榜，其中，"三农问题"成为继"就业问题"之后，位列第二的风险。在过去的十几年中，尽管我国国民经济以 7% 以上的速度增长，但是农业几乎成为一个无利可图的产业，农民的收入基本停滞不前。离开农村进入城市寻找工作是农民摆脱困境的基本选择，但是这些进城农民并没有因为进入城市而改变自己的社会地位。由于农村人口众多，农村劳动力的转移将是一项长期的任务。当前，农村的群体性事件在数量、规模和对抗性程度方面都在增长，农民的政治诉求也在日趋强烈。2004 年 2 月 8 日，中共中央国务院

---

① W·J·波特：《教化理论及研究》，转引自常富昌、李依倩编选：《大众传播学：影响研究范式》，中国社会科学出版社 2000 年版，第 174 页。

出台《关于促进农民增加收入若干政策的意见》，这是时隔 18 年后中央再次把农业和农村问题作为中央"一号文件"的主题。自此以后，中共中央国务院连续 7 年出台了 7 个中央一号文件来聚焦和锁定"三农问题"。

2007 年 2 月 11 日，贵州卫视开播了一档名为《中国农民工》的电视讲述节目，这是中国第一个，目前也是唯一一个以"农民工"这个在中国现代化进程中逐渐出现、并不断壮大的弱势群体为主体的讲述类电视节目，这也是电视媒体第一次长期地为农民工提供的表达的平台。来自全国各地的农民工嘉宾走进贵州卫视，以节目主人公、更以社会主人公的姿态，用真事、真情、真心感动社会，温暖中国。

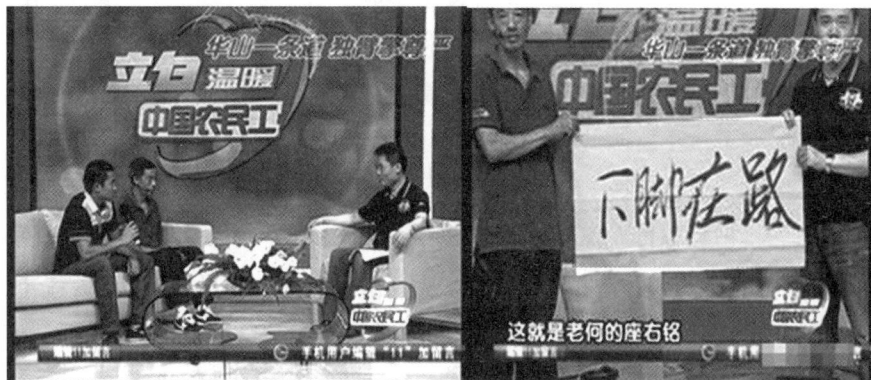

图 4-2-10：贵州卫视《中国农民工》栏目现场采访农民工

2007 年，《中国农民工》被《新周刊》列为电视"十大创新手法"之一。2008 年，《中国农民工》成为国家广电总局推荐的 20 个创新节目形态之一。2009 年，《人民日报》文化版以"《中国农民工》节目为何牛？"为题分析了节目既叫好又叫座的原因。贵州卫视《中国农民工》栏目制片人张怡介绍表示，《中国农民工》是贵州卫视 2007 年推出的国内第一档面向全国两亿农民工的电视节目，节目旨在以最真实的状态来讲述生活在城市里的农民工。

作为中国特有的社会问题，"三农问题"多年以来都受到党和政府的高度重视，新闻媒体也始终保持对"三农问题"的敏感和关注。但纵观当前有关"三农问题"的新闻报道，都是以动态的消息播报为主，鲜有其他报道方式，且多数的报道都较为生硬、呆板，缺少亲和力和贴近性。贵州

图 4-2-11：贵州卫视《中国农民工》栏目现场的才艺展示

卫视的《中国农民工》栏目可谓开创了中国第一个以"农民工"为主体的电视新闻栏目，其不仅在选题内容上和表现形式上对"农民工"给予了深切的关怀，更是将这份人性化的情感渗入到节目制作的整个过程中，给社会公众树立了一个鲜明的、极具人性化关怀的电视媒介形象，引发了强烈的社会反响。

其二是电视新闻传播方式从"动态播报"转为"现场直播"。即电视媒体在对某种社会风险进行传播时，从之前的以动态消息播报，插播报道为主的新闻传播方式，转为"现场直播"的新闻传播方式。特别是对于重大突发性的社会风险而言，这种新闻传播方式的转变不仅在第一时间满足了社会公众渴望获取信息的心理，更是以其强烈的现场感和悬念性，激发了社会公众的集体情绪和参与热情。

视频案例：山西王家岭煤矿透水事故

2010 年 3 月 28 日 14 时 30 分左右，中煤集团一建公司 63 处碟子沟项目部施工的华晋公司王家岭矿（在山西省临汾市乡宁县境内，为中煤集团与山西焦煤集团合作组建的华晋煤业公司所属）北翼盘区 101 回风顺槽发生透水事故，初步判断为小窑老空水。事故造成 153 人被困。经全力抢险，115 人获救，另有 38 名矿工遇难。以下案例是选取中央电视台中文国际频道有关王家岭矿"3·28"透水事故的部分视频报道。

主持人口播：王家岭矿"3·28"透水事故救援工作进入到第 14

图4-2-12：中央电视台中文国际频道《中国新闻》栏目报道王家岭矿"3·28"透水事故最新情况

天，透水事故已经造成25人遇难，仍有13人被困井下。目前，排水、搜索和救援工作仍然在全力地推进。有关最新情况，马上连线在现场的记者王新宇。新宇，你好。

记者：你好，主持人。

主持人：现在最新的救援进展情况怎么样？另外，在救援的过程中，下一步的救援的重点又集中在哪些方面？新宇。

记者：我们现在了解到的情况是，目前二号工作面水已经都排完了，而且救护队员已经进行了彻底的搜查。但令人比较遗憾的是，现在没有发现幸存的被困工人。那么，一号工作面现在可以确认，没有被发现的十几名被困工人全部在一号工作面。而一号工作面的情况要比我们想象的要复杂得多，它主要是积水量非常的大，同时一号工作面就是这次透水事故的一个透水点，而且现在还在有不断的新的水源补充，所以抽水的速度会受到了一定程度的影响。

经过全力地排水，目前水退掉的是260米，刚才我采访了一个刚刚从一号工作面上来的救护队员，据他讲，救护队员通过用橡皮筏的这种方式，又往前推进了100多米，现在接近探到了400米的位置。在这已探到的400米的位置来看，还没有发现任何被困工人的信息。下一步的工作重点仍然是在加大排水，所以我们看到在这个坑道口，不断的还有这样的排水的管道被运到现场来，然后很快地装进轨道车运到作业面上，来加大排水量。只有水排掉之后，那么对于最终被困的这十几名工人的命运，我们才会最终有一个结论。

2010 年 4 月 10 日，中央电视台中文国际频道直播——【视频连线】王家岭矿透水事故救援最新进展。

图 4-2-13：中央电视台中文国际频道《中国新闻》栏目现场直播王家岭矿"3·28"透水事故抢险救援情况

主持人：相关情况我们马上来连线目前正在救援现场的本台记者王兴义。

主持人：你好，王兴义。

王兴义：主持人，你好。

主持人：有关现场的这个救援的最新情况赶紧来给我们介绍一下。

王兴义：嗯，应该说今天早上的天气非常的凉，我们的心情也格外的差，就是为什么呢？因为今天早晨我们得到了一些新的消息，昨天到今天凌晨为止呢，刚刚之前吧，应该说二号工作面的排水工作已基本完成，那么清淤工作已陆续展开，但是到目前为止，二号工作面仍然没有发现任何生命的信息，那么我们希望随着清淤工作的开展，能给我们带来一些更新的消息。

王兴义：那么在一号工作面呢，排水工作仍在艰难的进行当中，到目前为止，这个水位已经下退了 260 米，而整个一号巷道大概有 790 米的距离，那么也就是说，总共还有五百多米的水（位）需要下退，那么整个一号工作面的排水工作到目前为止进行得并不是特别的顺畅，为什么呢？就是因为一号工作面连通着老工区，随时都会

图 4-2-14：中央电视台中文国际频道《中国新闻》栏目现场直播王家岭矿"3·28"透水事故抢险救援情况

有新的水源进行补充。尽管现在已经有大概每小时接近一千立方的排水量，但是实际上水位下降的速度并不是特别的快，每小时也就维持在 6 厘米左右。而且随着水位的下降，整个的移泵工作和管道铺设工作都面临着巨大的困难，而且工作人员、救援人员随时都面临着各种各样的复杂的局面，比如说随时有可能的顶棚的塌方，包括水位一旦下降到一定的位置，随时都可能有有毒有害的气体进来。

所以说，整个的排水工作应该是在一种危险和困难（的局面）当中进行，那么大家呢，现在都在（进行）紧张地施工、工作，希望能把这个工作进度推进得更快一些，尽早地得到这些被困人员的新的消息，主持人。

主持人：嗯，好的，那有关救援工作新的情况我们也会及时地跟进，非常感谢王兴义从现场发回的报道。

自 2010 年 3 月 28 日山西王家岭煤矿透水事故发生后，国内各大媒体对事故抢险救援情况一直进行着持续的动态消息报道，直到 4 月 5 日，中央电视台新闻频道、综合频道、英语国际频道等分别直播报道山西王家岭煤矿透水事故现场抢险救援情况。包括美国 CNN、英国 BBC 等在内的国内外众多媒体都对该事故的直播内容予以引用。当日，新闻频道从 00：28 起打破常规编排，至 03：32 全部贯通，全程直播第一批 9 名工人获救升井、被送往医院救治的全过程。从 11：00 开始长达 7 个多小时，再次全程直播近百名被困人员获救的全过程。当晚,《新闻联播》播发了长达 15 分钟的报道并配发本台评论。英语频道及时抢发第一批 9 名工人获救的消息,在每档日播新闻头条位置实时跟进救援行动进展,并播发了回顾救援全程的新闻短片。① 在上述案例中,以中央电视台为代表的电视媒体对诸如矿难等重大突发社会风险进行了公开、透明、全方位的现场直播,鲜活的现场情景、清晰的现场同期声以及现场指挥人员、救援人员、新闻记者以及被困矿工及其家属的每一分情感和每一次行动,都将电视媒体现场直播的功能和作用发挥得淋漓尽致。对广大受众而言,整个直播过程犹如一次身临其境的虚拟体验,观众的情感和情绪被极大地调动了起来,与现场直播共同组成了"同时同景"的想象空间。在电视媒体对突发社会风险事件的传播过程中,现场直播较之于相对单调的动态消息播报更能体现电视媒体的传播特色,一方面现场直播以具体的媒介行为践行着"以人为本"的传播理念,另一方面通过直播过程,传者与受者建立起了共通的情感交流渠道,产生了强烈的"情感共鸣",使整个风险传播更具贴近性和人性化。

对于广大社会公众而言,现场直播的整个过程,不仅及时真实,更是一次充满了悬念的传受体验。其中,涉及风险的各利益主体都通过互动交流的方式,表达了自己的意见和想法,与此同时,电视媒体通过现场直播将风险处理的动态过程,以极具亲和性、贴近性和人性化的方式呈现给广大公众,产生了良好的社会效应和传播效果。

其三是电视新闻传播功能从"传递信息"转为"预警提示"。即电视媒体在对某种社会风险进行传播时,从之前的以"信息传递"为主,逐渐转为更为人性化的"预警提示"。特别是对于和社会公众日常生活直接相关的社会风险而言,电视媒体的"预警提示"功能不仅是风险信息传播的内在需求,更是媒介责任的具体体现。

2011 年 7 月,全球民意调查机构盖洛普发布了"2010 年全球幸福度调查"数据。在此次民调涉及的 124 个国家当中,中国人的幸福度排名第92 位;88% 接受调查的中国人认为自己的生活远离"美满幸福"的标准,

---

① 参见《中央电视台全程直播报道山西王家岭矿透水事故救援》,2010 年 4 月 7 日,见 http://cctvenchiridion.cctv.com/20100407/101765.shtml。

其中生活成本和房价上涨、社会保障体系不健全、让人不安的食品安全是导致民众幸福指数较低的主要原因，物价、房价和食品安全位列居民最关注的十大热门话题前三位。如果说物价、房价只是经济运行的周期性波动反映在某个特定阶段的价格表现，那么食品安全问题却是由来已久却难以根治的痼疾。经历过三聚氰胺事件的重击、瘦肉精事件的炸雷、上海染色馒头的喧闹，到塑化剂、添加剂等事件，食品安全问题已然成为现阶段中国社会公众心中挥之不去的梦魇。① 当前，食品安全问题已经成为中国社会现代化发展过程中的一类相当突出的社会风险，电视媒体在对食品安全风险进行传播时，已不再仅仅满足于为社会公众提供单纯的事实信息，而是更多地从为社会公众提供服务的角度，来发挥其预警和提示的社会功能。

2008 年 6 月 28 日，位于兰州市的解放军第一医院收治了首例患"肾结石"病症的婴幼儿，据家长们反映，孩子从出生起就一直食用河北石家庄三鹿集团所产的三鹿婴幼儿奶粉。随后短短两个多月，该医院收治的患婴人数就迅速扩大到 14 名。9 月 11 日，除甘肃省外，陕西、宁夏、湖南、湖北、山东、安徽、江西、江苏等地都有类似案例发生。9 月 11 日晚卫生部指出，近期甘肃等地报告多例婴幼儿泌尿系统结石病例，调查发现患儿多有食用三鹿牌婴幼儿配方奶粉的历史。经相关部门调查，高度怀疑石家庄三鹿集团股份有限公司生产的三鹿牌婴幼儿配方奶粉受到三聚氰胺污染。9 月 13 日，党中央、国务院对严肃处理三鹿牌婴幼儿奶粉事件作出部署，立即启动国家重大食品安全事故 I 级响应，并成立应急处置领导小组。9 月 13 日，卫生部党组书记高强在"三鹿牌婴幼儿配方奶粉"重大安全事故情况发布会上指出，"三鹿牌婴幼儿配方奶粉"事故是一起重大的食品安全事故。三鹿牌部分批次奶粉中含有的三聚氰胺，是不法分子为增加原料奶或奶粉的蛋白含量而人为加入的。②

截至 2008 年 9 月 21 日，因使用婴幼儿奶粉而接受门诊治疗咨询且

① 参见常东亮：《关于食品安全问题的理性思考》，《中国经济报告》，2011 年 7 月 28 日，见 http://finance.sina.com.cn/review/hgds/20110728/170710224005.shtml。

② 参见《"三鹿奶粉事件"始末》，2009 年 1 月 15 日，见 http://news.cctv.com/society/20090115/107648.shtml。

已康复的婴幼儿累计 39965 人，正在住院的有 12892 人，此前已治愈出院 1579 人，死亡 4 人，另截至 9 月 25 日，香港有 5 人、澳门有 1 人确诊患病。事件引起各国的高度关注和对乳制品安全的担忧。中国国家质检总局公布对国内的乳制品厂家生产的婴幼儿奶粉的三聚氰胺检验报告后，事件迅速恶化，包括伊利、蒙牛、光明、圣元及雅士利在内的 22 个厂家 69 批次产品中都检出三聚氰胺。该事件亦重创中国制造商品信誉，多个国家禁止了中国乳制品进口。9 月 24 日，中国国家质检总局表示，牛奶事件已得到控制，9 月 14 日以后新生产的酸乳、巴氏杀菌乳、灭菌乳等主要品种的液态奶样本的三聚氰胺抽样检测中均未检出三聚氰胺。[①] 与此同时，全国各大媒体也纷纷对"毒奶粉"事件予以关注，以下案例为江苏卫视《1860 新闻眼》栏目的相关部分视频：

> 主持人：另外医生还提醒家长，不要过于担心，如果孩子出现不明原因的哭闹，血尿，尿痛，或者是尿液中带沙子的情况，就要及时前往医院就诊。目前，栏目记者综合各方面的信息，对大家提出的问题做了一个汇总答疑。
>
> 【提示公众有关"毒奶粉"服用后的具体症状】
>
> 解说：到底是三鹿什么品牌的奶粉出了问题？
>
> 南京儿童医院院长黄松明：国家目前检测发现的，是三鹿奶粉婴

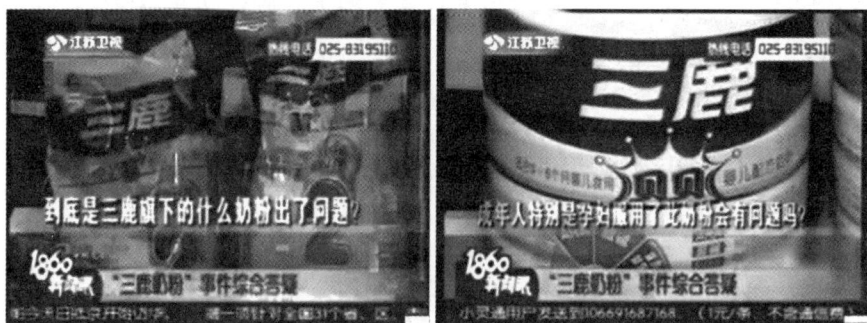

图 4—2—15：江苏卫视《1860 新闻眼》栏目对有关"三鹿奶粉"事件的各种疑问进行汇总答疑

---

① 参见百度百科，见 http://baike.baidu.com/view/2805883.html。

幼儿配方系列。并且它的时间是从 2008 年 3 月到 2008 年 8 月 6 日以前的这些奶粉。现在还没有公布出三鹿奶粉其他的奶粉系列或者奶产品系列。

解说：什么情况的孩子需要检查？已经生病的孩子身体会有长期影响吗？

解说：相关部门给出的信息是，三岁以内的婴幼儿，连续 3 至 6 个月服用三鹿婴幼儿配方奶粉的孩子，需要到医院进行小便分析，B 超的检查，以排除危险。家长们也可以观察自己的小孩，是否有排尿哭闹，或者无尿的症状出现。

解说：成年人特别是孕妇服用了此奶粉会有问题吗？

南京儿童医院院长黄松明：因为这种物质只是在体内呈一个弱碱性，它跟我们的尿酸形成一种结石，或者一种结晶。实质上在液体尿充分的情况下，它不一定能够析出来，成为一个结晶或者结石。每年成人结石发生率很高，但从来没有说跟某一个奶粉有关。

在上述案例中，节目针对"三鹿毒奶粉"事件发生后，社会公众对"毒奶粉"情况的关注，尤其是有关"毒奶粉"的各类疑惑进行了详细的解释和说明，充分发挥了电视新闻在风险传播过程中解疑释惑的社会功能。

2011 年 3 月，河南省孟州市等地养猪场采用违禁动物药品"瘦肉精"饲养生猪，有毒猪肉流入济源双汇食品有限公司。瘦肉精是一类动物用药，有数种药物被称为瘦肉精，例如莱克多巴胺（Ractopamine）及克伦特罗（Clenbuterol）等。将瘦肉精添加于饲料中，可以增加动物的瘦肉量、减少饲料使用、使肉品提早上市、降低成本。但因为考虑对人体会产生副作用，各国开放使用的标准不一。4 月 12 日，公安部召开新闻发布会，肯定河南瘦肉精案的查处工作，通报称，共抓获犯罪嫌疑人 96 名，收缴瘦肉精 400 余公斤，捣毁生产窝点 1 个，摧毁销售网络 2 个，查获一大批生产设备及销售票据。随后，国务院食品安全委员会办公室还将就"瘦肉精"问题开展全国性的专项打击活动，确保食品安全。自"瘦肉精"事件经相关媒体曝光后，引发了社会的广泛关注。以下案例选取了吉林电视台

《新一天》栏目有关"瘦肉精"事件的部分视频：

图4-2-16：吉林卫视《新一天》栏目为公众提供鉴别"瘦肉精"猪肉的具体方法

主持人：记者了解到，长春目前没有发生这种瘦肉精中毒的事件，不过记者在走访菜市场的时候也发现，大多数市民对瘦肉精猪肉的危害并不了解，那为了防患于未然，下面就教您几招鉴别瘦肉精猪肉的方法。

【在报道瘦肉精事件的同时，为公众提供鉴别瘦肉精猪肉的具体方法】

外景主持人：怎样鉴别瘦肉精的猪肉呢？记者随机采访了几位正在买菜的市民，他们对于这种猪肉几乎没有办法鉴别，几乎对此是一无所知。

市民甲：一般都买（有）牌子的吧。

外景主持人：也是买（有）牌子的肉？

市民甲：对。

外景主持人：最近广州那边出现（吃）瘦肉精把人吃中毒的事，您关注过这个事情吗？

市民甲：看了一眼，不是特别注意。我对咱这儿还比较相信。

市民乙：我还不知道瘦肉精咋回事儿，我就看电视上在说瘦肉精。

市民丙：瘦肉精？一点也不懂那个，买肉只能看打没打水啊，新不新鲜啊，一点儿也不明白瘦肉精的事。

猪肉商户：那我们不太知道这个事。

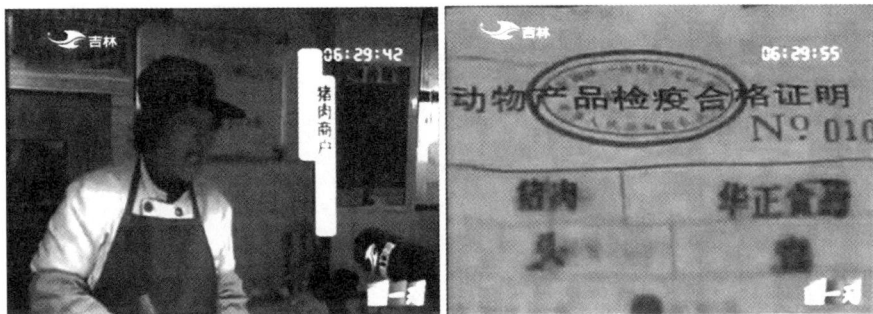

图4-2-17：吉林卫视《新一天》栏目为公众提供鉴别"瘦肉精"猪肉的具体方法

外景主持人：哦，那您作为商户也不太知道这个事？

猪肉商户：不是，我们知道这个事，但我们也不一定能分辨。

解说：据了解，瘦肉精是一种受体激动剂，在二十世纪八十年代初期，被美国一家公司将其添加的饲料当中，增加瘦肉率，而且需要大量添加，才能达到提高瘦肉率的效果。因为使用剂量大，代谢却缓慢，所以在屠宰前到上市，瘦肉精在猪体内的残留量是很大的。进入人体会引起积蓄中毒的情况。因此，被我国农业部禁用。为了避免买到瘦肉精猪肉，建议消费者不要购买肥膘在两公分以下的猪肉，不要挑选颜色太鲜红、瘦肉太多猪肉，并建议市民少吃猪内脏。

在上述案例中，电视媒体在报道"瘦肉精事件"的同时，生动具体地为广大社会公众提供了如何避免买到"瘦肉精"猪肉的具体甄别方法，有效地发挥了电视媒体在风险传播过程中的提醒服务功能。

据不完全统计，2011年6月以来遭遇内涝的城市多达14个：北京、武汉、深圳、杭州、南昌、长沙、合肥、南京、成都、扬州、江阴、咸宁、万源、日照。事实上，近些年来，每每雨季来临，便有不少城市加入"水城"队伍。住建部2010年曾在全国范围内组织过一次城市调研，结果显示，全国三分之二的城市都曾发生过内涝事件。以下视频案例选取了中央电视台新闻频道栏目《24小时》于2011年5月17日的报道视频：

主持人：近期罕见的暴雨袭击南方多地，我们看到一些城市出现了严重的内涝，专家认为，暴雨让不少城市频繁的"浮"起来，暴露出城市建设当中过度地追求水泥硬化，重地上、轻地下的不可忽视的问题。

解说：百年罕见的大暴雨让广州市在半个月的时间里，两次水漫全城。14号，大雨导致的中心城区内涝，截至昨天中午仍未完全排除。广州鹤景楼小区的车库，从14号晚十点开始被淹，到昨天中午，车库内的水位仍有约两米高。而在5月7号经历严重内涝的金穗大厦，截至昨天正常供电仍未完全恢复。前天暴雨过后，小区物业立即着手，砌起一堵一米多高的防水墙，并配备沙包堵水。

图4–2–18：中央电视台新闻频道《24小时》栏目分析多地内涝所暴露出的城市建设问题

解说：专家认为，近年来，虽然各地已经加大对城市排涝系统的改造，如去年，广州就投入9亿元进行"水浸街"改造，但在极端天气背景下，许多城市现有的排涝设施，还是抵挡不住大水积涝。

解说：中国科学院城市环境研究所副研究员崔胜辉说，近年来，各地出现了重地上、轻地下，重建设、轻规划等问题，在一栋栋漂亮的现代高楼大厦下面，排涝系统几乎是一片空白。在城市排涝系统的建设规划上，对极端降水情况也估计不足，一旦出现极端天气，城市排涝系统脆弱的一面就暴露了出来。

解说：气象专家李晓泉认为，城市发展带来的地面水泥化、硬质化也在给排涝"添堵"，现在城市内的水塘绿地日益减少，都变成了水泥、沥青路面，地面硬质化，水浸透不到地下，只能汇集到地势相对低洼的市区，从而出现城区积涝。

在上述视频案例中，新闻一方面传播了有关"城市内涝"的风险信息，另一方面还对现代社会城市化发展进程中隐藏的风险和危机进行预警，提醒政府及有关部门在追求经济快速发展的同时，更要对其可能带来的风险予以高度的重视，并采取必要的防御措施。

2011年7月5日早上9点36分，北京地铁四号线动物园站A口上行电扶梯发生设备故障，正在搭乘电梯的部分乘客由于上行的电梯突然之间进行了倒转，原本是上行的电梯突然下滑，很多人猝不及防，人群纷纷跌落，导致踩踏事件的发生，事故已经造成1人死亡，2人重伤，26人轻伤。事发后，国家质检总局特种设备安全监察局明确要求，全国各地对公共场所的电梯进行"拉网式"排查，确保电梯安全无故障运行。以下视频案例选取了苏州广播电视总台新闻综合频道栏目《天天山海经》于2011年7月6日的报道视频：

图4-2-19：苏州广播电视总台新闻综合频道栏目《天天山海经》报道北京奥的斯电梯事故所引发的电梯安全问题

主持人：昨天（2011年7月5日）早上九点钟，在北京地铁四号线，一部自动扶梯，本来应该是从下往上跑的，突然的一下子，从上往下去了。这下好了，原本这些乘客本来往上的，现在全倒了。结果，一人死亡多人重伤，不少人受轻伤。这样的自动扶梯在苏州也蛮多的，商场等公共场所里经常能看见。那我们苏州这些电梯安全吗？我们也来关心一下。

【节目对当地电梯安全问题予以关注】

解说：这位小朋友站在上行的电梯口往下走，虽然家长就在身边却丝毫没有劝阻。

记者：她在电梯上倒着走，你觉得危险不危险？

家长：……

市民：有小朋友在电梯上跑啊，打闹的情况，确实比较危险。

解说：虽然电梯口明确写着："请扶好扶手"，不过呢还是有市民不扶，搭乘电梯就往扶手上一靠，侧着身体和同伴讲话。

市民：我一般都不扶的，小孩才扶，成年人哪要扶呀？

解说：这样的理解就错了。其实每一位搭乘电梯的市民都应该握好扶手，小朋友更是应该在有家人陪同的情况下，由家长牵着才可以乘坐电梯。

【节目提醒市民注意乘用电梯的安全】

苏州质监局特种设备安全监察处处长邢东生：一次检验合格率在95%，不达标的电梯不能用。当然会有个别检验不合格的违规使用，这种情况会有，但是极个别。

解说：同时，邢处长也要提醒市民，乘坐电梯时要站在黄线之内，不能在电梯上打闹追逐，人员站立也要保持距离。

苏州质监局特种设备安全监察处处长邢东生：因为扶梯有个核定载重量的问题，人太多的话，也会造成电梯动力不足。小孩手指头不要伸进去，高跟鞋鞋跟要注意，会发生些意外情况。

在上述视频案例中，新闻节目在"奥的斯电梯"事故发生后，及时地对本地电梯的安全情况予以关注报道，并以生动鲜活的案例提醒市民注意乘用电梯的安全，以及相关安全知识，充分发挥了电视媒体在社会风险传播时的社会服务功能。

第三节　民主参与与公民意识培育中的电视化构建

作为当代西方发达国家民主发展的新理念，"参与式民主"又称"半直接民主"，是指社会公民通过各种途径直接参与政府管理的一种民主方式。参与式民主理论的核心概念是参与，强调公民的政治参与，主张通过公民对公共事务的共同讨论、共同协商、共同行动解决共同体的公共问题。①参与式民主理论认为，对政治的参与能够强化人们的政治责任感，培养人们对公共问题的关注，有助于形成积极的、对政治事务有更敏锐兴趣的公民，并通过公民间的相互对话、讨论、协商，去实现一个互助互利的合作目标。公民只有不断地、直接地参与国家和社会的管理，个人的自由与发展才能充分实现。坚持国家一切权力属于人民，从各个层次、各个领域扩大公民有序政治参与，最广泛地动员和组织人民依法管理国家事务和社会事务、管理经济和文化事业。健全民主制度，丰富民主形式、拓宽民主渠道，依法实行民主选举、民主决策、民主管理、民主监督，保障人民的知情权、参与权、表达权、监督权。在制定法律法规和公共政策过程中增强决策透明度和公众参与度，并建立听取意见制度。其中，电视媒体作为中国社会组织结构中的重要部分，不仅是风险信息沟通的主要渠道，社会公众发表意见的公共平台，还是公众参与公共事务、实施民主监督的有效方式，其对转型期中国风险社会的民主化建设具有重要作用和意义。

一、"民生新闻"到"公共新闻"的角色介入

改革开放后，中国社会一直奉行的是一种不平衡的现代化发展战略，由此所导致的各类社会矛盾和风险日趋突出，就业问题、"三农"问题、金融问题、贫富差距、危机治理、食品安全问题、信心和诚信问题、安全

---

① 参见陈炳辉：《参与式民主的现代衰落与复兴》，2009年4月21日，见http://news.xinhuanet.com/theory/2009-04/21/content_11224706.htm。

生产问题以及公共卫生问题等，都成为当前中国社会转型发展过程中十分突出且亟待解决的重大社会问题。正如英国学者拉尔夫·达尔道夫的研究所显示的，"现代的社会冲突是一种应得权利和供给、政治与经济、公民权利和经济增长的对抗"①。倘若这些社会风险和矛盾未能得到及时有效的控制和处理，其继续累积或恶化的后果，将会是巨大社会危机的集体爆发，进而导致社会的失控、瘫痪甚至崩溃。正处于转型期的中国社会已进入"高风险社会"阶段，此时的社会风险既不是纯粹传统的，也不是纯粹现代的，而是两者的复杂混合体，并日益成为中国社会主义和谐社会构建过程中的严峻挑战和巨大威胁。当前，中国社会主义和谐社会的构建是一项长期的、复杂的系统工程，其中，"以人为本"，始终把最广大人民的根本利益作为一切工作的出发点和落脚点，是中国和谐社会构建的重要保障。作为"以人为本"的具体体现，"民生问题"是人民群众最关心、最直接、最现实的利益问题，其所暴露出的诸多风险和危机已成为当前中国社会风险的源头，因此，对"民生问题"的重视已日益成为党和政府工作的重心，成为中国社会转型发展过程中亟待解决的核心问题。

"民生"一词最早出现在《左传·宣公十二年》，所谓"民生在勤，勤则不匮。"这里的"民"，就是百姓的意思。而《辞海》中对于"民生"的解释是"人民的生计"。"在现代社会中，民生和民主、民权相互倚重，而民生之本，也由原来的生产、生活资料，上升为生活形态、文化模式、市民精神等既有物质需求也有精神特征的整体样态。"② 当前，中国社会民众之于物质资料的需求已得到一定程度上的满足和丰富，与之相比，其在文化精神等方面获得的成就感和满足感还远远落后于前者。绝大多数民众的公民意识、主体意识和民主意识仍相对薄弱，并突出表现在对社会公共利益的维护和监督以及对自身个体利益的思考和表达方面。在 20 世纪 90 年代初，国内一些地方都市报和晚报开始对社会新闻，市井新闻进行大规模的关注报道，随后，以北京电视台的《点点工作室》（1998 年改名为《元元说话》，1999 年至今名为《第七日》），《北京特快》（1997 年），成都

---

① ［英］拉尔夫·达尔道夫：《现代社会冲突》，林荣远译，中国社会科学出版社 2000 年版，第 3 页。

② 朱天、程前、张金辉：《解读电视"民生新闻"现象》，《传媒观察》2004 年第 8 期。

电视台的《今晚 800》（1999 年），黑龙江电视台的《新闻夜航》（1999 年）以及福建电视台新闻频道的《现场》等为代表的一系列以关注民生、反映民情、表达民意为宗旨的电视栏目，开启了中国电视民生新闻节目的独秀时代。[①] 作为具有中国电视特色的民生新闻，不是一种具体的新闻体裁，也不是一种新的新闻类型，也不仅仅是一种新的价值取向，而是题材选择上的民生内容，报道立场上的平民视角，价值取向上的民本意识，报道方式上的民众话语有机结合所构成的一种新型新闻传播范式。[②]2002 年 1 月 1 日，江苏省广播电视总台城市频道正式推出了一档日播类新闻直播栏目《南京零距离》，节目面向省会南京，以报道南京、服务南京、宣传南京为宗旨，主要内容由社会新闻、生活资讯、孟非读报、观众热线、现场调查等几个部分构成。《南京零距离》的开播被认为是开创了大时段城市民生电视新闻节目的先河，并逐渐在全国范围内掀起了电视民生新闻节目的创办和开播热潮。

　　一直以来，中国电视"民生新闻"都是从社会公众的立场出发，从最广大普通百姓的利益出发，以极具亲和力的方式来反映社会现实，表达普通公众的情感和意见。也正因如此，民生新闻栏目往往成为社会风险和社会问题最忠诚的"守望者"，其通过具体的选题内容、传播理念以及呈现方式等，体现出栏目所秉承的民生的视野、平民的态度和人文关怀的立场。美国当代社会学家乔恩·谢泼德在《美国社会问题》一书中把社会问题定义为："一个社会的大部分成员和这一社会一部分有影响的人物认为不理想、不可取，因而需要社会给予关注并设法加以改变的那些社会情况。"[③] 对这类社会风险和问题，电视民生新闻通常在第一时间即以传播媒介的主体身份进行参与，及时、迅速、公开地对其进行有组织的客观报道，充分表达了民众的利益诉求和意见呼声。与此同时，社会风险在经过电视媒体的扩散传播和放大呈现之后，也引发了社会的普遍关注以及政府

---

① 参见汤天甜：《电视民生新闻节目可持续发展的实现路径》，《新闻研究导刊》2010 年第 6 期。

② 参见董天策：《民生新闻：中国特色的新闻传播范式》，《西南民族大学学报》2007 年第 6 期。

③ ［美］乔恩·谢泼德：《美国社会问题》，乔寿宁等译，山西人民出版社 1987 年版，第 2 页。

相关部门的重视，并在一定程度上得以被更快地解决或处理。正如麦克卢汉所言："媒介即讯息"。所谓的"媒介即讯息"，其含义不仅是指媒介承载的内容是讯息，还包括决定内容的呈现方式的媒介本身也是讯息的重要组成部分，甚至是讯息（内容）的决定性因素——因为它决定着内容如何被传播与被接受，也即媒介也决定着内容。换个角度讲，只有被接受的内容才是有意义的讯息，而决定如何被接受的重要因素之一就是媒介，什么样的媒介引发什么样的传播与接受，有时甚至是节目形式决定传播效果。① "以民为本"是电视民生新闻的核心价值观，其以信息的主流取向、情感的深层抚慰和意义的理性启发来全面实现民本理念，以人文关怀的彰显来凸显媒体的社会责任感，最终发挥出民生新闻在构建和谐社会过程中应有的作用。②

作为社会的瞭望者和监督者，大众传播媒介可以敏感地捕捉到各种社会风险和危机，并将其置于更大的社会系统之内进行观照和扩散，并由此使公共性成为社会风险或危机与生俱来的属性。③ 洛特曼认为，不仅语言承载着内容，结构也潜在地承载着内容，结构即讯息（内容）。媒介首先是形式，形式与结构密不可分。根据洛特曼的观点，结构承载内容，那么媒介也是内容的组成部分，甚至决定着内容。媒介不仅是讯息的"容器"，也是内容之所以如此自我生成的根本原因。所以说，媒介不仅是形式，也是内容（讯息本身）。一句话，媒介传情达意的特定方式不仅决定着内容呈现方式（形式），也决定着内容本身。④ 因此，当"公共性"逐渐成为社会风险和危机的重要属性时，"民生新闻"向"公共新闻"的转型也就应运而生了。"民生新闻"是中国当代语境下催生的中国特色词汇，而"公共新闻"是美国的新闻学者结合美国的新闻实践提出的，它的主旨是通过新闻媒体对社会公共题材的关注，提高公众解决社会问题的能力。

20 世纪 90 年代初，美国学者第一次提出了"公共新闻"（Public

---

① 参见刘宏主编：《电视学》，中国传媒大学出版社 2008 年版，第 162 页。

② 参见欧阳宏生、陈佑荣：《论民生新闻核心价值观的构建》，《电视研究》2009 年第 10 期。

③ 参见胡百精：《危机传播管理——流派、范式与路径》，中国人民大学出版社 2009 年版，第 176 页。

④ 参见刘宏主编：《电视学》，中国传媒大学出版社 2008 年版，第 162 页。

Journalism) 的概念及其相关理论。斯坦利·巴兰等人认为公民新闻 (Civic Journalism) 的定义是——积极地让受众参与报道重要公民事件的新闻实践，有时也称为公共新闻 (Public Journalism)。其特点是新闻报道与媒介活动相结合，新闻传播者在报道新闻事实的同时，还以组织者的身份介入到公众事务中，发起公民讨论，组织各种活动，寻求解决问题的对策，使公共问题最终得到解决。[①] 在践行"公共新闻"的传播理念时，电视媒体在其中充当了更为积极的主体角色，旨在提高社会公众在获得新闻信息的基础上的行动能力，组织和推动公共讨论和复兴公共生活，告诉社会公众如何去应付社会问题，帮助人们积极地寻求解决问题的途径。[②] 在中国，"公共新闻"与"民生新闻"在概念和内容上并无冲突，"公共新闻"也并非是一种新的节目形态，而是中国社会和大众传播发展到一定阶段的自然产物，是一种具有中国特色的新闻观的态度和立场。

随着大众传播媒介的日益普及与发展，社会公众的话语权得以被极大的释放，作为公众日常生活中的权力与意义的中介，电视媒体同时也是施加给日常生活的权力与意义的中介，但要理解这里的权力与意义，不能不关注媒介之中多种复杂的内在关联，以及媒介所参与的各种层面的社会现实。[③] 电视"公共新闻"在对社会风险和问题进行有组织扩散、放大与提醒的同时，也激发了社会公众参与社会事务，表达个人利益的积极性，有着相当的社会动员功能。[④] 现代社会中，电视已不仅是一种心理形式、社会形式和文化形式；同时，它也是一种经济形式和政治形式。有确切的迹象显示，近 20 年来，电视"制造的是即刻的公众情绪、即刻的公共舆论和即刻的公众压力"，而这些都在很大程度上影响着人们的行为，在社会生活的多个层面或多或少地实现着某些有计划的社会控制。[⑤] 然而，电视媒体的这种所谓的"社会控制"，并非是以"议程建构"的形式直接推

---

① 参见蔡雯：《美国新闻界关于"公共新闻"的实践与争论》，《新闻战线》2004 年第 4 期。
② 参见朱菁、江黎黎：《从"民生新闻"到"公共新闻"》，《新闻实践》2005 年第 2 期。
③ 参见邢虹文：《电视与社会——电视社会学引论》，学林出版社 2005 年版，第 290 页。
④ 参见陈堂发：《新闻媒体与微观政治——传媒在政府政策过程中的作用研究》，复旦大学出版社 2008 年版，第 66 页。
⑤ 参见邢虹文：《电视与社会——电视社会学引论》，学林出版社 2005 年版，第 290 页。

动民主政治的发展，而常常是通过其具体的新闻传播行为，如在"公共新闻"中提高新闻报道质量，扩大新闻报道领域，挖掘新闻报道深度，激发公众参与社会讨论、推动"议程设置"、培养公民意识为目标，实现目标受众从"市民"到"公民"的提升，致力于构建开放、和谐、活跃的社会公共领域，以此促进社会民主政治的发展。

近半个世纪前，马歇尔·麦克卢汉曾在《了解媒介》一书中指出："任何一种新兴媒介都对人类事务的尺度、进度和标准产生影响，从而强有力地改变了人类感觉的比例和感知的图式。"① 这种改变的效应，对于电视媒体而言则显得尤为突出，其对社会政治生活及公众生活无所不在、无所不包和无所不能的"嵌入"，使得电视在很大程度上成为塑造人们生活方式、改变人们成长历程的有效工具。

作为个人社会化的重要媒介，电视媒体在培养公众意识、指导公众行为、表达公众意见以及整合公众力量方面，都具有其他媒介所无法比拟的巨大优势。正如美国学者丹尼·埃利奥特所说："无论将媒介置身于怎样的社会中，它们都对社会负有责任，而且每种媒介都要对依赖它们而获知信息的公众、团体负责，不管是私有制媒介，还是政府所有制媒介，不管有无新闻控制存在，也不管这种控制是来自新闻机构本身，还是来自外部力量，责任都是存在的。"② "公共新闻"的兴起，使电视媒体具有了公共领域"共识动员者"的身份，其在环境监测、意见协商、地位赋予和意识培养等方面的社会功能，正在成为社会风险电视化传播的具体实现路径。乔治·格伯纳认为，媒体不仅是现代社会的"叙事者"（Story-teller），而且是缓和社会各异质要素矛盾与冲突的熔炉（Melting Pot），是维护社会共通准则的文化武器（Cultural Arms）。而当社会中的某一组织或个体出现异常，打破人们普遍认可的事实议程和价值秩序，媒体的共识再造机制便会启动：监测异常组织或个体，督促甚至强迫其重归共识轨道，要么干脆凭借自身和舆论力量将其毁灭。③ "公共新闻"中的社会风险传

---

① 蒙南生：《新闻传播社会学》，中国传媒大学出版社 2007 年版，第 158 页。
② 胡兴荣：《新闻哲学》，新华出版社 2004 年版，第 162 页。
③ 参见胡百精：《危机传播管理——流派、范式与路径》，中国人民大学出版社 2009 年版，第 175 页。

播，正是基于电视媒体的这种社会功能，才得以在极短的时间内成为社会公众的公共议题，并引发其在风险认知和解决过程中的公众舆论和公众力量。

当前，中国社会的风险环境十分复杂，大众传播媒介作为社会结构体系中的客观组成部分，在其中发挥着无可替代的重要作用。"公共新闻"的传播理念和传播态度一方面使电视媒体具有了观照民生、反映民情的媒介素质；另一方面，电视媒体在对社会风险进行响应传播时，更多的是以主体参与者的身份，置身于风险信息的传播、风险事件的发展，甚至是风险事件的解决当中。在社会风险的电视化传播过程中，解释性报道和新闻评论往往成为"公共新闻"中最具特点的表现形式，前者是通过对风险事件的产生原因、作用范围、影响程度和可能的发展方向进行深度的解读。它不仅呈现风险事件的现状，更注重挖掘风险事件发生背后的深层次原因以及风险事件发生后可能产生的社会影响和效果。因此，针对社会风险的复杂性和系统性，"公共新闻"的解释性说明功能即显得尤为重要。而其中的新闻评论则是通过标题定位、事实评价以及观点提炼等方法引导公众舆论，以"意见领袖"的身份角色来指导公众有效地应对风险。同时，"政治民主进程的发展为大众传媒的发展拓宽了政治所能包容的空间，使大众传媒有了更广阔的活动空间和更大的新闻自由，也更加能够发挥对政治的影响和作用。"[①]

二、电视新闻中的风险沟通与民主参与

随着科学技术的快速发展，人们已经可以对台风、海啸、洪水、干旱甚至地震等相对频发的自然风险做出一定程度的科学预测，但却无法准确地预测出风险发生的具体时间、地点、范围以及强度；较之于自然风险而言，社会风险的人为性和随机性都相对较强，即使一些社会风险在事发前的征兆或隐患会有所外显，但整体的预测难度仍很大。因此，社会风险的复杂性、不确定性以及难以预测性都对电视媒体的社会风险应对提出了更高的要求，在媒介融合时代，这种要求即促成了电视媒体与其他媒体的

---

① 刘华蓉：《大众传媒与政治》，北京大学出版社 2001 年版，第 23 页。

风险联动机制。所谓的"媒体联动"即指跨媒体传播，是指信息在不同媒体之间的流布与互动。它至少包含两层含义：一是指不同媒体之间相同信息的交叉传播与整合；一是指媒体之间的合作、共生、互动与协调。① 具体来讲，在社会风险的响应传播中，电视媒体与其他媒体通过对风险信息进行立体式的整合传播，以形成强大的舆论合力，即"一个力的作用和另外一个或几个力同时作用的效果一致，形成一个集合力量"②，进而促进社会风险事件的有效处理与解决。客观来讲，任何一个社会风险事件经由电视媒体所产生的社会影响和效果都是相对单一和有限的，而各媒体联动的风险应对机制，不仅扩大了风险信息传播的深度和广度，形成立体传播的舆论合力；同时，还为社会公众营造了风险感知和风险应对的集体场域。

然而，电视媒体在风险沟通中所表现出来的巨大威力，是其他媒体所无法比拟的，逼真的风险情境给予了受众"虚拟"的风险体验，正如鲍德里亚所说，事实上我们并没有亲身经历那些事实，只是通过看电视和其他媒体的一些报道。鲍德里亚把这种情势定义为"超现实"，在这里真实的经历与电视和媒体传统的表现方式变得无法区分了。超现实形成的过程就是仿真——通过电视和媒体文化的解读和传统来表现事件的阶段、感情和关系。③ 因此，"对大量看电视的观众来说，电视实际上主宰和包容了其他信息、观念和意识的来源。或者说教导了共同的世界观、共同的角色观和共同的价值观的作用。"④ 由于社会风险本身发展的不可控性，电视媒体风险传播的逼真性和现场性，以及受众在风险传播中的"风险想象"特性，使得社会风险媒介化的传播过程本身即充满了风险。一旦在风险的传播过程中，电视媒体超越了风险呈现的合理限度，则会大大加重公众的恐惧心理以及风险或危机的恶化程度。正如人们所见证的，在危机管理领

---

① 参见吴飞主编：《传媒影响力》，中国传媒大学出版社 2005 年版，第 44 页。

② 吴飞主编：《传媒影响力》，中国传媒大学出版社 2005 年版，第 44 页。

③ 参见 [英] 乔纳森·比格纳尔、[英] 杰里米·奥莱巴：《21 世纪电视人生存手册》，栾轶玫译，清华大学出版社 2008 年版，第 111 页。

④ [美] 沃纳·赛佛林、[美] 小詹姆斯·坦卡德：《传播理论：起源、方法与应用》，郭镇之等译，华夏出版社 2000 年版，第 292 页。

域，媒体可能成为化解危机的利器，也可能成为引发、扩散和恶化危机的始作俑者。① 这就对电视媒体在风险沟通过程中的媒介行为提出了很高的要求，适度的信息公开、合理的情境呈现、积极的舆论引导是电视媒体对风险进行响应传播的基本原则。

在社会风险的电视化传播过程中，信息公开和舆论监督是风险沟通中最为重要的两大部分。所谓信息公开主要是指政府的信息公开，温家宝在十届人大二次会议上的《政府工作报告》中指出："为便于人民群众知情和监督，要建立政务信息公开制度，增强政府工作的透明度。"② 特别是当突发性重大社会风险发生时，政府部门往往掌控着最多的信息资源，此时的信息公开一方面满足了社会公众的风险知情权，另一方面具有稳定社会情绪的巨大作用。舆论监督作为电视媒体的重要功能，历来受到党和政府的高度重视，早在1950年，中共中央就曾作出过《关于在报纸刊物上展开批评和自我批评的决定》；1987年，党的十三大政治报告中更是明确提出了，"通过各种现代化的新闻和宣传工具，增加对政务和党务活动的报道，发挥舆论监督的作用，支持群众批评工作中的缺点和错误，反对官僚主义，同各种不正之风作斗争"。1989年11月25日，李瑞环在新闻工作研讨班上关于《坚持正面宣传为主的方针》的长篇讲话中指出："新闻舆论的监督，实质上是人民的监督，是人民群众通过新闻工具对党和政府的工作及其工作人员进行的监督；是党和人民通过新闻工具对社会进行的监督，不应仅仅看成是新闻工作者个人或是新闻单位的监督。"③ 舆论监督作为发展社会主义民主的重要形式，在社会风险沟通中对电视媒体提出了更高的要求，其不仅需要电视媒体充分发挥监督政府风险处理行为的功能，更需要电视媒体积极有效地引导公众舆论，促进风险的协调解决。

电视媒体这种以传递信息、沟通情况、监督环境、协调社会为主要

---

① 参见胡百精：《危机传播管理——流派、范式与路径》，中国人民大学出版社2009年版，第175页。

② 《十六大以来重要文献选编》（上），中央文献出版社2005年版，第845页。

③ 李瑞环：《坚持正面宣传为主的方针》，1989年11月25日，见 http://cpc.people.com.cn/GB/64184/64186/66683/4494104.html。

功能的大众传播媒介，是组织、实施新闻传播活动的社会组织和机构，其社会角色即是在社会机构和社会组织的系统中所处的位置，所享有的权利以及所承担的义务。具体到风险社会中，电视媒体社会角色的主要表现即是风险信息的把关者和风险环境的监督者。当面临风险环境时，社会公众对信息的需求即显得十分强烈，突出体现在信息的真实性、时效性、全面性、持续性以及深刻性方面。此时的电视媒体应在第一时间承担起社会公众对于信息需求的义务，让有关风险事实的信息得以更快、更充分地传播，以保障公众知情权的实现。电视媒体并非单纯的商业机构，而往往是作为"社会公器"来发挥公共职能的社会机构，因此，其在风险传播中被寄托了更多维护社会"公共利益"的责任，如传递风险信息、监督风险环境、传承风险文化、协调风险秩序等。这种与社会"公共利益"相关的风险传播功能，具有很强的公共精神，其不仅是电视媒体在风险响应传播中"公共性"的具体体现，更是社会公众通过电视媒体进行风险干预和民主参与的基础前提。

当前，社会结构的转型、利益主体的分化、社会冲突的加剧，受众需求的多元化，加之风险社会时代受众对大众传播媒介心理期待的不断升值，都加重了电视媒体在风险应对中的责任和压力。作为中国社会公众最重要的精神载体之一，电视媒体在社会风险的传播场域中，有着自己独特的地位和作用，也承载着特殊的责任与义务。其一，电视媒体是风险传播中社会公众的精神依赖，具有稳定公众情绪，承载公众情感的作用；其二，风险传播中的电视媒体提供了民意上传的现代化工具，社会成员及公众团体可以通过围绕其自身的利益等等公开发出呼声，并形成极具社会影响力的公众舆论，以促进社会风险的解决；其三，在风险管理的体系架构中，政府、媒体、公众及其他非政府公共组织都是相对独立的社会主体，共同构成多元的风险治理结构。其中，媒体作为结构体系中最有效的传达、动员和管理的载体工具，在风险应对的过程中发挥着重要的沟通连接和协调组织的作用。特别是对于最具权威性和公信力的电视媒体而言，其具有的社会组织和协调功能对风险环境的平衡起着不可替代的特殊功效。在常态风险时期，电视媒体通过持续不断地知识普及，环境解释以及预警分析，来提高公众的风险意识和应急能力。当突发社会风险发生时，电视媒体及时传递风险信息，引导公众舆论，在指导公众应对风险的同时，协调各方的关系利益，是社会不同群体之间风险沟通的重要桥梁和纽带。

美国传播学家施拉姆强调："社会是各种关系的总和，我们研究传播时也研究人。"研究他们怎样互相影响，怎样告知他人和被他人告知：教别人和被别人教。要了解人类传播，我们必须了解人是怎样相互建立起联系的。① 社会风险是所有风险类型中与人直接发生关系的风险类型，在某种程度上甚至可以说，社会风险是人与人或人与物之间关系的极端表现形式，与此同时，社会风险通过电视媒体进行传播时，就又与受众群体之间发生了新的关系，因此希伯特（R·E·Hiebert）就以"运送意义，传递价值，分享经验"来对传播进行定义。② 当风险信息处于"共景监狱"社会信息场域之中时，媒体的重要责任即远非传统意义上的"保姆式"的信息服务，而是充分调动社会全体成员的力量和智慧，建立规则，让他们在传播领域享有更多的控制权，在自主中实现社会的自我关照和自我治理。换言之，媒介要成为聚合各种社会资源的平台，更加开放的媒介运作的模式，其实质就是实现一种传播权利的让渡，具体包括信息选择权、主体参与权与媒介接近权三个部分。③ 在传播权利让渡的过程中，受众的主观能动性和主体干预性得以充分实现，并以选择信息、发表意见、形成舆论等具体方式，实施其在风险沟通过程中的民主参与权。也就是说，从社会结构性要求来看，媒体既不是一个以获利为首要目标的生产企业，也不是一个社会直接干预者，它对社会的影响和力量主要应该通过一种信息方式和文化的传播来间接实现。④

早期的新闻传播学者对大众传播媒介的社会功能有过详细且系统的

① 参见［美］施拉姆：《大众传播媒介与社会发展》，金燕宁译，华夏出版社1980年版，第48页。
② 参见杨伟芬：《渗透与互动——广播电视与国际关系》，北京广播学院出版社2000年版，第18页。
③ 参见喻国明：《传媒责任：时代的发展与内涵的转变》，《新闻与传播研究》2009年第6期。
④ 参见邱戈：《媒介身份论：中国媒体的身份危机和重建》，中国传媒大学出版社2008年版，第246页。

论述，拉斯韦尔曾将传播的基本功能概括为环境监视功能、社会协调功能和社会遗产传承功能。赖特在继承拉斯韦尔"三功能说"的基础上，提出了"四功能说"，即传播承担环境监视、解释与规定、社会化功能与提供娱乐。施拉姆则从政治功能、经济功能和一般社会功能等几个方面来对传播的功能加以概括。此外，拉扎斯菲尔德和默顿等人也从其他角度论述过传播的功能。① 在知识经济时代，大众传播媒介已成为知识经济架构中的核心组成部分，其作为国家信息化发展和社会变迁进步的重要工具，承担的社会功能日益增多，所发挥出的社会作用也愈发凸显。特别是在当前中国转型期的风险社会环境中，大众传播媒介不仅是风险信息的传递者，风险环境的监督者，同时也是和谐民主社会的参与者和建构者。一方面，风险信息通过大众传播媒介得以及时、公开、透明的传播离不开民主制度的保障，即媒介的民主权利主要建立在公民民主权利的基础之上，是大众传播媒介为完成人们获取信息的委托必须拥有的用以采集和发布新闻的一定权限，以保障公民知情权的有效实现。另一方面，大众传播媒介的风险信息传播、风险环境监督等媒介民主权利的实现，又是社会民主化进程中的基础保障，两者相辅相成，并在长期的互动中共同发展。

三、风险传播与民主进程中的公民意识培育

大众传播媒介是人类社会发展到一定历史阶段的产物，是顺应社会需要、促进社会发展而产生的，其在社会组织系统中扮演着沟通政府与民众的重要角色，并日益成为公民政治意识培养和政治文化塑造的主体。"在媒介时代，政治文化的传承被赋予了现代意义，与传统社会的政治社会化形式相比，现代社会的社会化形式更能够保障政治文化的大范围传播，使公民加深对政治价值的理解，从而建立起维护政治秩序的自觉性。"② 在现代社会中，大众传播媒介与社会发展之间的关系日趋紧密和复杂，两者之间不再是彼此孤立的个体式发展，而是处于一种不断互动式的协同发展。如下图所示：

---

① 参见孙聚成：《信息力——新闻传播与国家发展》，人民出版社 2006 年版，第 88 页。
② 谢岳：《大众传媒与民主政治》，上海交通大学出版社 2005 年版，第 119 页。

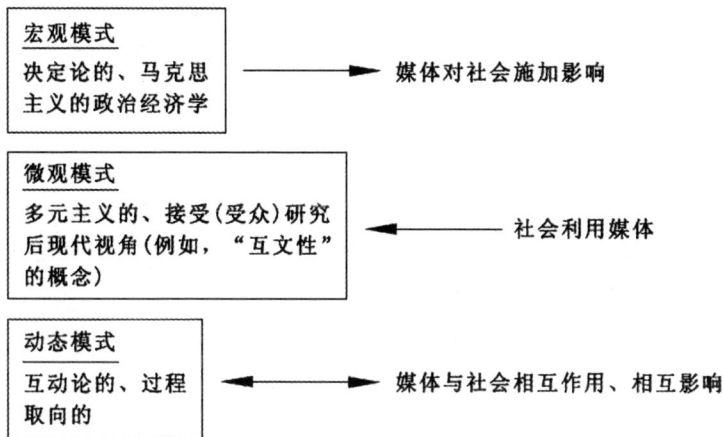

图 4-3-1：媒体与社会之间的作用关系图[①]

这一模式图在广义的层面上对媒体和社会的关系进行了批判性的阐释。它体现了一些带有普遍性的真理，但也需要作一些特别的说明。例如，一些媒体政治经济学家更倾向于采用动态模式，承认媒体与社会之间存在着复杂的关系，经济权力并不是简单地决定了文化领域发生的变化。[②] 由此可见，大众传播媒介与社会发展之间的关系更趋向于一种互动论的、过程取向的状态。具体到中国，大众传播媒介在培养公民意识，塑造公民文化方面发挥着不可替代的作用，其中尤以电视媒体最为突出。正如施拉姆所说："所有电视都是教育的电视，唯一的差别是它在教什么。"电视使"人们甚至是在没有觉察到的情况下在向他们学习的。对于这种由偶然的、无意的、经常的、并非预期的学习造成的技巧、价值和信念的人类社会化所作的贡献，是再也找不到更好的例子的"[③]。施拉姆着重从人的社会化的角度谈到了电视的社会教育功能，他同时还指出大众传播的指导作用也是一种广义的教育，不但传播文化知识，还塑造人们的思想，培养

---

① ［英］伯顿：《媒体与社会：批判的视角》，史安斌主译，清华大学出版社 2007 年版，第 2 页。

② 参见［英］伯顿：《媒体与社会：批判的视角》，史安斌主译，清华大学出版社 2007 年版，第 2 页。

③ ［美］威尔伯·施拉姆等：《传播学概论》，陈亮等译，新华出版社 1984 年版，第 261 页。

人们的道德行为规范。① 因此，通常情况下，传播媒介能够起到协助维系社会固有道德规范的作用。事实上，正如美国新闻评论家约翰·赫尔顿所说："如果新闻工作一旦丧失道德价值，它即刻便变成一种对社会无用的东西，就会失去任何存在的理由。"②

与报纸、广播等大众传播媒介相比，电视媒体从诞生之日起即具有了丰富的社会属性，其凭借独特的声画传播优势，形象生动地呈现并诠释着社会生活的百态。从此，视觉传媒开始进入生活世界并从内部对社会生活进行塑造。首先，当代传媒世界是电视成为影响一切的文化隐喻的世界；其次，通过它的特殊媒介性，即它进行交流的方式，按照麦克卢汉已成为经典的判断，电视自己就已经是信息。它不仅作为一种媒介在社会世界上起作用，而且重新建构这一社会世界，并成了生活世界中的某种目的。视觉性成为社会世界的特性，并同时成为阐释这一世界的占统治地位的媒介。对画面的感官认知成为对世界的感官认知。被制造出来的画面印象的感官性同时影响了形式和内容。③ 这种感官认知深刻地影响着公众对于社会环境的判断，并左右着他们的媒介偏好，如美国前国家安全顾问布热津斯基所指出的：电视对观众施加的文化和哲学影响无与伦比，它正在取代家庭、教会和学校而成为社会教育的角最重要的工具。④ "电视的出现和普及是人类文化传播的第三次革命。它使人类的文化传播媒介从以言语交流为特征的口传文化和以书籍阅读为特征（突破了"听"，走向了"读"）的印刷文化走向以广播电视为特征的电子文化（走向了"看"）。"⑤

在风险的媒介化传播过程中，电视媒体凭借极高的权威性以及声画传播的优势，依然成为公众最为信任和依赖的媒介，所谓"权威性是指传播者具有使受众相信的力量、威望和地位的特质"⑥。因此，电视媒体对风

---

① 参见蔡凯如：《新闻传播的文化观照》，华中理工大学出版社1998年版，第19页。
② ［美］约翰·赫尔顿：《美国新闻道德问题种种》，刘有源译，中国新闻出版社1988年版，第3页。
③ 参见吴飞主编：《传媒影响力》，中国传媒大学出版社2005年版，第57页。
④ 参见［美］兹·布热津斯基：《大失控与大混乱》，潘嘉玢、刘瑞祥译，中国社会科学出版社1995年版，第124页。
⑤ 潘知常：《反美学》，学林出版社1995年版，第94页。
⑥ 邵培仁：《传播学》，高等教育出版社2000年版，第80页。

险的响应传播行为，较之其他媒体而言，更具有社会影响力和公众感染力，其中有关风险传播的"电视新闻"更是成为公民意识培养的主要途径和方式，在风险发生时，电视新闻能够"创造和维持受众的幸福感以及对荧屏以外的世界的信任感"①。风险社会中，"大众传播是社会的耳目。它为社会提供作出决断的途径；它为社会提供认识自身的集体声音。它是传达社会价值的主要源泉"②。其中，"人们普遍认为电视是各种媒介中对社会化最有影响的"③。电视在日常生活中居于中心地位，电视统治了"象征性环境、用他关于现实的信息取代人们的经验和了解世界的方式，同时电视培养受众的世界观。作为文化指标（一套标示变迁的语义符号系统），电视的基本作用与其说是改变、威胁、削弱，还不如说是维持、稳定、加强了常规的信念与行为"④。电视媒体的这种媒介涵化作用，不仅是社会常态发展阶段的客观存在，更是转型期风险社会阶段的必要保障。法国总理拉法兰认为："面对危机，政府唯一可行的选择就是要提高透明度。"特别是在信息化时代，"民可使由之，不可使知之"的前现代政治观念受到了前所未有的冲击，及时公开的信息发布，广泛有效的舆论监督是现代民主社会应对风险的通识。

　　"追根溯源，媒介与社会始终保持着一种互动关系。社会的发展呼唤先进的传播工具乃至职业化的现代传播机构；反过来，媒介的发展又促进了社会的发展。一部人类文明史，既是人类使用传播媒介的历史，也是媒介从简单到复杂、从低级到高级的发展历史。"⑤ 对于转型期的中国风险社会而言，电视媒体通过对风险信息的传播、对风险环境的监督以及对各群体之间风险关系的沟通，不仅有效地推动了风险事件的解决，促进了社会的良性发展，同时自身也发展成了一个对信息具有控制权的生态系统，成

① ［英］格雷姆·伯顿：《媒体与社会：批判的视角》史安斌译，清华大学出版社 2007 年版，第 333 页。
② ［美］沃纳·赛佛林、［美］小詹姆斯·坦卡德：《传播理论：起源、方法与应用》，郭镇之等译，华夏出版社 2000 年版，第 4 页。
③ ［美］威尔伯·施拉姆等：《传播学概论》，陈亮等译，新华出版社 1984 年版，第 263 页。
④ 转引自金冠军、郑涵：《当代传媒制度变迁》，上海三联书店 2008 年版，第 343 页。
⑤ 张国良主编：《新闻媒介与社会》，上海人民出版社 2001 年版，第 11—12 页。

为了智能时代的社会中枢。在法兰克福学派看来，媒介不仅是意识形态的
工具，而且媒介本身就是意识形态。[①] 随着中国国际地位的提高以及国际
影响力的增强，中国社会将以更快的速度融入现代国际政治文明的主流当
中，以开放促改革，建设以民主政治为核心内容的社会主义政治文明，在
推进政府信息公开的同时，充分发挥媒介的舆论监督功能。新闻传播是一
种信息传播，受众是信息传播的"目的地"，是传播效果的"显示器"，是
职业传播者是否够格的评判者。[②] 通过透明开放式的意见平台来汇聚民意，
倾听民情，逐步形成透明、自由的公共话语空间，应使大众传播媒介真正
作为风险社会中社会公众的"公共论坛"。

① 参见吴飞主编：《传媒影响力》，中国传媒大学出版社 2005 年版，第 168 页。

② 参见邵培仁：《传播学》，高等教育出版社 2000 年版，第 196 页。

第五章

科技风险中电视新闻的风险涵化

    根据现代化理论的划分，当前世界各国的整体发展正处于从第一次现代化（以工业化为特征）向第二次现代化（以信息化为特征）转型的阶段。少数发达国家已全面完成第一次现代化，转入了第二次现代化，而更多的发展中国家，正处于第一次现代化尚未完成，但已积极应对第二次现代化的状态。中国也是如此，到 2003 年为止，其第一次现代化的实现程度为 82%，每年大约推进 1%，预计到 2020 年前后可望全面完成，与此同时，中国已启动第二次现代化，实施"以信息化带动工业化"的战略。① 正处于现代化转型发展期的中国社会，不仅是一个"风险社会"，同时还是一个"焦虑社会"。在风险社会中，风险一般都会从技术风险自我转换为经济风险、市场风险、健康风险、政治风险等。② 由此看来，技术的快速发展和社会组织的日益复杂，极易引发其他伴生风险或次生风险，并对现代人类社会发展造成极大的威胁。作为社会守望者的电视媒体，不仅承担着监督风险环境、传播风险信息的责任，同时更是广大社会公众的风险意识涵化的重要主体。

---

① 参见中国现代战略研究课题组、中国科学院中国现代化研究中心：《中国现代化报告》，北京大学出版社 2006 年版，第 235—250 页，转引自张国良：《社会转型与媒介生态实证研究》，上海交通大学出版社 2007 年版，第 16 页。

② 参见 ［英］芭芭拉·亚当、［德］乌尔里希·贝克、［英］约斯特·房·龙编著：《风险社会及其超越：社会理论的关键议题》，赵延东等译，北京出版社 2005 年版，第 334 页。

第一节　现代化科技风险的反思与电视化表现

改革开放以来，中国社会的变迁大致可被总结为两个基本过程，即现代化过程和体制改革过程，或现代化的变迁与体制的转型。现代性以及现代化的趋势，对于中国社会来说并不陌生。但是，基于现代化进程的社会风险却是摆在当代中国面前的一个新的问题。① 风险作为现代化的必然产物，是与现代化伴生而来的，其中，科技风险作为其中最具现代化特色的风险之一，已经对当前转型期中的中国社会产生了不可小觑的影响力。从电视媒体信息传播的角度，对科技风险之于现代社会的影响进行剖析，不仅是电视媒体有效规避科技风险的必然选择，更是转型期中国风险社会实现可持续发展的内在需求。

对于媒介尤其是电视媒体而言，以数字技术为标志的信息时代的到来，不仅为其带来了全新的机遇，也同时带来了难以预测的风险。"由于数字化的缘故，全新的节目内容会大量出现，新的竞争者和新的经济模式也会浮出海面，并且有可能催生出提供信息和娱乐的家庭工业。"② 尽管基于数字技术的新一轮媒介融合已经出现，但电视机仍然是良好的媒体终端。美国传播学者保罗·莱文森在他那本中美两国几乎同时上市的著作《手机》中说，"20 世纪 40 年代后半期，经过大规模开发之后，电视在 10 年的时间里，就深入到 86% 的美国家庭之中。这是一个创纪录的速度，此前此后的任何媒介都不能匹敌（截止到 20 世纪 50 年代，电话进入美国 50% 的家庭，已经花了 75 年的功夫。如果把网络和手机大量露面的时间定在 20 世纪 90 年代早期到中期这个范围，它们达到 50% 这个标准，大约也花了 10 年的时间。直到我写这本书的 2003 年，它们深入美国家庭

---

① 参见李路路：《社会变迁：风险与社会控制》，《中国人民大学学报》2004 年第 2 期。
② [美] 尼葛罗庞帝：《数字化生存》，胡泳、范海艳译，海南出版社 1997 年版，第 28—29 页。

的比例还没有达到 86%）。"① 在现代化转型期的中国社会中，电视依然是迄今为止大众化程度最高的媒介，它仍具有非凡的活力和巨大的潜力。

一、现代化科技风险的内涵与特征

一般而言，现代化是涉及社会各个领域各个层面的一种综合性的互动变革过程，概括起来，现代化可以看作是经济领域的工业化、政治领域的民主化、社会领域的城市化以及价值观念领域的理性化的互动过程。② 作为当前中国社会转型期的典型特征，现代化的核心目标是通过高新科学技术的工业化大生产模式，来实现社会物质产品的快速增长，其中，科学技术是现代化的根本动力和重要标志。1988 年 9 月，邓小平根据当代科学技术发展的趋势和现状，提出了"科学技术是第一生产力"的论断，该论断集中体现了马克思主义的生产力理论和科学观。科学技术特别是高新科技，是社会生产力过程中最直接、最现实的动力，且日益成为各国综合国力的竞争的核心要素。"在当今的世界上，只有占有高科技优势，才能在经济上和军事上具有强大的实力地位。因此，一个国家的科学技术水平如何，特别是高科技的研究和开发能力如何，已经成为衡量一个国家综合国力的主要标志。"③ 作为人类的高级实践活动形式之一，科技是人类理性和智慧的结晶，其客观性、物质性及思想性是科技区别于其他实践活动形式的根本特征。人类通过科学技术在改变并创造着物质世界的同时，也衍生出了现代社会特有的工业文明，"工业的历史和工业的已经生成的对象性的存在，是一本打开了的关于人的本质力量的书，是感性地摆在我们面前的人的心理学"④。

作为人类与自然界沟通交流的重要工具，科学技术一直以来都是人类赖以生存和发展的前提，人们凭借科学技术的广泛运用来不断地创造物质文明世界和建设精神文明世界。可以说，科学技术是人类社会文明进步

① ［美］保罗·莱文森:《手机》，何道宽译，中国人民大学出版社 2004 年版，第 24 页。
② 参见［美］西里尔·E·布莱克:《比较现代化》，杨豫译，上海译文出版社 1996 年版，第 7 页。
③ 黄硕风:《综合国力论》，中国社会科学出版社 1992 年版，第 250 页。
④ 《马克思恩格斯文集》第 1 卷，人民出版社 2009 年版，第 192 页。

发展的指示器和助推器，一方面显示着社会文明的发展程度，另一方面又推动着社会文明的深入发展。起源于 17 世纪的科学技术，最初只是科学爱好者的一种业余活动，发挥着启蒙社会的功能。直到 18 世纪末，科学逐渐成为社会意识和意义的创造者，并在与宗教的对立过程中进行世界观的批判。进入 19 世纪的工业化社会后，科学一方面在学理上不断深入发展，拓展人们的认知水平和能力，另一方面，科学与技术相互结合，形成一种直接作用于社会的生产力，并由此转变了其在社会结构中的角色和地位。20 世纪后，科学技术已经日益成为一种"直接的生产力"或直接"产生绩效（Perfomative）"的力量。① 21 世纪以来，科学技术以其丰富多样的表现形式和广泛强大的影响效力，深刻地融入到了人们的日常社会生活中，成为现代化社会发展不可替代的动力因子。在全球化发展的今天，科技无疑是世界各国争相竞逐的焦点之一，科技本身的无国界性和客观实在性，也在一定程度上加速了其在现代化社会中的爆发式发展。

　　科技的高度发展所带来的社会的巨大进步已随处可见，人类在自身的成长过程中总是坚信并期望科技的积极效用，因此对科技的依赖程度日趋加重。在当代社会，科学技术不仅是人们改变自然、创造物质财富的重要工具，还成为人类社会实践中的一种政治行动，从日常社会生活到国家政治行动无不以科学技术理性为前提和依据。然而，科技之于人类社会的效用并非总是积极的，高度技术化的社会意味着高度风险化的社会。高度依赖技术的时代本身需要不断的技术创新，不仅如此，在这样一个时代，当技术发展招致风险时又需要依靠技术创新来规避风险，但是这样一来又带来了更大的风险，使风险始终处于一种动态的循环体系之中。② 用技术手段来防范和化解风险、危险和灾难的风险预警与控制机制，又必然会导致另一种我们不愿意看到的结果，那就是，这种风险预警与控制机制可能会牵扯出新的进一步的风险，可能会导致更大范围、更大程度上的混乱无

---

① 参见 Gernot Buhme, *Coping with Science*, Westview Press, 1992, p.91，转引自李瑞昌：《风险、知识与公共决策》，天津人民出版社 2006 年版，第 88 页。

② 参见庄友刚：《跨越风险社会——风险社会的历史唯物主义研究》，人民出版社 2008 年版，第 25 页。

序，可能会导致更为迅速更为彻底的瓦解和崩溃。① 乌尔里希·贝克的风险社会理论在对风险进行划分时，特别详细地阐述了技术风险给人类社会带来的可能性危机。他认为，"从总体上考虑，风险社会指的是世界风险社会。就其轴心原则而言，它的挑战是无论在时间上还是空间上都无法从社会的角度进行界定的现代文明制造的危险。这样，第一顺序的、工业现代性的基本状况和原则——阶级之间的对立，国家地位以及线性想象、技术经济理性和控制——均被绕过和废除了。"②

　　一直以来，科技之于人类社会发展的重要性和有用性都备受推崇，人们大多沉浸在科技为现代化社会发展所带来的诸多利益和便捷当中，却很少对科技应用发展的负面影响或潜在的不良后果进行反思，并由此形成了一种"科技至上"的"唯科学论"。然而，随着人类理性知识的不断丰富，科学技术的不断进步，一种新的风险类型诞生了，吉登斯将其定义为人力制造出来的风险，即"人造风险"，这种新型风险较之传统风险更难以预测和控制。吉登斯认为："我们所面对的最令人不安的威胁是那种（人造风险），它们来源于科学与技术的不受限制的推进。科学理应使世界的可预测性增强，但与此同时，科学已造成新的不确定性——其中许多具有全球性，对这些捉摸不定的因素，我们基本上无法用以往的经验来消除。"③ 事实上，当日益扩大的人化自然、人工世界成为现代化社会的一种客观存在时，科技所带来的社会影响和辉煌成就也就因此而更为凸显，并逐渐被赋予了"无所不能"的社会角色。科技的价值观、方法论被认为是具有绝对性和普适性的真理，统计、定量等科学类的研究方法也成为"万能方法"，在科技与人的某些具体关系中，科技被设置为最终目的，人只是从属科技的工具和手段。这种盲目式的扩张与背离式的发展，使科技最终陷入了一种发展的困境，并由此伴生出了现代化的技术风险。

———————

① 参见［英］斯科特·拉什：《风险社会与风险文化》，载李惠斌主编：《全球化与公民社会》，广西师范大学出版社 2003 年版，第 314 页。

② ［德］乌尔里希·贝克：《世界风险社会》，吴英姿等译，南京大学出版社 2004 年版，第 24 页。

③ ［英］安东尼·吉登斯：《现代性的后果》，田禾译，黄平校，译林出版社 2000 年版，第 115 页。

美国社会学家培罗提出，现代技术经济发展是与风险结伴而行的，并处于风险的阴影之下前行，高度发达的现代文明创造了前人难以企及的成就，却掩盖了社会潜在的巨大风险；而被认为是"社会发展决定因素和根本动力"的科学技术成为当代社会最大的风险源。[①] 自古以来，战争都具有较强的破坏力，而现代战争区别于传统战争的特点在于其现代化的科技含量，现代战争的高科技化，已大大提高了其作战速度和准确度，原子弹、生化武器、智能武器等一系列高科技的现代化武器都可以在瞬间爆发极具毁灭力的能量，其破坏的范围、影响的程度、持续的时间都远远超乎于人类的想象。早在 20 世纪 70 年代初，人们利用核能取代水力、火力等传统发电技术时，核能就被认定为一种极具科技含量的新型能源，这种新能源在为人类社会带来巨大利益的同时，也逐渐显露出科技风险的诸多特征：难以预测、随机突发、覆盖广泛、影响持续、强度剧烈、危害不可逆等。科技本身并无利弊，是人类为科技设定了特定和现实的价值目的，并试图强制科技只服务于被人类设定的价值，一旦人类的利益目的与科技的本然价值之间发生了难以调和的冲突时，科技异化的风险就出现了。科学技术的"风险"与副作用的潜在的毁灭性威力，将社会推向"风险社会"境况，其危害性往往表现为显现的时间滞后性、发作的突发性和超越常规性（因为科技应用所带来的损害通常大过其功能）。[②]

在人类社会发展与科学技术进步的过程中，人类致力于不断地发明和创造新的科学技术，以使自身获得更多的自由空间和发展潜力，然而，由此所引发的科技异化现象却是令积极应用科技的人类所始料未及的。当前，科技的异化风险不仅阻碍着人类社会的发展进步，更是危及人类基本的生存环境，科技风险已不仅是现代社会的一个概念名词，同时它也是一种现代文明。这个概念表明人们创造了一种文明，以便使自己的决定可能会造成的、不可预见的后果具备可预见性，从而控制不可控制的事件，通

---

① 参见 C. Perrow, *Accidents in High-Risk System*, Technology Studies, 1994, pp.1-38, 转引自李瑞昌：《风险、知识与公共决策》，天津人民出版社 2006 年版，第 88 页。

② 参见薛晓源、刘国良：《全球风险世界：现在与未来——德国著名社会学家、风险理论创始人乌尔里希·贝克教授访谈录》，《马克思主义与现实》2005 年第 1 期。

过有意采取的预防性行动以及相应的制度化措施战胜种种副作用。[①] 所谓现代化的科技风险，是人类对科技的期待效用与科技所产生的实际效用之间的一种落差或背离，即科技的异化表现。现代社会中科技异化的范围十分广泛，只要是现代科技运用之处，即有产生科技异化的可能。由于科技诞生的初衷并非总是能与其应用的效果相吻合，且科技的影响效果往往具有滞后性的特点，因此，科技异化的表现方式也不尽相同，或直接，或间接地表现在不同的应用领域中。从某种意义上讲，科技异化的局限性程度是与科技的发达程度呈正相关的，科技愈发达，其所积蓄的科技异化的能量愈多，但这种被隐藏的能量往往是通过显性的危机、困境和灾难而被人们所发现和认识。

科技自诞生之日起即是一把"双刃剑"，其对社会发展的正负作用也是与生俱来的，并非是现代社会的必然产物。作为人类获取利益、实现发展的重要手段，科技既具有积极的、正面的建设性功效，同时也具有消极的、负面的破坏性作用，这在任何时代、任何体制的社会中都是如此。科技的这种"双刃剑"特性一方面来自于科技产品自身的"双重性"影响，与人的主观能动性不具有直接的、根本的联系；而另一方面则是与人对科技的使用目的、方式以及范围等直接相关。其中，科技的正面功效是人类主动追求和获取的利益目标，且通常在相对较短的时间内呈现出积极效果，而科技的负面影响往往被有意或无意地忽略，并在经过较长时间的累积和堆砌后，表现为突发性的集聚爆发。现代社会中，急功近利的价值观、利益观更是倾向于有意回避或忽视科技的负面影响，从而进一步加剧了科技被异化的程度和范围，使更多的科技风险由隐性变为显性，甚至呈现出大面积的爆发趋势。现代科技在取得巨大成就的同时，也带来诸多科技异化的风险，如核辐射、电子科技战争、生物科技风险、能源污染等，且这些现代化科技风险已逐渐由潜在的隐性风险转为突出的显性风险，成为当前中国社会现代化转型期中亟待重视和解决的问题。

科技风险始终伴随着科技的发展，在科技已深刻渗入到人们的社会生活的今天，科技风险也愈发普遍，现代社会中无论是社会机构、组织、

①　参见李瑞昌：《风险、知识与公共决策》，天津人民出版社 2006 年版，第 266 页。

还是个人，都无时无刻不处于科技风险的包围之中。近些年来，随着中国社会现代化步伐的加快，科学技术的应用范围逐渐扩大，发展程度日趋加深，由此带来或引发了诸多无法预料、也不可避免的科技风险，并已成为除自然风险、政治风险、社会风险之外，最为突出的风险类型之一。与前三种风险相比，科技风险的作用范围更大，破坏程度也更高，其可以在极短的时间内产生巨大的、恶劣的、不可逆的社会影响。基于中国的具体国情和转型期阶段的特点，当前中国社会的科技风险主要集中在能源、环境、信息及医学等方面，并由潜在的隐性威胁逐渐上升为显性的社会问题。虽然这些科技风险在中国的总体影响尚没有在发达国家严重，但在某些具体的领域内，其所带来的社会危害已不可小觑，甚至十分突出，这主要是因为发达国家不仅拥有较为先进的科技风险治理技术，其民众的风险防范意识也相对较高，两者共同作用于科技风险的规避与应对。

虽然与西方发达国家相比，中国的科技发展程度和科技应用水平仍相对落后，但在全球化思潮的广泛影响下，中国社会也同样面临科技异化的风险，尤其是在社会转型期中，这种科技异化风险所带来的负面影响往往更为突出，更具破坏力。首先，这种新型的科技风险是人们以往没有经历和感受到的，因此也无法依据传统的风险应对经验来加以预测和防范；其次，对于发展中国家而言，整个社会结构和体制都处于剧烈的变化之中，来自各个领域的矛盾和危机不可避免地在相互影响着，使得本已发生的或潜在发生的技术风险被复杂化；第三，转型期中尚待发展完善发展的风险应对技术，也使得科技风险所带来的负面影响难以在短时间内得以消除，这无形之中又加重了风险的影响范围和影响程度。此外，中国的现代化建设起步晚，现代化科技发展水平仍十分有限，在某些领域不得不引进或借鉴西方成熟的科技成果，也因此不可避免地受到西方发达科技正面和负面的双重影响。当负面影响在社会中逐渐扩大并累积时，科技异化的风险也就出现了，对风险来源进行分类，可大致分为以下三类：一是引进西方发达科技所带来的直接或间接的转嫁风险；二是盲目地模仿并非适用本土的西方发达科技；三是全球化时代背景下风险的泛地域化等。毋庸置疑，风险是科技发展给人类社会带来的副作用，是人类在追求特定的目标和价值的过程中，利用科技并为此承担可能带来的异化危害。在科技整体水平欠发达，而当前又需要大力发展和应用科技来建设现代化社会的现实背景下，科技异化的复杂风险确实已成为中国转型期社会中亟待重视的现实问题。

自从人类进入了工业社会后，科技的进步与社会的发展即成为了一对不可分割的"孪生兄弟"：一方面，科学技术所提供的源源不断的生产力给人类社会带来了巨大的发展成就，另一方面，人类社会的快速发展也同时作用于科学技术的加速进步，由此将科学技术从最初的一种社会教养的地位提升到了社会结构中的制度构成。[①] 此时，科技的研究和应用都逐渐脱离了最初的自然科学体系，转而融入到了复杂多元的社会文化体系中来，形成市场、科技、资本共同作用的新格局。其中，科技发展所招致的风险之所以能迅速地侵入人类社会，主要在于两大因素：一是国家作为整个社会权力结构的核心拥有绝对的权力，而国家将这种绝对权力赋予科学，科学获得了用一种自大的方式与社会交往的权力保障；二是科学本身自我包容性和不断试错及证伪的特点，使其研究者认为科学本身对其使用的社会后果毫无责任。[②] 因此，在某种意义上，风险同时既是"实在的"又是由社会感知和"建构起来的"。它们的实在性源于不断发展的工业和科学生产以及研究程序所带来的"影响"。相应地，有关风险的知识则与其历史及文化符号（比如说对自然的理解）以及知识的社会结构紧密相连。[③] 当人们一味地以国内生产总值作为衡量社会进步发展的唯一指标时，由生态环境、能源资源、社会心理等引发的科技异化风险都在某种程度上被忽略了，即使某些风险被关注和意识到了，但往往却在与既得利益之间的博弈中败下阵来。

现代科技风险之所以复杂，就在于其两个生产者的复杂性：一是科学的理性、客观性与工具性。在现代化社会发展的理念指导下，科学往往在极短时间内就得以被实践应用，技术和工业各自在工具主义者控制和剥削的逻辑下相互勾结开始了不成熟的社会生产。风险就从不成熟的社会生产

---

① 参见李瑞昌：《风险、知识与公共决策》，天津人民出版社 2006 年版，第 2 页。

② 参见李瑞昌：《风险、知识与公共决策》，天津人民出版社 2006 年版，第 96 页。

③ 参见 [英] 芭芭拉·亚当、[德] 乌尔里希·贝克、[英] 约斯特·房·龙编著：《风险社会及其超越：社会理论的关键议题》，赵延东等译，北京出版社 2005 年版，第 333 页。

中逃逸出来。二是民族国家，它的早期现代形式决定了科学的文化和制度化的特征，而且它的现代形式不仅继续提供了科学、技术、工业和资本主义的条件，也利用了灾难性的技术。① 因此，在某种程度上，科学是现代风险起源的主体，技术风险是基于不成熟的科学研究和应用而被生产出来的，并在人类无止境的欲望驱使下逐渐积累并凸显出来。伴随着风险文化时代而来的也许是人类许许多多的惶恐和战栗，并且不再有小规模的恐惧和焦虑。科学技术的迅速发展终将最大限度地满足人类的各种需要，但是，科学技术发展的负面作用也日渐暴露，伴随科学技术发展而来的各种风险也日益引起人类的重视。动辄就涉及全人类的生存安全的各种风险将是未来的风险文化时代所要研究和解决的首要问题。② 综上所述，中国社会的现代化转型期是一个充满不确定风险的时期，本应造福于人类的科技成果却随时可能成为危害人类、控制人类的不定时炸弹。正如吉登斯所指出的："技术进步表现为积极力量，但它并不总是如此。科学技术的发展和风险问题紧密相关"，"由于某些领域科技发展的步伐如此之快，我们必须应对的风险形势在性质上已不同于以往"。③

二、科技的解神秘化与科技风险的被电视化

进入现代化社会后，人类运用科技的范围逐步扩大，程度日益加深，对自然界创造性改变的能力已经达到相当的水平，开创了灿烂的工业文明时代。其中，科技在人类现代化进程中发挥了不可替代的巨大作用，作为一种集知识、技术、人才、资金、风险于一体的密集型信息产业，科技具有极强的渗透性、竞争性和专业性，也正因如此，绝大多数有关科技的理论体系、工作原理对于普通百姓而言，仍然是神秘莫测的。如生物科技领域中的"基因工程"即是生物工程的科技成果之一，是在分子水平上对基

---

① 参见李瑞昌：《风险、知识与公共决策》，天津人民出版社 2006 年版，第 96 页。
② 参见 [英] 斯科特·拉什：《风险社会与风险文化》，王武龙编译，《马克思主义与现实》2002 年第 4 期，转引自周晓丽：《灾害性公共危机治理》，社会科学文献出版社 2008 年版，第 53 页。
③ [英] 安东尼·吉登斯：《第三条道路及其批评》，孙相东译，中共中央党校出版社 2002 年版，第 139 页。

因进行操作的复杂技术。所谓"基因工程"主要是指重组 DNA 技术的产业化设计与应用，包括上游技术和下游技术两大组成部分。上游技术指的是基因重组、克隆和表达的设计与构建（即重组 DNA 技术）；而下游技术则涉及基因工程菌或细胞的大规模培养以及基因产物的分离纯化过程。对普通公众而言，单是"基因工程"的概念就已非常晦涩难懂，其中复杂的理论原理和具体实践操作更非一般公众所能了解和掌握的。而大众传播媒介，特别是电视媒体的出现，则在某种意义上彻底打破了科技之于普通公众的距离感和神秘感。以科技内容为主体的电视节目，凭借声画合一的传播优势，以逼真形象的画面、通俗易懂的解说、丰富饱满的故事，向普通公众分析、解读、展示科技的最新成果及其之于人类社会的功效。

通常情况下，只有男性才会生产精子，然而英国纽卡斯尔大学的科学家却计划从女性骨髓中提取干细胞，培育女性"人造精子"。英国科学家目前已经提出了实验申请，一旦获得批准，英国科学家将在 5 年内培育出成熟的女性"人造精子"。2013 年起，女性在完全不需要男性参与的情况下，就能独自繁育后代。科学家称，"人造精子"技术将为众多不育症患者带来福音，成熟的女性"人造精子"将可以和卵子进行试管授精，生育繁衍后代。这意味着从理论上来说，女性就可以在不依赖男性的情况下，独自繁衍生子。然而，由于该技术能够使女性完全不依赖男人而"单性生殖"，所以这项先锋性技术也引发剧烈的伦理争议。

以下视频案例是 2008 年 2 月东方卫视《环球新闻站》节目中，有关"人造精子"新闻的相关视频。

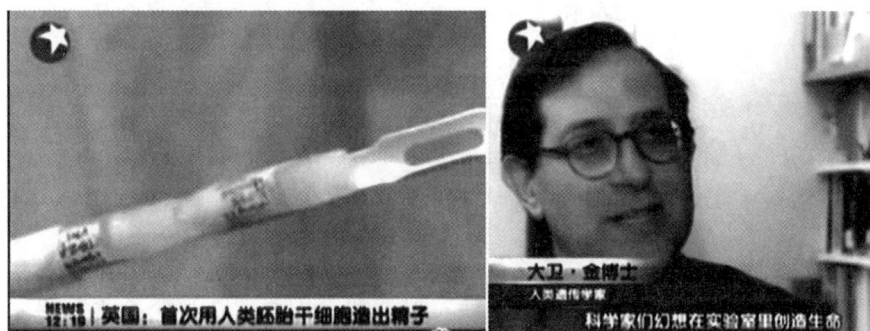

图 5-1-1：东方卫视《环球新闻站》栏目报道英国科学家有关"人造精子"的最新研究成果

【电视新闻中详细介绍了"人造精子"技术诞生的背景和主要内容】

口播：英国科学家日前利用人类干细胞成功培育出精子。这项突破不仅可以治疗男性不育，还可以运用到试管受精领域。不过这项技术引发了伦理争议。

解说：英国纽卡斯尔大学的研究人员在昨天发布的新闻公报中说，他们利用一种含有视黄酸等物质的培养介质，对含有 X 和 Y 两种染色体的男性胚胎干细胞进行培养，并且促使其实现完全的减数分裂，最终培养出含有 23 条染色体的试管精子。研究人员说，这种试管精子几乎具备了人类精子的所有特征，其中包括对人类精子的发育和活动具有重要作用的蛋白质物质。

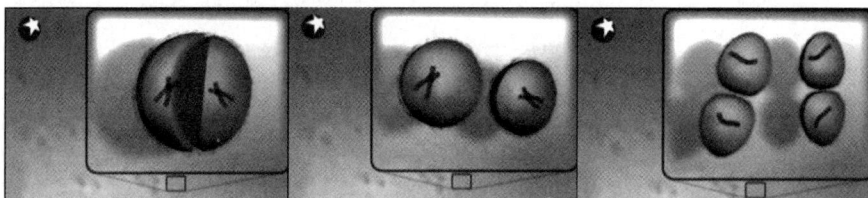

图 5-1-2：东方卫视《环球新闻站》栏目动画演绎"人造精子"的培养产生过程

【电视画面以动画模拟的方式对"人造精子"的培养过程进行演绎，生动形象的动画为普通公众初步了解"人造精子"这项科技成果提供了简单可行的渠道。神秘的、专业的、复杂的科技成果，在经过电视的声画演绎之后，变得通俗易懂，平易近人，可为大众所广泛了解和接受。】

【同期】研究人员卡里姆·纳耶尼亚：我们在研究中发现，它们会伸长，长出头尾，从而能正常游动。

解说：纳耶尼亚教授认为，这些人造精子可以令卵子受精，并孕育出婴儿。这项技术可以让研究人员研究精子形成的细节，更好地了解男性不育的原因，从而帮助那些希望有孩子的不育夫妇。但是，很多批评家也质疑这些精子的功能是否正常，一些专家警告称，这种技术扰乱了生命创造的过程，越来越多的孩子可能根本不知道自己的父亲是谁。

【解说词】作为电视媒体特有的一种抽象语言符号，其灵活连贯的语言特点有效地弥补了电视画面表现力不足的缺陷。然而，出镜人物同期声（以及相关字幕）的出现，则大大丰富了之前只有通过画外音来解释的事实及其内涵，并与解说等画外音共同阐述主题内容。这就改变了以往由解说词"独家"承担解释、补充、评论、渲染图像内容诸多职能的局面。① 与此同时，基于图像能指与所指之间的限定关系，电视字幕的出现，则是在以具象为依据来接受和理解图像的基础上提供了另外一种解读信息的渠道，使具备一定阅读能力的受众拥有进一步理解图像内涵的手段。】

【同期】大卫·金博士（人类遗传学家）：真正困扰我的是，科学家们幻想在实验室里创造生命，在实验室完全掌控了人类再生。利用这个技术他们可能会开启修改人类遗传基因的先河，这太可怕了。

解说：面对外界的道德质疑，研究人员强调，他们不会利用试管精子进行人工授精，这不仅是因为英国法律不允许，而且从科学角度讲，这样做对研究小组也没有意义。

在上述案例中，科技的神秘面纱在电视新闻的呈现解读中被揭开，作为拥有最广泛受众的大众传播媒介，电视媒体对科技的普及化、大众化发挥着无可取代的重要作用。其中，电视新闻的画面、解说词以及同期声都是在以不同的表现方式，多角度地解读主题内容。在某种程度上，传播手段的现代发展造就了更加逼真的效果，同时也造就了更大的虚幻。② 在大众媒介诞生之前，人们通过对现实的感知和体验来了解和掌握世界，当这种基本的感知方式被大众传播媒介所影响后，人类与外部世界之间就犹如增加了一层透明的玻璃墙。人透过玻璃墙只能看到朦胧的世界，而玻璃墙上的世界却是一个更加清晰和精彩的世界，人相信和依赖这个精彩的世界，并在这个虚拟的世界中理解和把握客观存在的现实。③ 因此，大众传播媒

---

① 参见叶家铮：《电视传播理论研究》，北京师范大学出版社 2000 年版，第 75 页。

② 参见［加］哈罗德·伊尼斯：《传播的偏向》，何道宽译，中国人民大学出版社 2003 年版，第 66 页。

③ 参见［英］尼古拉斯·阿伯克龙比：《电视与社会》，张永喜等译，南京大学出版社 2000 年版，第 27 页。

介一方面呈现展示着现实世界，另一方面也改变构建着现实世界，正如麦克卢汉所言："看得见的世界不再真实，看不见的世界不再是梦想"①。美国著名社会学家盖伊·塔克曼曾在《制造新闻》一书中，阐述了一个重要的命题，他认为，制造新闻本身就是建构现实，而不是建构现实的某种图景。所谓的"现实"，并非是纯粹的、客观的，而是极具模糊性和复杂性的，无论其处于何种状态，"现实"都无可避免地为某些混淆承担着一定的责任。

作为现实世界的客观存在，科技是最可能被普通公众所认知的途径方式，即是通过大众传播媒介，也正因如此，科技得以被媒介呈现和建构的概率也最大。毋庸置疑，大众媒介对科技的社会化普及发挥着巨大的作用，但却也无法否认，媒介有的时候（甚至经常）会以一种歪曲的、带有偏见的或者意识形态的方式来呈现各种事件。②当这种歪曲的、带有偏见的或者意识形态的媒介呈现方式出现时，由大众媒介所建构的"科技现实"也就因此而产生了。这种被媒介建构的"现实"，"不屑于克隆现实，或跟在现实之后进行反映，而是凭借主观的理念与幻想进行虚拟，然后通过技术把一个现实中并不存在的，只是处在想象之中的世界真实地制作出来，并将虚拟的世界嵌入现实的世界之中，甚至还促使现实世界去模仿这个虚拟世界"③。在这种虚拟的、模糊的媒介建构背景下，一种潜在的、隐性的，但却具有巨大社会影响力的科技风险也随之出现，其中，尤以电视媒体的科技风险建构最为突出。

1954 年，德国社会批判理论的奠基人西奥多·阿多诺就写过一篇题为《电视与大众文化模式》的文章，表达了对电视的悲观态度。阿多诺认为，电视产品是经过精心设计而拥有多重结构的，目的就是从不同的心理层面上来麻醉观众，而电视的欺骗手段主要是一种"伪现实主义"，使观众不由自主地深陷其中。④对于阿多诺的观点，约翰·道克尔曾在其《后

① [加] 马歇尔·麦克卢汉:《理解媒介：论人的延伸》，何道宽译，商务印书馆 2000 年版，第 67 页。

② 参见 [英] 詹姆斯·库兰、[美] 米切尔·古尔维奇编:《大众媒介与社会》，杨击译，华夏出版社 2006 年版，第 234 页。

③ 江建文:《大众媒介与社会文化价值观的变化》，《当代传播》2006 年第 4 期。

④ 参见朱立元:《当代西方文艺理论》，华东师范大学出版社 2005 年版，第 461—462 页。

现代主义与大众文化》一书中作了这样的总结:"电视的目标就是一种伪现实主义。它充满了形形色色的原形和程式。它有一个一成不变的深层结构，这就是意识形态意义。它让观众身不由己认同屏幕上的东西，束缚他们令其婴儿般地寻求保护、就像孩子那样，寻求和企盼精神分析可以解释的安全保障。"① 由此看来，电视媒体之于社会现实呈现与建构的副作用自古有之，身处现代媒介化社会中的人们，更是依赖于电视所建构的社会现实。正如莫利（Morley 1996）所指出的那样:"电视取代了真实的概念。换言之，只有某个地方发生的某个真实事件上了荧屏，它才会变得真实。"② 电视是一种大众传媒，它不是以零碎方式传播的；而观众是零碎的，因为不同的观众群体以不同的方式欣赏电视节目。因此，一方面，电视是全球性的；另一方面，它又是地方性的。③ 莫利的观点代表了有关"全球化"的另一种主张:人们对"全球化"的认识不过是一种媒体再现而已。

当科技现实被电视媒体呈现的同时，科技风险也被电视媒体不断建构着，特别是当今某些电视媒体在经济利益的驱动下，往往选择极具戏剧冲突、违背伦理道德、极易引发社会恐慌的科技内容予以重点传播。如电视新闻从诸多可感知的科技事实中只选择某些领域和角度进行报道，并将其置于突出显著的位置（头条、专题报道、系列报道等）。如此一来，势必给受众对于科技事实的客观、准确的认知造成影响，倘若科技事实本身即是充满风险的，其风险影响通常在这种电视化的传播中被二次放大了。在科技风险传播中，电视媒体的这种"框架效果"会产生两个完全相反方向的社会效应，其一，可能提高公众对于科技风险的认知水平和防范意识；其二，可能造成公众对科学风险的心理恐慌和畏惧，在制造和灌输焦虑的同时，甚至造成相当大范围内的社会混乱，即科技风险的被电视化。一些跨国实证的相关研究证明，媒体制造焦虑是个很有争议的领域，不仅电视媒体如此，报纸等平面媒体也在对科技风险进行媒介化建构。

---

① 朱立元:《当代西方文艺理论》，华东师范大学出版社 2005 年版，第 45—46 页。

② ［英］伯顿:《媒体与社会:批判的视角》，史安斌译，清华大学出版社 2007 年版，第367 页。

③ 参见［英］尼古拉斯·阿伯克龙比:《电视与社会》，张永喜等译，南京大学出版社2000 年版，第 138 页。

案例一①：

　　2002 年 6 月 28 日星期五的《每日邮报》（Daily Mail）报道说，炸薯片可能会致癌。在科学家发现炸薯片中丙烯酰胺已经超过了"警戒"标准之后，该报道不仅具有科学依据，而且是一种"癌症警示"。(Daily Mail, 2002 a: 6) 来自大学和食品管理机构的 25 位专家一连 3 天都在讨论这个话题。在他们看来，30% 至 40% 与饮食有关的癌症都是丙烯酰胺引起的，这种物质不光在炸薯片中含有，谷类早餐和薄脆饼干中也存在。由烤或炸产生的这种物质还可能引起神经系统的损伤。虽然一些重大致命疾病和几种极受大众欢迎的食品之间的关联非常明确，但文章还是给出了两条特别的说明。首先，虽然丙烯酰胺有害，但现实的健康风险并不会立即发生："动物实验表明，丙烯酰胺只是一种，可能的，人类致癌物质。"其次，科学研究并没有表明食用丙烯酰胺后会立即致癌。只有长期不断地食用丙烯酰胺，才有致癌的风险。

案例二②：

　　在这篇文章的同一页，是另一篇关注转基因作物潜在危险的文章。在这篇文章中，读者看到"转基因花粉散播的警报"："科学家今天警告说，转基因植物的花粉能够污染方圆 2 英里以内的农作物。"(Daily Mail, 2002b: 6)。澳大利亚研究人员发现生长在（转基因）田地附近的传统油菜作物中 1/3 有遭受污染的迹象。转基因食品作物会"不可避免"地扩散进入环境中。这可能导致转基因作物排斥其他物种的结果出现。与其他植物发生交叉授粉是另一个可能的风险。还有一个风险就是，需要使用"破坏性"农药来杀死生长在转基因田地中的杂草。但科学家同时也警告了对他们研究成果的过度反应：

---

① 参见 ［英］ 大卫·丹尼：《风险与社会》，马缨等译，北京出版社 2009 年版，第 97 页。
② 参见 ［英］ 大卫·丹尼：《风险与社会》，马缨等译，北京出版社 2009 年版，第 100 页。

"他们同时也警告说，他们发表在《科学》杂志上的成果只是小规模的实验室实验，并不能精确地预测大规模种植转基因作物之后会发生什么后果。"（Daily Mail，2002b：6）

在上述两个案例中，不同的风险事例报道却呈现出了相同的风险媒介化特点，并经过长期的发展被概念化、模式化，有学者将其总结为以下几个方面：

- 风险报道构成了对公众的警告。
- 公共健康的风险是基于科学。
- 报道使读者有震惊的感觉。
- 危险的感觉是通过报道近期的科学讨论，并且揭示某个迄今为止还未知的风险而产生的。
- 风险报道与公众已有的关注产生了共鸣。比如转基因食物的报道引发了事先已经存在的公众焦虑。（见 Elderidge，1999）
- 风险报道为正在演变的相关风险事件提供了导向。
- 风险的后果打断了事件的正常进程。
- 新的报道经常考察对家庭日常生活的直接后果。
- 风险报道含有争议性因素。
- 潜在风险的规模有限。[1]

由此不难看出，有关科技风险的新闻报道不仅为广大公众提供了风险信息和风险预警，同时也对风险的社会效果进行了媒介化的建构，引导并影响了公众对于科技风险的理念感知和行为应对，进而间接地干预了风险事件的发展趋向、影响范围和潜在后果。这里的风险话语被整合进一个更广泛的社区安全的场景中。风险的焦点并不集中在个人，而是在集合的人群。这种"混合论述"使问题既是数量有限的个人的又是整个人群的。[2] 然而，作为建构主体的大众媒体，却认为其在提供一种公共服务，旨在培养公众的风险意识，而非对风险进行媒介化的建构。在世界风险社会语境下，

---

[1]　参见 ［英］大卫·丹尼：《风险与社会》，马缨等译，北京出版社2009年版，第101页。
[2]　参见 ［英］大卫·丹尼：《风险与社会》，马缨等译，北京出版社2009年版，第101页。

传媒受"不确定性"或"反思现代性"的制约，常常无法避免这样的一种传播悖论——传媒在促进受众的"风险认知"与社会的"风险沟通"的同时，也可能成为已有"风险"的动力和新"风险"的源头。大众传媒业属于信息传播产业，其开发的以知识、信息、符号为载体的产品也具有风险性，它需要一种来自对自身、预感或想象信仰的承诺。① 正如拉什在《风险社会与风险文化》一文提出的严重警告："始料不及的风险和危险将不再是由工业社会的物质化生产过程中所产生的风险和危险，而是从信息领域、从生物技术领域、从通讯和软件领域产生出的新的风险和危险。"②

　　现代社会中的科学技术是文明与风险的矛盾统一体，其中，大众传播媒介扮演着科技文明与科技风险之间的沟通者，在促进科学与公众对话的过程中具有双重意义。当科学信息传播不充分、不彻底时，风险会产生；而当科学信息被过度、夸大传播时，风险也会产生。科学的电视化传播一方面使神秘的、复杂的、高深的科技信息广为人知，满足公众的信息知情权，特别是对科技风险的预警传播，有效地培养了公众的风险认知，提高了风险的防范意识；另一方面，当科技风险被极具全球化特质的电视媒体广为传播时，一种个体的、隐性的、局部的风险也就因此成为了群体的、显性的、公开的全球性风险。在风险社会中，电视媒体在信息传递，风险预警的同时，也扮演着转嫁风险、放大风险，甚至引发风险的媒介角色。在某种意义上，对大众传媒在结构和功能上的矛盾性的剖析，本身就是风险认知的重要组成部分。③ 对大众传播媒介在风险传播中所发挥的积极效应，乌尔里希·贝克则给予了充分的肯定。他认为："对已经确定的风险的定义就像是一支魔棒，在一个对自身造成威胁的迟钝的社会，它可以激活政治中心。从这个意义上说，公众（大众传媒）对风险的揭示就成为流行的思想狭隘的'更多同样的事'这一态度的解药。"④ 但与此同时，

---

① 参见郭小平、秦志希：《风险传播的悖论——论"风险社会"视域下的新闻报道》，《江淮论坛》2006 年第 2 期。

② ［英］斯科特·拉什：《风险社会与风险文化》，王武龙编译，《马克思主义与现实》2002 年第 4 期。

③ 参见马凌：《媒介化社会与风险社会》，《中国传媒报告》2008 年第 2 期。

④ ［德］乌尔里希·贝克：《"风险社会"再思考》，《马克思主义与现实》2002 年第 4 期。

乌尔里希·贝克也冷静地指出，大众传媒对这一事实的揭示往往带有欺骗性，由此更加剧了人们的不安全感，更依赖于消费系统。[1] 在此背景下，我们不得不思考这样的一个命题：电视媒体在传递风险信息，建构风险现实，培养公众风险认知的同时，又该如何疏解自身的风险传播悖论。

三、科技与电视：风险与机遇并存

在人类社会启蒙时期，科学技术的诞生是作为反对封建专制体制和宗教神学的新生武器，其不仅是人类理性和文明的结晶，更是启蒙思想的强大力量。然而，随着启蒙思想的内涵逐步缩小为工具理性时，科技即成为了工具理性的载体，并以数量和效果作为自身评估和发展的唯一标准。在现代社会中，科技依然秉持着工具理性的发展理念，在为人类提供着先进、快捷、舒适的生活环境的同时，也于无形之中改变着人类的生活方式和生活习惯。与此同时，科技的进步催生了大众传播媒介的诞生，其中，以电视媒体为代表的电子媒体正是基于科技的不断发展而发展的，媒介科技的高度发达，带来了电视媒体传播理念、传播技术以及传播方式的根本性变革，由此可见，科技与电视有着与生俱来的天然关系。巴里·冈特曾对媒体、技术与社会之间的关系做过一些分析。他认为，媒体、技术与社会之间是一个相互联系的互动系统：其一，技术通过其聚合、重新传

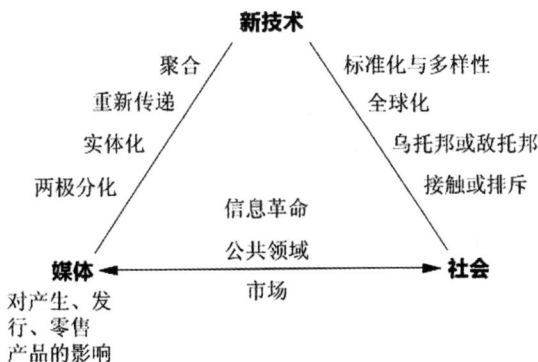

图 5-1-3：媒体技术：术语和争论

---

① 参见郭小平、秦志希：《风险传播的悖论——论"风险社会"视域下的新闻报道》，《江淮论坛》2006 年第 2 期。

递、实体化、两极分化的功能作用于大众媒介；其二，技术的标准化与多样性、全球化、乌托邦与敌托邦、接触或排斥的特性又深刻影响着现实社会；其三，对产生、发行、零售产品产生影响的媒体又通过市场与社会发生关系，这种关系可能表现为一场信息革命或一种公共领域的空间。①

在上述图示关系中，技术、媒体与社会之间的关系清晰地体现在生产、文本和产品的种种变化上以及与这种联系相关的种种事务上。但是，技术与媒体在多大程度上推动了这种变化？社会和受众在多大程度上促成了这种变化？对这两个问题的答案是模糊不清的。② 但当电视媒体仅就一种媒介技术而言时，其在建构社会现实中所发挥出的正向的积极作用和负向的消极作用却是毋庸置疑的。电视媒体选择性传递的信息，有效地促进了现代科技的进一步发展，增强了人类利用自然、改造自然的能力，拓展了人类的生存空间，开阔了人类理性思考的视野，激发了人类在物质世界和精神世界不断创新的动力，这些都是电视之于社会的积极作用。同时，也应该看到，"影像的流动势如破竹，这一流动的影像类似于随意控制这个感觉的世界的单一化内涵的他人；他决定影像流动的地点和它应该如何显示的节奏，像不断的而又任意的奇袭一样，他不留时间给反思，并完全独立于观众可能对他的理解或思考。"③ 在现代化的媒介社会中，人类越来越远离本真的、直接的现实世界，而是更多地依赖媒介对"现实"的虚拟建构来感知周围环境的变化，因此，人类长期以来都沉浸在对科技和媒体单纯而又紧密的依赖关系之中，并在这种互动的关系中不断求得自我的发展空间。

近些年来，随着通讯卫星和网络技术的飞速发展，电视媒体在时间上和空间上的信息传播行为日趋活跃，开放性也达到了前所未有的程度。与生俱来的先天技术优势，赋予了电视媒体特殊的媒介地位和媒介角色，其在传递科技信息时具有比报纸、广播更为广泛的社会影响力，比网络

---

① 参见［英］伯顿：《媒体与社会：批判的视角》，史安斌译，清华大学出版社 2007 年版，第 134 页。

② 参见［英］伯顿：《媒体与社会：批判的视角》，史安斌译，清华大学出版社 2007 年版，第 215 页。

③ ［法］居伊·德波：《景观社会》，王昭风译，南京大学出版社 2006 年版，第 119 页。

等新媒体更为权威的媒介公信力。电视媒介技术的发展将整个世界带入了"地球村"时代，跨区域的传播，特别是电视新闻中经常采用的现场直播，使人们逐渐模糊了对地域的感知，改变了人们对地域（或现场）的意义的理解。作为电视媒体最为突出的传播优势，"现场直播"的实现更是完全依赖于多项先进的科学技术，它不仅代表着电视传播方式的改变，在某种意义上，"现场直播"标志着电视媒体的一次根本性变革。自此以后，"新闻"的概念从 TNT（Today News Today）变为 NNN（Now News Now），"正在发生的事实的报道"已成为现代社会人们对信息传播的普遍要求。此外，以"内容融合、网络融合、终端融合"为核心内容的"媒介融合"态势，是当今中国媒介生态发展的必然趋势。其中，电视等传统媒体已在上述三个领域分别与其他媒体开展了合作，如通过与报纸、网络、手机等媒体的合作在新闻内容上互通有无，传输渠道上互惠共享，组织结构上互为补充，旨在走出一条具有中国特色的媒介融合之路。先进的科技为电视媒体的发展创造了无限的机遇，科技信息的普及传播、科技风险的预警防范也因此得以更好地实现。

　　电视作为一个全球性的媒介机器，它突破了时间与空间的局限，在新的时空内生产并传递信息。所谓对事件的"直播"或"现场"转播在没有对事件进行更大的技术处理和编排的情况下，被证明是不能充分赢利的，所以对"现场性"的表现是需要不断重新捏造的。无论电视经历了怎样的形式变革，它的基本经济使命在于将物质形象通过新的流通框架转换为价值单位。[①] 在电视传播信息的整个过程中，此时的"流通"并非只是机械的物质流动，而是被人为加工的可以被观看一种生产过程。因此，新闻信息的"客观性"是在经历了复杂的人为技术操控后，呈现出的信息特质，这些技术的目的是赋予新闻表达形式，使新闻播送者的主体性更具透明性，从而以最准确、不带任何偏见的方式展现"外面那边"的那个世界。[②] 所谓的"最准确，不带任何偏见的方式"并非是指新闻报道的绝对客观与公正，而是一种无限接近最真实、最纯粹的状态。正如尼古拉

---

① 参见王逢振：《电视与权力》，天津社会科学院出版社 2000 年版，第 77 页。

② 参见王逢振：《电视与权力》，天津社会科学院出版社 2000 年版，第 138 页。

斯·阿伯克龙比所言:"电视可以看作是了解世界的一个窗口,但是它并非百分之百地保真。它主要展示的是世界的一种框架、现实的一种翻版。这并不是存心要误导观众,原因仅在于无法找到唯一公正的、正确的方法来描述现实,这就好比是不同的人对厨房外的情景各有所见一样。"①

　　然而,在信息的真实性感知上,电视仍是当今中国公众最信任的媒体。这种媒介公信力很大程度上来源于电视与生俱来的两大媒介特质:一是对新闻事件的直观呈现,二是新闻工作人员的公开出现。乔治·科姆斯道克曾在其专著《美国电视》中写道:"电视经验可能正逐步地重新塑造新闻真实性的概念。"② 电视媒体以其特有的媒介符号彻底颠覆了信息的传播方式和受众的感知习惯,声画合一的双视听符号在媒介技术化革命的进程中获得了新的表现力:语言符号的能指与所指及所指事物之间不再存在距离,且没有任何相似性。而电视的所谓"出现于屏幕的真等同于在场的真",皆是因为电视符号的能指(即画面)不仅与所指有着相似性,而且与所指事物(即符号指向的客观世界)也有着惊人的相似性,使观者认为看到了能指(画面)就看到了所指事物(客观世界),从而使观者通过能指(画面)就能对所指事物(客观世界)获得一种在场感、亲历感。③ 如施拉姆所说:"它无需任何想象上的努力就可以从符号向现实图景飞跃。"④因此,从符号学意义上来看,电视的图像符号在结构上,其能指与其所指相似。⑤ 这种相似性的内涵即是符号和它的概念及它所代表的实体之间(或者如杰姆逊表述为符面与符意及符指之间)的相似,是被摄像技术制造出来的,是技术将所指事物改造为能指。⑥ 由此可见,科技进步在引发电视媒体信息传播的革命性变革的同时,也彻底颠覆了社会公众接受信息,感知环境的传统方式和习惯。

---

① [英] 尼古拉斯·阿伯克龙比:《电视与社会》,张永喜等译,南京大学出版社 2000 年版,第 23 页。

② 王逢振:《电视与权力》,天津社会科学院出版社 2000 年版,第 122 页。

③ 参见刘宏主编:《电视学》,中国传媒大学出版社 2008 年版,第 16 页。

④ [美] 威尔伯·施拉姆:《传播学概论》,陈亮等译,新华出版社 1984 年版,第 139 页。

⑤ 参见 [美] 艾伦·塞特:《符号、结构主义和电视》,载 [美] 罗伯特·C.艾伦编:《重组话语频道》,麦永雄、柏敬泽等译,中国社会科学出版社 2000 年版,第 6 页。

⑥ 参见刘宏主编:《电视学》,中国传媒大学出版社 2008 年版,第 16 页。

电视媒体独有的媒介符号和传播特点产生了前所未有的传播效果，快速的电波传播方式，广泛的覆盖收视人群，权威的传播影响力都是其他媒介所难以媲美的优势。其中，以现场直播为代表的电视节目形态，日益成为现代社会中公众获取信息的主流需求。作为图像符号的本质特性与新闻节目的本质结合最为紧密的节目形式，现场直播的电视符号能指与所指的相似所带来的真实感、现场感，对极具时效性、真实性的新闻类节目而言具有重大意义，体现出了电视新闻声画关系的独家标准，即在额定时间内多类传播符号有机融汇，给人们以视听兼备的信息满足。① 它的特点是：声画同步发生、发展，视听高度统一，使画面和声音具有最高的保真性，并同时指向一个具体的新闻形象。而声音的主体作用则在于它的逻辑表述力，可以使无序的画面物象形成一个有序的佐证系统，伴随物象的同期声音，则使本为真实的新闻空间更具可感气氛。② 电视受众在新闻直播中不仅体验到了身临其境的现场感，同时对周围环境的变化有了更为直接深刻的理性认知。然而，从另一个角度来看，电视这种以视觉传播为主的媒介同时也限制了其图像符号所指的无限性，也即直观性、在场感同时限制了想象力。③ 媒介符号的双效作用在电视媒体中表现得淋漓尽致，同时也成为其区别于其他媒体的一种后现代特质，如杰姆逊所说："在电视这一媒介中，所有其他媒介中所含有达到与另一现实的距离感完全消失了，这是个很奇怪的过程，但这一过程可以说正是后现代主义的全部精华。"④

随着数字技术和通信网络的飞速发展，极具后现代主义色彩的电视媒体凭借声画视听符号不仅将现实世界呈现得更为直接、更具视觉冲击力，同时还对现实世界进行了媒介化的重构，身处其中的受众几乎无法分辨真实与重构的世界。正如诗人叶芝所说，"看得见的世界不再是真实，看不见的世界不再是梦想。""为了把印刷的文字变为现实的图像所需要的想象力，难道不是可能比电视观众所需要的想象力还要大些吗？"⑤ 虚拟影

---

①　参见黄匡宇：《理论电视新闻学》，中山大学出版社 1996 年版，第 95 页。

②　参见黄匡宇：《理论电视新闻学》，中山大学出版社 1996 年版，第 97—98 页。

③　参见刘宏主编：《电视学》，中国传媒大学出版社 2008 年版，第 16 页。

④　张首映：《西方二十世纪文论史》，北京大学出版社 1999 年版，第 469 页。

⑤　[美] 威尔伯·施拉姆：《传播学概论》，陈亮等译，新华出版社 1984 年版，第 141 页。

像的传播力量是将世界从可见的现实拓展到了不可见的想象。① 正是这种不可见的想象在无形之中给予了媒介化风险滋生的土壤，在日常生活中，公会对风险的感知和应对，在很大程度上取决于其所获取信息的方式、频率及效力，任何有关信息的缺失或夸张都会对公众的风险感知和应对造成影响。如对车祸造成的人员伤亡事件进行信息传播时，复杂、枯燥的统计数据或理论分析较之于血淋淋的现场画面而言，给受众带来的感官上和认知上的冲击力都要小很多，后者更会给人们造成过高概率和过高风险水平的印象。因此，人们对信息所传递出的风险因素的感知受到传递风险信息的方式直接而深刻的影响，人们甚至可以通过改变传递风险信息的方式人为地控制和操纵对方对同一风险感知的程度。② 正如麦克卢汉所言："新媒介不是人与自然的桥梁，它们就是自然。"③

在现代化的科技社会中，人类的生活已完全置身于媒介化的信息包围之中，人们在欣喜于利用媒介所带来的便捷和利益的同时，又时刻忧虑着其所感知的世界乃是媒介的一种符号性重构。对现实社会的感知成为人们既渴望得到，又害怕得到的一个矛盾体，而信息的过度操控往往成为风险感知的根本来源。乌尔里希·贝克在论述"风险社会"中电视的影响时提出，电视"使人们从传统塑造和划定的交流、经验和生活环境中解脱出来。然而同时，人们又都处在一个相似的位置。他们都观看程式化制作出来的电视节目，从檀香山到莫斯科再到新加坡，全都如此"④。当电视媒体成为大众传播媒介的主流形式时，其拥有的对风险定义和建构的权力也就具有了新的意义。比尔纳茨基进一步指出，情绪反应与电视新闻报道的真实性有着极强的联系。当某个电视新闻给予受众的感知情绪是真实的，那么这则新闻报道也一定同样是真实可信的，所谓眼见为实的认知观点，在电视新闻中得到了最完美的诠释和强化。即使从绝对意义上看，该事件本身并不具有很重要的意义，但其具有的引发受众强烈情绪反应的因素即是

---

① 参见刘宏主编：《电视学》，中国传媒大学出版社 2008 年版，第 98 页。

② 参见刘霞：《风险决策：过程、心理与文化》，经济科学出版社 1998 年版，第 172 页。

③ ［加］埃里克·麦克卢汉、［加］弗兰克·秦格龙编：《麦克卢汉精粹》，南京大学出版社 2000 年版，第 310 页。

④ ［英］大卫·丹尼：《风险与社会》，马缨等译，北京出版社 2009 年版，第 103 页。

最有价值的，受众不断提高的风险感知就在于基于这一理解而作出的风险选择上。① 此外，"从技术上说，电视是趋向于一种特写镜头的媒介。特写镜头在电影里是用来取得使人震撼的效果，可是它用到电视上却成了家常便饭。一张电视屏幕那样大的照片可以非常详尽地表现十多张面孔的细部，可是十多张面孔出现在电视屏幕上就只能是模糊不清的一团。"② 由此看来，媒介化的"风险传播"是技术之于电视媒体的必然产物。

　　风险，以及它与危险之间的固有联系，不仅通过新闻而被表达，还以电视剧和纪录片的形式得以表达。《独立日》(Independence Day)(1996)和《黑衣人》(Men in Black)(1997)这样的电影，以及《X档案》(X Files)这样的电视剧，都被与风险有关的主题所主导。③ 基于特殊的媒介特性和表现方式，电视媒体总是倾向于将现实世界建构为充满风险与危机，如此才更具有吸引受众的魅力。然而，英国广播标准委员会(British Broadcasting Standards Commission)曾出示的一份报告显示，过度观看这类风险性内容的电视节目会助长观众采纳这些节目所展现的内容作为他们自己的世界观，并据此对现实生活做出非理智的判断。这是电视媒介化风险的又一具体体现。④ 当前，以电视为代表的全球性媒介，在为公众提供来自四面八方新闻信息的同时，正日益拉近人们与遥远的现实世界之间的感知距离，但同时也疏远了现实存在的实际距离，人与人之间不再对物理距离具有高度的敏感，社会关系也从即时的相互作用提升为延伸到全球的时间和空间⑤，成为一种全球化的即时沟通关系。莫里斯(Moores，2000)说明了时空分离是如何导致全球事件和本地生活之间的新联系的，且这种联系以引发焦虑的方式被表达出来。在2001年的美国"9·11"事件中，两架民航飞机先后对纽约世贸大厦进行疯狂撞击的现场场景，在第一时间

① 参见［英］大卫·丹尼：《风险与社会》，马缨等译，北京出版社2009年版，第103—104页。
② ［加］埃里克·麦克卢汉：《理解媒介：论人的延伸》，何道宽译，商务印书馆2000年版，第391页。
③ 参见［英］大卫·丹尼：《风险与社会》，马缨等译，北京出版社2009年版，第104页。
④ 参见［英］大卫·丹尼：《风险与社会》，马缨等译，北京出版社2009年版，第105页。
⑤ 参见［英］大卫·丹尼：《风险与社会》，马缨等译，北京出版社2009年版，第105页。

被各大电视媒体进行了全球性的直播，无论是否身在纽约，但凡看到如此惨烈的电视画面的人们，都为之深深地震撼，并感到极度的恐惧与不安。时隔两年之后，伊拉克被英美联军武力入侵的场景也通过电视媒体进行了全球传播，瞬间，一种全球化风险感知得以向世界各地迅速蔓延。然而，往往通过新闻类节目进行风险传播的电视报道，都十分简短，受众对于发生的风险事件的认识都相对模糊和有限。复杂的事件往往被浓缩成新闻追踪的"视频叮咬"，复杂主题以一种最能产生即时的戏剧化影响的方式被处理。①

当前，在市场经济力量的深刻影响和对收视率的片面追求下，电视媒体对于风险议题的短期狂热而忽视信息的完整性；新闻业与风险产业的公关联手操纵"依赖媒体、可被操控"的社会大众；电视的标准化与疏离效果慢慢将人从自身的生活情境中抽离，电视取代"大街"成为政治的重要场域。② 对此，乌尔里希·贝克也认为，"全球风险社会各种灾难在政治层面上的爆发将取决于这样一个事实，即全球风险社会的核心涵义取决于大众媒体"③。与此同时，跨区域、跨文化的风险传播也成为当前全球风险社会的重要表现形式之一。"文明的影响是相互的，也是不平衡的，特别是在信息文化高度流动性开放性的环境下，强势文明的、软权力、施加作用，就同时意味着弱势文明的、软权力，遭到侵蚀和消解，这样，文化安全问题在信息时代就更加凸显。"④ 随着传播技术的进步，电视媒体的风险传播特征已深刻地影响着人们现实生活的方方面面，并日益成为转型期社会权力结构中一种具有强大影响力的部分。

由上可知，科技与电视是与生俱来的协作统一体，科学技术的进步是电视媒体在媒介融合环境中实现自身可持续发展的基本前提，同时，电视媒体的发展对促进科技的普及化、大众化具有不可替代的重要价值。在科技与电视的互动发展中，中国的电视媒体已经把握住了三个关键的发展

---

① 参见［英］大卫·丹尼：《风险与社会》，马缨等译，北京出版社 2009 年版，第 104 页。

② 参见郭小平：《风险传播研究的范式转换》，《中国传媒报告》2006 年第 3 期。

③ ［德］乌尔里希·贝克：《"9·11"事件后的全球风险社会》，《马克思主义与现实》2004 年第 2 期。

④ 曹泽林：《国家文化安全论》，军事科学出版社 2006 年版，第 132 页。

机遇：其一，电视媒体从以往强地域性媒体转为泛全球化媒体，打破了地域、文化和国家的限制，成为真正意义上的全球媒介；其二，电视媒体告别了以往单一的媒介形态，而转为复合式的、立体式的多媒体融合形态；其三，媒介技术的发展颠覆了电视媒体对新闻资源的垄断地位，"全民记者"的出现绝对偶然，并将成为今后电视新闻不可或缺的资源提供者。然而，在科技带来的机遇式发展的同时，电视媒体也依然面临着风险传播的悖论。早在 1996 年，Waddell 就将风险传播定义为："风险传播中，价值、信仰和情感不只来自公众，技术信息也不只来自专家。相反地，这是一个信息的互动交换，在此所有的参与者均沟通、诉求、参与价值信仰和情感。通过这个过程，公众政策决定被社会建构出来。"[1]Katz 与 Miller 也同时认为，该定义强调风险信息沟通网络的互动性，有助于培养"参与式民主"。[2] 由此可见，技术纵然是电视媒体发展的基础前提，但却不能左右其具体的传播行为，只有人对现实世界的认知、情感和需求才是电视媒体信息传播的核心内涵，在科技创造的媒介发展机遇中有效地把握人的主观能动性，终是风险社会中电视媒体实现可持续发展的正确路径。

第二节　科技风险在电视新闻中的传播方式和特点

　　一直以来，电视跨越空间的能力和多种符号共用的特性使其在即时传播领域没有其他媒介能与之匹敌；这种线性连续传播的特点，使得电视传播不仅维系了观众的收视行为，培养了观众收视的期待心理，还避免了

---

[1] Waddell C. "Saving the Great Lakes: Public Participation in Environmental Policy", in Green Culture: Environmental Rhetoric in Contemporary America, C.Herndl & S.Brown (eds.), Madison: U of Wisconsin, 1996, pp.141-165.

[2] 参见 Katz, S. & Miller, C, "The Low-level Radioactive Waste Siting Controversy in North Carolina: Toward a Rhetorical Model of Risk Communication", in Green Culture: Environmental Rhetoric in Contemporary America, C.Herndl & S.Brown (eds.), Madison: U of Wisconsin, 1996, pp.111-140.

观众的视听疲劳症。所以，线性连续的传播方式，又"便于化整为零，可把暴饮和偏食，变为各种养分的定时定量供应，其间还留出一段消化时间；安排自己的收视食谱"①。同时由于科技发展带来的数字设备小型化趋势，使得电视摄录设备更便于携带和移动，也更易于现场操作和记录，因此，电视媒体在风险发生的第一时间往往能快速、准确地作出反应，高效地完成信息披露、风险预警、危机应对等多项任务，成为风险应对中的媒介利器。其中，科技风险作为最具有现代化特色的风险类型，其在电视新闻传播中有着区别于其他风险类型的独有方式和特点。

一、节目体裁多样、形式丰富

无论在任何时代，科技都是具有双重性的，科教类电视新闻节目在对科技信息进行传播，科技知识进行普及时，也自然会从两个方向进行选择，一是对有利于人类社会发展的科技成果进行宣传性告知；二是对已经或可能对人类社会产生风险的科技实践进行保护性预警。其中，在后者的电视化传播过程中，来自于科技本身的风险是既有的风险源，但倘若出现传播不当的行为时，则可能会产生另外一种风险源，即来自于电视媒体对科技信息的传播风险。在当前的媒介化社会中，科技风险的全球化电视传播，成为社会公众对科技风险感知的重要来源，有关科技风险的新闻和纪录片让人们广泛接触到来自世界各地的风险信息，并在长期的媒介接触中形成一定的风险认知。正如美国学者鲁道夫·阿恩海姆所说的："视觉形象永远不是对于感性材料的机械复制，而是对现实的一种创造性把握，它把握到的形象是含有丰富的想象性、创造性和敏锐性的美的形象。"② 此处的"美的形象"在科技风险的电视化传播中，主要表现为一种媒介情绪，即能引发人们对科技风险的思想认知和情感宣泄的双重共鸣。因此，随着时间的推移，人们以这样的一种观念把握其电视使用，即一种特殊的图像（电视毕竟只是图像流而已），任何一种特殊的社会行动的刻画——不管这种刻画是场景的、场面的、故事线索的、人物的、人物互动的，或其他任

① 朱羽君：《中国电视应用学》，北京师范大学出版社1993年版，第67页。
② [美]鲁道夫·阿恩海姆：《艺术与视知觉》，滕守尧、朱疆源译，中国社会科学出版社1984年版，第609页。

何东西。①

　　对于电视媒体的风险传播而言，直观鲜明的视觉形象和多维立体的符号信息是其区别于其他媒体的独家优势，特别是在科技风险的电视化传播中，这种媒介优势得到了更为突出的展现。据科学实验结果显示，人的大脑接受来自视觉器官眼睛的信息量是听觉器官耳朵的信息的 30 倍，也就是说，直观形象的视觉信息所带来的冲击力、认知力和感染力要远远超过听觉。具体来讲，电视媒体通过模拟制作的图表或动画，丰富形象的运动画面以及各种生动鲜活的声音来对晦涩难懂或无法实际拍摄的科技内容进行演绎。这种直观形象的画面展示，使普通公众不仅对高深的科技信息有了较为深入的了解，同时对其所带来或潜藏的科技风险的感知和思考也更为深刻。由此可见，电视图像在节目中有极大的包容性。凡是有助于直观形象、生动，一目了然地传播信息的形象化手段，均可列入与声音、文字对应的电视图像范围之内，成为电视节目所表现的客观对象。电视传播将视听因素同时存在的事物原生状态直接呈现在屏幕上，并辅之以多维立体的符号信息，如与同期声并行存在的，人物的表情、手势、神态、语调、动作、语气，乃至空间氛围和环境等非语言符号都是具有潜信息的，即可通过观众的主观思考和联想而产生其他信息，也因此有人把它归类到"语言"中来，称为"体态（或态势）语言""环境语言"等。② 因此，当科技风险通过电视媒体鲜明直观的画面和生动丰富的声响进行传播时，受众的临场感、参与感都被极大地激发出来，由此产生的情感共鸣使电视受众对风险的感知较之于其他媒体更为深刻。

　　在当今的电视荧屏中，以科技为传播内容的电视节目日趋增多，其中不仅包括传统的新闻类消息、专题，还包括以传播科技知识且极具时效性的科教新闻类节目。2001 年 7 月，中央电视台科教频道（CCTV—10）正式开播，以"教育品格、科学品质、文化品位"为频道理念的央视科教频道，在几年之内即成长为中央电视台一个具有鲜明特色的专业品牌频道。2010 年 12 月 12 日，央视科教频道进行了一次全方位的频道改

① 　参见［美］莱博：《思考电视》，葛忠明译，中华书局 2005 年版，第 250 页。

② 　参见叶子：《电视新闻学》，北京广播学院出版社 1997 年版，第 66 页。

版，一方面在创新节目形态的同时，加大了对科学知识普及、科学发现、生产生活中的技术推广和科学生活方式的宣传力度；另一方面在扩容频道知识含量，提升频道品质内涵的同时，提高了对科学信息传播的效率和频率。以《探索·发现》《走近科学》等为代表的原有品牌节目，以及《地理·中国》《创新无限》《自然传奇》《原来如此》等为代表的新增栏目，互为补充，相得益彰，共同打造科教频道传播科技信息、普及科技文化、提升人文气质的特色频道风格。其中，相当一些以传播科技信息为主题的科教类栏目，甚至是科教纪录片都具有很强的时效性，从宽泛意义上来看，这类电视节目都可纳入电视科教新闻类节目的研究范畴。因此，以科技为核心传播内容的电视新闻类节目，不仅具有多样的体裁类型，其表现形式也十分丰富。

2011年6月期间中海油渤海湾一油田发生漏油事故，这是中海油与美国康菲公司的合作项目。康菲公司负责宣传的人士表示，康菲是此项目的作业方。针对中海油蓬莱19–3油田漏油事故，2011年7月5日下午14时，国家海洋局在北京召开新闻发布会，公布了中海油渤海油田漏油事故的调查情况，并首次公布此次蓬莱19–3油田漏油事故的相关画面。据国家海洋局海洋环境保护司司长李晓明介绍，中海油渤海湾蓬莱19–3油田共有五个平台，此次漏油事件发生在B、C两个平台，发生事故的B平台早在6月4日已经开始少量溢油。李晓明称，根据6月4日以来的监测结果，溢油主要覆盖在附近海域，最远影响范围在蓬莱19–3油田西北约60公里。19–3油田单日溢油最大分布面积158平方公里，目前已使周围海域840平方公里的1类水质海水目前下降到了劣4类。其中B平台溢油范围覆盖158平方公里，C平台形成了长13公里，宽约100—150米的油带，溢油覆盖范围138平方公里。目前B平台经过减压措施，C平台经过水泥封堵措施，已基本得到控制。① 但此次事故的发生已对中国渤海的海洋环境造成了相当程度的污染损害。

以下视频案例是2011年7月5日中央电视台新闻频道《新闻直播间》

---

① 参见《中海油油井1月前已出现漏油　海水水质严重下降》，2011年7月5日，见 http://finance.ifeng.com/news/special/zhybhwly/20110705/4227913.shtml。

节目中，有关"中海油渤海湾溢油事件"的相关新闻视频。

　　主持人：经过整整一夜的颠簸航行，4日一早记者终于抵达了事发海域，这也是目前为止唯一抵达现场的媒体记者。

　　【在风险事件发生后，电视媒体成为普通公众全方位了解风险事件真相，身临其境感知风险场景最为可行的重要途径。】

图5-2-1：央视新闻频道《新闻直播间》报道记者直击中海油渤海湾溢油事件

　　记者沈翔：现在时间是7月4日的早上6：45，经过6个小时的航行，我们在海平面上看到了钻井平台。实地来看，19-3钻井平台实际并不只是单单的一个，而是一个钻井平台群。从现场来看，现在一共有1，2，3，4，5，6，7，我能看见的一共有7座海上钻井平台。蓬莱19-3油田是我国到目前为止建成的最大的海上油气田，属于特大型的整装油田。目前，探明的地质储量是10亿吨，可采储量是6亿吨，覆盖面积达到3200平方公里。从目前海面上的情况来看，还没发现明显的油污的污染带。

　　【记者通过镜头画面的生动呈现，及时介绍了有关蓬莱19-3油田的相关信息，为受众普及了有关油田开采的一些基本科技知识。与此同时，真实的现场画面表明了尚未发现油污的污染带的新闻信息，且极具说服力。】

　　解说：这7座钻井平台在海面上呈环形分布，记者随后环绕着这些钻井平台行驶了一圈，看见钻井平台上都悬挂着标有"PL19—

图 5-2-2：央视新闻频道《新闻直播间》报道记者在漏油事发现场并未发现明显污染带

图 5-2-3：央视新闻频道《新闻直播间》报道记者发现红色浮标，实为漂浮在海面上的输油管道

3B.C"的标牌，而标牌的最后一位字母则代表着蓬莱19-3油田各个平台的工作编号。

记者：蓬莱19-3B的井台旁边，我们发现了一束红色的浮标，这些浮标是什么呢？现在我们正在靠近它。

解说：靠近这些红色的浮标，记者看到，这是一条漂浮在海面上的输油管道，管道的两端深入到海底。正当记者在拍摄时，一艘经过改装的铁质渔船靠了上来。

【现场实况的即时记录是一种感知直观的视听形象信息，它可以在瞬间排除受众对于信息认知的不确定性，较之于平面媒体而言，电视现场画面在极大程度上降低了人们在阅读和理解文字时所产生

的想象差异性。现场画面中红色漂浮物，形象准确地向观众展示了正在工作的输油管道外观。】

记者：不让我们什么？

船民：不让你们拍摄。

记者：不让我们拍摄啊？

船民：不让你们拍摄，有什么问题上平台。

图5-2-4：央视新闻频道《新闻直播间》报道记者登上安全巡视船，与平台指挥中心进行电话联系

【电视新闻直播的魅力就在于其实时变动的不确定的发展过程，它是在事情不断变化的过程中，为受众提供意想不到的新情况、新信息，而这种即时信息又往往具有十分丰富的内涵，超越了解说和旁白的限定含意，满足了多元化受众的不同需求。如记者分别与船员和指挥中心的两段对话，就可引发受众不同的信息理解。】

解说：记者随后登上了这条改装的渔船，通过船上安装的高频电话，与钻井平台上的指挥中心取得了联系。

……

解说：在记者等待回音的时候，船员告诉记者，他们这艘船是专门负责钻井平台周边的安全巡视的，防止过往渔船影响钻井平台的作业。

……

解说：据这位船员回忆，发现有原油渗漏后，当地钻井平台调来了两艘专业的吸油船和12艘大马力的拖轮，在渗漏点周边的海域

图5-2-5：央视新闻频道《新闻直播间》报道记者就"漏油事故"对安全巡视船的
　　　　　船员进行采访

来回地进行吸油作业。直到一个星期前，才把围油栏撤了，两艘吸
油船也离开了，只留下了12艘拖轮在现场继续清除油污的作业。而
在整个过程中，包括他的船在内的五艘安全巡视船，也参与了吸油
作业。

　　船员：吸油这个船两边带着翅，转，往里吸，两边呼呼的。

　　记者：吸油吸了几天？

　　船员：吸油吸了六七天。

　　主持人：根据这位船员描述的情况，记者了解到了一些此次溢油
事件的细节。但是要了解整个溢油污染的情况，还必须找到钻井平
台的作业方才能弄清楚。我们的记者随后找到了此次溢油事件的直
接责任方。

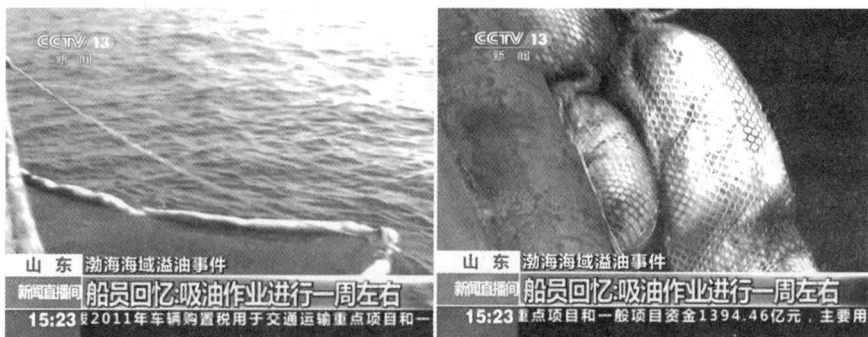

图5-2-6：央视新闻频道《新闻直播间》报道事故现场进行吸油作业的现场场景

解说：在等待钻井平台指挥中心的答复期间，记者注意到，航行在附近海面上的多艘大马力拖轮，始终在各个钻井平台之间来回穿梭。在19-3B座钻井平台的西面，有两艘拖轮正在联合作业，拖拽着长长的清油网进行清污。20分钟后，记者接到了钻井平台上工作人员打来的电话。

图5-2-7：央视新闻频道《新闻直播间》报道事故现场两艘拖轮正在联合作业，拖拽着长长的清油网进行清污

【在事故现场的吸油作业场景中，多次出现了"一周时间的吸油作业""多艘大马力拖轮""长长的清油网"等关键词语和画面，它们不仅给予了受众丰富的信息和强烈的视觉冲击力，还在一定程度上表明了该事故所造成的影响。】

……

图5-2-8：央视新闻频道《新闻直播间》报道责任方婉拒记者采访，事故真相依然扑朔迷离

解说：最后钻井平台的工作人员以不符合该公司的程序为由，婉拒了记者的采访要求，并要求记者不要继续拍摄，以免影响钻井平台的正常生产。而这场原油渗漏事故的来龙去脉，以及对周边的海域造成了怎样的影响，对方依旧是闭口不提。

【该则新闻在结束的时候，并未对此次渤海湾溢油事故的风险原因、影响程度，危害情况进行详细确定的说明，而是留了一个悬念式结尾。其目的一方面为接下来的后续报道制造悬念，留有继续发挥的余地；另一方面充分地调动了受众的主体意识，让其根据自我的认知和视觉体验，从屏幕上观察、判断、理解新闻所传播的内容信息。】

风险发生后，电视新闻之所以能带给受众最强烈的视觉和心理冲击，就在于其不但能对新近发生的新闻事实及时报道，还能在事件发生的同时进行同步直播报道。与报纸、广播等相比，电视新闻可以同时运用画面、声音和文字三重符号，特别是对关键画面信息进行字幕解释和补充。当前，随着媒介技术的发展，文字符号越来越成为电视传播体系中不可或缺的重要组成部分，其主要包括两大类别：其一是字幕，作为新闻信息的直接表述元素，"字幕就是兼容报纸文字传播的特点，有一种文字传播所具有的优雅"[1]；其二是出现在画面图像中的说明文字，如标语、横幅等。较之于平面媒体而言，电视媒体似乎更适合表现视觉感较强、理论性较弱的信息，但文字符号的出现却有效地弥补了电视媒体的这个缺陷，作为电视传播中的强势传播要素，文字符号不仅具有强大的逻辑意义概括能力，更是与电视的图像、声音、特技等一起组成了一种共时空的多方位多信息渠道的传播手段。[2] 总之，电视媒体是一种综合运用多种符号的大众传播媒介，它的兼容性要求在节目制作过程中合理而巧妙地运用各类符号元素。电视各类符号可以按一定的意图复合使用，如声画分立、画面叠印、声音混录、一屏多画面等。多元符号的合理组合足以形成立体交叉的密集的信息"阵"，无疑有助于深化、拓展传播内容容量。[3]

---

[1] 朱羽君：《现代电视纪实》，北京广播学院出版社1998年版，第157页。

[2] 参见张晓峰：《解构电视：电视传播学新论》，中国广播电视出版社2006年版，第146页。

[3] 参见叶家铮：《电视传播理论研究》，北京师范大学出版社2000年版，第88页。

在科技风险的电视化传播中，除了狭义概念上的电视新闻，即消息类电视新闻之外，还有与科技风险传播有关的专题类电视新闻和评论类电视新闻。对同一风险事实，电视新闻节目可以从不同的角度，用不同的方式进行个性化表现，因此，广义的电视新闻节目体裁多样，形式丰富。具体到科技风险传播领域中，消息类电视新闻的特点是简要、快速、广泛地，对最近或正在发生的科技风险进行第一时间的准确报道，特别是当重大突发科技风险发生时，消息类新闻是公众第一时间获取有关风险信息的重要渠道。在所有类型的电视新闻节目中，消息类新闻往往是人们快速获取信息的最佳途径，也是目前最为广泛的电视新闻节目形态。"由于它天天同观众见面，影响面广，人们习惯性地把这种狭义的电视新闻称为电视新闻。"[1] 与消息类新闻有所不同，专题类电视新闻是指综合运用各种电视表现手段和播出方式，深入报道某一重大新闻事件或某些具有新闻价值又广为群众所关心的典型人物、经验、新出现的社会现象以及某一战线、地区新面貌等题材的新闻报道形式。在形态上，以系列报道或者连续报道的形式出现；在时效上，它和消息更为接近，是报道刚刚发生或正在发生的事；在内容上，它是消息类新闻简要报道的延伸、扩充，是较为详尽、全面的报道。[2] 如对科技风险进行报道时，专题类电视新闻是将风险事件的新闻性与艺术性、深刻性与丰富性相结合，并侧重风险事件多层次、多角度、全面性的立体化报道。"新闻专题不能简单地报道事件结果、简单地介绍事件过程、简单地进行某种是非判断、简单地传达某种结论，这要着重于过程和原因分析，要再现生活的复杂性和矛盾性。要展现生活的丰富性和种种出人意料又在情理之中的一些特性。"[3] 评论类电视新闻是以传播新近发生的意见性信息为目的的一种电视传播手段，在科技风险传播中则表现为对某一科技风险事件发表一系列的观点、意见和看法等。

一般来说，电视节目是电视传播过程中的最基本单元，它是各种播出内容的最终组织和播出形式，是可被人们理解、感知和赏析的视听作品。当前，电视节目的种类十分丰富，如新闻类节目、文体类节目、谈话类节目、科教类节目等，且不同类型之间往往具有一定的交叉性，呈现出复合节目的特征。科技作为电视传播内容中极为重要的一部分，已通过多种节目类型的丰富表现，深入到了普通公众的日常生活中。然而，电视节目是集多重符号于一体的复杂系统，不同类型的电视节目在不同的时间、对不同的受众具有不同的意义。其一，一个完整的节目是由各种不同的叙事策略和信息组合构成的；其二，不同的话语表现方式对不同的收视关系进行着方向性的选择；其三，基于不同的频道定位，受众在收视前的情绪准备和心理预设也不尽相同；其四，不同受众群体对同一事物的理解方式和程度也受限于其自身的知识水平、文化程度和认知能力。因此，尽管都是与科技内容相关的电视节目，但带给受众的感性体验和理性认知却各有不同，人们遇到不同的场景和人物塑造，并从不同角度诠释它们，对人们来说是普通的事情，这取决于电视所刻画的内容本身，也取决于它们带给人们的社会知识。在某种意义上，电视节目是一种不同于叙事传统所携带意义的视觉图像运动，这些视觉图像从不同的角度向受众提供了这样一种机会：电视受众在社会行动的刻画之间，在视觉图像的不同时刻之间自由地行动，同样也让他们往返重复于节目的不同层次之间。①

二、模拟化呈现与故事化演绎

在现代化社会中，飞速发展的科学技术一方面丰富了电视媒体的传播内容，另一方面也彻底改变了电视媒体单一的、传统的新闻传播方式。特别是数字与网络技术的兴起，在为电视新闻传播方式提供坚实的物质基础的同时，也极大地丰富了电视非语言符号（图像）的能指叙事价值，令电视新闻的语言形式嬗变得更加丰富，有效提高了电视能指画面的可视性与可塑性。② 就电视节目而言，信息传播的效果与价值同其所采用的传播符号有着不可分割的密切关系，其中，以图像、图形等非语言符号为代表的能指符号，较之于字幕、口播等单一的语言符号而言，具有极强的可视性，其不仅是电视节目内容的重要载体之一，更是电视媒体最为突出的

---

① 参见［美］莱博：《思考电视》，葛忠明译，中华书局2005年版，第127页。
② 参见黄匡宇：《当代电视新闻学》，复旦大学出版社2010年版，第27页。

媒介优势。传播学界关于受众信息接受能力的研究表明：非语言符号与语言符号各自传播同一具体信息时，非语言符号更能消除观众对信息理解的"不确定性"，这是因为具象的非语言符号比抽象的语言符号具有更丰富的信息涵盖量。① 因此，电视新闻在具体的传播过程中，通常选择多视角的画面作为能指符号元素，试图营造更为准确、生动、形象的新闻视觉感，以争取最佳的传播效果和最大的叙事价值。正如詹姆逊所表明的，电视形象并不是在其时空框架"以后"或"以内"被生产出来的，这些只是这一装置的工作维度。电视形象的框架的发散性把它与照相和电影区别开来，这后两种形象商品形式对应于先前时代的生产结构。即便如此，电视具有改变自己最初成像方式的能力。②

　　作为新闻的生命，真实性是所有新闻媒介得以生存和发展的基本前提，它构成了媒介传播基础的共性，但同时它又寓于具体媒介传播的个性之中，并通过各自不同的媒介特质得以个性化的展现。就电视新闻的真实性而言，因电视传播视听兼备的叙事特点而具有独特的规范性，其在电视新闻传播过程中的体现可涵括为内容和形式两个层面：从内容上讲，电视新闻传播必须是以客观存在（正在发生或已经发生）的所指"事实内核"为依据的信息；从形式上讲，电视新闻传播的事实涉及构成能指影像画面的时间、空间等"形式事实"的规范。③ 由此可见，能指图景与所指文本高度契合，是衡量电视新闻传播真实与否的根本。当科技风险发生时，人们总是渴望通过媒体第一时间了解到事件的最新进展和事发现场的真实情景，此时，电视媒体因其强烈的现场感或潜在的现场感而往往成为人们最倾向选择的媒介。然而，不同的风险事件具有的新闻价值各不相同，其在电视节目中的具体表现方式也各有差异：首先，对风险进行现场直播类的新闻是最具有吸引力的，直播中新闻能指图景与新闻所指文本同步吻合发生，带给受众是身临其境的现场感和认同感；其次，在风险事发现场进行真实场景的拍摄和录制，但并非同步传递给受众的录播类新闻，也带给观众较为及时的信息和相当程度的视觉冲击力；此外，有些科技风险事

①　参见黄匡宇：《当代电视新闻学》，复旦大学出版社 2010 年版，第 30 页。

②　参见王逢振：《电视与权力》，天津社会科学院出版社 2000 年版，第 77 页。

③　参见黄匡宇：《当代电视新闻学》，复旦大学出版社 2010 年版，第 95 页。

件本身或其发展过程中的某一部分并不适合或根本无法进行实景拍摄和录制，即新闻本源能指画面（新闻现场画面）先天性缺失。但电视新闻不同于报刊新闻，报刊新闻忠实于内容层面的"事实内核"便可，而电视新闻除了要满足"事实内核"的全部要求之外，还必须恪守"形式事实"层面的时间、空间等能指要素所构成的"事实现场"的要求。[①] 因此，当代电视新闻业者往往在传承新闻漫画文化积累的基础上，充分吸取当代新媒体动漫（动画或漫画）传播的形式成果，开创了电视新闻节目运用"动漫"能指图形叙事以虚拟情境还原新闻事件发生、发展、结局全过程的新格局。[②]

　　2011 年 8 月 8 日，受到台风"梅花"影响，大连地区海岸风力高达 8 级，岸边海浪高达 20 米，大连金州开发区大孤山福佳大化石油化工有限公司沿海一处在建防波堤坝发生局部溃坝，厂区内大量有毒化工产品有随海水泄漏的危险。险情发生后，大连市政府立即启动灾害紧急救援预案。事发后至少有超过 400 台次的大型工程车辆运载各种石料前往大坝进行围堵作业。在距离大坝仅仅 20 米的地方就可以看到苯罐和 PX 罐。而这两种化工品都是有毒易燃物质。9 日 15 时左右，大连福佳化工防波堤坍塌决口处被堵住。目前，前线指挥部正在采取措施进一步加固防波堤。据悉，此次发生事故的项目就是大连福佳大化公司 PX（对二甲苯）项目。PX（对二甲苯）是一种重要的有机化工原料，用于生产塑料、聚酯纤维和薄膜。PX（对二甲苯）是一种无色透明液体，具有芳香气味，易燃，有毒，是一种危险化学品，可使胎儿发生畸形，对人和环境影响非常大。福佳大化位于大连市区东北部，冬春季节北风常刮，是大连的上风口，倘若这种化工产品暴露在空气中或者遇水之后，将对大连居民的人身安全造成极大的危害。

　　以下视频案例是 2011 年 8 月 9 日中央电视台新闻频道《朝闻天下》节目中，有关"大连福佳大化公司 PX 项目化学污染风险"的相关新闻视频。

---

①　参见黄匡宇：《当代电视新闻学》，复旦大学出版社 2010 年版，第 95 页。

②　参见黄匡宇：《当代电视新闻学》，复旦大学出版社 2010 年版，第 27 页。

口播：受到"梅花"的影响，昨天凌晨位于大连开发区的大连福佳大化石油化工有限公司内部的防波堤被巨浪冲垮，经过连夜的抢修，被海浪冲开的两处缺口，已经被堵住了！来看本台记者昨天在现场的报道。

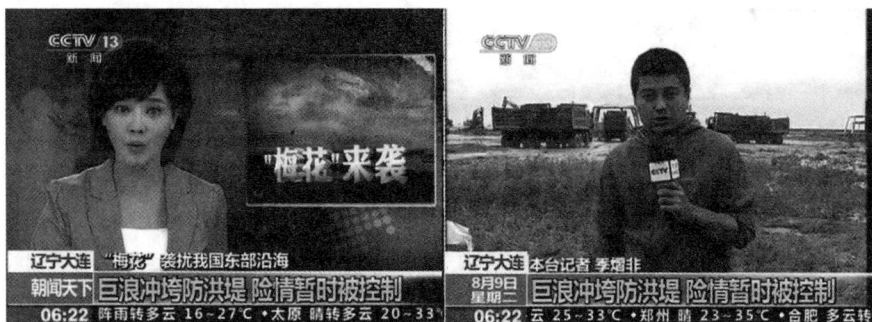

图5-2-9：央视新闻频道《朝闻天下》记者现场报道大连福佳大化公司防洪堤坝被冲垮情况

记者：我们现在是在大连福佳大化石油化工有限公司的储罐区。发生在今天的这个防波堤的溃坝事件，就在我身后也就是不到一百米的这个位置。现在，整个大连地区的强降雨也是比较严重的。而且可以看到现场显得非常泥泞。而且我们了解到，在防浪堤一侧，海上的阵风已经达到了7—8级。所以拍到防浪堤上的浪，最高的时候可以达到20米。也正是因为这样的一个巨浪，才造成这个化工厂的防浪堤出现这次的垮塌事故。

【例如"就在我身后也就是不到一百米"，"可以看到现场显得非常泥泞"等极具现场效果的语言，给予了受众强烈的视觉冲击力和身临其境的现场感，进而对风险所带来的危害有较为深刻的感知体验。】

解说：记者在现场看到，防浪堤有两处出现垮塌，其中最宽的一处，缺口至少长约30米，海水倒灌进了化工厂区，直接威胁到50米外的化工原料罐区。

【在动画模拟制作的"防波堤坝溃坝示意图"中，"冲毁堤段"部分的模拟演绎十分生动，观众不仅可以清晰、直观、形象地了解

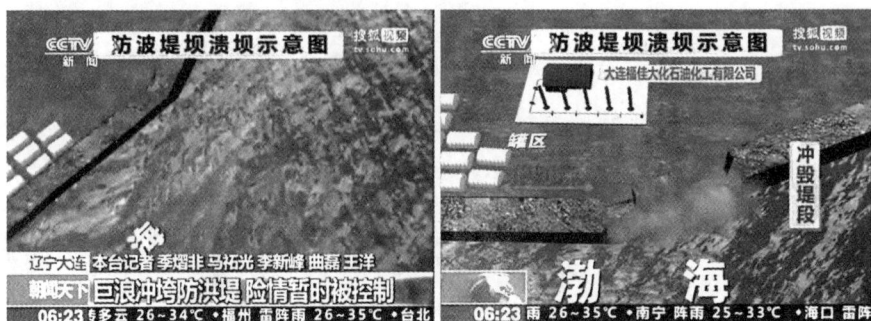

图 5-2-10：央视新闻频道《朝闻天下》报道防波堤坝溃坝示意图

堤坝溃坝的整个过程，还同时在头脑中形成了对事发现场的立体宏观图。对于此类无法或难以通过实景拍摄进行电视化表现的风险情景，采用数字模拟化呈现往往是最生动形象的，其在遵循事件真实性的原则下，灵活运用先进的科技手段呈现事实，达到更好的传播效果。】

解说：现场抢险人员介绍，由于防波堤面比化工原料罐区的地面高出近两米。倒灌的海水将连续冲刷化工原料罐下的路基。一旦路基垮塌，将造成罐体倾斜。罐内的对二甲苯液体等化工原料极有可能外泄。

解说：险情发生后，大连市在第一时间组织武警、消防、边防等力量抢险。有关部门通过管道将罐内化工原料液体向安全地带转移。经过抢险人员近 12 个小时的努力，下午 3 点，防波堤坍塌决口已被堵住，险情得到有效控制。

图 5-2-11：央视新闻频道《朝闻天下》报道对溃坝的防波堤坝进行抢险的现场情景

在上述案例中，新闻本源能指画面，即新闻现场画面客观性缺失，而单纯的口播新闻不仅无法完整地诠释整个事件发生的具体过程，还容易给观众造成收视疲劳，使其产生情绪抵触，大大降低对信息的敏感性和积极性，最终的传播效果也往往不尽如人意。特别是针对突发性的科技风险，必要的模拟化演绎和生动的画面展示，是最容易在短时间内吸引受众的注意力，图像叙事的比率越高，受众对风险信息的心理印象越强，认知和认同的程度也越高。

河南省沈丘县周营乡黄孟营村，坐落在淮河最大的支流沙颍河畔，因严重的水污染，使黄孟营村民遭到灭顶之灾。大约从十几年前开始，这个美丽的村庄逐渐被由于水污染而诱发种种疾病的阴影所笼罩。黄孟营村全村有 2400 多人，80% 的青壮年常年患肠炎，大多数育龄夫妇丧失生育能力，人口出现负增长；畸形儿，痴呆儿屡见不鲜，十多年来没有送出一个合格兵；一家有两个以上癌症病人的家庭就有 20 多个，有两户人家因患癌症病死成绝户，该村成了名副其实的"癌症村"。黄孟营村还有许多残疾及其他疑难病症患者，仅失明、聋哑、四肢残疾的就有 41 人。食道癌、胃癌、肠癌、肝癌、肺癌等癌症的患病率明显偏高，且死亡人数也一年比一年多。受到污染的沙颍河，水面漂浮着白色泡沫，水呈黑色，臭味令人窒息，学生上课必须戴口罩，打了十几米深的水井，闻着有怪味，喝着有苦味，两岸居民的饮用水极为困难。沙颍河水中主要污染物是硫化氢和二噁英。硫化氢是一种有毒的窒息性气体，二噁英则具有极强的致癌、致死作用。水污染是导致黄孟营村癌症流行的根本原因。水质监测表明，沙颍河水质为劣五类水，已经没有任何利用价值，既不能用于工业，也不能用于农业灌溉，更不能作为公共饮用水的水源。在淮河流域，一首广泛流传的歌谣，唱出了淮河儿女心中的椎心刺痛："五十年代淘米洗菜，六十年代洗衣灌溉，七十年代水质败坏，八十年代鱼虾绝代，九十年代拉稀生癌……" 14 年来，村里死于癌症 105 人，占死亡总人数的 51.5%，死亡年龄大多为 50 岁左右，最小的只有 1 岁。

以下视频案例是 2004 年 8 月 9 日中央电视台《新闻调查》节目中，有关"工业废物水污染下的癌症村：黄孟营"新闻的部分视频。

出名的癌症村：

河南省沈丘县周营乡黄孟营村坐落于淮河最大的支流——沙颍河畔，大约从十几年前开始，这个美丽的村庄就逐渐开始被癌症的阴影所笼罩。这场灾难究竟来自何方？为了解开这个谜团，记者来到了黄孟营村。

图5-2-12：央视综合频道《新闻调查》报道对工业废物水污染下的癌症村进行实地调查

7月8日清晨，记者驱车来到了河南省沈丘县周营乡黄孟营村，刚一进村就赶上了一场葬礼。死者名叫孙美兰，66岁，生前患有偏瘫和脑血管疾病，7月6日猝死在家中。听村里人说十几年来黄孟营村癌症多已经在当地出名了，今年这一年就新增了17个癌症病人，其中8人已经死亡。

王林生，黄孟营村党支部书记，从小就生活在黄孟营，担任支书已经有十几年，他带记者来到了村里一条普通的街道。就在这条有着十几家住户的街道上，一连八家都有癌症病患。

记者在调查中了解到，黄孟营村近二十年来第一例癌症死亡病例出现在1986年，此后村里患消化道癌症死亡的人数也越来越多。

【节目在开篇部分即提出了一个有关风险危害的谜团，并在基于时间顺序的基础上，以记者到事发现场进行采访调查的亲身经历为整个节目内容的主线索。】

在黄孟营村，有两个以上癌症患者的家庭有20多个，其中有两户已经人烟绝迹。

饮用水污染：

一个原本宁静美丽的村庄为什么会一反常态连年来不断出现那么多不正常的疾患、癌症和死亡？如果按照公共卫生学的角度来看，出现这种情况一定与人们的生活息息相关，比如说食物、水、空气等的基本生存条件发生了质变。那么十几年间，黄孟营村究竟有什么东西发生了根本的改变呢？

据记者调查，黄孟营村村民的食物与一般北方农村基本相同，村庄周围也确实没有什么空气污染源。那么究竟是什么给黄孟营的村民带来了癌症和死亡呢？

如果不是空气、食物这些因素，那么最有可能导致癌症的就只能是村民的饮用水了。记者发现，黄孟营村有很多的坑塘、沟渠。

【记者根据现场的所见所闻，提出一个问题：什么原因导致近些年来村里因癌症病死亡的人数剧增？问题的提出，一方面有助于引发受众的思考并凝聚其注意力，另一方面在于引出后文，为"谜团"的解开做前期铺垫。此时，节目内容的发展逻辑从时间顺序逐渐转入逻辑顺序，形成了故事化讲述的风格。】

据村里人讲，流入黄孟营村的水来自于两公里以外的沙颍河，当地老百姓习惯地把沙颍河流入到沈丘段称为沙河，而沙颍河是淮河最大的支流，也是历年来污染最严重的一段水域，在我们的请求下，工作人员也从沙颍河取了水样，现在从表面上看沙颍河是黑色的。

五天以后，记者来到了阜阳市环保监测站，监测站提供的水质化验结果表明，沙河沈丘段、黄孟营村水塘、干渠等三种水的化学需氧量，也就是COD，以及氨氮等五项指标已经超过五类水的标准，应当属于劣五类水。根据我国《地表水环境质量标准》，沙河和黄孟营村的地表水这种劣五类水已经没有任何利用价值，既不能用于工业，也不能用于农业灌溉，更不能作为公共给水的水源。

【记者请求阜阳市环保监测站对村里的水进行水质化验，结果显示：黄孟营村的水属于劣五类水，该水没有任何利用价值，既不能用于工业，也不能用于农业灌溉，更不能作为公共给水的水源。与此

同时，节目还对相关的污染源进行了分析和解释，由此彻底揭开了"谜团"真正的原因，给予了观众一个极具说服力的说法。】

污染的后果：

沙颍河是淮河最大的支流，全长 619 公里，占淮河来水量的 60% 以上。从上个世纪 80 年代末开始，上游的郑州、开封、漯河、许昌、周口等地的工业污水和生活污水全都被排放到沙颍河支流，在周口汇入沙颍河。淮河十年治污关闭了大量的"五小"企业，沿河的排污企业基本上也都建立了污水处理设施，沙颍河的污染有所改善。但是一些效益较好的大中型企业，比如项城的莲花集团、漯河的银鸽造纸厂、周口丁集的德杰皮革厂等多家企业仍然在排放污水，再加上日渐增多的城市生活污水，使得沙颍河的污染无法根治。

根据科学的检测和专家的分析，黄孟营村十几年来发生的癌症、残疾甚至儿童的先天性心脏病都与水污染有着密切的关联。而就在这十几年间，黄孟营村的水质发生了很大的变化。听村里人说，十几年前的黄孟营碧水荡漾，鱼虾成群。

就在采访结束的第二天，我们得知，黄孟营村又有一个村民死于癌症。

在上述案例中，节目内容在总体上分为三个部分：出名的癌症村、饮用水污染和污染的后果，从三个部分之间的关系不难看出，节目总体的主线是依据提出问题、分析问题的逻辑思路。围绕"谜团"这个悬念，节目以记者在实地现场的所见所闻为主要内容进行讲述，通过故事化表达的方式一步步揭开"谜团"。在风险的电视化传播中，故事化的叙事策略不仅有益于受众清晰地认知和理解风险事件，更重要的是给予了受众情感上的趣味性和认同感。

据英国《每日邮报》报道，早在 2008 年英国科学家已秘密制造了 155 个同时包含人类与动物基因的杂交胚胎。所谓"人兽胚胎"实验，过程主要包括将人类遗传物质植入动物卵子中，进而克隆出人类胚胎。这种胚胎 99% 以上的遗传物质属于人类，可用于提取研究用胚胎干细胞。由于培育出的胚胎具有一定"人兽混合性"，加之通过杀死人类胚胎提取干细胞的做法存在伦理争议，不少国家明令禁止开展这种人类胚胎干细胞实验。2008 年 4 月 1 日，英国纽卡斯尔大学研究人员称，他们成功培育出了人兽混合胚胎。这一天，距离英国人工授精与胚胎学管理局（HFEA）批准该项研究不足三个月。在此项研究中，纽卡斯尔大学把从人类皮肤细胞中提取的 DNA 注入来自母牛卵巢的卵子，卵子的所有遗传物质已经基本上被去除。经过在实验室的 3 天发育，他们最终得到了所谓的人兽混合胚胎。目前，这个已经存活了几天的人兽混合胚胎，含有 32 个细胞，研究人员希望它能继续生长到第 6 天，再从中取出干细胞供研究。英国人工授精与胚胎学管理局 2008 年 7 月 5 日决定，批准研究人员用动物卵子和人体遗传物质混合形成胚胎，为医学研究提供干细胞来源。这一决定引起巨大争议，支持者和反对者相持不下。

以下视频案例是 2011 年 8 月 1 日四川新闻资讯频道《看世界》节目中，有关"人兽胚胎生物基因风险"新闻的部分视频。

口播：英国媒体曝出，过去三年，各家实验室已经培育出一百五十多个含有人类和动物基因的杂交胚胎，引发了各界的关注。

解说：美国好莱坞就有一部影片讲述科学家创造人兽杂交物种的故事。两位夫妻科学家逃不过好奇心的驱使，秘密开始了人兽杂交实验，女科学家甚至提取自己的卵子来进行科学实验。结果他们创造出来了一个叫"德伦"的生物。一个有着啮齿目动物特征，但又长着巨大的双眼、长尾巴和细胳膊的怪物。但是"德伦"终归不是人类，随着成长，"德伦"的情绪难以琢磨，并时常暴躁残忍。当两人终于下定决心要杀死这个怪物时，"德伦"已经无法控制。"德伦"被杀死前，还刺穿了男科学家的心脏。虽然这些情节都出自编剧的想象，而且人兽胚胎被规定不得发育超过两周。但秘密的实验加上科学家不可预料的好奇心。科学的禁区是否会被突破，谁也没法打这个包票。

【针对"人兽胚胎"所引发的生物基因领域中的科技风险，节目开始即引用了美国好莱坞有关"人兽杂交物种故事"的电影片段，极富视觉冲击力和震撼力的电影片段画面与故事化讲述的方式，不仅有效地抓住了受众的注意力，更重要的是使普通受众快速了解了有关"人兽杂交"的一些基本知识，为接下来的新闻信息接受做好了基础知识的铺垫。】

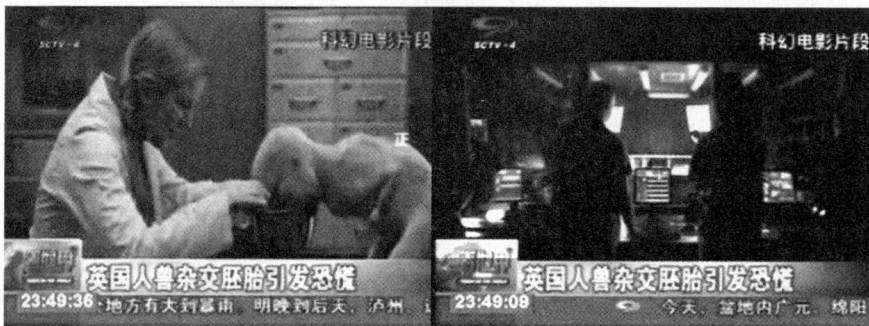

图5-2-13：四川新闻资讯频道《看世界》引用科幻电影片段对人兽杂交胚胎进行解释

解说：而根据《每日邮报》掌握的数字，英国多家实验室过去三年中，一直秘密进行人兽胚胎杂交的实验。并且已经制造了一百五十多个包含人类和动物基因的杂交胚胎。早先在英国这样的实验并不合法，但英国在2008年颁布的《人类受精与胚胎学法案》使多种杂交物种合法化，并赋予伦敦国王学院、纽卡斯尔大学和华威大学等三所研究机构进行相关试验的权利。科学家们都宣称，人兽胚胎中的干细胞，可以治愈多种不治之症。

何慧君（台湾万芳医院干细胞研究中心主任）：其实法规都是防君子，不防小人。万一就是出了什么变种的东西，法规一定会规定你，不允许这么做。但是没有办法去规范实验室的每一个环节，是不是正常的操作。

【对该领域的专业人士进行采访，极大地增强了新闻信息的权威性。】

解说：虽然科学家们表示，做这些实验是为了寻找一系列人类疾病的治疗方法。但是反对者则认为，这是让英国蒙羞的一件事。一些反对者指出，这一百五十五个秘密制造的混合胚胎中，都包含了人类和动物的基因信息，严重妨碍了科学伦理。

图 5-2-14：四川新闻资讯频道《看世界》报道台湾万芳医院干细胞研究中心主任质疑人兽胚胎的合法性

解说：而就在秘密实验消息曝出的前一天，英国科学家委员会提交了一份报告，呼吁政府加强对混合胚胎研究的监管。报告认为，目前科学界已经有了很多物种和人类 DNA 交换的实验，不过都是在基因分子层面，但那些涉及社会和伦理的敏感领域，应该极度地谨慎。

【三维动画的立体演绎，极为生动地解释了"人兽胚胎"合成的过程。无论受众是否具备相关科技领域的专业知识，在观看此动画时，都能快速理解其内涵，并根据自己现有的知识和想象力进一步对信息进行完善性理解。】

解说：比如说，在一些实验当中，人类和动物的脑细胞交换就有可能改变动物的大脑，另外一些实验则可能会导致人类的卵子在动

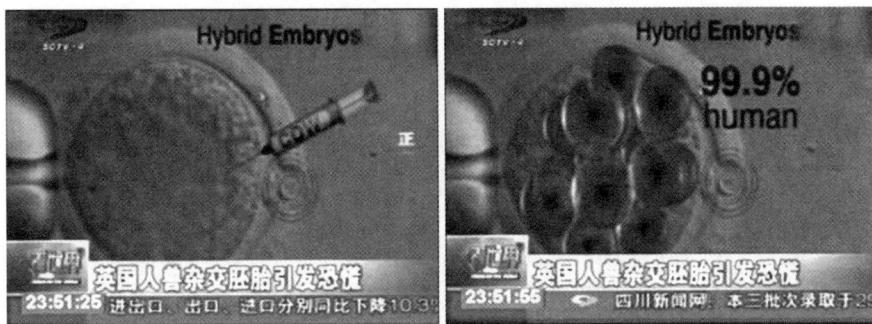

图 5-2-15：四川新闻资讯频道《看世界》用三维动画示意图演绎人兽胚胎的诞生过程

物中受精。此外，还有一些实验可能会让动物身上出现面貌、皮肤、
发声等人类特征，这些实验都可能触及伦理的敏感线，应该极度的
小心。还有的观点则认为，这个问题应该在议会中广泛地讨论，参
与讨论的人应该来自多元的领域。毕竟，不能让科学家自己来规范
自己，这样很危险。

在上述案例中，节目首先通过故事化讲述的方式，将观众引入其所
将报道的新闻事件中，再通过生动立体的三维动画，对原本生涩难懂、高
深莫测的科技成果进行形象化演绎，最终告知受众该科技风险可能带来的
危害。

在视听双通道的电视媒介中，有关科技风险的新闻报道具有十分丰
富的表现方式，模拟化的呈现与故事化的演绎，不仅能将风险本身的信息
表达得更加完整清晰，更重要的在于使受众能够无障碍地、趣味性地对风
险进行理解和认知。由于技术和经济条件，电视可以也必须向最大范围的
观众提供最及时的新闻，其预演规则产生自所有报道价值的不断增强的画
面独裁地位及其各种表现形式所具有的不间断的紧张性之中。电视的画面
性得益于其粗看上去总具备的令人信服的真实性、直接性和观者的参与
性。① 因此，对趣味性和通俗性的要求，往往成为电视新闻表现方式的内
在标准。图像可以促使文字意义的回归②，三维立体的动画、电影片段的
剪辑、图表图形的罗列等都在很大程度上满足了电视受众对信息通俗性、
娱乐性、趣味性的需求，成为当前电视新闻的显性优势。

三、晓之以理的风险告知与动之以情的风险预警

风险社会理论认为，科技发展的副作用日益成为现代社会风险的主
要根源。科技越进步，风险越大；风险越大越需要控制。③ 与此同时，作

---

① 参见［德］托马斯·梅耶：《传媒殖民政治》，刘宁译，中国传媒大学出版社2009年版，
第80页。

② 参见［美］保罗·M·莱斯特：《视觉传播——形象载动信息》，霍文利等译，北京广
播学院出版社2003年版，第448页。

③ 参见陈岳芬：《风险社会的文化特征与媒体功能之实现》，《太平洋学报》2007年第9期。

为社会守望者的大众传播媒介也在积极地传播科技风险信息，发挥风险预警功能，旨在通过对科技风险及时、高效、准确地响应传播，来培养和提高公众的风险意识。正如施拉姆所说："传播活动总是流向社会最需要它的地方。它预告危险的来临，揭示机会之所在。它把社会的力量聚集起来以应付非常事变。"① 特别是在身处媒介化风险社会的今天，来自大众传播媒介的影响已深刻地渗入到了公众的日常生活中，改变并培养着公众对风险的理性认知和行为应对。2002 年，英国媒介批评家格雷姆·伯顿曾在其著作《媒体与社会：批判的视角》一书中，从改变的类型以及媒体对社会和社群所产生的宏观影响入手，对媒体的影响进行了九个方面的分类描述：

1. 态度改变：媒体能够影响人们对特定的看法和行为的倾向性——即人们拥护什么或反对什么；

2. 认知改变：媒体能够影响人们的价值观和信念——即他（她）对某个对象的看法；

3. 情绪（情感）改变：媒体对受众情感状态所产生的影响，其中也包括让受众形成拥护或反对某个对象（例如，某个社会群体或商品）的情感框架——即人们对某个对象的感受；

4. 议程设置：媒体——尤其是通过新闻素材——能够为公共领域构建一系列具有优先性的事务，同时抹杀其他事务的重要性；

5. 道德恐惧：媒体能够导致受众对特定的社会群体、社会行为或社会现象产生毫无根据的担忧或恐慌；

6. 社会化：媒体能够说服受众，使其能够优先接受某些规则、某种行为和某种社会关系（与其他的规则、行为和社会关系相比而言）；

7. 真实构建：媒体能够帮助受众形成有关"真实"的——特别是有关社会现实和社会规则的看法；

8. 社会控制：媒体能够成为一种产生社会性共识的机制——这是指对社会群体之间、国家与社会之间"适当的"关系所达成的共识，它尤其强调的是法律和秩序；

---

① [美] 威尔伯·施拉姆等：《传播学概论》，陈亮等译，新华出版社 1984 年版，第 108 页。

9. 为意识形态作背书：媒体强化了占主导地位的一系列价值观，从而使得人们用某种特定的方式来看待和思考世界，其中也包括强化了有关不同社群之间的权力关系和差异的看法。①

从上述对媒介社会影响的分类总结中，不难看出，现代大众传播媒介已不仅仅扮演信息传递中介的角色，而是凭借其强大的媒介影响力对社会生活和公众认知进行主动干预。具体到电视媒体而言，有学者曾做过深入的分析，他认为，"我们假设电视能够在几个不同的层面上——主要是在认知、情感和行为的层面上对受众产生影响。因此，媒体影响研究也应当分别在这些不同的层面上展开。"② 认知、情感与行为，是电视媒体在信息传播过程中对受众产生的三个不同程度、不同层面的具体影响，其中，认知与情感更多地侧重思想情绪上的变化，是媒介效果中相对隐性的表现方式；而行为则是具体行动的改变，是媒介效果中较为显性的表现方式。在科技风险的电视化传播过程中，一方面，风险议题的设置有赖于电视媒体的呈现，另一方面，风险的"不确定性"又在很大程度上加剧了受众之于风险信息的渴望与焦虑，因此，媒体被赋予"对抗风险""揭露风险""具象化风险"方面的重要责任，以及在"进入反身性现代化过程""亚政治中心论坛"等方面的重要角色。③ 其中，晓之以理的风险告知与动之以情的风险预警是电视媒体在科技风险传播中最为突出的两大功能，前者偏重于风险信息的传递，后者偏重于风险情景的应对。

福岛核电站（Fukushima Nuclear Power Plant）位于北纬 37 度 25 分 14 秒，东经 141 度 2 分，地处日本福岛工业区。它是目前世界最大的核电站，由福岛一站、福岛二站组成，共 10 台机组（一站 6 台，二站 4 台），均为沸水堆。受东日本 9 级特大地震影响，福岛第一核电站损毁极为严

---

① 参见［英］伯顿：《媒体与社会：批判的视角》，史安斌译，清华大学出版社 2007 年版，第 105 页。
② ［英］伯顿著：《媒体与社会：批判的视角》，史安斌译，清华大学出版社 2007 年版，第 215 页。
③ 参见崔波：《传播秩序的重构——风险社会的视角》，《中国科普理论与实践探索——2009〈全民科学素质行动计划纲要〉论坛暨第十六届全国科普理论研讨会文集》，2009 年 6 月。

重，大量放射性物质泄漏到外部。福岛第一核电站 1 号反应堆所在建筑物爆炸后，福岛第一核电站共有三座反应堆因冷却系统停止工作发生险情。随后，日本内阁官房长官表示，2 号核反应堆情况很不乐观。由于救援人员无法进入反应堆内查看情况，人们只能推测，这座反应堆的燃料棒"很可能"发生了泄漏现象。一旦反应堆温度超过 2200 摄氏度，反应堆中的核燃料将"融化"，引起核泄漏事故。日本政府 13 日承认，在大地震中受损的福岛第一核电站 2 号机组可能正在发生"事故"，2 号机组的高温核燃料正在发生"泄漏事故"。该核电站的 3 号机组反应堆面临遭遇外部氢气爆炸风险。日本内阁官房长官枝野幸男宣布第一核电站的 1 至 6 号机组将全部永久废弃。联合国核监督机构国际原子能机构（IAEA）干事长天野之弥表示日本福岛核电厂的情势发展"非常严重"。2011 年 4 月 11 日 16 点 16 分福岛再次发生 7.1 级地震，日本再次发布海啸预警和核泄漏警报。法国法核安全局先前已将日本福岛核泄漏列为六级。2011 年 4 月 12 日，日本原子能安全保安院根据国际核事件分级表将福岛核事故定为最高级 7 级。

在日本"3·11"地震发生一个多月之后，中央电视台制作并播出了《日本大地震启示录》，启示录意在生动、全面、深刻地剖析日本地震带来的影响和给世人的启示。严格来讲，《日本大地震启示录》是一部典型的电视新闻纪录片，其特殊之处在于，其既非纯粹的电视新闻，也非纯粹的纪录片，而是两者在内容和形式上的一种有机结合。新闻片侧重于对时事动态的报道，要求现场采访拍摄，经迅速编辑后及时放映，体裁上分为时事报道片和杂志片；而纪录片可以纪录表现现实或历史人物或事件，社会政治或自然风光，风土人情或文艺演出等各个领域和专题的内容，多采用实地拍摄与文献资料相结合的方法制作而成。电视新闻纪录片即是在融合了新闻片与纪录片的基础之上，对已发生的新闻事件进行总结归纳，提炼出带有规律性和普遍意义的主题，并通过采访、纪录、评论等多种表达方式，来实现传递信息、教育公众的传播目的。因此，从某种意义上讲，电视新闻纪录片既是电视新闻的一个分支，也是电视新闻一种具体的表现形式。《日本大地震启示录》共分为三集，分别为"蝴蝶效应""福岛救赎"与"核能之鉴"，其中绝大部分的内容都是围绕"3·11"地震所引发的核泄漏及其给人类社会带来的巨大危害，本节选取了与"核泄漏"有关的部分报道，作为分析电视媒体风险告知和风险预警的样本对象。2011年4月23日，中央电视台播出"启示录"第一集《蝴蝶之翼》，讲述了日本遭遇的三重叠加的灾难是如何一步步影响到全世界的路径。

第一集：《蝴蝶之翼》

内容简介："覆巢之下焉有完卵"，一场发自自然的地震海啸灾难，轻易地跨越国界影响全球。日本大地震、大海啸和核泄漏事故在经济全球化的背景下，直接导致经济波动，生产链的断裂，"蝴蝶效应"理论阐释了灾难全球化的现实影响。《日本大地震启示录》第一集《蝴蝶之翼》讲述了日本遭遇的三重叠加的灾难是如何一步步影响到全世界的路径。

图5-2-16：《日本大地震启示录》第一集《蝴蝶之翼》报道核泄漏的全球扩散

解说：从突如其来的9级地震，到最高40多米的大海啸；从福岛核泄漏的恐惧疑云，再到仍然悬而未决的放射性物质全球扩散。这场灾难的影响如何从日本一步步弥漫到全球？蝴蝶效应做出了最好的解读。

采访高孟潭（中国地震局地球物理研究所副所长）：在全球化的时代，这个灾害的影响，确实是一种非物理的方式，通过各种途径来产生影响。

采访史培军（国家减灾委员会专家委副主任）：在全球相对孤立发展的那个过去的时代，一个技术的进步，对一个地方的受益和受害都是局限的。

采访史培军：但是随着网络时代，全球化时代的推进，现在任何一个地方的极端事件，都有可能顺着全球化的这种信息链、信息网、供应链、生产链而影响到全球。

【日本地震所引发的核辐射是如何导致全球性的核扩散以及全球性的核恐慌？节目通过对相关领域专家的采访，以通俗易懂的口语化表达对相关复杂的科技专业问题进行了解释】

图5-2-17：《日本大地震启示录》第一集《蝴蝶之翼》报道技术进步带来的全球化
风险

解说：在20世纪中叶之后，科技发展将人类加速推向"以原子能、电子计算机、空间技术和生物工程应用"为标志的时代，似乎我们对自然的驾驭可以因此而得心应手。但每当人类得意于此，自然就总会以更大的力量向我们发出警告。

采访史培军：所以我们今天必须用另外一种思想去认识，今天任何一个地方的技术进步，很有可能受益于整个世界，然而任何一个技术进步形成的各种有利的同时，有可能它的意外造成的不利的时候，也就顺着这样一个利益链造成了一个风险链。

解说：一旦风险发生，灾难链条便迅速联动。福岛核电站离震中的距离大约是140公里，地震和海啸在第一时间重创了目前世界规模最大的核电站，被破坏的冷却系统无法正常工作，反应堆温度持续升高，灾难的蝴蝶效应在被海啸推向陆地之后，在福岛核电站的上空开始按照自己的逻辑推进着。

【继地震、海啸之后，核辐射通过风险链条的流动已对全世界的核安全造成了风险隐患：地震引发海啸，海啸和地震共同作用于离震中很近的核电站，导致冷却系统被破坏，核反应堆温度升高，可能导致核电站爆炸，后果不堪设想。节目通过一连串的画面表现与解说讲述，为受众提供有关核风险的基本知识。】

采访尹稚（北京清华城市规划设计研究院院长）：用中国一句老话讲就是覆巢之下岂有完卵。

尹稚：就是说你的一个任何一个点上，产生的这种全球性的污染也好，不良排放也好，它的影响会形成全球效应。

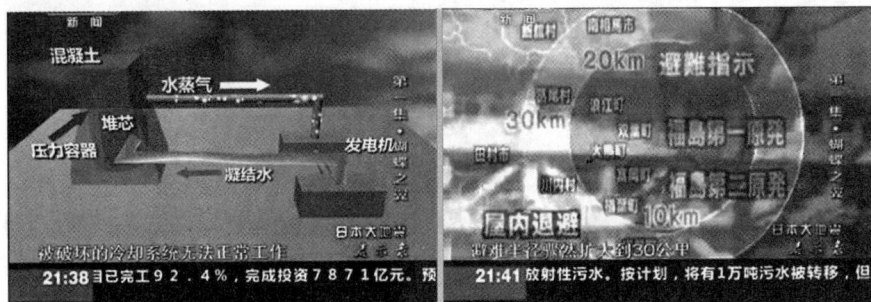

图5-2-18：《日本大地震启示录》第一集《蝴蝶之翼》报道核能技术的演示图及其可能发生的风险

【用模拟示意图演绎了核能技术的大致原理，形象立体的图示，辅之以名称字幕的标识，使没有任何核专业知识的受众也可以在短时间内大致了解核反应的情况，以科学的手法形象生动地对科学本身予以解释。】

解说：3月12日，福岛第一核电站1号反应堆发生两次爆炸，附近20公里范围内的居民的居民被迫撤离。

采访冯毅（中国核能行业协会研究员，国家核应急协调委员会专家）：单独发生海啸，单独发生地震应该说日本是非常有经验的一个国家，单独发生海啸所有岛国也都有丰富的经验。问题是这三种灾害叠加的时候，甚至在福岛基地出现了群堆，第一核电（站机组），第二核电（站机组），十个核电（站机组）同时发生危机。法国核安全局的局长讲了一句公道话，他说自人类利用核能以来，我们从没遇到过如此高强度高密集的这种挑战，让我们日本同行给遇到了。

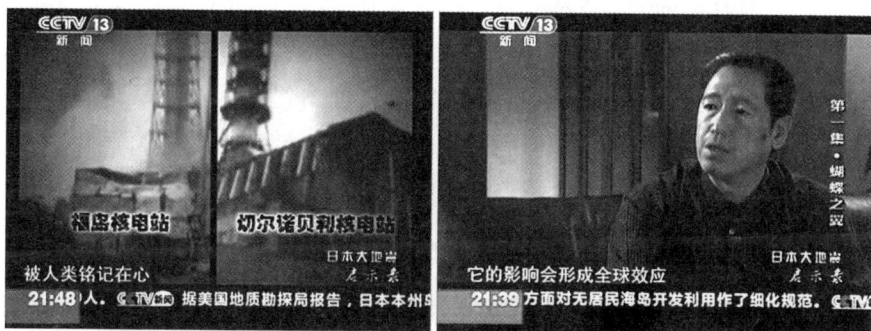

图 5–2–19：《日本大地震启示录》第一集《蝴蝶之翼》报道核危机留给人类的记忆及其全球化蔓延的效应

解说：3 月 12 日之后，福岛核电站 2 号和 4 号机组又接连爆炸，避难半径骤然扩大到 30 公里。对于核弹爆炸的恐怖记忆，以及混乱的数据信息，考验着日本国民的心理承受底线。

采访冯毅：近期之内我们也看到，20 公里半径之内是无人区，就是基本上没有居民，都撤离了。它的去污的难度太大，另外有这么一个心理的创伤，大家也不愿回来，这个就是我提过的一个就是所谓的社会学里面的污名效应。你政府给我除的再干净，我心理留下这种阴影是洗不干净的。

【核危机在给当地人们带来巨大灾难的同时，还给人们的心理造成了不可修复的创伤。新闻纪录片一方面介绍了有关核电的科普知识，另一方面从多个角度展示了当地人们受核电威胁的心理状态，使受众深刻地感受到科技风险之于人类社会的巨大灾难，达到理性认知与感性认同的双重传播效果。】

解说：随风飘散的核物质使前来救援的里根号航母迅速撤离，从福岛不断发生的爆炸声，使日本在不到 24 小时之内就要去承受地震、海啸与核物质泄漏的多重打击。灾难的蝴蝶效应随着大气环流和海洋的洋流向全球扩散。

记者：我们现在知道前一阵出现的情况是，随着空气碘－131 在扩撒，现在如果说放射性物质进入到海里边，甚至流入到地下，这个危害是什么？

冯毅：这个危害是非常大的，它作为流体的话，它在地下的这样一个扩散某种程度上是不可控的。如果是作为海洋生态，高放射废液长期积累，会构成 3 到 50 公里海域的一个生态灾难，里面的一些淤泥会高度的污染，以铯－137 为例，它半衰期 30 年。

记者：这个铯－137 是存在水里面的吗？

冯毅：它是可以溶于水的。

图 5-2-20：《日本大地震启示录》第一集《蝴蝶之翼》报道核泄漏之于社会公众的心理威胁

【通过专家通俗易懂的解释，受众可以从科学原理上真正理解其所困惑的科技问题，电视传播实现了科技理论知识的大众化传播与接受。】

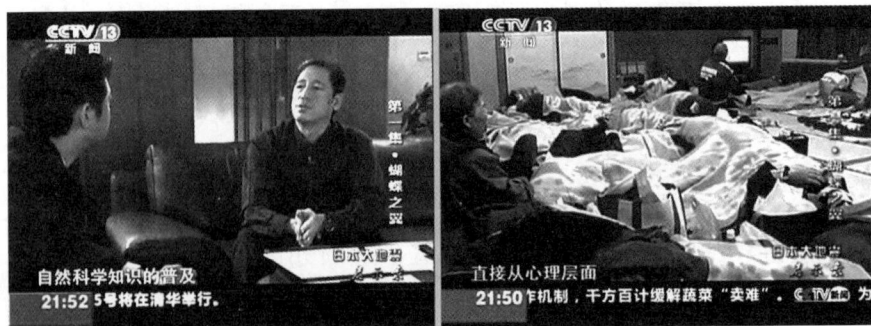

图 5-2-21：《日本大地震启示录》第一集《蝴蝶之翼》报道由于缺乏核能的相关常识，盲目的恐慌情绪在社会大众中蔓延

采访尹稚：其实从一个抗拒谣言的能力或者说抗拒恐惧的唯一的途径，那其实就是又回到一句老话叫知识就是力量。其实面对的是一个全民的相关各种类型自然科学知识的普及，你只有知道这个你才不会感觉到恐惧。然后又激发出一种恐惧心态去传播这种心态。

【在充满科技风险的现代社会中，大众传播媒介不仅是科学知识的日常普及者，当科技风险发生后，其更应该担当起风险信息的传递者、风险谣言的阻断者及风险情绪的安慰者等多重角色。】

第二集：《福岛救赎》

内容简介："五十勇士"在整个福岛核泄漏的事件中留下了最打动人心的一笔。一方面，东电公司和日本政府对事态的判断失误和处置不力给公众留下了诸多疑问；另一方面，身处事态不断升级的核危机现场，"五十勇士"的勇敢和坚强放射出人性的光芒。福岛核危机的处理是否得当？错过了什么又该反思些什么？《日本大地震启示录》第二集《福岛救赎》梳理核事故始末。

解说：从灾难发生至今，每天从福岛核电站传出的几乎都是坏消息。唯一让全世界为之动容的是被称为"福岛50勇士"的团队，他们在用生命捍卫人类的尊严以及核电的未来，这个团队的成员比任何人都清楚继续留在这里意味着什么。但他们义无反顾，因为他们知道倘若堆芯熔毁，大量辐射尘将散布到空气中，届时死伤人数将以百万计。

记者：在这次核事故当中，人们记住了一个群体——福岛50勇士。他们是坚守在核事故现场的抢险人员，东京电力没有公布他们的姓名，因而被称为无名英雄。

【由50名东京电力的老员工组成一支"福岛50勇士"的团队，他们平均年龄50岁，是坚守在核事故现场的抢险人员，东京电力没有公布他们的姓名，因而被称为无名英雄。对这支敢死队的报道深深地触动了受众的情感，受众通过对"50勇士"工作性质和工作任务的了解，加深了对核辐射风险的认识，也提高了自身的风险警觉性。】

图 5-2-22：《日本大地震启示录》第二集《福岛救赎》报道由 50 名东京电力的老员工组成一支"福岛 50 勇士"的团队

解说：在福岛核电站漆黑的厂房里，工人们的主要保护物是用来追踪核辐射暴露度的两个徽章，它们能在辐射程度达到危险水平时发出警告，为了更多人的安危，他们必须尽可能保护好自己以便能够继续在危险地带工作下去。尽管如此，还是有人不慎踩入含有高辐射的积水里而被送往医院。

同期：为什么被留下来应对这种局面的是 50 个工人，50 个可怜的工人？

解说：对于正在恶化的事态，CNN 的评论员发出了这样的疑问，为什么会出现让一个企业来处置如此局面的情况？为什么照料 6 个反应炉的责任落在 50 名工人的头上？

同期：福岛 50 勇士。

【通过对"50 勇士"工作情况的描述，以及国际社会对其的评价，受众可以深切地认知和感受到来自科技风险的威胁，达到了良好的预警传播效果。】

解说：危机尚未结束，50 勇士的工作仍在继续，东京电力仍然不愿意透露他们的身份和姓名。4 月 13 日，东京电力宣布有 21 名工人出现辐射病症状。

此前，美国《华尔街日报》刊登了几位勇士发给家人的电子邮件，其中一位这样写道：如果我们正身处地狱，所能做的只有爬向天堂。在这次灾难中，50 勇士这个团队用自己的行为展示了人性的光辉和人类在巨大灾难中的坚韧。电工组的领头人在邮件中写道：团队异常紧张，但我们只能坚持，我们所有人都感觉到肩上有巨大的压力，想要渡过难关。我们知道全世界都在看着，我们身后站着的所有人，也带给我们巨大的动力，这让我们感到，我们已经不属于自己。

图 5-2-23：《日本大地震启示录》第二集《福岛救赎》报道"50 勇士"写给家人的信及其真实情感的表露

【当"50 勇士"写给家人的电子邮件，被一字一句地呈现在电视屏幕中时，便产生了极强的传播感染力，"如果我们正身处地狱，所能做的只有爬向天堂"，铿锵有力的配音和背景音乐，让受众的情绪达到了高潮，恻隐之情油然而生。】

解说：在影响范围如此巨大的核灾难面前，50 个个体生命的以死相拼，给世界的感觉是复杂的。在感动的同时，我们却又宁愿，这种感动不曾发生。如果，挡在核灾难面前的是一个健全可靠的国际体系，人类是否足以从核技术的风险中救赎自己？这个问题正在成为国际社会共同关注的议题。

记者：在灾难中，常常能看到人和人之间超越国籍和种族守望相助的动人故事，而国与国之间，又如何做到密切配合，通力合作来应对全球化时代的灾难风险呢？这也许是一个更具有挑战性的问题，需要人类运用智慧和胸怀去破解。未来，灾难还会来。好在迄今为止的文明史已经证明人不会白白经历灾难，正是在灾难当中人们学会了新的生存之道。

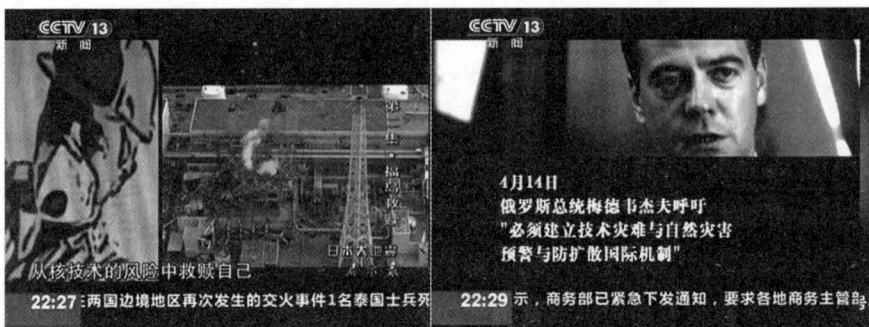

图 5-2-24：《日本大地震启示录》第二集《福岛救赎》报道核技术所带来的利益与
风险并存

　　9 级地震和它所引发的海啸向超强的核电站展现了自然的力量。伴随
技术进步而带来的风险在地震和海啸中转化成灾难，核泄漏的事实、将人
类技术和自然力做了一次次最强烈的对比。核所引发的灾难全球化同时传
导着恐惧和不信任，随即引发各种程度的非理性动荡。然而，风险本身并
不等于灾难，而只是灾难的一种可能性。在全球化的世界里，风险在转变
成灾难之前，往往是隐形的。现代风险与科学技术的发展有着密切的联
系，当人们享受技术所带来的便利的时候，技术可能带来的后果，也变得
越来越难以预测与控制。这种不确定性，一直都是现代社会风险的重要根
源，对不确定性的控制，也成为一个世纪以来人类文明的进步的推动力。

　　透明、及时、准确、形象的风险事实报道，不仅是粉碎谣言的有力
武器，更是在第一时间强化了媒体的公信力和影响力，同时也在相当程度
上降低了大规模宏观风险发生的可能性。风险社会中，大众传播媒介在向
社会公众进行风险告知和风险预警时，为了达到最佳的传播效果，势必要
求其发挥出自身独特的媒介优势。对电视媒体而言，其声画合一的符号优
势多是直观的、具体的、形象的、动态的，它们直接作用于观众的视听
器官，在传播风险信息时往往带给受众强烈的现场感和认同感。[1] 与其他
媒体不同，电视新闻中的图像、音响等非语言符号更擅长打动观众的情
感，打动观众的心灵，并由情感因素去带动认识和行为因素，使观众接受

----

① 参见叶家铮：《电视传播理论研究》，北京师范大学出版社 2000 年版，第 73 页。

信息。但较强的情感诉求因素并不意味着忽视甚至放弃理性诉求因素，根据传播心理学理论，情感诉求在调动受众的瞬间或短期态度反应上更为有效，但从长期效果上来看，保持持久的心理定式还需依靠诉诸理性的方式，才能够达到长期的说服效应。① 特别是在科技风险的传播过程中，电视媒体不仅需在节目中调动各种电视传播手段和符号对具象性的风险事实作情感上的适度渲染，更需要通过真实的场景记录、现场情景分析，风险背景解释等来诉诸观众的理性思维，以晓之以理、动之以情的传播行为使受众在感性情绪和理性认识方面达到高度的和谐统一，进而保持较为稳定持久的心理定式，实现对科技风险事件进行电视化传播的最佳效果。

第三节　电视新闻中风险意识的常态化培养

在当今社会，电视、报纸、杂志、广播及互联网是人们获得信息的主要途径，在社会公众接收和获取风险信息的过程中扮演着非常重要的角色。然而现代社会公众风险意识的构建及风险文化的培养，并不能一蹴而就，大众传播媒介文化规范的培养功能，也不是立竿见影的，而是日积月累、潜移默化地影响着社会公众的精神领域，诸如价值观念、思想修养、伦理道德、审美情趣以至于心理结构等。这种对受众世界观的培养和对常规信念的维护和强化，主要途径就是通过德弗勒所指出的"确立、延伸、替换和固定"受众共同使用的语义符号及其运用规则。② 因此，大众传媒应充分发挥其预警功能，注重以人们喜闻乐见的形式、通俗易懂的语言传播科学的生活方式、风险常识，以及相关应对风险的措施。其中，电视新闻凭借具体的新闻事件对受众产生示范效应，以强化社会规范，促进社会准则的实行。由于电视形象、直接，富有现场性，能够同受众建立最亲密的传受关系，因而在这方面的功能更是不可小觑。

---

① 参见叶家铮：《电视传播理论研究》，北京师范大学出版社 2000 年版，第 113 页。
② 参见金冠军、郑涵：《当代传媒制度变迁》，上海三联书店 2008 年版，第 343 页。

一、现代化科技语境下的"风险共同体"

在过去的几个世纪当中，科学技术的进步一直被认为是社会发展进步的重要标志，是人类社会走向文明和现代的核心内容。凭借科学技术，人类在浩瀚广阔却充满风险的自然环境中生存，并通过不断的自我壮大和发展来认识自然、适应自然，甚至改造自然。随着现代化科技的迅猛发展，其日益上升的社会地位、不断扩大的运用范围、逐渐增强的社会影响力都使得现代科技成为人类社会发展的重要推动力。然而，人类在创造一个又一个奇迹的同时，也引发了来自科技领域的诸多风险和危机，如科技异化的出现迫使人类更加深刻地认识现代科技的困境，并长期致力于探索现代科技与人类社会发展之间的关系。在现代社会中，科学作为一种社会制度（指从事科学研究组织、从业人员、科学教育、科学资金投入等的数量，以及科学人员在整个社会阶层中地位、声誉及其社会功能）已经深植到社会结构之中，其在与技术的互动作用中，逐渐形成了现代化的科学技术统一体，并与人类社会构成了两大共同体，一是互利互促的发展共同体，二是不可分割的"风险共同体"。因此，将现代风险的起源置于当代社会与自然关系的背景下就能得到最好的理解。在人化自然总体性观念下，在人类的好奇心、权力、财富、声誉等的推动和逼迫下，科学研究上不成熟的成果就以产品形式进入了社会，社会作为实验室被实验性地试行，科学的风险也就随着进入了社会，成为现代社会主要风险。①

当前，由现代化科技所引发的风险已成为影响人类社会发展的最为突出的不确定因素，英国社会学家吉登斯（Anthony Giddens）概括了这样一幅现代性的"风险景象"："一、高强度意义上风险的全球化，例如，核战争构成的对人类生存的威胁。二、突发事件不断增长意义上的风险的全球化，这些事件影响着每一个人（或至少，生活在我们这个星球上的多数人），如全球化劳动分工的变化。三、来自人化环境或社会化自然的风险，人类的知识进入到物质环境。四、影响着千百万人生活机会的制度化风险环境的发展，例如，投资市场。五、风险意识本身作为风险，风险中的'知识鸿沟'不可能被宗教或巫术转变为'确定性'。六、分布趋于均

---

① 参见李瑞昌：《风险、知识与公共决策》，天津人民出版社 2006 年版，第 96 页。

匀的风险意识，我们共同面对的许多危险已为广大的公众所了解。七、对专业知识局限性的意识，就采用专家原则的后果来看，没有任何一种专家系统能够称为全能的专家。"① 故此，从这个角度而言，科技发展即是风险发展，科技社会即是风险社会。

　　20 世纪是科学技术飞速发展的重要阶段，科技所带来的巨大社会效益得到了越来越多现代化国家的认可、支持，甚至是膜拜。然而，在这种盲目发展和自信膨胀的思想主导下，人们尚未对科学技术发明及其应用所伴生的不良影响引起足够的重视，隐藏在科技发展背后的风险和危机却往往无意或有意地被忽略，由此导致的科技异化问题日趋突出，无论是影响范围还是作用程度都在与日俱增。现代科技之所以不同于传统科技，在于其不仅具有改造自然和社会的一般能力，更为突出的是，现代科技具备一种颠覆性的塑造力。虽然这种能力并非绝对必然导致科技的负效应，但在人类目前对待科技的态度及社会发展需要的背景之下，科技重塑的能力很容易被不当或过度使用，由此导致的科技异化危机也就频频出现，且往往规模较大，程度较深。德国哲学家胡塞尔站在 20 世纪回顾此前的几个世纪，焦急地提醒人们"科学危机"来了，他说："在 19 世纪后半叶，现代人让自己的整个世界观受到实证科学的支配，并迷惑于实证科学所造就的繁荣，这种独特现象意味着，现代人漫不经心地抹去了那些对于真正的人来说至关重要的问题。只见事实的科学造就了只见事实的人。"②

　　具体来讲，现代科技风险的产生需要两个最基本的前提，一是科技本身得以快速发展，产生强大的威力；二是科技的这种威力被滥用或误用。正如马尔库塞所强调的那样："自然的定量化，导致根据数学结构来阐释自然，把现实同一切内在的目的分割开来，从而把真与善、科学与伦理学分割开来。不管科学现在多么能确定自然的客观性和它各部分的相互关系，但它不能科学地根据'终极原因'来看待自然。"③ 因此，"科学不过是自然界以人为镜的反映。在某种意义上，我们始终是在研究人，因为

① 童世骏：《风险社会、文明冲突和永久和平》，《读书》2002 年第 5 期。
② 倪梁康：《胡塞尔选集》（下），上海三联书店 1997 年版，第 981 页。
③ ［美］赫伯特·马尔库塞：《单向度的人》，张峰、吕世平译，重庆出版社 1988 年版，第 124 页。

我们只能通过人的大脑才能理解自然；然而，我们同样也可以说我们一直是在研究自然，因为没有自然我们无法理解人。无论我们是研究人的历史，还是研究自然的历史，我们研究的主要目的都是为了人。我们无法摆脱人，即使我们想这样的话。"① 在论述风险与技术之间的关系时，乌尔里希·贝克在"风险社会"理论中提出，技术引发的风险是如此深刻地影响着现代社会，以至于风险成为现代社会的一个确切特征。然而，与风险的重要性相对应的是专家没有能力充分地判断技术变迁所带来的、作为现代性的决定性特征的危险。在乌尔里希·贝克看来，"风险社会"是一种处于过渡状态下的现代性，最终是现代性处于风险中，并且它的关键问题不仅仅只是风险，而是乌尔里希·贝克所讲的未确定的风险。

这种所谓的"未确定性"并非是指风险发生概率的不确定性，而是说现代化风险超过了可预计的控制，它的影响超越了可界定的地缘政治的边界和专业知识的范围。事实上，风险越是不能界定、预测和控制，它就会带来越多的风险。它们是现代科技发展的结果——核、化学、生物工业、基因等发展的结果——事实上在科技发展中失去了（技术与政治上的）控制，更不要说在其所谓的规范操作中失去了控制。② 在通往风险社会的过程中，风险犹如"借正常的消费"正渗透在社会的生活与文化之中，同时风险自身的性质也发生了转型，成为一种社会政治灾难的"爆炸"。究其根源，无疑都是科学技术的发展。现代化的风险是现代性的产物，是科技发展的伴生品，其随着现代化社会的发展，已渗透到大众日常的生产生活中，成为社会生活的组成部分，它无时不有，无处不在。当代的中国社会正处于重大的社会转型期，从某种意义上看，这种转折大致表现为两个方面，一是社会体制结构的转变，二是社会转入一种现代化的发展进程。"对于中国现代化的研究，如果不和中国正在发生的社会结构转型结合起来的话，可能对于中国的现代化是一个很大的缺陷。"③ 其中，科

---

① ［美］乔治·萨顿：《科学史和新人文主义》，陈恒六等译，华夏出版社1989年版，第29页。

② 参见［荷］沃特·阿赫特贝格：《民主、正义与风险社会：生态民主政治的形态与意义》，周战超编译，《马克思主义与现实》2003年第3期。

③ 袁方等：《中国社会结构转型》，中国社会出版社1998年版，第209页。

学技术的现代化发展是现代社会转型的重要特质之一，并集中表现为社会
变迁与技术发展的关系上。

技术决定论观点认为，技术是一种预先确定的过程：技术决定了自身
是否会被应用以及如何被应用；而社会化约论观点则认为，技术使用者决
定了技术是否会被应用以及如何被应用。在技术的塑造和使用的过程中，
文化影响、社会规范以及利益都起着至关重要的作用。显然，技术决定论
的观点过于片面，作为人类社会发展的必然产物，科技本身虽具有一定的
限制性，但更多地受制于人的主观能动性，如人们对科技的运用范围、方
式、理念和程度等。因此，现代化科技与人类社会密不可分，由现代化科
技所引发的风险和危机理应归责于社会中的每一个个体、团体及组织。安
东尼·吉登斯在分析现代性时指出，"我们今天生活于其中的世界是一个可
怕而危险的世界，这足以使我们去做更多的事情，而不是麻木不仁，更不
是一定要去证明这样一种假设：现代性将导向一种更幸福更安全的社会秩
序。"现代化社会越发达，潜藏在其中的科技风险也就越多，当风险社会作
为一种理念深入到人们的思想和心灵时，一个无形的"风险共同体"才会
被人们所接受和重视。此时，合作式的行动即是唯一的、正确的选择，只
有合作才有重建秩序的可能，这种秩序必然是共担风险、共同存在的秩序。

与传统社会的风险不同，现代化风险既是科技化的，也是全球化的，
其超越了实体空间和时间的界限，实现了身处不同时间、空间的多主体感
知。在某种意义上，"科学已造成新的不确定性（人造风险）——其中许
多具有全球性"，这种风险的后果"不同于 19 世纪的与工厂相关的和职业
有关的危害；在 20 世纪第一个半叶，这些危害不可能再被限制在一定的
地方和群体，而是展现为一种跨越生产和再生产领域以及国家界限的全球
化趋势，从某种意义上说，是以一种新的社会和政治动力的形式产生出的
超国家和非阶级的特殊全球灾害"①。其中，大众传播媒介作为社会组织结
构中的重要组成部分，对人们的风险感知发挥着巨大的作用。现代传播媒
介先进的制播技术，发达的传输系统和广阔的报道视角，使人们更多地通
过媒体而非直接经验来获取信息、感知环境，人们形成的世界观、价值观

---

① Ulrich Beck：*Rrisk Society*：*Towards a New Modems*，SAGE publication，1992，p.13.

在很大程度上受制于媒介信息。"媒介系统通过个人、人际网络、组织和社会系统结成的复杂依赖关系",已成为"当今社会的延续所必不可少的一个信息系统。媒介所起的具体社会作用在各个社会有所不同,因为媒介系统在不同社会具有不同的生存依赖关系"①。具体到现代化的风险社会中,"媒体的掩盖程度、提供的信息量、表述危险的方式、对危险信息的解释、用于描述和形容危险的符号、比喻和话语对人的风险、危险观形成都是很重要的"②。

1964 年,传播学家施拉姆在联合国教科文组织的资助下,考察了大众传媒在促进发展中国家的经济和社会进步中所起的作用,并在最终的研究成果《大众传播媒介与社会发展》一书中提出,"充分的信息流通,特别是大众传播媒介的适当使用,可以对国民经济发展作出重大贡献"③。围绕此命题,施拉姆从信息在国家发展中的作用和在世界上的流动和分布情况出发,系统论述了大众传播在社会发展中的作用及其战略对策。他指出:"当一个社会向现代化发展时,发展的第一批迹象之一即是传播渠道的延伸。"④ 一组发达的、畅通的、多元的传播渠道,不仅是社会现代化发展的显著标志,同时也是人们感知社会、认识社会并作用于社会的重要途径。正如麦克卢汉所言:"一切媒介的存在都给我们的生活赋予人为的知觉和任意的价值。"⑤ 同时,他还提出了媒介即信息的观点,认为"任何媒介(亦人的任何延伸)对个人和社会产生的影响,都是由新尺度引起的;我们的任何一种延伸(或任何一种技术)都要在我们的事物中引起一种新的尺度"⑥。其中,电视媒体的出现即是媒介技术发展带来的一种新尺度、

---

① [美] 梅尔文·L·德弗勒等:《大众传播学诸论》,杜力平译,新华出版社 1990 年版,第 363 页。

② [英] 弗克兰·富里迪:《恐惧》,方军等译,江苏人民出版社 2004 年版,第 40 页。

③ [美] 威尔伯·施拉姆:《大众传播媒介与社会发展》,金燕宁等译,华夏出版社 1990 年版,第 251 页。

④ [美] 威尔伯·施拉姆:《大众传播媒介与社会发展》,金燕宁等译,华夏出版社 1990 年版,第 83 页。

⑤ [加] 马歇尔·麦克卢汉:《理解媒介:论人的延伸》,何道宽译,商务印书馆 2000 年版,第 250 页。

⑥ 胡正荣:《传播学总论》,北京广播学院出版社 1998 年版,第 238—239 页。

新延伸，"在电视这一媒介中，所有其他媒介中所含有达到与另一现实的距离感完全消失了"①。基于这种新的延伸，人们对现代化风险所形成的思想、感情、认知、行为等都在电视所营造的媒介环境中有所加强，并趋向于达到一种较为一致的媒介认同，最终形成一个现代化语境下的"风险共同体"。

作为现代科技发展的必然产物，电视媒体通过声画合一的电视节目为亿万观众提供了一个共时感知、消费及想象的无边界空间，在这个空间中，所有的受众都分享着"共同的经历"并将在一段时间内关注和讨论这些"共享的历史"。因此，在现代社会的"风险共同体"中，电视媒体凭借其特殊的媒介特质，正在潜移默化地影响公众的风险感知，培养公众的风险意识，塑造公众的风险文化及指导公众进行有效的风险应对。特别是针对某一重大的风险事件，电视现场直播可以产生"天涯共此时"的现场亲历感，它能促使一个国家的民众在特定时空形成强大的向心力和凝聚力，以现代化的传输手段和表现方式为社会公众营造出了一种集体的仪式参与感和认同感。② 早在1992年，乌尔里希·贝克即提出媒体造成了"标准化与孤立"，为风险社会的一大特征。大众传媒对于一个以对风险的恐惧为主导的社会的产生和维持来说，是极为关键的。有研究表明，媒体并不关心交通意外之类的风险，但对于一些有可能使读者认为他们也身处风险之中的戏剧性事件，媒体却经常予以夸大。(Sumerai et al., 1992)③ 客观来看，危险是既定发生的，而风险却可以被建构。电视媒体对风险议题的设置、报道在很大程度上影响着公众之于风险的判断和应对。

美国社会学家丹尼尔·贝尔和德国社会学大师卢曼，都认为风险是实际的危险和人对危险之认知的辩证统一。贝尔指出，"风险（Risk）本身并不是'危险'（Danger）或'灾难'（Disaster），而是一种危险和灾难的可能性。更为重要的是，由于现代信息技术的高度发达，由风险和灾难

---

① [美] 弗雷德里克·詹姆逊：《后现代主义与文化理论》，唐小兵译，北京大学出版社1997年版，第211页。
② 参见刘燕：《媒介认同论：传播科技与社会影响互动研究》，中国传媒大学出版社2010年版，第169页。
③ 参见 [英] 大卫·丹尼：《风险与社会》，马缨等译，北京出版社2009年版，第89页。

所导致的恐惧感和不信任感将通过现代信息手段迅速传播到全社会，引发社会的动荡不安。"① 由电视媒体所引发的心理层面的恐慌和焦虑往往比风险带来的实际危害还要严重，从这个意义上看，媒体对风险的关注与公众对风险的想象之间有着不可忽略的紧密联系。具体到科技风险来讲，一是科技知识的专业性、垄断性和局限性，使得普通社会公众难以或者根本无法近距离的接近；二是公共传媒控制着"社会发展所最需要的信息资源，个人、群体、组织以及其他社会系统乃至于整个社会都要依靠媒介控制的信息资源来实现其各自的目标"②。基于以上两点不难看出，大众传媒自然是社会公众获取风险信息、采取应对行为最重要的来源渠道。在风险传播的体系结构中，社会公众既是风险传播链条中的信息编码者，又是话语解码者。对他们而言，风险不仅是一种客观的可能性存在，更是一种主观的认知行为。

从古至今，人类社会的发展都是一个长期而缓慢的过程，在这一复杂变迁的过程中，社会的制度、结构、组织等都在时时刻刻发生着变化。其中，"现代化阶段"是整个人类社会发展进程中具有跨越式意义的重要标志。"现代化"指创造性地（自我）毁灭整整一个时代——工业社会时代——的可能性。这种创造性毁灭的"对象"不是西方现代化的革命，也不是西方现代化的危机，而是西方现代化的胜利成果。③ 现代性在其发展历史的大部分时期里，一方面它在消解传统，另一方面，它又在不断重建传统。在西方社会中，传统的存留和再造是权力合法化的核心内容，正因为如此，西方国家才得以把自己强加于相对顺从的"臣民"之上。④ 而在中国社会中，"现代化"是中国社会发展进程中的一个必经阶段，是中国社会变迁的一种非常特殊的形式，它是建立在人们有意识、有目的的行为

---

① 赵延东：《风险社会与风险治理》，《中国科技论坛》2004年第4期。
② 罗以澄、张金海、单波编著：《中国媒体发展研究报告（2003—2004年卷）》，武汉出版社2005年版，第45页。
③ 参见［德］乌尔里希·贝克、［英］安东尼·吉登斯、［英］斯科特·拉什：《自反性现代化》，赵文书译，商务印书馆2001年版，第5页。
④ 参见［德］乌尔里希·贝克、［英］安东尼·吉登斯、［英］斯科特·拉什：《自反性现代化》，赵文书译，商务印书馆2001年版，第56页。

基础上的。与西方社会有所不同的是，中国社会的现代化发展是在社会主义制度的体系框架中进行的，其不仅具有现代化发展的共性，还具有中国特色社会主义的个性，集中体现为一种较为初级的、粗放的密集式发展。现代化是一个有方向性的发展过程，而不是那种摇摆不定的社会变迁。这种有方向性的发展过程来源于人们的价值观念和理想，依赖于理性、知识和科学技术。① 因此，对正处于现代化发展的中国社会而言，人们应凭借理性、知识、科学技术来为实现现代化变迁而进行的有目的的、理性的、科学的行动。

由于现代化是人类应该持有的发展观念，并在这一基础上采取的理性行为；因此，当人类知识的累积式增长，理性不断成熟和科学技术爆炸式扩充，现代化就会在不断创造的同时不断地扬弃。所以，现代化不是一蹴而就，而是连续不断的阶段构成的发展链条。就目前而言，人类已经经历了现代化的第一阶段，即第一次现代化；正在走向第二阶段即再现代化。② 在现代化的第二阶段中，人类的文明正以一种新的价值体系为标准进行着系统性的构建，知识在社会和经济上的重要性日益增长，随之而来的是媒体控制、知识塑造（科学研究）和知识传播（大众传媒）权力的大转移与再分配。此时，由现代科技所引发的风险也愈发突出，正如乌尔里希·贝克所言："在现代化的进程中，生产力的指数式增长，使危险和潜在威胁的释放达到了一个前所未知的程度。"③ 作为现代"风险共同体"中的主体，人类风险意识的形成、扩张和衰退皆源于人的社会"实践知识"的增加与运用④，而以电视媒体为代表的大众传播媒介即成为风险社会中人们获取风险信息、培养风险意识、提升风险认知、应对风险行为的重要渠道和参照。

---

① 参见［美］伯·霍尔茨纳：《知识社会学》，傅正元等译，湖北人民出版社 1984 年版，第 6 页。

② 参见李瑞昌：《风险、知识与公共决策》，天津人民出版社 2006 年版，第 34 页。

③ Ulrich Beck，*Risk：Society：Toward a New Modernity*，London：Sage Publication，1992，p.20.

④ 参见［英］马丁·洛克林：《公法与政治理论》，郑戈译，商务印书馆 2002 年版，第 96 页。

二、科技风险传播中的风险意识与风险文化

一直以来，围绕风险进行的讨论都是媒体表达特定情境的一个重要因素，"风险概念"本身即非常适合于媒体对矛盾、冲突进行呈现的特质。现有的风险之所以吸引公众的注意，不是靠有用的"专家意见"或者"科学"，而是依靠一个报道题材能吸引大量公众兴趣的能力。因此，报道就需要异议和争论的空间，并且这些"支持"和"反对"的争论都易于理解也很吸引人。①在最早的对大众传媒就风险和公众认知进行报道的研究中，科姆和斯洛维奇分析了两份美国报纸中报道的各种死亡原因。他们发现其中的规律，谋杀、事故和一些自然灾害会被大篇幅报道，而因疾病导致的死亡只受到了少量关注。然而，这类报道与一般公众对这些死亡原因出现频率的判断有关，他们还指出，需要进一步的大量研究，来界定大众传媒报道和有关风险看法形成之间的关系。在科姆和斯洛维奇随后的研究中，这种复杂的关系即得以证实。②

如在针对拉夫运河和三里岛事故的媒体报道进行研究时，有学者（艾伦·梅热）发现独立于特定报道内容以外，单就媒体报道的规模、数量而言，就可以影响公众对事件严重程度和对社会团体及机构政治进程的认知。在后续的一项对大众传媒就核能和化学危险品进行报道的调查中，梅热找到了"对有争议技术或环境项目的大量报道，不仅会引起公众关注，还会将其推向对立面"的证据。他认为，即使当新闻报道中争议双方的观点得到了均衡的论述，也会发生以上状况。梅热提出了一种理论，由以下四条相互关联的见解构成：一是部分全国性新闻机构在选取每年给予最多关注的风险方面，非常有影响力；二是缓解风险或反对特定技术的公共行动会随着媒体报道数量的变化而变化；三是公众对风险或技术的关注会随着媒体和电视报道的增加而上升；四是对新闻报道中有关风险的实质性内容和其中传递的单纯风险意象加以区分，这一点非常重要。③

---

① 参见［英］大卫·丹尼：《风险与社会》，马缨等译，北京出版社2009年版，第109—110页。

② 参见［美］珍妮·X·卡斯帕森等编著：《风险的社会视野（上）：公众、风险沟通及风险的社会放大》，童蕴芝译，中国劳动社会保障出版社2010年版，第191页。

③ 参见［美］珍妮·X·卡斯帕森等编著：《风险的社会视野（上）：公众、风险沟通及风险的社会放大》，童蕴芝译，中国劳动社会保障出版社2010年版，第191页。

与此同时，另一位学者雷恩也认为，单纯的新闻报道强度效应仅仅是媒体对公众风险认知众多影响中的一种。过滤效应，删节和添加信息，组合效应（改变资料中信息的顺序），均等化效应（改变信息的背景），还有被他称之为"立体效应"（多渠道效应）的多种影响都很重要。一些分析争论说，媒体报道针对的是风险事件而不是风险问题，关注的是损害程度而不是风险本身。一些人认为，不管媒体是在发出警告，还是在打消公众对信息的疑虑，都是在产生风险的社会进程中对话语和认知的一种广泛构建。① 由此可见，社会公众有关风险的意识和文化都在不同程度上受到大众传播媒介的影响，并在与媒介的风险传播互动中得以不断地更新和建构。

在多媒体融合的现代媒介背景中，电视媒体仍是中国现代社会的第一媒体，它对社会公众的风险意识培养、风险文化建构的作用尤为突出。电视信息不是个人经验的简单呈现，如同"吟游诗人"的诗句一样，它也是一种人工信息；它在创造自己的意义和观众的同时，也在潜移默化地传递传播者的观念和意识形态。② 因此，美国学者 J. 菲斯克和 J. 哈特利都认为电视具有"吟游职能"。电视将人们日常对风险的意识感知集中起来并形成一种相对统一的，但却不十分正式的一种风险话语体系。电视的"吟游职能"强调了媒介以积极的姿态承担了中介的角色，它有着"去陌生化"的功能，促使现实的主观建构以自然的、历史的面貌出现，并被公众当做一种常识接受。③ 较之于其他的风险类型而言，科技风险需要公众具有较高的风险认知素养，因此，广大社会公众通过电视媒体的"吟游"功能即能有效地提高科技风险意识，培养科技风险文化。对于当下人类记忆方式，阿莱达·阿斯曼的观点是："我们的记忆已经不像在 19 世纪那样充满了故事和人物，而是充满了浮动的画面。"他认为，"在媒体记忆方面，以制造画面改变我们视野的电影、电视、录像已经替代了以描写故事改变

---

① 参见 [美] 珍妮·X·卡斯帕森等编著：《风险的社会视野（上）：公众、风险沟通及风险的社会放大》，童蕴芝译，中国劳动社会保障出版社 2010 年版，第 192 页。

② 参见张讴：《电视符号与电视文化》，北京广播学院出版社 1994 年版，第 79 页。

③ 参见刘燕：《媒介认同论：传播科技与社会影响互动研究》，中国传媒大学出版社 2010 年版，第 200 页。

我们视野的印刷媒体，并占据了主导地位。"①

在 1987 年巴西戈亚尼亚的核辐射事故中，一些存储于废弃放疗器中的辐射物质泄漏，污染了这个城市的一部分，随后电视媒体对该事故的报道尤其具有代表性。起先，只有一家当地报纸对这一事故做了普通报道，引起的关注很小。但在 1987 年 10 月 1 日，圣保罗电视台的一则极其耸人听闻的长篇报道，开启了对这一事故的插曲和后续发现充满戏剧化、夸大其词的高密度报道期。一夜之间，成群结队的记者和摄制组涌向戈亚尼亚，报道这一悲剧。北美报纸的头条充斥了类似的新闻："致命闪光""闪光毒药嘉年华""与辐射共舞"等，由此，"标记"了戈亚尼亚。这一媒体集中战引发了公众的极大关注，甚至在没有与被辐射人员和辐射物质直接接触的人群中都产生了巨大的风险意识。② 无独有偶，之前媒体在对拉夫运河、切尔诺贝利、博帕尔事故以及疯牛病的报道中也产生了类似的社会效应。该案例虽来自于西方电视媒体对科技风险的报道研究，但对于中国电视媒体而言，也同样如此。如中国电视媒体对 2011 年 "3·11" 日本地震中有关核辐射风险的报道，不仅为中国公众带来了最新的有关日本核危机的信息，同时还通过诸多深度报道、系列报道为公众普及核辐射风险的科普知识，培养公众对核能的风险认知和风险意识。鲜活的现场画面，真实的现场同期，为受众带来了身临其境的真实感，大众传播媒介，特别是电视媒体在对风险事件进行报道方面有着不可低估的巨大作用，其对有关风险或风险事件的报道，可以在很大程度上影响人们对风险严重性或可控性认知的信息判断。

每一种文化都是一个时代的独特产物。在现代化社会中，作为对社会现实反映与写照的高科技产物，电视媒体一方面通过图像与声音，形象地反映着当代社会的现实状况；另一方面，现实社会也在电视的声画传播中被不断地再建构，形成了一个复杂的双向互动过程，而这个互动的过程即是存在于现代社会中的一种独特的电视文化。具体来讲，电视在对风险

---

① ［德］阿莱达·阿斯曼：《回忆有多真实?》，载［德］哈拉韦尔德·韦尔策编：《社会记忆：历史、回忆、传承》，季斌等译，北京大学出版社 2007 年版，第 65 页。

② 参见［美］珍妮·X·卡斯帕森等编著：《风险的社会视野（上）：公众、风险沟通及风险的社会放大》，童蕴芝译，中国劳动社会保障出版社 2010 年版，第 154 页。

进行响应传播时，即会逐渐形成一种独特的电视风险文化，随着风险传播的不断深入，这种风险文化对社会公众的影响力也就越大，并在相当程度上建构着公众的风险意识。对此，有学者提出了两个方面的解释：一是先进的甄别技术和措施的发展使人类有着不同标准看待风险与危险。技术提高了我们了解自然的能力，甚至动摇了我们最为根深蒂固的原则。二是风险意识同技术的不断进步所带来的风险、危险的后果相联系。这种观点认为技术越发展，造成危险的力量越大，风险几率越大。德国社会学家尼克拉斯·卢曼就指出，是技术的巨大发展，而不是任何其他单一的危险，使人们更加关注风险。卢曼的论点转移了人们的注意力，认为科学发展本身造成的风险使人们加强了风险意识。① 以上两种观点分别从不同的角度和立场对风险意识的建构给予了阐释，也都具有各自的合理性和局限性。其中，作为现代科技的产物，电视媒体在风险传播中所体现出的理念和文化，也在深刻地影响着社会公众的风险意识及风险文化。

纵观人类社会的发展，不难发现，无论处于何种体制之下，社会要作为一个相对稳定、统一的整体发展下去，就需要在社会成员之间维系和建立一种最基础的共识，以确保人们对现阶段社会的发展状态和目标保持基本的一致。唯有如此，社会公众的思想、理念和行为才会达到一个共同的标准，整个社会的组织系统才能协调有效地运作起来。在传统社会时代，社会意识和文化的建构主要依赖于宗教、礼数以及有限的教育；而在促成现代社会集体意识和文化的诸多力量中，大众传媒位居要津。如在风险传播中，媒体通过对风险事件的选择、加工和传播，把相同或近似内容的风险信息扩散到整个社会的不同群落。人们在趋同信息和议程的影响下认识风险环境，形成相对一致的风险认知和文化，并据此做出自我调整、适应或改变，以积极应对风险。② "当今，电视是文化象征的主要表现者。电视上的图像既是主观规范性的又是客观描述性的。它不仅用图画展示了社会上的新鲜事，而且还引导人们怎样去适应社会秩序。此外，它还表明，如果不适应就会挨苦受罚。相同图像反反

① 参见李瑞昌：《风险、知识与公共决策》，天津人民出版社2006年版，第85页。
② 参见胡百精：《危机传播管理——流派、范式与路径》，中国人民大学出版社2009年版，第175页。

复复地再生产了这样一个电视世界：传统就是准则，遵从是硬性规定。"[①]正如冯·吉尼肯（Von Ginneken 1998）所指出的那样，新闻话语所指涉的是关于某些事务的普遍看法，并且为某个社会或文化（当中的大多数成员）所共享。[②]

电视媒体的双符号传播特性使得受众在获取风险信息的同时，会形成相对统一且饱满的风险认知。艾伦·塞特指出，即使是面对新闻类节目，当摄影机的客观性被过分渲染时，观众就会忽略能指的具体产生过程，而只将注意力集中在符号所传达的信息上。符号学提醒我们注意，由电视产生的能指是与它们的约定俗成的所指相联系的。[③]但不同的个体由于不同的文化背景，审美心理，理解能力等的不同，所获得的风险感知和意识都有所不同，进而体现为丰富多样的风险文化。"画面、声音和少量的文字（字幕）是电视影响社会和人的物质手段"，"但同样是声音和画面，它们在不同的文化环境中的表征是不一样的，进而所发挥的作用和功能也是不一样的"。[④]与此同时，电视作为符号的使用主体，其只能选择某一部分来再现整个现实，而选择哪一部分，都会影响左右我们建构事实的其他部分，正如费斯克所忧虑的："如果选择警察或示威的其他符号就会触动其他的迷思[⑤]。"风险传播中的电视媒体之所以具有无可比拟的传播优势，就在于对为眼睛生产的东西的感知将成为供应生产的优先准则，因为，它是最快让人关注、最能确保吸引人、最能让人长久记忆它所提供的信息的，而这一感知是令人惊讶的、印象深刻的、好玩的、轻松的、似乎总是易懂的、通常又毫无疑问是有效的，就是说，直接映入视网膜的。在视觉表象的逻辑中，关注、真实、吸引力和合法性已通过画面的影响以

---

① 邢虹文：《电视与社会——电视社会学引论》，学林出版社 2005 年版，第 296 页。

② 参见［英］伯顿：《媒体与社会：批判的视角》，史安斌译，清华大学出版社 2007 年版，第 320 页。

③ 参见［美］艾伦·塞特：《符号、结构主义和电视》，载［美］罗伯特·C. 艾伦编：《重组话语频道》，麦永雄、柏敬泽等译，中国社会科学出版社 2000 年版，第 9 页。

④ 祁林：《电视文化的观念》，复旦大学出版社 2006 年版，第 69 页。

⑤ 即 Mysth 的音译，译者有意不把这个词译成神话，而译成"迷思"，目的是要与神话的既有含义区分开来。

不由自主的方式达到了统一。①

在风险的电视化传播中，电视的符号特性，传播的文化环境，受众的媒介素养共同作用于传播效果，对技术风险而言，电视媒介的传播优势突出体现在对社会公众风险意识与风险文化的培养方面。② 美国学者丹尼尔·贝多尔也曾说："当代文化正在变成一种视觉文化。图像直接作用于人的视觉，消除了文字那种需要通过教育才能理解的间接性。"③ 画面世界是偶像符号世界。与构成口语和书面语的象征符号不同，偶像符号自己就体现了所表现物的质量，它们与其所表现的东西浑然一体，因而似乎可以让每一个人都立刻明白它们。而语言符号则只有通过两者间的约定才能获得意义。电视的活动画面始终给人一种它们是现实的直接反映的印象，因为，它们调动了与外部世界中适合它们的对象一样的同一类感受及认知密码。观者不假思索地相信他所看到的一定就是未经中介的事情的真实。因此，偶像符号和象征符号之间，通俗地说，画面和语言之间的根本质量区别与那个经典的符号学争议问题无关：画面是否在人的大脑中以数码形式储存下来，抑或它们引起的感知和认知密码是否仅仅是文化的常规现象。凯普林格颇有道理地将避开批评性认知潜力的这种画面的特殊能力准确地称为"基本的欺骗结论"。④ 在风险传播中，电视的这种"欺骗"能力，使受众对所接收到的信息深信不疑，其所提供的对世界的解释与转向这一解释的人们之间距离感随之消失。

早在 20 世纪 20 年代，李普曼就指出：大众传播通过描写关于"现实世界的图景"，影响"我们头脑里的观念"。意义建构论的主要创立者德弗勒认为有关媒介影响的意义建构论，是有关人类传播记忆痕理论的延伸。媒介运用符号和对符号所表示的对象的描述（声音、形象或词汇），来解释现实。这种表现方式为观念提供了共同的意义。媒介就是通过这种图景

① 参见 [德] 托马斯·梅耶：《传媒殖民政治》，刘宁译，中国传媒大学出版社 2009 年版，第 58 页。

② 参见刘宏主编：《电视学》，中国传媒大学出版社 2008 年版，第 37 页。

③ 参见赵志立：《危机传播概论》，清华大学出版社 2009 年版，第 121 页。

④ 参见 [德] 托马斯·梅耶：《传媒殖民政治》，刘宁译，中国传媒大学出版社 2009 年版，第 58 页。

向我们提供外部世界在我们头脑中的图像（外部世界，指独立于媒介所描述的客观事物的问题和环境。头脑中的图像，指具体的记忆痕结构）。媒介以此确立、延伸、替换和固定观众与别人共同使用的意义。① 当前，电视已深入到人们的日常生活世界，它在"触觉"上甚至让受众有类似触摸的感觉，但并非是指通过中介机器，而是通过所传达的画面提供的信息自身。其画面之贴近和生动犹如发生在家庭的餐桌边，而不会让人想到它们是精心导演的人为产品。它们犹如直接的现实成分在初级经验世界里发挥影响，与正力图保持与客观世界距离、借助自己的图像语言突破现有视觉方式的视觉艺术形成鲜明对照。在屏幕上出现的电子舞台已然不再是舞台，而成了生活世界中的真实场所、最真实的现实。这一交流文化的重新视觉化改变了我们的交流能力。凭借画面影响的自然主义联想，通过以图像形式传达的关于世界的说法使自己具有"免疫力"，同时将论辩文化排挤出公共舞台。②

美国克拉克大学和决策研究所曾对美国媒体中报道的 128 项风险事件进行了深入的研究，以对媒体报道的数量以及公众对进一步知晓信息，评估损害、恐惧、愤慨和不忠（滥用权力或不能报答公众信任）的要求进行调查。作为分析的一部分，研究者不仅阅览了律商联讯的文摘，还连同标题、所附照片和插画，研读了整个论文原著。他们得出了与普遍信念相反的结论，认为媒体报道总体来说没有夸大风险或表现出"反科技"的偏向。实际上，他们的研究发现，只有那些涉及事件"客观"严重性的因素才会对风险事件投入的报道量有一定的预测力。其实，如果要说有些什么不同，常规模式是：新闻报道不再强调风险的严重性，还负责打消公众的疑虑。另一方面，对环境生物技术电视报道的分析显露了将焦点集中在极端、未知风险上，报道日渐肤浅和不完备的趋势。③ 因此毫无疑问的是，

① 参见［美］沃纳·赛佛林等：《传播学的起源、研究与应用》，陈韵昭译，福建人民出版社 1985 年版，第 401 页。

② 参见［美］沃纳·赛佛林等：《传播学的起源、研究与应用》，陈韵昭译，福建人民出版社 1985 年版，第 401 页。

③ 参见［美］珍妮·X·卡斯帕森等编著：《风险的社会视野（上）：公众、风险沟通及风险的社会放大》，童蕴芝译，中国劳动社会保障出版社 2010 年版，第 192 页。

现代风险社会中，大众传播媒介是风险沟通过程中的重要中介，"大众传播把文化传递给下一代，并不断教育离开了学校的成年人、社会成员共享统一的价值观、社会规范和社会文化遗产"①。这也正是拉斯维尔认为的媒介三大功能之一文化遗产传承的功能，传播把文化世世代代传下去，主要在于通过传达知识、价值和社会规范。②具体到风险传播中，即是电视媒体充分发挥其风险文化遗产的传承功能，通过传达风险知识、风险价值和风险社会规范将风险文化日渐普及并传承。

三、常态化的风险接触与风险意识的涵化培养

当前，中国社会正以前所未有的速度进行着经济建设，其中，现代化的科学技术无疑是经济建设中的重要动力和坚实保障。面对现代化科技带来的巨大利益，人们往往有意无意地忽略了现代科技的负面影响或可能潜在的风险，长此以往，人类社会未来的生存和发展最终将面临严峻的挑战和威胁。在某种程度上，"我们为满足眼前的利益不仅出卖了良心，而且也出卖了生活福利，甚至有未出世的后代的生存"③。在乌尔里希·贝克的风险社会理论中，技术风险所产生的影响受到了特别的关注，由生态危机和科技发展带来的风险被凸显出来，已使人们对自身所面临的风险和危机有一个清楚的了解。"从总体上考虑，风险社会指的是世界风险社会。就其轴心原则而言，它的挑战是无论在时间上还是空间上都无法从社会的角度进行界定的现代文明制造的危险。这样，第一顺序的、工业现代性的基本状况和原则——阶级之间的对立，国家地位以及线性想象、技术经济理性和控制——均被绕过和废除了。"④之所以这么说，乌尔里希·贝克是希望人们在风险意识和危机思想的指导下，有所准备地去应对风险，并充

① 沙莲香：《传播学——以人为主体的图像世界之谜》，中国人民大学出版社 1990 年版，第 16 页。

② 参见李金铨：《大众传播理论》，（台北）三民书局 1996 年版，第 18 页。

③ ［美］米哈依罗·米萨诺维克、［德］爱德华·帕斯托尔：《人类处在转折点》，刘长毅等译，中国和平出版社 1987 年版，第 124 页。

④ ［德］乌尔里希·贝克：《世界风险社会》，吴英姿、孙淑敏译，南京大学出版社 2004 年版，第 24 页。

分发挥治理危机和解决风险的潜能。在当前的中国社会，较长时期以来，政府管理者与社会公众的风险意识都相对淡薄，在风险发生时常常准备不足，以至于延误了最佳的应对时机，造成了诸多不必要的损失。客观来讲，现代化的人类社会即是一个充满风险与机遇的科技社会，现代风险在时间上和空间上的无限延展性给人们的风险认知水平和风险应对能力提出了更高的要求，常态化风险情势接触与风险意识培养已刻不容缓。

作为风险社会的守望者，大众传播媒介在风险传播的过程中发挥着不可替代的重要作用，特别是在对社会公众风险认知的培养方面产生了突出的影响，即风险意识的涵化效果。涵化理论（Cultivation Theory），又称培养理论、教养理论，涵化假设、涵化分析。该理论是 1967 年美国学者乔治·格伯纳与他的同事对"电视收看及其带来的暴力倾向"这一假说的重新阐述。格伯纳认为，对大量看电视的观众来说，电视实际上主宰和涵盖了其他信息、观念和意识的来源。所有接触这些相同消息所产生的效果，就是格伯纳等所称的教养效果。其研究的一个重要结论是：电视节目中充斥的暴力内容大大增加了人们对现实社会环境危险程度（不安全感）的判断。在有关"大众传媒与社会"的研究中，它一直是其中最有趣的理论之一。从概念上讲，涵化指的是观众对电视上经常出现的画面达到一种意义共识。这些含义是观众通过电视上反复播出的，统一固定的画面所得出的，而这些画面与数据记录下的真实的美国社会不大相同。[①] 自涵化理论产生后，便不断地受到检验、质疑和发展，20 世纪 80 年代初形成了"主流化"的思想，视野不断扩大，并更多地关注媒介所建构的符号现实与社会文化各层面的观念现实。

所谓"涵化"，仅从字面上来理解的话，指的是使事物包含有一定的内容物，也就是使事物具有一定的内涵，从而获得其根本属性。但在现代传播学的概念范围内，"涵化"是专指对受众而言，而非指示其他事物。受众作为社会人，在接受其他社会影响的同时也接受大众传媒信息的辐射，在思想和行为上逐渐形成自己的一整套规范，这就是涵化的含义。涵

---

① 参见［美］奥格尔斯等：《大众传播学：影响研究范式》，关世杰等译，中国社会科学出版社 2000 年版，第 219 页。

化，在传播学意义上，与教育、教养、培育、培养、养成等词汇同义。① 具体而言，大众传播媒介的这种涵化功能主要体现在两个方面：一是大众媒介是各类教育的补充和辅助，甚至是直接独立的展开教育，这就是施拉姆所认为的大众媒介的教师作用。二是大众媒介于无形之中在传承文化，文化传承的内容包括道德、价值观念、行为规范、文学艺术等。② 区别于其他传播媒介，"电视被用作一种持续不断的背景噪音，在这个背景下，其他活动（家务工作或家庭交谈）可以开展。换句话说，它为一个家庭提供了随时可以利用的环境资源"③。正因如此，电视也成为最隐蔽的教育者和培养者。具体到风险传播中，电视通过对已发风险事件的报道和评论，以及对潜在风险的预警和提示来为社会公众提供风险信息，传播风险情景。正如霍尔在《文化、传媒和"意识形态效果"》文章中指出的，现代传媒首要的文化功能，便是选择建构"社会知识"和社会影像。大众是通过传媒建构的这类知识和影像来认知世界，来体味他们曾经经历过的现实生活。④ 在风险社会中，电视媒体凭借声画合一的双符号优势对风险现实进行着媒介化的建构，社会公众通过对风险的电视化接触来培养风险认知、建立风险文化，提高风险意识，最终实现风险传播的涵化效果。

　　作为社会公众风险意识的涵化主体，电视媒体在中国社会拥有极高的公信力，公众对电视媒体的社会功能也赋予了更多的肯定和认同。毋庸置疑，这种媒介公信力的评价是在公众的社会体验中形成的，而这种体验和评价既然是一种价值判断，就不可能仅仅与其所表现出来的专业主义特质相关，更重要的是与公众对特定媒介在文化上、情感上和价值观上的认同相关。晓之以理只能形成判断，动之以情才能产生信赖。⑤ 因此，在具

---

① 参见陈先元：《大众传媒素养论》，上海交通大学出版社 2005 年版，第 69 页。
② 参见喻国明等：《中国大众媒介的传播效果与公信力研究——基础理论、评测方法与实证分析》，经济科学出版社 2009 年版，第 155 页。
③ ［英］尼古拉斯·阿伯克龙比：《电视与社会》，张永喜等译，南京大学出版社 2000 年版，第 171 页。
④ 参见喻国明等著：《中国大众媒介的传播效果与公信力研究——基础理论、评测方法与实证分析》，经济科学出版社 2009 年版，第 155 页。
⑤ 参见喻国明等著：《中国大众媒介的传播效果与公信力研究——基础理论、评测方法与实证分析》，经济科学出版社 2009 年版，第 9 页。

体的风险传播过程中，电视媒体通过对风险事实晓之以理地告知，对风险情景动之以情地渲染，在很大程度上影响着公众的风险认知，建构着公众的风险文化。在汤普森看来，这即是一种"媒介化的准互动"，这种"互动"的特别之处在于对象之间不是直接的在场的互动，而是交往对象不同时在场的"虚假互动"，电视观众对电视节目的反应本身并不能对其中的人物或事件产生任何影响。① 也正是在这个意义上，电视媒体的涵化功能才得以发挥，其通过与受众之间的"准互动"来传播风险信息，培养风险认知。虽然公众对风险信息的即时反应并不能直接作用于风险事件本身，但却使公众对周围的风险环境有了更为明晰和理性的认识。当再次发生风险事件时，公众即可以凭借已有的风险感知和认识来积极有效地应对风险。认识风险是应对风险的前提条件，社会公众风险意识的培养不仅是应对风险、治理危机的先决条件，更是引导社会进行可持续发展的必备基础。

在传统的面对面的信息互动中，交流的内容是相对宽泛且随机的，话题的讨论也往往会超出参与对象交流的预期。换句话说，传统的面对面的交流是一种多维的、能动的、创造性的过程，参与交流的对象彼此即时互动。而在以电视媒体为主体的交流过程中，由于电视受众是一个相对被动的信息接受者，交流的双方难以达成即时的互动，信息的交流主要依靠电视的主动输出，因此，电视对受众的影响更多的是一种潜移默化的指导性培养。在这个周而复始的过程中，电视信息的提供是互动产生的前提条件。电视媒体与社会公众之间的互动既离不开现实社会生活，同时又与这种"拟态环境"存在密切的关系，这在某种程度上也造就了电视社会互动的复杂性。② 在风险社会中，电视对受众风险感知和风险意识的培养，正是建立在其对风险拟态环境的监督和构建之上，并随着作用时间的增长而日渐形成一种风险文化。葛伯纳的"培养理论"已经证实了这一点，即媒体文化构造了社会成员共享的文化价值观。一言蔽之，大众传媒周而复始的模式化、套路化信息使社会成员的价值观日趋"主流化"。③ 我们依靠

---

① 参见邢虹文：《电视与社会——电视社会学引论》，学林出版社 2005 年版，第 261 页。

② 参见邢虹文：《电视与社会——电视社会学引论》，学林出版社 2005 年版，第 229 页。

③ 参 见 Gerbner, George, *Growing up with Television：The Cultivation Perspective*. New Jersey, 1993, pp.25-29.

媒体提供的信息来认知世界、做出是非判断，媒体已浸润到我们生活的各个环节，我们无法摆脱其控制。正如道格拉斯·凯尔纳所言，我们生活在媒体的文化里，媒体文化的"形象、声音和影像帮助建构日常生活的结构、宰制业余生活、影响政治观点和社会行为，提供给人们赖以打造他们身份的各种材料"[1]。

随着传播科技的发展，当代大众传播媒介，特别是电视媒体，已成为了现代社会公众日常生活中不可或缺的一部分。诸多传播学的实例研究表明，在日常实践中，人们会对媒介产生不可控制地依赖，并表现为对某种媒介的重复性使用。例如，人们会依据一定的时间规律去收看某一个时刻的某类电视节目。由此看来，受众对大众传媒的消费已成为一种日常生活惯例，即受众对媒介的接近与使用已经具有仪式性的行为特征。但是，媒介收视行为的仪式化仅仅只是一种日常生活构成的体现，它是受众用以消除自身焦虑、维系本体安全、延续原有价值认同的一种方法和途径。[2]有学者曾对这种"仪式化"的收视行为进行过实证研究，如努登斯特伦对芬兰所做的媒体调查报告便论证了这一结果："对芬兰人来说，关注新闻只是一种仪式、一种划分日常生活节奏的方法和一种疏离的表现……很多人接触新闻是因为他们把新闻看做是与外面世界联系的方式或者生活中的一种固定方式，然而新闻的内容对他们来说无关紧要……（因此）新闻节目并没有完成传送信息的功能：它们为完全不同的目的服务，观众关注新闻节目已经成为一种仪式和习惯，从而维持一种安全感。"[3]

当前，中国社会正处于转型期，同时也是各类风险的高发期，这种由电视媒介自身所带来的安全感对于广大社会公众而言，具有极为重要的心理安抚和认知教育作用。首先，绝大多数社会公众都是在电视所营

---

[1] Keller, D, *Media Culture: Cultural Studies, Identity, and Politics between the Modern and the Postmodern*. New York: Routlege, 1995, p.1, 转引自刘燕:《媒介认同论：传播科技与社会影响互动研究》，中国传媒大学出版社 2010 年版，第 46 页。

[2] 参见刘燕:《媒介认同论：传播科技与社会影响互动研究》，中国传媒大学出版社 2010 年版，第 213 页。

[3] Groombridge, B, *Television and the People*, Hamondsworth: Penguin, 1972, p.391, 转引自戴维·莫利:《电视、观众与文化研究》，史安斌译，新华出版社 2005 年版，第 295 页。

造的拟态环境中获得对外界的感知。麦克卢汉说:"新媒介并不是把我们
与真实的旧世界联系起来;它们就是真实的世界,它们为所欲为地重新塑
造旧世界遗存的东西。"① 这里的新媒介就是指电视。"对于看电视的人来
说,新闻自动成为实在的世界,而不是实在的替代物,它本身就是直接的
现实。"② 其次,受众对电视报道的风险事件有着与生俱来的接近性,形象
的现场画面,真实的背景声音,都使受众身临其境。"与人们在各种距离
上接近的事物,才有可能成为人们心目中重要的事物;反过来说,重要性
最根本的内涵就是指事实与人们的相关性,这种相关性当然离不开接近
性。"③ 最后,电视通过传播风险信息,普及风险知识,进行风险预警等对
受众实施风险涵化,在此基础上,人们按照其所传播信息的标准建立起自
己的社会价值评判体系,并形成了较为统一的社会共识,即诠释了现代传
播学上的一种文化规范论。文化规范论认为,在大众传媒所描述的图景和
行为的反复影响下,人们有可能在观念进而在日常生活中认同并模仿这种
图景和行为。④ 文化规范论的主要内容,是大众传媒通过有选择地表现以
及突出某种主题,在受众中造成一种印象,有关其突出的命题的一般文化
规范是以某种特殊方式构成或确定的。由于个人涉及某命题或情景的行为
通常受文化规范(或者说一个行为者所理解的规范)的引导,这样媒介就
间接地影响了行动。⑤

① [加]埃里克·麦克卢汉、[加]弗兰克·秦格龙编:《麦克卢汉精粹》,南京大学出版
  社 2000 年版,第 310 页。
② [加]埃里克·麦克卢汉、[加]弗兰克·秦格龙编:《麦克卢汉精粹》,南京大学出版
  社 2000 年版,第 311 页。
③ 杨保军:《新闻价值论》,中国人民大学出版社 2003 年版,第 143 页。
④ 参见陈先元:《大众传媒素养论》,上海交通大学出版社 2005 年版,第 72 页。
⑤ 参见[美]沃纳丁·赛弗林等:《传播学的起源、研究与应用》,陈韵昭译,福建人民
  出版社 1985 年版,第 265—266 页。

第六章

风险社会视阈下和谐社会的电视化构建

著名的电视布道明星比利·格雷汉姆曾经写道："电视是发明的最有力的交流工具。我的每一期黄金时段的特别节目在美国和加拿大的近 300 个电台同时播出，我一次电视直播的观众比耶稣一生中传教的对象要多千百万。"[①] 对此，同是电视布道同行的帕特·罗伯逊补充道："教会不利用电视是非常愚蠢的。他们的需要是一样的，他们传递的信息是一样的，但传递的方式可以改变。要让教会不利用美国最有生成力量的工具简直愚不可及。"[②] 事实上，电视媒体作为现代社会大众传播媒介的一种具体形态，其对社会所显示出的巨大影响并非仅仅限于某一个国家。

在当前中国社会的风险环境中，电视媒体已成为构建和谐社会不可或缺的重要力量。"中国的经济建设需要发达的传播业，政治体制的改革更要传播媒介发挥中介作用，传播为政治体制改革服务首先体现在通过传播媒介实现管理者与社会的沟通，从而使社会主义现代化建设按照预定的目标去实行。这种沟通是双向的沟通，前者是通过媒介传播政治集团的意

---

① Graham，B，*The Future of TV Evangelism*，TV Guide31 (10)，1983，pp.4-8，转引自刘燕：《媒介认同论：传播科技与社会影响互动研究》，中国传媒大学出版社 2010 年版，第 103 页。

② Hemphill，P，*Praise the Lord and Cue the Cameraman*，ln B. Cole (ed.) (1981) *Television Today：Readings From TV Guide*，New York：Oxford University Press，p.67，转引自刘燕：《媒介认同论：传播科技与社会影响互动研究》，中国传媒大学出版社 2010 年版，第 103 页。

图、设想、目标和实现目标的措施以及决策过程，为人民对执政党的监督提高透明度。后者是通过传播媒介反映社会成员对执政党意图、目标的接收、理解和执行情况，为执政党对人民实行指导提供信息。有了这种双向沟通，执政党与社会成员的价值观就可能得到整合，达到政通人和。"① 事实上，现代大众媒介"所进行的新闻传播活动，往往是以全社会为传播空间的大众传播，其规模之巨和影响之广，为以往的人际传播难以企及"②。也正是基于大众媒介的这种双向沟通功能，一个良性循环的媒介生态才能形成，进而促进人类和谐社会的发展。"人类传播活动的发展史，就是人类从自然赋予的传播能力出发，在生产劳动和社会实践的动力推动下不断发现和创造新的传播媒介、不断使社会信息系统走向发达和完善的历史。"③

第一节　生活政治：风险社会中电视新闻传播的新视角

《中国大百科全书——政治学》中对"政治文明"的解释是："人们改造社会所获得的政治成果的总和。一般表现为人们在一定的社会形态中关于民主、自由、平等、解放的实现程度。在人类历史上，代表生产力发展方向的先进阶级，通过社会革命改造旧的社会关系和社会制度，建立新的社会形态。在新社会形态里，统治阶级为了实现自己的政治统治，需要建立与生产力、生产关系状况相适应的社会政治制度、法律制度、民主制度。在这些制度中，人们的民主、自由、平等的权利实现程度相应获得新的提高，这就是政治文明的进步。"④ 作为政治文明的核心，民主是现代社

---

① 戴元光：《20 世纪新闻学与传播学·传播学卷》，复旦大学出版社 2001 年版，第 92—93 页。

② 童兵、林涵：《20 世纪新闻学与传播学·理论新闻学卷》，复旦大学出版社 2001 年版，第 24 页。

③ 郭庆光：《传播学教程》，中国人民大学出版社 1999 年版，第 35 页。

④ 虞崇胜：《政治文明论》，武汉大学出版社 2003 年版，第 120 页。

会的一种政治体制，是"权力"与"权利"平衡博弈的具体表现，是现阶段实现多数人统治的一种代议制形式。改革开放后，中国的政治民主化进程日益推进，人民的参政议政意识也与日俱增，不断发展的政治文明愈发地需要来自社会公众的监督和参与，大众传媒因此成为现代社会公众实施民主权利的重要渠道。

自 20 世纪 60 年代以来，媒体即已成为政治表演的舞台。即个人所认同的是通过媒体再现的群体、偶像、政治事务和斗争，而新的身份/认同模式也借由媒体来传播；反过来，观众也通过媒体认同体现个人身份的主要特征等。① 其中，"在身份和身份认同之间存在着一个重要的差别：身份被理解为个体或集体的自然力量的一种反映，而身份认同被理解为别人对自己行使权力的一种结果。"② 而"生活政治"正是一种符合现代公众身份认同模式的新理念，它强调一种以"个体的日常生活为根基"的微观政治，其与作为现代社会多数的公众更为接近，并广泛存在于社会生活的诸多领域，其关注的是大生活方式的自由选择和价值的自我实现，而最终要解决的是"集体人面临的挑战"。具体到风险传播中，则体现为社会公众从自身利益出发，以个体身份通过大众传播媒介来实现对政治事务的知情权、参与权和监督权等民主权利。因此，在中国特色的风险社会转型期，只有媒介尽量公开，"标新立异"的声音才能够被人们听到，而且媒介还应说明有关任何社会的叙述（特别是我们生活环境之外的社会）都是不全面的。民主的公共领域的一个重要基础就是主流媒介如何描绘与我们物理距离甚远的社会状况，因此，新闻文化发展的方向应围绕重要问题展开公开的讨论，而不是单纯追求客观事实报道（虽然这也很重要）。③

---

① 参见［美］道格拉斯·凯尔纳：《媒体奇观——当代美国社会文化透视》，史安斌译，清华大学出版社 2003 年版，第 131 页。
② ［英］詹姆斯·库兰、［美］米切尔·古尔维奇编：《大众媒介与社会》，杨击译，华夏出版社 2006 年版，第 46 页。
③ ［美］大卫·阿什德：《传播生态学：控制的文化范式》，邵志择译，华夏出版社 2003 年版，第 90 页。

一、"生活政治"观照下的电视新闻传播

一直以来，劳动（社会关系）与传播之间呈现出这样一种关系：人类社会的劳动生产力水平越高，媒介事业就越发达。施拉姆也指出，"媒介一经出现，就参与了一切意义重大的社会变革——智力革命、政治革命、工业革命，以及兴趣爱好、愿望抱负和道德观念的革命。这些革命教会我们一条基本格言：由于传播是根本的社会过程，由于人类首先是处理信息的动物，因此，信息状况的重大变化，传播的重大牵连，总是伴随着任何一次重大社会变革的。"①改革开放后，中国社会进入了全面发展的转型期，科学技术的发展、经济体制的转轨以及现代化的深入，大大促进了中国政治体制的改革进程，因此，包括电视在内的新闻传播活动也进入了一个新的发展阶段。在现代社会中，电视新闻传播活动以各种鲜活、生动的方式，积极地深入到了普通公众的日常生活中，成为社会的耳目。它为社会提供做出决断的途径；它为社会提供认识自身的集体声音；它是传达社会价值的主要源泉。特别需要指出的是，在民意整合方面，电视媒体扮演着至关重要的角色，它能够较为完整地承担价值整合、规范整合、结构整合等功能。"全球化的电视传播带来了不同宗教、民族、国家间的及时沟通、交流，相应地带来了理解与认同，带来了借鉴、互动和信息资源的协作共享。"②从"生活政治"的维度来观照电视新闻，即是以一种常态化的、个体化的、微观化的解读方式，来对中国现代社会的电视新闻传播进行重新审视。

生活政治（Life Politics）这个概念，最早由英国社会学家安东尼·吉登斯提出，其区别于传统政治最大的特点在于注重个体的体验和感受，它是"关于我们如何在一个曾经一切都是自然的（或传统）、而现在在某种意义上要通过选择决定的世界上生活的问题"，它"不是属于生活机会的政治，而是属于生活方式的政治"；它"关涉的是来自于后传统背景下，在自我实现过程中所引发的政治问题，在那里全球化的影响深深地侵入到自我的反思性投射中，反过来自我实现的过程又会影响到全球化的策

---

① ［美］威尔伯·施拉姆等：《传播学概论》，陈亮等译，新华出版社1984年版，第19页。
② ［美］威尔伯·施拉姆等：《传播学概论》，陈亮等译，新华出版社1984年版，第143页。

略"。① 所以，有研究者认为："生活政治的根本着眼点在于边缘和底层，在于个体的生存感受和生存质量。生活政治实质是由下到上产生出来的政治。"② 时至今日，"生活政治"作为现代社会的一种政治表现，深刻影响着人们认识世界、感知世界的方式和行为。更为重要的是，随着政治文明的不断发展和政治实践的不断深入，大众传播媒介与政治文明之间的关系也在不断更新，以"生活政治"为代表的新兴政治领域，已成为现代社会大众传媒发展的重要背景。

在现代社会中，"个人与计算机、电视和新媒体之间的相互作用实质上是社会的，自然的，就如同现实生活中的一样"，"媒体被看成了真实的人和地点，适用于社会关系和交往的那些规则决定了人们对媒体的反应"，"和人足够接近的任何媒体都会得到和人一样的待遇"。③ 此时，大众媒介不仅仅是传播工具，而是扮演了相应的社会角色，并具有人性化的特征。在某种程度上，媒体受到礼貌的对待，媒体能侵占我们的身体空间，媒体有着和我们一样的个性，媒体可做一个队友，媒体也有性别的不同。媒体能激发感情，需要我们注意，使我们害怕，能影响记忆力，还能改变人们固有的观点。总之，媒体是我们生活的积极参与者。④ 全球化媒介将创造出一个偶像与呆子并存的世界。在信息化社会中，由媒介组织的政治家、思想家、信息专家、艺术家、企业家等社会群体构成的电视权威，将成为一种客观存在。他们通过电视屏幕或直接或间接地干预大众的思想倾向、政治态度、艺术情趣和生活方式。——这就会带来一种危险：通过个人或少数人不断影响大众而大众自己则默默无闻或不引人注目，只是等待着别人替自己说话。人们，可能完全取消自我，接受电子传媒对自己的重新定型。⑤

---

① ［英］安东尼·吉登斯：《现代性与自我认同：现代晚期的自我与社会》，赵旭东等译，生活·读书·新知三联书店 1998 年版，第 251—252 页。

② 红苇：《"生活政治"是一种什么政治》，《读书》2002 年第 6 期。

③ ［美］巴伦·李维斯等：《媒体等同》，卢大川等译，复旦大学出版社 2001 年版，第 4、10、19 页。

④ 参见［美］巴伦·李维斯等：《媒体等同》，卢大川等译，复旦大学出版社 2001 年版，第 213 页。

⑤ 参见王雅林：《人类生活方式的前景》，中国社会科学出版社 1997 年版，第 128—130 页。

正如麦克卢汉所言:"就像鱼没有意识到水的存在,媒介构成了我们的环境,并维持着这种环境的存在。"① 正如阿特休尔所指出的:"新闻媒介都被当做维护社会秩序的主要力量——教育人民使他们在社会中发挥各自的作用。"②

毋庸置疑,现代公众所生活的实在环境的时间/空间维度由于电子媒介和信息技术而被改变了;我们在自己的家里见证在其他地方发生的各种事件;在看新闻的时候,我们在自己的家里经历着异时发生的行为,而这些行为的时间长短、持续的时间和节奏以及时间性的其他重要的因素被改变,以适合与电视新闻融合在一起的范式。③ 此时,公众的个体日常生活就如同一个个单独的核细胞,通过电视新闻这个枢纽中心与所有其他细胞联结在一起,实现社会最高秩序的集体统一。④ 在某种意义上,这种集体的统一即形成了一种仪式,美国政治学者米歇尔·舒德森指出:"现代民族国家自觉地运用语言政策、正式教育、集体仪式以及大众传媒等来整合公民并确保他们的忠诚。"⑤ "仪式"作为一种典礼的秩序形式,早在原始社会就已存在,一直延续至今,作为一种特定的文化现象,仪式既是现实产生的模式,也是产生现实的模式,它不仅外在体现了一定的社会秩序与社会关系,而且也集中表征了一定时代人们的意识观念、思想情感等。⑥由此可见,现代国家在肯定大众传媒在深刻参与公众生活、维系并丰富社会阶层关系方面所发挥的影响力的同时,也意识到了其在政治生活领域以及国家形象构建当中的巨大作用。至少从理论上讲,全球通信媒体的这种

① [美]詹姆斯·W·凯瑞:《作为文化的传播》,丁未译,华夏出版社2005年版,第12页。
② [美]沃纳·赛佛林、[美]小詹姆斯·坦卡德:《传播理论:起源、方法与应用》,郭镇之译,华夏出版社2000年版,第4页。
③ 参见[美]沃纳·赛佛林、[美]小詹姆斯·坦卡德:《传播理论:起源、方法与应用》,郭镇之译,华夏出版社2000年版,第139页。
④ 参见[美]丹尼尔·戴扬、[美]伊莱休·卡茨:《媒介事件》,麻争旗译,北京广播学院出版社2000年版,第16页。
⑤ [美]米歇尔·舒德森:《文化和民族社会的整合》,载[美]戴安娜·克兰主编:《文化社会学》,王小章、郑震译,南京大学出版社2006年版,第18页。
⑥ 参见吴晓群:《古代希腊仪式文化研究》,上海社会科学院出版社2000年版,导言第1页。

发展使世界变得越来越小，并且使世界越来越开放。在某种程度上，这些媒体是作为一种全球第四产业在起作用。尤其是当全球电信网络连通后，电话、传真机、图片复印机、电子留言板和录像机就有可能成为颠覆压制性政府的工具。有些国家政府就被迫放弃其专制权力。① 从理论上讲，全球通信的发展，可以保证把在世界任何地方所发生的事件，通过无线电广播在几分钟之内，通过电视在数小时之内向全世界任何地方报道出来。②

　　因此，在现代政治活动中，控制和利用电视传播已经成为最常见的政治行为之一，缺失了这种行为或者在这种行为的处理上失当，甚至可能导致政治活动和政治行为在实现既定方针中彻底失败。③ 无论是政府机构，还是社会公众，在面临风险危机的时候，都需要尽快地做出正确的行为选择，以避免可能到来的危害或控制当前的损失。具体到中国转型期中的风险社会，以电视为代表的大众传播媒介，不仅是现代公众政治生活中不可小觑的重要组成部分，同时也是公众认知环境、判断风险，实施行为的重要指导者。如今，我们处于这样一个时代：对一个社会行为者习惯性的能力测试是看他如何去看待问题、争议以及重要的社会政策因素，它们看起来是怎样的、听起来是怎样的。在媒介把关人允许的新范式中，它会把更具有开放性和包容性的问题纳入考虑和公共讨论的范围之前，那些不太重要的社会政策会继续发展，而那些不太具有戏剧性的、不太具有视觉冲击力的、非线性的事务至多会在娱乐的基础上和即刻的相关性上进行竞争；这样，此时、现在和未来就成为媒介范式的产物，而这正是我们赖以获得包装形象意义的基础。④ 也就是说，现代社会公众更多地依靠日常的认知形式如新闻广播，来获得对重要的事件的指导和非正式的判断标准。

　　当较大的风险和危机事件看起来像是电视新闻里所报道的故事时，

①　参见［英］约翰·基恩：《退却的政治》，《政治季刊》第 61 卷第 3 期（7—9，1990），第 340—352 页。

②　参见［英］约翰·基恩：《媒体与民主》，邰继红、刘士军译，社会科学文献出版社 2003 年版，第 122 页。

③　参见胡申生主编：《当代电视社会学》，上海大学出版社 2006 年版，第 66 页。

④　参见［美］大卫·阿什德：《传播生态学：控制的文化范式》，邵志择译，华夏出版社 2003 年版，第 139 页。

对绝大多数人来说，很轻松地就能得出经验性的结论，即不管是什么事情，只要没有被电视新闻报道就不大可能会与公众生活有太大的关系，自然也就没有特殊的重要性可言。假如电视范式对令人激动的和戏剧性的视觉形象有强烈的爱好，那么并不令人感到奇怪的是，对于大部分地方性的（例如犯罪）、全国性的（例如灾难）和国际性的（例如武装冲突）的事件，新闻媒介都会强调涉及戏剧性、动作、冲突和暴力的事件。事实上，如果问题或所关注的事情缺乏这些特点，它们就会被实践原则所忽视。① 正如美国学者罗伯特·考克尔在论及影像与客观现实之间的关系时所指出的那样："如果某种事物的影像非常接近这种事物本身的样子，我们就有可能会忽视事物本身。而事实上，那些事物在客观世界中仍在继续发展变化，而不会停止在影像中。"② 另一位美国学者大卫·阿什德在论及电视画面和现实世界之间的关系时也指出："然而，画面远非整个的现实，而这就是问题所在，但是如今，画面有一种取代现实的倾向，或创造它们自己的现实。所以我们根据画面所能展示的事情来做出反应，而我们不知道那些画面所不能展示的事情，而这就是一个新的现实。这是在电视上的现实。"③

从生活政治的维度来看，人类个体与社会现实世界之间接触的机会越来越少，大众传媒日益成为自我与他人之间互动的中介，人们依赖媒介进行着自我实体生活的构建，并在最大程度上降低了感知环境、适应环境的成本。在通过媒介进行社会互动时，人们也无法将媒介所建构的事实与其本源事实进行细节比照，因此，信任媒介无形中成为现代公众的一种集体无意识和选择惯性。斯图亚特·霍尔认为，通过构建意义，传播建立了人和世界的意义表征关系。电视媒体之于社会现实的意义，就犹如斯图亚特·霍尔所定义的"意义的地图"，即："符号归属于意义的地图，任何文

---

① 参见［美］大卫·阿什德：《传播生态学：控制的文化范式》，邵志择译，华夏出版社2003年版，第139页。

② ［美］罗伯特·考克尔：《电影的形式与文化》，董舒译，北京大学出版社2004年版，第11页。

③ ［美］大卫·阿什德：《传播生态学：控制的文化范式》，邵志择译，华夏出版社2003年版，第198—199页。

化都归类于其中，而所有的社会意义，实践与效用，权力和利益，都被归入那些社会现实的地图。"① 现代传播媒介有一个共同的效能：他们扩大接收的范围却收窄传播的渠道，没有任何言语能消除这种影响。技术的成见只能由政治来控制，同时遏制技术社会的扩张主义倾向，并且在现代技术控制之外开辟民主讨论和参与的渠道。信息技术与传播范式的结合改变了时间的和空间的秩序，并且改变了许多社会行为的社会意义。随着新技术和它们的范式渗透进社会结构，其结构表征特别是监视和控制都意味深长地改变着。②

现代社会中，大众媒介即是实在环境的构成部分，公众已被裹挟进入由报纸、广播、电视、网络等共同组成的媒介场域中，并在与媒介的互动中确定自我身份、表达话语意见、建立社会关系。"于是，传播一下子成了一种人类行为（包括活动、过程、实践），成了一种表达形式的总和，被建构了的与正在建构的整套社会关系。"③ 对此，美国学者詹姆斯·W·凯瑞认为："无论社会生活之生产和再生产的细节如何，他都是通过传播、通过符号与社会结构的整合关系，社会（或我们最熟悉的事物）才得以创造、维系与改变。"④ 在与媒介的这种互动关系中，受众并不是简单地、被动地接收信息，而是根据自有的社会经验、社会角色、社会环境，以及文化背景、知识水平和性格特征来对接收到的信息进行不同层次的分辨和判断，来实现对信息的选择性过滤和意义的再构建。也就是说，受众立足于个体所处的传播场域和情境，对信息的接收进行能动性的控制，并对其意义进行个性化的建构。处于不同传播场域和情境的受众，对同一信息进行解读的意义也各不相同，正如解释学理论所阐释的，意义的多元性理解在传播中即表现为意义构建的丰富性。

---

① ［英］斯图亚特·霍尔：《编码／译码》，载张国良主编：《20世纪传播学经典文本》，复旦大学出版社2003年版，第431页。

② ［美］大卫·阿什德：《传播生态学：控制的文化范式》，邵志择译，华夏出版社2003年版，第21页。

③ ［美］詹姆斯·W·凯瑞：《作为文化的传播：媒介与社会论文集》，丁未译，华夏出版社2005年版，第63—64页。

④ ［美］詹姆斯·W·凯瑞：《作为文化的传播：媒介与社会论文集》，丁未译，华夏出版社2005年版，第84页。

从中国目前的社会现实来看，电视媒体的传播活动为意识形态的宣导、文化知识的普及和大众娱乐的共享提供了最为广泛和重要的支持，其中，电视新闻在权威信息的占有上与精英观点的表达上具有得天独厚的优势。从"新闻立台"的电视传播理念被多次重提后，不难看出，电视新闻在整个电视传播活动中的重要功能和特殊地位。其一，在中国，电视媒体较之于其他媒体而言，有着更为严格的传播制度和程序，也因此具有了极高的权威性和公信力；其二，作为电视媒介产品的重要表现形式，电视新闻凭借其信息的时效性、有用性、指导性而成为公众社会生活中重要的信息来源和参考；其三，现代社会公众在生活政治的理念培养下，对自我意识的强调日益突出，同时更敏感于周围环境的变化，试图通过权威有效的信息来应对环境的变化。因此，从某种意义上讲，电视新闻拥有了一种建构社会现实、培育公众认知的隐性权力，这种权力本身无所谓好坏，关键在于能否与当时的社会生产关系相适应。正如福柯对权力生产性的阐述，"我们不应再从消极方面来描述权力的影响，如把它说成是'排斥''压制''审查''分离''掩饰''隐瞒'的。实际上，权力能够生产。它生产现实，生产对象的领域和真理的仪式。"①

二、风险社会中电视新闻的公共领域生成

当前，中国社会正处于高风险的转型发展阶段，在社会生产力高度发展的同时，各类传统的和新型的风险也集中出现，并逐渐呈现出诸多风险社会的特征。如诸多风险和危机的发生并非是人们的无知，而恰恰相反是来源于知识；不是人们对自然资源利用的匮乏而是人们企图彻底征服自然，绝对地控制自然。客观来讲，风险社会的风险不仅是历史的产物，同时也是人类行为和社会发展的一种模式选择的必然后果。风险社会的出现一方面源于人类对自然与自我认识的盲目与缺陷，另一方面源于现代社会外在的强制性与传统工业社会内在的稳定性之间的不平衡博弈。因此，风险社会较之于以往所有社会发展时期的不同之处，主要在于其自身的"不

---

① ［法］福柯：《规训与惩罚》，刘北成、杨远婴译，生活·读书·新知三联书店 2003 年版，第 218 页。

确定性"和"自反性",即无法依据外在既有的危险进行预测和对抗。换句话说,现代风险源自于人类的行为决策,是一种工业化的产物,并在一定程度上呈现出政治性的自反性。由此可见,当今社会的风险对象不是他者,而正是自己,作为一种具有自我批判能力的反思性机制,以风险为社会运行和整合逻辑的社会是一个充满不确定性的社会。在此背景下,人们不断地调整自我,控制源自于自身利益的欲望和诉求,旨在避免显性的紧急危机状态转为隐性的常态风险。

　　从人类社会发展的历史过程中不难看出,人类有关危机、风险的意识更多地来自于自身的社会实践,作为个体,人的心态选择依然来自人在社会活动中的经验和感悟,也就是奥克肖特所言的"实践知识"。① 美国学者詹姆斯·W·凯瑞认为,传播是社会实践的一个整体,它以概念、表达的方式和社会关系为切入口。这些实践建构了现实(或是否定、改变了现实,或是用仪式展现了现实)。传播通过把技术与观念融为一体的方式移植了人类关系中所采用的形式,在实践的每时每刻,关于真实的概念、表达方式和被预见、被认识的社会关系共同发挥着作用,我们可以在每一个点上对实践进行拆分。② 因此,从这个角度上来看,大众传播媒介已实实在在地成为现代人类获取"实践经验"的重要渠道,即大众媒介的"议程设置"功能,一个社会问题被概念化、被展示的方式将会影响到这个现象的产生和扩散,这对公众如何认识它是非常重要的。例如,电视节目宣扬恐惧和生活中存在危险的观念能导致对人们的利用,这些视像,连同具体的讯息也许不能准确地预知人们会如何选择,但是它们对人们会考虑和思考的事情具有提示性的作用。格雷伯(Graber)与肖(Shaw)以及麦库·姆斯(McCombs,1977)提请人们注意媒介的议程设置能力,"媒介的受众从媒介那里接受选择的指导来决定什么样的信息是最重要的并值得关注"。"在这样的事例中,公众是不设防的,因为他们缺乏超越媒介的独立的信息——媒介外的资讯(Extra Media Data),以便用它们来核对媒介

---

① 参见 [英] 马丁·洛克林:《公法与政治理论》,郑戈译,商务印书馆 2002 年版,第 96 页。

② 参见姚君喜:《社会转型传播学》,上海交通大学出版社 2008 年版,第 58 页。

所提供的画面。"①

　　在风险社会中，这种弥漫于实在环境中的有关风险信息的环境，凭借互动的媒介范式与大众的公共生活融合在了一起，并成为现代公众风险认知和行为判断的重要参照，公众的社会行为（以及观点）被嵌入其中以发现并解决社会问题的传播生态即由此形成。然而，这种生态并非仅仅是媒介环境，而是公众生活的实际现实的一部分以及日常环境的特征。在此环境中，媒介逻辑与文化逻辑融合在了一起。大众媒介通过娱乐和新闻范式转换着现实的形象，它在媒介逻辑的基础上界定、选择、组织、解释和展示信息，这些信息被转换成看似无目的的事态。例如，电视之外的形象被安排、组织和解释得与在电视上看到的形象一样。媒介逻辑的一个特点就是建立起一个互动的信息环境，或一个普遍的和协调一致的象征意义模式，它对经验进行界定和组织，使之从一种情景转换到另一种情景中去。在这种逻辑关系中，一种环境被建构起来，它象征性地框定了权利的诉求与反诉求；讯息的准确性和影响是对它认可和熟悉的附带结果。受众成员与这种环境以及其他大众媒介的报道进行着持续不断的互动。②

　　在这种较为普遍且协调一致的媒介互动过程中，身处风险社会中的公众逐渐建立起了集体面对风险的存在感和安全感，并试图通过一个稳定的、有效的媒介公共领域来积极参与和发展这种互动，以使自身的行为规范与社会标准相适应。然而，这种风险反思性理念能否平衡私己之欲而成为社会发展的动力，还取决于政治系统与公共领域是否足够和谐开放。"公共领域"或"公共空间"，是由德文 Offentlichkeit 的英译 Public Sphere 转译而来，Offentlichkeit 的法译为 Espace Public（若转译成英文则为 Public Space。同一个德文单词，中间只经过一次转译，Sphere 就等同于了 Space）。德文 Offentlichkeit 由形容词 Offentlich（意即"公开的""公开发表的""公开传布的"）加抽象化名词词尾 Keit 结合而成，是一个较为抽象的概念。"公共领域"的译法更接近于欧洲古代政治文明的概念，

① 参见［美］大卫·阿什德：《传播生态学：控制的文化范式》，邵志择译，华夏出版社2003年版，第126页。
② 参见［美］大卫·阿什德：《传播生态学：控制的文化范式》，邵志择译，华夏出版社2003年版，第132页。

而且与"市民社会"（Civil Society）、"市民记者"（Citizen Journalist）等
概念互相呼应（此外，另有 Public Sector，对应的汉译为"公共范畴"，
多属于经济学概念）。①

　　公共领域的理论根源最早可以追溯到英国致力于恢复共和主义传统
的汉娜·阿伦特（Hannah Arendt），汉娜·阿伦特把人的活动分为三种：
劳动、工作、行动。她认为劳动的目的是维持生命，生命是劳动的动物的
最高价值。行动和工作都是人类之间的互动关系。前两种基本属于私人领
域，后一种基本属于公共领域。一般为求生而生产物质产品的活动属于私
人领域的活动，而类似于古希腊城邦国家的公民所从事的政治活动，则属
于公共领域的活动。所以在阿伦特的概念里，政治属于行动领域，是公共
领域中的一个重要方面，但不等同于公共领域。阿伦特认为，作为创造者
的人能够创造一个它自己的公共领域——市场，一个非政治层面上的公共
领域。在阿伦特看来，"公共的"这一术语指的是两个紧密相连但又并不
完全相同的现象。它首先是指，凡是出现于公共场合的东西都能够为每个
人所看见和听见，具有最广泛的公开性。其次，世界对我们来说是共同
的，并与我们的私人地盘相区别。就此而言，"公共的"一词指的就是世
界本身。② 由此可见，"公共领域"与政治有着天然密切的关系，现代社
会中生活政治文化的盛行，在很大程度上即依赖于"公共领域"的形成和
发展。

　　具体来讲，"公共空间"（公共领域）这个概念本身是由德国哲学家
康德最早提出，但却鲜有人知，后随着德国哲学家尤尔根·哈贝马斯的极
力推崇而广受重视。哈贝马斯提出，政治事务之所以受制于国内公共舆
论，在于其是公众辩论和公开争议的话题，"公共空间"作为当代民主的
基本内涵，对反思大众民主发挥着巨大的作用。它是介于国家与社会之间
的中间场所，它也是不同的团体和个人之间多元意见表达及交流的象征性
空间。其中，大众传媒在公共空间中发挥着重要作用，但是，传媒空间不

① 参见［德］托马斯·梅耶：《传媒殖民政治》，刘宁译，中国传媒大学出版社2009年版，第8页。
② 参见［英］汉娜·阿伦特：《公共领域与私人领域》，汪晖、陈燕谷主编：《文化与公共性》，生活·读书·新知三联书店1998年版，第38、81、83页。

是公共空间的同义词，因为后者更为宽泛、更为复杂。较之政治空间，公共空间也更加宽泛。公共空间的形成需要时间，以便形成自己的词汇、价值观，以及足以贴近可供讨论、反对或商议的相关内容的视界。人们无法决定公共空间的存在，而只能证明它的存在。① 大众传媒作为公共领域的一种存在形式，可以通过各方信息表达和利益协调，实现权力机构内部系统之间、权力机构与公众之间以及公众各群体之间的全方位沟通（这种沟通是信息的双向传递、接受、交流和分享），以促成相互间的了解、共识、好感与合作。②

　　所谓公共领域，是指现代社会公众生活的某一个领域，在这个领域中，多元的公共意见得以自由形成和表达。公共领域具有开放性和公共性，是一种独立于政治权利之外，并不受官方干预的社会公民自由讨论公共事务、参与政治的活动空间或公共场所。其范围包括团体、俱乐部、党派、沙龙、通讯、交通、出版、书籍、杂志等，这个"由私人构成的公共领域"是"一个松散但开放和弹性的交往网络"。换言之，就是在政府控制之外的区域，通过自由的、批判性的商谈、讨论，形成大众普遍承认的"公共意见"。③ 当在这个领域对话的公众达到较大规模时，这种交往需要一定的传播和影响的手段；今天，报纸和期刊、广播和电视就是这种公共领域的媒介。当公共讨论设计与国家活动相关的问题时，我们称之为政治的公共领域（以之区别于例如文学的公共领域）。④ 从更广泛的意义上解读哈贝马斯关于公共领域的论述时，公共领域便是社会组织化程度提高的表现。作为私人领域和公共权力领域之间的调节手段和中介环节，公共领域是由公民集体参与并以大众传媒为主要载体的公共话语空间。哈贝马斯认为，大众传媒影响了公共领域的结构，同时又统领了公共领域。⑤

---

① 参见［德］托马斯·梅耶：《传媒殖民政治》，刘宁译，中国传媒大学出版社2009年版，第8页。
② 参见张福平：《公共空间：大众传媒的必然选择》，《郑州大学学报》2003年第6期。
③ 参见石长顺、张建红：《公共电视》，武汉大学出版社2007年版，第41页。
④ 参见［德］哈贝马斯：《公共领域的结构转型》，曹卫东等译，学林出版社1999年版，第125页。
⑤ 参见石长顺、张建红：《公共电视》，武汉大学出版社2007年版，第66页。

随着大众传媒发展的全球化和电子化，传统的公共领域结构也发生了相应的变化，公共领域已不再仅仅是资产阶级的利益产物，转而成为现代社会的一种普遍的结构形态。公共领域作为"一套制度出现，代表了国家（君主）和私人领域中间的一个缓冲地带，保护公众的私人活动不受独裁决定的非理性干预"。大众传播媒介，"需要提供一个场所，供公众针对文化和政治领域中关乎普遍利益的问题展开理性、批判、不偏不倚和有启发性的讨论"[1]。因此，有学者认为公共领域的真正形成是在现代大众传媒之中[2]，当公共领域中的议题通过大众媒介得以广泛传播被公众知晓后，公共舆论也就顺应而生了，并对社会产生媒介化的舆论影响。传播学者沃尔特·李普曼曾在其著作《公共舆论》一书中指出，当代意义最为重大的革命不是经济革命或是政治革命，而是一场在被统治者中制造同意的艺术的革命，在新一代掌权者的政治生活中，劝服已然成为一门自觉的艺术与大众政府的常规器官。还没有人开始理解这场革命的结果，然而说如何制造同意的认识将改变所有的政治前提将毫不为过。[3]

对于转型期的中国风险社会而言，搭建一个自由多元的公共舆论平台，以促进社会公众理性批评意见的有效交流，进而建立一个透明开放、充满活力的公共领域显得尤为重要。在某种程度上，传媒公共领域的形成，是当代大众新闻的一个独特内容，体现着一个国家媒介文化的特征与传播风貌。[4] 而社会公众媒介素养的提高也在很大程度上决定着公共领域优势的充分发挥，作为民主进程的必要条件之一，公众参政素质的提升、议事能力的增强能够形成对扩充公共领域空间的巨大需求，成为推动新闻媒体自身发展的原动力。[5] 进入 21 世纪以来，围绕中国社会发生的诸多重大风险事件，大众传媒以一股前所未有的巨大合力，影响并建构着中国

---

[1] 参见［英］布赖恩·麦克奈尔：《政治传播学引论》，殷祺译，新华出版社 2005 年版，第 20 页。

[2] 参见［英］布赖恩·麦克奈尔：《政治传播学引论》，殷祺译，新华出版社 2005 年版，第 67 页。

[3] 参见［英］布赖恩·麦克奈尔：《政治传播学引论》，殷祺译，新华出版社 2005 年版，第 21 页。

[4] 参见石长顺、张建红：《公共电视》，武汉大学出版社 2007 年版，第 65 页。

[5] 参见石长顺、张建红：《公共电视》，武汉大学出版社 2007 年版，第 76 页。

社会尚不成熟的公共领域，旨在引发社会某一方面的变革。对一些敏感性的新闻事件，一旦某一家媒体首先介入，其他各种媒介就会迅速跟进，以转发、再次采访或者跟踪报道等形式进行扩大化传播，使之成为全国性的新闻事件，进而建构全国性的公共领域与公共舆论。这样，媒介公共领域就在相当程度上打破了所谓的新闻禁区，尤其是地方保护主义所构筑的新闻壁垒，提升了公共舆论的影响规模和层次。①

由此可见，公共领域本质上是由社会中的传播机构组成的。事实和观点在这些机构中流通，集体政治性活动所依赖的共享信息亦在其中累积。换句话说，这些传播机构就是我们的大众传媒。自18世纪以来，它已然成为我们这个社会共同经历的主要源泉与焦点。新闻能够提供民众最重要信息（就他们的政治活动而言），组织并引导公共讨论，这些功能被当代平面和广播电视媒体视为当然；而准确地说，"新闻"的现代概念正是从这些功能上发展起来的。② 对于电视新闻对形成公众领域的贡献来说，新闻必须是可用的、精确的、平衡的、有代表性的并且可以引发争论的事件。电视新闻有一些当代和过去的表现使得它对公众领域的贡献变得复杂。新闻节目结构的细节就是这些方面中的一个，新闻的制作和分发组织也非常重要。电视新闻的来源在电视观众看来是不平等的，看起来比其他的更可信，而且新闻是要在全球传播的，从北向南，从西到东。③

就通常意义的新闻实践看，新闻报道作为一种社会的公共话语工具，本身是一种强大的社会控制力量即权力的产物。荷兰学者冯·戴伊克就认为，各种社会话语无不体现着社会权势的意志，无不对应着特定的权力结构，"行使权势不仅是一种行动形式，也是一种交往形式"。掌控话语及其传播的是法国社会学家布尔迪厄（Pierre Bourdieu）所谓的"符号精英"（Symbolic Elites）阶层，如新闻工作者、作家、艺术家、学者以及其

---

① 参见于德山：《当代媒介文化》，新华出版社2005年版，第123页。

② 参见［英］布赖恩·麦克奈尔：《政治传播学引论》，殷祺译，新华出版社2005年版，第21页。

③ 参见［英］乔纳森·比格纳尔、［英］杰里米·奥莱巴：《21世纪电视人生存手册》，栾轶玫译，清华大学出版社2008年版，第105页。

他靠"符号资本"施展权势的群体。^① 在美国新闻界，也曾有一句古老的格言——"新闻就是把某些人、某些地方不想看到的事情印刷出来"^②。新闻是对政治权力的监督，其通过扩展公共论争的限制，拓宽社会公众得到有关民主社会公共领域信息的渠道，来对政治权力的傲慢进行驯服。当前，随着我国社会主义民主政治的不断发展，生活政治理念的不断完善，大众传播媒介，特别是电视媒体在公共领域的建构中发挥着愈来愈重要的作用。

2004 年 3 月 5 日，温家宝在政府工作报告中指出，"现代""公共服务""法治"等理念已成为新一届政府的执政基石，中国特色的市民社会初露端倪。"市民社会"就是以自由经济为基础，以契约关系为中轴，以尊重和保护社会成员基本权利和自由为前提的基本组成。自我意识以法律为依托，应和着市民社会的鲜明的主体性价值追求，寻求主体发展的社会空间，推动社会制度的完善，体现着一种现代的社会生存信念和主体发展与自由权力的意识。其中，市民社会的一个重要标志就是公共领域的形成，现代社会公共领域的本质即是公共舆论领域。在这个领域中，社会公众可以利用大众媒介所建构的公共空间来进行意见表达和精神交往，并在相互的理解和讨论中，对一些利益问题和政治事务进行监督。从《东方时空》的开播到《人民论坛》的出台，从都市报的诞生到党报的递减，从体制改革到版面策划，无处不洋溢着"人"的气息，社会公众走上前台，正在成为真正的舆论主体。作为公众认识、评价公共事务，发表、寻求一致意见的公共论坛，媒体成为了公共领域的一种内在机制。^③

在这种内在机制的交融中，有相当多的公共生活呈现出大众媒介的框架或大众媒介所提供的解释性观点，特别是电视新闻。新闻是我们这个时代最有力的公共定义的资源。媒介逻辑的合法性支撑着公共秩序的特性，而它转而为社会指明其建设性进程。^④ 电视新闻的这种对信息的选择

---

① 参见李彬：《符号透视：传播内容的本体诠释》，复旦大学出版社 2003 年版，第 339 页。

② ［英］约翰·基恩：《媒体与民主》，邝继红、刘士军译，社会科学文献出版社 2003 年版，第 124 页。

③ 参见吴飞主编：《传媒影响力》，中国传媒大学出版社 2005 年版，第 33 页。

④ 参见［美］大卫·阿什德：《传播生态学：控制的文化范式》，邵志择译，华夏出版社 2003 年版，第 90 页。

性发布正是媒介的影响力所在，正如塞伦所述：传媒的力量源泉来自于选择性地告诉我们世界的情况。它告诉我们一些事情和事件，而不是别的东西。这样，它控制那些传媒受众能够得到的信息，从而潜移默化地形成或限制受众的社会知识，构建他们生活世界的影像。①正如英国媒介文化学者尼克·史蒂文森所指出，如我们所看到的，现代性一个最明显的特征就是大众传播媒介发生了变迁，"所有社群都强烈地渴望能找到他们自己的生活，渴望能发出他们自己的声音，并在一个更广阔的共享性的公共文化中表达自己的意见，而这些都是现代性内涵中推动社会变革的主要力量"②。所谓风险社会中电视新闻的公共领域，即是指社会公众通过电视新闻这种媒介产品形式，来参与到国家与社会之间，就现代风险事务进行多元意见的表达和交流，以有效实施公民的民主权利。

三、电视新闻风险传播的逻辑基点与价值归宿

在论及媒体再现与客观真实的关系时，有学者指出："不管是实际或看似真实的媒体形象，它们永远不会直接地呈现世界，它们永远是一种建构，一种再现，而不是真实的透明之窗。"③英国学者大卫·麦克奎恩认为，所有的再现都是有选择性的、有限制、受框架制约的、单意性的（即只有一个视点），是机械性加工润饰的结果，并且再现的内容远非整个情境或背景，而只是包含全体中非常有限的一部分。④还有学者表达了这样的观点，即媒介所呈现的议题影响了文化的形成；而新马克思主义者更是批判媒介扭曲了客观真实，并由此而造成了种族乃至阶级的偏见。⑤从上

---

① 参见［美］塞伦·麦克莱：《传媒社会学》，曾静平译，中国传媒大学出版社2005年版，第14页。
② ［英］尼克·史蒂文森：《媒介的转型：全球化、道德和伦理》，顾宜凡等译，北京大学出版社2006年版，第43页。
③ 刘燕：《媒介认同论：传播科技与社会影响互动研究》，中国传媒大学出版社2010年版，第28页。
④ 参见［英］大卫·麦克奎恩：《理解电视：电视节目类型的概念与变迁》，苗棣等译，华夏出版社2003年版，第133页。
⑤ 参见彭怀恩编著：《大众传播理论讲义》，（台北）风云论坛有限公司2004年版，第266页。

述理论分析中不难看出，媒介具有极强的符号建构性，这是所有媒介研究者的共识，也正是基于媒介的这种符号表征，人们对客观世界的感知才与真实的本然世界有所差异。在转型期的风险社会中，社会公众通过大众媒介来感知和应对周围的风险环境，自然也遵循着大众媒介的传播逻辑与价值导向。正如劳伦斯·格罗斯伯格等认为的，"研究传播不能独立于社会其他机构或社会生活的其他面向，因为媒体就是经济、历史、社会权力关系、认同的形式、意义、现代经验的一部分，每一个面向都相互地形塑和定义。"①

从现实情况来看，接近和使用媒介是现代社会公众日常生活的一部分，其中，如何使用媒介以及使用何种媒介在很大程度上决定着公众认识世界的方式和态度。不同的媒介形式和内容对公众的观点和趣味产生不同的影响，因此，控制接近使用媒介渠道，即控制和选择着何人拥有知识使用权，以及依靠技能和技术来使用各种媒介。社会权力、传播、表达以及控制历史性地联结在一起。在现代社会中，这些都成为秩序和规制的特征，其内在的逻辑和价值界定着一个社会的等级秩序与合法性。其中，信息来源以及传递信息的媒介在整个信息场域中扮演了重要的角色，媒介在对信息进行选择支配时并非是中立的、消极的或微不足道的，此理解并非否认事件本身所具有的不确定性和模糊性之于新闻内容的重要性，但信息却不仅仅反映某些事件，还有一些复杂的关系在其中起着作用。美国传播学者詹姆斯·W·凯瑞（James·W·Carey）把美国19世纪以来对传播观念的认识总结为传播的"传递观"（a Transmission View of Communication）和传播的"仪式观"（a Ritual View of Communication），前者侧重强调传播是信息在空间发布和传递的过程，以实现对人和距离的控制；后者认为传播的起源及最高境界，并不是指智力信息的传递，而是建构并维系一个有秩序、有意义、能够用来支配和容纳人类行为的文化世界。综合考察以上两种传播观，詹姆斯·W·凯瑞提出，传播是一种现实得以生产（Produced）、维系（Maintained）、修正（Repaired）和转变

---

① Lawrence Grossberg, Ellen Wartella, Charles Whitney：《媒体原理与制造》，杨意菁、陈芸芸译，（台北）韦伯文化事业出版公司2001年版，绪论第9页。

(Transformed) 的符号过程。① 在这里，传播的两种属性尽显无遗，即作为信息传递的载体和作为意义构建的本质。

　　具体到风险传播中，大众媒介以解释、强调与表述等符码来对风险事件进行选择性呈现，并以此影响社会公众对于风险事件的认知与实践。这种媒介内在的传播逻辑是由一种传播形式构成，通过这种程序媒介展示并传递着信息。这些因素在我们所称的媒介逻辑的界域之内共同起作用，这种媒介逻辑是一般的引导性前提与原则，它支配着受众、媒介（技术）、主题或话题之间的互动。由于媒介以不同的方式回答或解决这种关系，每一种媒介具有它自己的范式。事实上，研究表明，在某种具体的媒介（如电视）之中，也具有能被不同范式识别的独特的类型。这种形式的要素包括各种媒介以及被这些媒介所运用的各种范式。材料是如何被组织的、它的展示风格、对某种行为特征的聚焦和强调以及媒介传播的措辞等构成了范式。范式成为用来展示和解释现象的一种框架和观点。这种观点的一个关键的要素就是范式控制或者说内容是如何被界定的、选择的、组织的以及被展示的。在现代（以及后现代），材料在它能被利用来做什么的基础上被频繁地选择着，不管它是否具有能满足媒介及其目的的必要条件（比如商业主义、娱乐）。这些是关键的问题，就目前所讨论的接近使用（媒介）问题来说是重要的，特别在将来会很重要，因为更多的国家将围绕着相似的信息处理范式和模式以传播的方式交汇在一起。②

　　因此，风险传播中媒介逻辑不再仅仅关乎于风险事件内容，或被看作是孤立的或伴随性的变量，而是成为风险社会时代叙述和意义的一个特色。风险社会的秩序和规则是一种经由大众媒介建立起来的秩序，人们所身处的风险环境将复制性地展示这种逻辑。在这种风险传播生态中，仅仅采取应对风险的行为是不够的，公众还必须凭借某种方式展示风险事件以使其他相关者获得感知。此时，作为媒介符码的文字和图像便得以传播，

---

① 参见［美］詹姆斯・W・凯瑞：《作为文化的传播：媒介与社会论文集》，丁未译，华夏出版社 2005 年版，第 12 页。

② 参见［美］大卫・阿什德：《传播生态学：控制的文化范式》，邵志择译，华夏出版社 2003 年版，第 163 页。

人们依据已有的社会认知和体验来对媒介符码所传播的内容进行解读，并最终赋予信息、观念、意念、情感一定的意义。其中，影像的直观性、影像信息展示的同时性等使影像成为最符合人眼视觉的特点和要求，最能表现自然和社会"真实面目"的符号，现代影像也是能够最直接、最明确地传达意义的视觉符号系统。①"它（摄影）不把言语作为自己的内容，而是把外部世界作为其内容。换言之，就是把言语和思维表现的东西作为内容。它确认了画面的优势：摄影的价值之所以超过词语，那是因为它以独特的方式发挥词语的作用，不用词语，胜似词语。"② 正因如此，任何可能成为电视新闻的事件，其重要的一个特征就是视觉展示以及可能具有的视觉性，这是电视范式的一个关键因素。

对电视新闻报道而言，受众所要求的视觉信息的特色与程度越来越由预期中的新闻来源所提供。电视"显示时间"，或依据新闻创造视像并展示视像的能力来分配时间，特别是展示动作、戏剧性、感情和冲突的娱乐性的录像。换句话说，一种媒介的技术特征会溢出自身而进入某个特别的媒介的限制和要求之中，包括生产逻辑和目标逻辑的范式。例如，电视新闻被组织和利用的文化背景——包括它的商业特征——就是新闻规范或新闻公式的一个重要的组成部分。同样地，相关的关注如何吸引受众以便获得更多的广告收入意味着要为受众提供娱乐、戏剧性的画面以及与受众产生情感上的共鸣。③ 这些论述对于理解风险社会中电视新闻的风险报道特征极为重要，因为风险信息是以不同的方式在电视新闻的工作环境中被加以建构的。什么内容可以被选择来报道以及它将会怎么被呈现，在很大程度上受限于电视新闻的传播逻辑和范式。对电视新闻而言，某些具有戏剧性视觉场景潜质的风险与危机更具有新闻价值，因此，在某种意义上，风险事件并非因它们被认为像新闻而被选择的。正如梅罗维茨所指出的，"电视对故事的超选择性倾向于消除情景和观点来展示事件，而这些情景

① 参见盛希贵：《影响传播论》，中国人民大学出版社 2005 年版，第 69 页。

② ［美］保罗·莱文森：《数字麦克卢汉》，何道宽译，社会科学文献出版社 2001 年版，第 58 页。

③ 参见［美］大卫·阿什德：《传播生态学：控制的文化范式》，邵志择译，华夏出版社 2003 年版，第 164—165 页。

和观点对理性地感知它们是必需的。"①

政治心理学家山托·伊恩格尔曾借用给水泵注水启动来比喻媒体有
意突出报道某些事件,以此来影响公众对政治事务的判断。② 在风险传播
中,电视新闻也通过其特有的媒介符码和媒介逻辑来选择性地呈现或放大
某些风险事件,并最终作用于公众的风险感知和行为。关键是什么是视觉
的以及什么能符合并看起来更能被选中来作为视觉新闻而报道? 毫无疑
问,社会冲突是电视新闻的主要原料。从某种意义上说,冲突是潜在的比
和平更好的电视素材,虽然和平也具有很高的新闻价值。③ 在本质上,风
险社会中的风险就是各类矛盾冲突较为宽泛表现形态,当某些风险事件被
电视新闻所报道后,它们就会得到社会的广泛关注,与此同时,风险、危
机的应对决策也经由电视舆论而形成。任何适合于作为电视新闻的风险事
件都会获得一段短暂的生命,并且当它不再新鲜时就会淡出媒介,这也许
是因为另一个危机已经被它的鼓吹者成功处理并成功地得到了展示。④ 对
此,阿什德认为,人们所面对的重要问题以媒介表达的传统观点来看并没
有符合危机的标准。如在艾滋病、环境污染、臭氧空洞、核武器和世界和
平、饥荒、贫困、政治控制、种族隔离、全球剥削等现代社会的几大风险
中,只有很少一部分能得到媒介持续且有效的公开报道,而只有那些确实
得到持续报道的话题(不过,并不一定是高质量的报道)将会获得像危机
一样的关注,比如艾滋病,只要这种疾病被认为是对所有人和所有生活方
式的主要威胁。

由此可见,新闻作为一种产品是新闻生产过程自身的产物,它包括
用来管理新闻工作的文化背景、技术和范式。有人认为新闻是为了实际目

---

① [美]大卫·阿什德:《传播生态学:控制的文化范式》,邵志择译,华夏出版社 2003 年
版,第 167 页。

② 参见 Shanto Iyengar, *Is Anyone Responsible? How Television Frames Political Issues*,
University of Chicago Press, 1991, p.133, 转引自尹鸿、李彬:《全球化与大众传媒:冲
突·融合·互动》,清华大学出版社 2002 年版,第 364 页。

③ 参见[美]大卫·阿什德:《传播生态学:控制的文化范式》,邵志择译,华夏出版社
2003 年版,第 167 页。

④ 参见[美]大卫·阿什德:《传播生态学:控制的文化范式》,邵志择译,华夏出版社
2003 年版,第 124 页。

的而"创造现实"（Creates Reality）的某种"机器"（Machines）。稍加修正，这种观点基本上被学者所采纳，也被实践领域中的记者所接受。图像具有接近性因为它们构成了新闻现实，而这通常是与其他现实相当不同的。例如，斯科尔发现画面支配了电视新闻，而它因"电视现实"而产生了影响。然而，画面远非整个的现实，而这就是问题所在。但是如今，画面有一种取代现实的倾向，或创造它们自己的现实。我们被发生在莫斯科的对议会的攻击画面迷住了——所以我们根据画面所能展示的事情来作出反应，而我们不知道那些画面所不能展示的事情，而这就是一个新的现实。这是在电视上的现实。一般的媒介范式钟情于短暂的时间范围，喜欢即刻发生的事情、正在发生的事情，要有现在就能知道的效果，以及几乎是即刻就能产生的影响。这样，如果问题和事务具有不同于媒介的时间特点（如臭氧空洞问题），或者认识到问题是循环发生的、有节奏地发生的，并且不依线性的秩序，那么它们对媒介来说将缺乏足够的吸引力。①

　　媒介对世界的巧妙剪裁，把人们的注意力从混乱不堪的现实中引开，"电视屏幕为日常生活提供了一个焦点并为有限度的超越提供了一个框架——它暂时消除人们的不信任——它让我们从日常单调的世俗惯例中抽身出来，进入到一个由节目表与节目组成的神圣惯例中"②。因此，现代公众对大众媒介的依赖是双重的，一方面公众依赖媒介所建构的现实图景，另一方面公众又依赖于媒介内在的运作逻辑及价值意义。大众媒介的范畴化功能满足了人们对纷乱无序的外部世界加以整饬的心理需要，把人们带入了一个有秩序的意义世界中。③然而，这种双重的媒介依赖，并不是媒介预先设置的目的，更不是其进行主动选择的结构，而是人们在工具理性的支配下受控于媒介。工具理性，是德国社会学家马克斯·韦伯提出的与价值理性相对应的一个概念，它是指"通过对外界事物的情况和

---

①　参见［美］大卫·阿什德：《传播生态学：控制的文化范式》，邵志择译，华夏出版社2003年版，第124、198页。

②　［英］罗杰·西尔弗斯通：《电视与日常生活》，陶庆梅译，江苏人民出版社2004年版，第28页。

③　参见樊葵：《媒介崇拜论：现代人与大众媒介的异态关系》，中国传媒大学出版社2008年版，第63页。

其他人的举止的期待，并利用这种期待作为条件，或者作为手段，以期实现自己合乎理性所争取和考虑的作为成果的目的"①。换言之，工具理性更多地关注于为达到目的而实施的方式和手段，而往往忽略了所选行为本身的价值。

正如巴黎新闻学院贝尔纳·瓦耶纳所指出的："不管新闻主观意图如何，它不仅对公开的舆论有影响，而且对人们整个的生活和思想方法都有影响。它不是以改变、劝服的方式，而是以培养和指导的方式去影响人们的生活和思想方法。大众传播工具缺少直接说服的渠道，它是以间接方式进行，以至于公众并没有意识到受影响，这说明它对公众的影响是非常有效的。"②"通常，如果一个节目愈让人觉得逼真，就愈让人觉得过瘾，也就愈受欢迎。但是所谓逼真写实，其实也还是人为的创造。它之所以自然，并不是因为它真的自然，主要是由于我们的文化喜欢把我们社会中仪俗性的凝缩行为，披上一件外衣，让它看起来很自然。事实上，写实主义一点也不自然，但是它合乎我们观物的心态。"③ 在现代影像对现实的演化中，实况（Actuality）是一种极致的表现。"实况是一种将意义自然化的技法"，"在符号学中，实况被视为产生意识形态闭合的关键性技法，它将倾向性解读锚定在显而易见的、无可争辩的、来自被摄事件的事实之上"。④ 在此，风险信息以电视范式所要求的方式被特别地组合起来，并一般地以新闻信息的方式被组合，那些最适合电视新闻范式的风险事件或"正在发生的风险事件"最容易被挑选出来加以报道。在电视新闻的风险传播中，则具体表现为社会公众更多地受控于电视新闻的内在逻辑及其所隐射的价值意义，并据此作为自身感知风险、应对风险的重要力量。

---

① ［德］马克斯·韦伯：《经济与社会》上卷，林荣远译，商务印书馆 1997 年版，第56 页。
② ［法］贝尔纳·瓦耶纳：《当代新闻学》，丁雪英、连燕堂译，新华出版社 1986 年版，第 278 页。
③ ［美］J. 费斯克小哈利：《解读电视》，郑明椿译，远流出版社 1993 年版，第 120 页。
④ ［美］约翰·费斯克等：《关键概念：传播与文化研究辞典》，李彬译注，新华出版社 2004 年版，第 5 页。

第二节　风险传播中电视新闻的预警、
控制、协调与传衍

约翰·奈斯比特等在《高科技高思维》一书中指出："各种显示屏充斥于我们的生活之中：电影、电视、电脑、游戏机、电子笔记本、寻呼机、移动电话、显示型电话、微波炉、心脏监视器都有显示屏，未来的科技专家还不知又会发明些什么显示屏。显示屏无所不在，指导我们、告知我们、娱乐我们，在我们不知不觉中塑造了我们。娱乐我们的显示屏、电视、电影、网站、电子游戏——被说成虚拟，轻轻带过，我们于是不把它们当真。"① 然而，在当前的风险社会中，以电视媒体为代表的大众媒介在风险事件的传播报道中，发挥着风险预警、风险控制、风险协调以及文化传衍的功能，其在深刻影响着社会公众对风险的意识判断和行为应对同时，也愈发地受到公众的关注和重视。"人们的媒介使用是特定社会文化环境的一种反映，也是赋予文化产品和文化经验以意义的过程。"② 因此，从某种程度上可以说，"社会大系统的发展和变化所提出的要求对于传媒功能、角色转型与建构往往具有根本意义上的规定性。"③

一、电视新闻传播中的风险规避与预警

从人类社会的发展历史来看，安全始终是人类生存的第一要素，只有自身安全得到了保障，社会才能持续发展。美国心理学家亚伯拉罕·马斯洛于 1943 年在《人类激励理论》论文中提出了马斯洛的需求层次理论（Maslow's Hierarchy of Needs），亦称"基本需求层次理论"。该理论将需求分为五种，像阶梯一样从低到高，按层次逐级递升，分别为：生理上的

---

① ［美］约翰·奈斯比特等：《高科技高思维》，尹萍译，新华出版社 2000 年版，第 14 页。

② ［英］丹尼斯·麦奎尔：《受众分析》，刘燕南等译，中国人民大学出版社 2006 年版，第 27 页。

③ 喻国明：《变革传媒：解析中国传媒转型问题》，华夏出版社 2005 年版，第 4 页。

需求，安全上的需求，情感和归属的需求，尊重的需求，自我实现的需求。另外两种需要：求知需要和审美需要。这两种需要未被列入到他的需求层次排列中，他认为这二者应居于尊重需求与自我实现需求之间。还讨论了需要层次理论的价值与应用等。

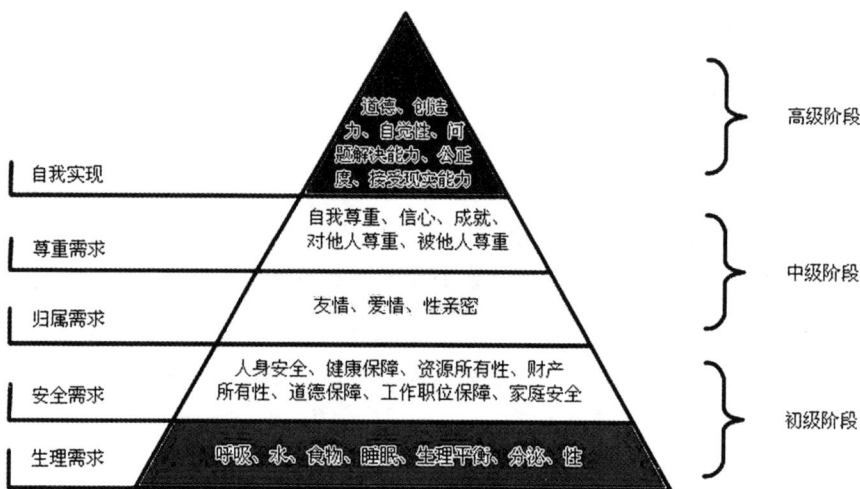

图6-2-1：马斯洛的需求层次理论

从上图中可以看出，人类对安全的需求是仅次于生理需求的初级需求，在风险社会中，公众对安全感的渴望程度与日俱增，及时全面地了解社会内、外环境的真实情况及其变化，以便迅速有效地采取行动来应对环境发生的变化，成为每一个现代人内心深处的生存需求。然而，社会公众由于受限于自身能力、生理素质、专业水平、地理位置等主客观因素，难以对社会潜在的各种风险、威胁以及环境变化的情况进行及时有效地感知、分析、处理及辨别。此外，政府虽拥有得天独厚的信息资源渠道和先进发达的科技手段，但却难以超越自身注意力的局限性，因而，在纷繁复杂的社会公共事务中，政府也无法对社会中的一切变化保持高度的敏感和迅捷的反应。作为社会守望者的大众传播媒介，凭借其遍布全社会的灵敏触角，时刻监视着自然和社会的点滴变化，并最终以新闻信息的方式告知公众，成为现代社会名副其实的"守望犬"。

任何社会为了自身的生存和发展都必须对周围的环境保持一种敏感

的监测状态，及时传递可能发生风险的预警性信息，对于正处于风险高发期的中国社会而言，大众传媒的这种"守望预警"功能就显得尤为重要。当前，中国社会的现代化发展是一种充满变化和风险的过程，对环境变化的持续监测、准备判断和积极应对成为顺应和推动社会现代化进程的基本前提。面对各类可能发生或正在发生的风险，大众传媒往往在第一时间即予以关注，向全社会发出警告和先兆信息，吸引政府和公众的注意，并提醒其采取有效的应对措施，以避免风险的发生或减轻危机的危害。在重大突发风险发生时，倘若媒体未能及时履行其社会守望的功能，将可能会给社会发展带来巨大的、无可挽回的损失。由此可见，社会发展需要环境监测，而大众媒介的广泛渗透性也决定了它有义务、有能力对社会的万千变化做出及时的反应，并通过这种方式来促进社会健康可持续的发展。需要特别说明的是，媒介在发挥社会守望功能时，应站在正确的价值立场上，对信息进行选择和处理。"从发展传播学的角度看，传播信息不是纯客观的反映外界事物，不是有闻必录，而是一个主动而负责地发现、分析、判断和选择并报道信息的复杂过程，即注意观察寻找那些对于国家发展有积极意义的因素及其动向予以报道，也对于各种消极因素给予及时揭露和批评。"①

在风险社会中，风险是不同于危机的一种状态，风险是危机的先兆，危机是风险的显性表现。因此，对风险的事先预警也不同于对危机的应急处理，预警是管理风险的主要手段，应急是管理危机的主要手段。从社会风险到社会预警，从公共危机到应急管理之间存在着一个内部的逻辑关

因（前端）	果（后端）	
一般　风险	危机	实践中的因果关系
社会风险	公共危机	
特殊　社会预警	应急管理	

图6-2-2：从社会风险到公共危机的概念整合框架

---

① 张隆栋主编：《大众传播学总论》，中国人民大学出版社1994年版，第307页。

系，如上图所示①。

从上图所示中，不难发现，风险与危机之间虽不等同，但却存在着密切的因果联系，简单来说，当风险累积到一定程度，且未能得到有效的控制，就会朝着危机的方向演化，完成从量变到质变的过程，最终给社会带来不可逆转的损失和危害。因此，从某种意义上讲，风险的监测和应对往往比危机的认识和控制更为重要，所谓的风险监测即是指在风险向危机转化的临界点时，敏锐地发现危机的先兆，并予以防范和规避。在风险传播中，预警新闻和预测性新闻都有"根据现在和过去的事实，对事物的发展、变化作出预测，预示潜在的变化"的意思，但预警新闻又"不是简单的预测，而是在预测基础上对人们有警示、提醒式作用的预测。也就是说，预警新闻不是一般的预测和告知，而是提出警示、催人警醒，是专门针对可能发生的、潜在的危机事件的一种报道形式。预警新闻报道是新闻媒体预防传播机制中最核心的部分"。② 如今，中国的新闻媒体已将风险报道纳入了较为科学和规范的轨道。如建立风险事件预警机制、快速反应机制、信息披露机制和效果评价机制。在危机发生之前或之初，积极采取措施进行合理有效地规避和防范。具体到媒介的风险监测实践中，电视新闻凭借视听双符号的优势，将鲜活生动的风险信息，直接诉诸公众的感官，成为当前中国社会最具影响力的风险传播媒体。

在风险信息的传播活动中，电视新闻最大的优势便是新闻现场直播，人物、事件、环境氛围等都能同步共时，事件的完整连续性得以最大程度地保证，且事件的过程性和不可预知性深得受众偏爱。特别是在重大突发风险事件发生时，电视新闻的现场直播将围绕风险事件的发生进行同步展现和报道，高保真度、高可信度、过程的完整性、持续性以及现场性使得电视直播将风险事件的原始面貌、现场情景如实地、生动地呈现给受众。此外，电视新闻的现场性还包括在空间范围内最大限度地缩短了新闻现场与电视受众之间的距离，电视画面将新闻事件、电视记者甚至电视新闻机构特有的现场忙碌气氛表现出来，使受众仿佛置身于新闻事件发生的现

---

① 童星、张海波等：《中国转型期的社会风险及识别——理论探讨与经验研究》，南京大学出版社 2007 年版，第 147 页。

② 参见赵志立：《危机传播概论》，清华大学出版社 2009 年版，第 75 页。

场，亲自目睹正在发生的事情。作为一种被"看"的新闻，电视新闻的画面完全有别于故事性的影视画而，它的任务不是系统叙述——有限的画面时间大大限制了它系统叙述的能力。它的任务在于以具象符号的色彩、形象、动态、空间因素与抽象的语言联袂，向人们传播完整的信息，佐证新闻的可信程度。正因如此，电视新闻不再是一种总结性的事后报道，它把新闻的定义从今天的新闻今天报，改为现在的新闻现在报，画面的实证性和现场感成为电视新闻的重要特征。当然，电视媒体也有可能因为获取不到现场画面而丧失传播的，但在更多的情况下，电视新闻节目因图像信息的具体可观，而拥有了不容置疑的纪实性。[1]

　　电视新闻的画面语言，通过对新闻现场视觉因素的记录，可以传达色彩、明暗、形状特征，空间浓度等直接视觉信息；通过视觉的统觉（对当前事物的心理活动同已有知识经验相联系，从而更明显地理解事物意义的现象）作用，还可以传递质感（硬度、柔度、湿度、量感、力感、运动感）及听觉、味觉和触觉等信息。通过这若干信息的整合，为人们对某一事物（新闻信息）的分析、判断提供最直接的依据，这便是电视新闻画面语言现实功能形成的心理感知基础。[2]"视觉空间带有固定的视点，它既精确又受限。以文字描写草地可以拓展空间（即更加广阔的听觉空间），比固定视点的照片包含的空间更加宽广。"[3] 因此，只有将影像的视觉直观性、现场可证性与语言、文字的逻辑性、阐释性和说明性相结合，实现优势互补，才能够同时作用于人的形象思维和抽象思维，充分发挥人的左右脑和其他感觉器官的作用，调动人们的经验、知识积累和文化背景，整合成为完美的、最有效的信息传播方式。著名的法国电影理论家马尔丹讲到画面的基本特征认为，画面首先是现实主义的。它能客观地重现现实，具有一种自然的现实主义表现。它只表现实在空间和时间中各种具体的、肯定的单独的表现。

　　在风险传播中，电视媒体通过对风险事件的传播报道，向广大社会

①　参见欧阳宏生：《电视传播核心价值论》，北京大学出版社 2010 年版，第 84 页。

②　参见王永利：《电视新闻学概论》，北京广播学院出版社 1990 年版，第 148 页。

③　[美] 威廉·麦克高希：《世界文明史——观察世界的新视角》，董建中等译，新华出版社 2003 年版，第 59 页。

公众发出一种风险信号，该信号在经过各种中间环节之后最终流向受众，形成一种风险传播流。传播流中风险信息的制作与分享、传递与反馈、扩散与失真、流动与阻塞，都是在传播系统多级要素的影响下进行的，其核心要素决定了传播的总体走向，而次因素和干扰因素则在特定的环境中对其施加影响。① 系统阐述传播流理论的是社会学家罗杰斯，他在《创新与普及》一书中将传播过程划分为两个方面：一是作为信息传递过程的"信息流"，它的作用在于告诉人们发生了什么；二是作为信息产生了效果后的"影响流"，它的作用在于告诉人们怎么办。罗杰斯认为，信息流可以直接从传播者流向接受者，而影响流则是多级的，传播效果要经过大众传播、组织传播、群体传播、人际传播多种传播方式的复合作用才能形成。② 因此，风险传播中的电视新闻不仅仅是为了传递单纯的风险信息，它同时通过组织机构、社会公众等之间传播流的相互影响，作用于社会公众的风险感知和行为，以充分发挥风险预警的媒介监测功能。

美国学者让·鲍德里亚（Jean Baudrillard）曾在其文章中指出，一切事物都注定要借助某种形式再现出来。风景要通过摄影的形式，妇女要通过性别的形式，思想要通过著作的形式，恐怖主义要通过时尚形式，媒体与事件要通过电视的形式。事物仿佛只有依靠这种奇特的命运形式才能生存下来。③ 基于人们共同的视觉体验，电视新闻以其特有的媒介符号对风险事实进行展现，发挥其风险规避与预警的功能。在传统社会中，社会成员之间的沟通、交流、反馈与合作，都是以共同在场为情境条件的。社会共同体的运行，并不依赖于个体反思水平，国家无必要也不可能对全社会实施反思性预警和监控。"现代性的反思性指的是多数社会活动以及人与自然的现实关系，依据新的知识信息而对之做出的阶段性修正的那种敏感性。"④ 对于现代风险社会而言，整个社会共同体必须建立并保持一种常

---

① 参见胡百精：《危机传播管理》，中国传媒大学出版社 2005 年版，第 60—61 页。
② 参见赵志立：《危机传播概论》，清华大学出版社 2009 年版，第 32 页。
③ 参见［英］约翰·基恩：《媒体与民主》，邵继红、刘士军译，社会科学文献出版社 2002 年版，第 162 页。
④ ［英］安东尼·吉登斯：《现代性与自我认同：现代晚期的自我与社会》，赵旭东等译，生活·读书·新知三联书店 1998 年版，第 16 页。

态的预警反馈功能，这样才能使各个社会组织机构得以正常的运作。在此背景下，媒介风险传播不仅担负着向社会公众提供风险信息、传递风险信号，还需通过传播流的反馈作用对风险信息进行必要的过滤和筛选，进而对整个社会系统实施有效的风险预警和监控。

二、电视新闻传播中的风险把关与控制

在现代社会的组织系统中，电视媒体有着自己独特的角色和地位，同时也承担着特殊的责任和义务。从宏观范围来看，电视媒体属于精神产品，理应承担社会文明建设的责任，包括社会物质文明、精神文明以及政治文明等多个方面。作为风险环境的重要监测主体，电视媒体的社会角色主要表现为信息传播的把关人和控制者，其在向社会公众提供风险信息，传递风险信号的同时，还必须承担起稳定社会和民心的责任，即通过对风险信息的把关和控制承担建设风险文明的责任。当风险或危机发生时，电视媒体首先应保持最大限度的冷静，在积极面对风险情景的同时，根据其特定的媒介框架和媒介责任对风险信息进行把关，展现出电视媒体理性的媒介态度。所谓态度，是对任何给定的客观对象、思想或人，都具有认识的成分、表达感情的成分和行为倾向之持续不断的系统。[①] 风险和危机越是严重，就越需要媒介的理性态度，需要对信息和舆论进行有效的把关和控制，这个对信息文本符号进行编码和加工的过程，会在信息传播后的受众解码活动中发挥关键性的决定作用。[②]

自诞生之日起，电视媒体即是一种从事着"环境再建构"的社会结构，它对外部世界的呈现并非是如镜般的反映，而是一种极具主动性和目的性的过滤选择活动。大众媒介信息传播和新闻报道最显著的特征之一是赋予各种社会变化"议题"以不同程度的显著性。大众媒介这种议程设置的功能，无时无刻不作用于社会公众对周围环境事物的感知及其重要性的判断，并引发公众对社会热点问题的讨论，最终实现媒介"把关人"的控制功能。1950年，美国学者怀特在其"把关人"理论中提出，

---

① 参见戴元光等：《传播学原理与运用》，兰州大学出版社1988年版，第277页。

② 参见［美］约翰·费斯克等：《关键概念——传播与文化研究辞典》，李彬译注，新华出版社2004年版，第111页。

新闻记者是媒介信息的"把关人",因为他们从即将成为"新闻"的当天事件中选择信息。① 相对而言,受众在强大的媒介传播活动面前,只有在信息选择、信息接受等方面可较为充分地发挥主观能动性,在传播内容筛选、把关、控制、组成等方面一般来讲是相对被动的(即使网络等新媒体的普及在一定程度上改变了这种状态)。由此可见,现代社会公众对媒介的传播内容有着较为明显突出的依赖性,人们的注意力往往集中在媒介报道所引起的社会波动上,特别是最具权威性和公信力的电视新闻报道。而一旦媒介的意义空间最大化,成为社会的主流符号象征体系时,它就具有了规范性甚至强制性,这种强制性往往以无形的方式发生作用。② 作为彻头彻尾的人工产品,电视新闻始终是由具体的新闻规范和范式规则开始并受它们的支配,在某种程度上,电视新闻工作者也是依据这种范式规则在对新闻来源进行选择,并由此进一步提高新闻内容的选择性。

美国学者阿什德在对大众媒介在紧急社会问题中的作用进行再定位时,特别阐明了大众媒介在某个问题的形成过程中是如何与权利诉求和反驳产生关联的。他指出,无数的话题、忧虑和关注能成为故事,但是很少能成为社会问题,而要将某个问题凸显出来成为社会问题则需要就某个问题在界定、正当性和紧迫性上取得广泛的社会共识。因此,大众媒介在使社会问题突显出来的过程中起到了至关重要的作用。大众媒介不仅传递讯息,而且还传递形象,这些形象可以在其他环境中(如传播流)被再次传递,它们也还是经过中介的。不仅仅是信息的传递者,媒介逻辑和范式还促进并描绘所公开的"越过时空而进行安排的社会实践"通过能够表达他们自己的手段重复再现。有证据表明,人们的观点能反映出他们所获得的媒介讯息。这些结果提供了不同于媒介免责论的另一种观点,并且暗示,如果媒介范式能适应社会问题的复杂特征的话,就能够减少令人不安的形

---

① 参见 White, D.M., *The Gatekeeper*, Journalism Quarterly, 1950 (27), pp.383-390,转引自张宁:《媒介社会学:信息化时代媒介现象的社会学解读》,中山大学出版社 2010 年版,第 17 页。

② 参见樊葵:《媒介崇拜论:现代人与大众媒介的异态关系》,中国传媒大学出版社 2008 年版,第 19 页。

象和关注。由大众媒介工作者更准确和更负责任地对社会问题进行概念把握可以明显减轻恐惧并消除使某些不恰当的事件成为社会问题的机会。[①]具体到电视新闻的风险传播中也是如此，风险事件是否被报道以及如何报道等在很大程度上取决于电视媒体自身的框架逻辑和选择标准，至此，电视新闻在风险传播领域实现了第一个层面的把关，即对风险所可能引发的社会恐慌及精神危害进行控制。

李普曼曾说，报刊等大众媒介通过经年累月的报道和宣传，在公众头脑中植入一整套固定的成见：公众在无意识中受到这种成见的支配、以媒体的立场和视觉去观察世界并形成舆论。[②] 因此，当大众媒介被认为是问题的界定、选择、组织和展示的积极因素时，新闻信息的形成就与权利诉求的视点融合在了一起。此外，当电视新闻报道在视觉范式之内报道事件时，它在非收看情景中——如杂货店、机场、大量的邮件（广告）——基本上能得到复制，那么一种信息环境也会形成，它被用来对某个问题进行界定、组织和了解。[③] 特别是当重大突发风险事件发生时，电视媒体凭借准确及时的反应，可在第一时间占领舆论高地，一方面通过媒介的舆论场，将社会公众的舆论引导到有利于风险或危机解决的正确方向上来；另一方面有效遏制尚处于萌芽期的非理性舆论。李茂政认为，新闻与舆论之间的紧密关系，不仅表现为新闻能报道舆论，还表现为新闻能发扬舆论，甚至还能使自己成为公众舆论的一部分。[④] "在这个议论场中，每个人都在考虑别人的意见，不断修正自己的意见（偏离常态），同类的合并、异类的分化（涨落）。"[⑤] 在风险发生初期，电视媒体迅速敏感地在民间舆论场形成之前建构起自身严密的媒体舆论场，紧握舆论的主动权，此时，"无数个人的要求、愿望、主张、态度，只有在一定场的制约下，经过多

---

① 参见［美］大卫·阿什德：《传播生态学：控制的文化范式》，邵志择译，华夏出版社2003年版，第139—140页。

② 参见［美］李普曼：《舆论学》，林珊译，华夏出版社1989年版，第15页。

③ 参见［美］大卫·阿什德：《传播生态学：控制的文化范式》，邵志择译，华夏出版社2003年版，第138页。

④ 参见李茂政：《当代新闻学》，（台北）正中书局1987年版，第376页。

⑤ 徐向红：《现代舆论学》，中国国际广播出版社1991年版，第162页。

方位的交错、协调、组合，才能形成一致意见，舆论便成为场的产物。"①

在风险传播中，电视媒体通过对社会舆论的控制和引导，一方面提高了公众接受、判断、利用信息的能力，有效地遏制了流言、谣言的扩散蔓延，在最大程度上避免了公众因信息缺乏或模糊，导致对风险危机处置的疑虑和延误；另一方面向公众普及了风险知识，并营造了较为轻松有序的社会危机处置的氛围，为受众减轻心理压力，缓解精神紧张，提供智力支持，抚平心理创伤，促使整个社会高效率地应对风险。电视媒体之所以对风险传播有这种干预和控制的能力，主要取决于两大基本要素：一是对风险信息源的垄断，倘若丧失信息的垄断权力，各种意识形态和利益群体就不会允许其对自身的场域权力进行干预，社会公众也无须借助媒介舆论场的力量来自我修正和协调统一；二是媒介以公众代言人的身份，对其他场域的权力进行监督和干预。因此，传播舆论场兼有舆论场域和权力场域的双重特征，它已不再仅仅作为独立于社会之外的旁观者和见证者，而是成为整个社会系统内部的控制者、组织者和评判者。风险社会中电视新闻凭借其自身的媒介优势，发挥着舆论干预和控制的能力，充分实现了其在引导社会舆论，整合社会力量方面的功能。至此，电视新闻在风险传播领域实现了第二个层面上的控制，即对风险传播所引发的社会舆论及公众行为进行引导。

1996 年，美国《哈泼斯杂志》发表了一篇对话《她要她的电视！他要他的书！》。这是两位美国学者关于印刷媒介与电子媒介的对话，体现了钟情于不同传媒类型的人之间的思想交锋。"从本质上来说，阅读提供知识上和情感上的连续性和可预测性，教授人们如何推理。电视以其随机的不连续的图像与线性传统作对，打破了逻辑和思维的习惯。"② 表面看来，报刊、书籍较之电视更能给人理性和知识，也更为深刻地影响受众，然而，美国学者格伯纳在一系列实证调查和分析的基础上指出，现代社会中大众传媒（特别是电视媒体）提示的"象征性现实"对人们认识和理解现实社会产生着巨大影响，这种影响不是短期的，而是一个长期的、潜移默

① 刘建明：《当代舆论学》，陕西人民教育出版社 1990 年版，第 106 页。
② 支庭荣：《大众传播生态学》，浙江大学出版社 2004 年版，第 168 页。

化的培养的过程，它在不知不觉当中制约着人们的现实观。这一功能在传播学中被称为媒体的"培养功能"。[①]电视媒体凭借声画合一的双符号优势，在"象征性现实"的呈现塑造上表现尤为突出，充分发挥了作为大众媒介之于受众的培养涵化功能，并在统一公众思想，引导公众舆论，整合公众力量，稳定社会秩序方面具有相当强大和稳固的控制力。

三、电视新闻传播中的风险平衡与协调

美国传播学教授迈克尔·E.罗洛夫给人际传播作了如下的定义："人际传播是处于一个关系之中的甲乙双方借以相互提供资源或协商交换资源的符号传递过程。"[②]人际传播是人类生存与发展最基本的形式。人与人之间相互表达意向的情感，交流外界的信息，都要依靠人际传播。而在传播技术高度发达的现代社会里，人们在信息的获取行为上愈发地依赖于大众传媒而非亲身的社会体验，大众媒介以其广泛的触角、简单的技术、低廉的成本、及时的信息等诸多优势深刻影响着社会公众对周围环境的感知。换句话说，在现代人类的信息环境中，通过大众传播媒介等间接信息环境获得信息的比例日益升高，大众媒介成为现代人了解外部世界最为重要的渠道。"我们逐渐地将媒介转变为一种资源，用以建构我们的认同：电视、电影、杂志、广播、音乐等都提供给我们无数种不同的角色模型与生活风格的选择。"[③]在间接的信息环境中，许多信息的获得都未曾经过人们的亲身体验，人们对其缺乏足够的分析和判断的能力，因此，大众媒介通过信息传播一方面为社会公众提供了信息，另一方面也在无形之中左右着人们的思想和行为。具体到风险传播中，大众媒介所传播的风险信息是瞬息万变的，个体公众接触风险的概率也是十分有限的，媒介无可争辩地成为了现代公众获取风险信息，应对风险行为不可替代的指导者和协调者。

① 邵培仁等：《媒介舆论学：通向和谐社会的舆论传播研究》，中国传媒大学出版社 2009 年版，第 238 页．

② ［美］迈克尔·E.罗洛夫：《人际传播——社会交换论》，王江龙译，上海译文出版社 1991 年版，第 25 页。

③ Crispin Thurlow，Laura Lengel，AliceTomic：《电脑中介传播：人际互动与网际网路》，谢光萍、吴恰萱译，（台北）韦伯文化国际出版有限公司 2006 年版，第 144 页。

　　一直以来，媒介与社会结构的关系都是多边多维的，当某种媒介融入到一国的组织机构和社会生活中时，它所发挥的影响是十分巨大的。作为专业化的传播机构，大众媒介依靠现代化科技手段和传播工具向不特定多数人进行连续的信息传递，同时，大众媒介自身作为掌握较多"话语权"的主体，决定着其在社会上的影响力和公信力。正因如此，综观历史和不同文化背景中的政权，它们都要竭力控制传播技术（口头的、印刷的或电子的）、传播过程和传播内容的特性及其影响。① 其中，电视作为现代社会不可替代的重要媒介工具，以宣传、扩散、沟通、组织、控制、协调和教育等社会功能对社会的政治、经济和文化发展发挥着巨大作用，并通过对舆论的监督和整合来引导和控制人们的思想行为规范。在风险传播中，电视新闻可通过对风险信息的选择传递和对公众舆论的控制引导，来平衡公众舆论和协调公众行为，弥补社会自有平衡体制的缺陷，以更好地维持社会的稳定秩序，促进社会的良性运行。特别需要指出的是，电视媒体在协调控制社会的过程中，并非是随心所欲的，电视媒体本身及其所传播的信息都必须在一定的社会规范内进行，传播行为本身也必须符合一定的规范和要求。正如塞伦所言："传媒的内容是一个复杂生产过程运作的结果，是社会因素、政治因素和经济因素相互作用产生出来的特别的与众不同的最终产物。"②

　　当前，中国的社会结构和群体阶层十分复杂，而不同的阶层又代表着各自不同的利益文化和价值诉求。"阶层是由那些社会身份、社会地位或职业特征相同的人所组成的社会集团，它反映了人们在社会生产体系中的劳动关系及其他关系方面的同一性，也反映了社会关系和社会结构的多样性和丰富性。"③ 因此，平衡和协调各阶层之间的关系对于社会整体的稳定发展至关重要，根据结构功能理论的基本观点，社会作为一个有机整体，其各个结构部分相互依存，共同发展，每一个部分的平衡都是整体平

---

① 参见［美］大卫·阿什德：《传播生态学：控制的文化范式》，邵志择译，华夏出版社2003年版，第104页。

② ［美］塞伦·麦克莱：《传媒社会学》，曾静平译，中国传媒大学出版社2005年版，第43页。

③ 青连斌：《十七大精神深度解读：社会建设篇》，人民出版社2008年版，第279页。

衡发展的基础，任何部分的变动都会引发整个系统的短暂失衡。作为社会有机体中不可替代的重要组成部分，电视媒体通过传递信息、引导舆论，传播文化等来实现其对社会各阶层利益的平衡和协调功能。当社会处于常态风险期时，电视媒体通过对风险信息的传递、分析、解释来不断提高公众的风险意识和应急能力，提醒社会各组织部门及公众做好风险的防范工作；而当突发风险发生时，电视媒体又以集体行动协调者的身份出现，及时传播风险信息、传递政府决策、引导公众舆论，动员公众行为，并将社会各阶层群体的注意力和行动力统一到政府所期望的范围内，协调各方行动，提高整体效能以共同应对风险危机。大众传播学研究认为，大众倾向于关注和思考传媒所注意的那些问题，并按照大众传媒给各个问题确定的次序，分配自己的注意力。因而，大众传媒可以通过预先有意识、有选择的安排和设计来调动公众的注意力。①

　　电视媒介作为一支平衡协调社会发展的重要力量，其最大的特点即是渗透于现代社会生活的各个领域，其以公共利益的身份和力量来参与社会协调，平衡社会发展，促进社会和谐，逐渐成为公众日常生活中的公共要素。具体来讲，电视媒介一般是通过议程设置和舆论引导两种重要方式来参与社会的平衡协调。沃尔曼认为："由于在我们真正能够理解的信息与我们认为应该理解的信息之间存在着持续增大的鸿沟，对信息的焦虑感产生。事实上，信息焦虑是数据与知识之间的一个黑洞。在信息不能告知人需要了解的东西时，它就会出现。"②"媒介的议程设置功能就是指媒介的这样一种能力：通过反复播出某类新闻报道，强化该话题在公众心目中的重要程度。"③首先，议程设置指的是电视媒介向受众提供了什么话题或话题范围，其次，有关这些话题的信息是如何被解读和呈现的。这关系到报道的力度。比如，多大范围的观点、象征、问题等被选择出来以建构一

---

① 参见邵培仁等：《媒介舆论学：通向和谐社会的舆论传播研究》，中国传媒大学出版社2009年版，第239页。

② ［美］理查德·沃尔曼：《信息饥渴——信息选取、表达与透析》，李银胜等译，电子工业出版社2001年版，第18页。

③ ［美］沃纳·赛佛林、［美］小詹姆斯·坦卡德：《传播理论——起源、方法与应用》，郭镇之等译，华夏出版社2000年版，第246页。

则具体的新闻或纪实性节目，尤为重要的是它们是如何排序或被赋予合法性与重要性的。这个过程的意义在于议程被受众所内化，它涉及媒介在解释社会现实中角色及其作为意识形态权力的中介角色等普遍问题。①

如在风险传播中，电视媒体根据自身的媒介框架和逻辑，决定着传播何种风险信息、如何传播风险信息以及如何引导有关风险的社会舆论等，并通过对社会舆论强有力的干预，来平衡与协调各种社会关系，最终实现对社会的一种媒介整合。整合是一种群体的互动，不是某一人所能左右；整合也是一种随机的互动，没法在时间和空间上进行准确把握；但整合主要是一种意见的互动，即由众说纷纭形成众口一词，由分散混乱达到协调一致，由个人见解跃为群体意见。② 因此，社会的发展和协调离不开电视媒体的参与，社会的平衡和稳定也不能拒斥电视媒体的作用。改革开放之后，中国社会的公共管理模式发生了巨大的变化，形成了一种以政府、公众、媒体和其他非政府公共组织等相对独立的社会主体共同构成的多元社会治理结构。虽然政府仍是公共管理的核心主体，但其社会管理的方式已发生改变，从传统的政令下达转为依靠媒体来传播政策、传递信息、动员和组织公众力量，赋予媒体传播、协调、组织和管理等多重社会身份和角色。关于媒体与身份／认同政治之间的架构关系，道格拉斯·凯尔纳作了精辟的概括，他指出，当代文化各种形式的再现在身份建构过程中起到了重要的作用，媒体文化不仅为打造身份提供了资源，媒体文化奇观也引发了身份的后现代化——即个人通过与特定群体、主体位置和话语的认同，实现了个人和政治身份／认同的结合。③

德国学者哈贝马斯曾提出，达到理解（Verstandigung）的目标是导向某种认同（Einverstandnis）。认同归于相互理解、共享知识、彼此信任、两相符合的主观际相互依存。认同以对可领会性、真实性、真诚性、正确性这些相应的有效性要求的认可为基础。传播的意义构建的终极目的，就

---

① 参见［美］约翰·费斯克等：《关键概念——传播与文化研究辞典》，李彬译注，新华出版社 2004 年版，第 7 页。

② 参见邵培仁、叶亚东：《新闻传播学》，江苏人民出版社 1995 年版，第 47—53 页。

③ 参见［美］道格拉斯·凯尔纳：《媒体奇观——当代美国社会文化透视》，史安斌译，清华大学出版社 2003 年版，第 143 页。

是实现共享价值，使人们之间达成共识，并建立共同的理解和认识。对此，哈贝马斯的"交往行动理论"作了全面的阐释。哈贝马斯认为，所谓交往，就是两个或者两个以上言谈与行为主体以达到理解为意向而进行的活动，其间，为了经过认同来协调其行为，行为者们寻求着达到对行动境况及其行动计划的理解。① 他所说的基于交往之上的理解，就是主体之间意义的构建，其实就是意义的共享和认同。在这种共享和认同中，哈贝马斯理想意义上的"公共领域"才会得以重建，而公共领域的重建则意味着传播意义上的社会整合的实现。② 作为一种特权话语，新闻与现实有着某种特殊的关系。在我们这个流动的、四分五裂的社会里，新闻也起着某种聚合的作用，它把人们联系在一起，把孤立的、日益非制度化的个人经验领域与外部世界结合起来。③ 因此，无论社会发展处于何种阶段或状态，"话语的生产是根据一定数量的程序而被控制、选择、组织和再分配的。这些程序的功能就在于消除话语的力量和危险，处理偶然事件，避开它沉重而恐怖的物质性"④。

在风险传播中，电视媒体凭借特殊的政治身份和媒介话语积极地参与着整个社会的平衡与协调，充分显示出了其内在的媒介权力。然而，在承认电视媒介力量的同时，仍不可忽略受众对信息的诠释、破译和理解，"观众并不是天真无邪的。受众来自不同的背景，观看时带着不同的社会经验和文化知识。这些影响到他们怎样破译传媒内容，并对之作出反应，也影响到他们理解传媒及其期望产生的效果之间的关系。从传媒内容推断传媒效果是不可能的，我们必须知道，受众怎样对待他们看到的一切，怎样收听和理解他们选择的传媒内容"⑤。正如罗杰·西尔弗斯对电视权力的理解："正是因为电视如此深入地嵌入生活中，正是因为政治、经济与社

---

① 参见［德］哈贝马斯：《交往行动理论》第一卷，洪佩郁、蔺青译，重庆出版社 1994 年版，第 86 页。

② 参见姚君喜：《社会转型传播学》，上海交通大学出版社 2008 年版，第 59 页。

③ 参见王逢振：《电视与权力》，天津社会科学院出版社 2000 年版，第 123 页。

④ 汪民安：《福柯的界限》，中国社会科学出版社 2002 年版，第 149—150 页。

⑤ ［美］塞伦·麦克莱：《传媒社会学》，曾静平译，中国传媒大学出版社 2005 年版，第 7 页。

会因素自身是如此强烈地融入电视之中，我们必须把现代社会中的媒介看做是一种多种因素决定的复杂权力——更好或者更坏。"① 与此同时，"一定程度的社会联系与公民参与对一个健康的社会是必要的，公共活动中的成员关系和他们在活动中的参与行为应该得到重视。"②

四、电视新闻传播中的风险文化及其传衍

斯图亚特·霍尔（Stuart Hall）在《文化、传媒和"意识形态效果"》一文中指出，现代传媒首要的文化功能是选择建构"社会知识"和社会影响。我们必须通过各式各样的符号与象征来感知我们所处的环境和周围的世界，在这个过程中我们离不开"再现"这个必不可少的中介。大众是通过传媒建构的这类知识和影像来认知世界，来体味他们曾经经历过的现实生活。③ 作为现代社会结构的重要组成部分，大众传媒分属于文化范畴，其所传播的内容不仅受到社会主流意识形态和文化的制约，同时还反映和呈现社会主流文化，甚至在某些特定条件下等同于社会主流文化，即社会主流价值观。与之相近的西方概念称之为主导意识形态。"主导意识形态一词指的是，协助维持特权阶级的社会、经济以及政治利益的文化信仰与习俗。最早使用这个观点的，是匈牙利马克思主义者乔治·卢卡奇和意大利马克思主义者安东尼奥·葛兰西，而美国学界直到 20 世纪 70 年代才开始接纳这样的观点。依照马克思的理论，资本主义社会中的主导意识形态，是为了统治阶级的利益而存在的。"④ 对于身处转型期的中国风险社会而言，社会主流价值观即由社会主义政治、经济所决定的文化价值观，是由党和国家政权所提倡的、为多数社会成员接受的价值观。⑤

与传统社会的文化传播方式不同，现代社会文化传播的重要特征，

---

① ［英］罗杰·西尔弗斯通：《电视与日常生活》，陶庆梅译，江苏人民出版社 2004 年版，第 6 页。

② ［美］塞伦·麦克莱，《传媒社会学》，曾静平译，中国传媒大学出版社 2005 年版，第 115 页。

③ 参见陆扬、王毅：《大众文化与传媒》，上海三联书店 2000 年版，第 7 页。

④ ［美］理查德·谢弗：《社会学与生活》，刘鹤群等译，世界图书出版公司 2006 年版，第 80—81 页。

⑤ 参见冯波：《传媒社会学》，北京师范大学出版社 2009 年版，第 79 页。

就是以大众传播媒介为主体来构建公众的主流意识形态和社会价值观。在良好的媒介生态环境中，公众的社会价值观和主流意识形态，并非是屈服于某个社会利益群体或阶层，而是全体社会公众基于社会的共同利益，在民主协商的过程中逐渐形成的，这种协商的核心即是"意义"的生产和交换，它是以传播的共享意义形态为前提而实现的。"意义"理论的奠基人弗雷格认为，我们用来表述世界对象的"符号"，不仅包含有指称的对象（外延），而且还有其特定的意义（内涵）；符号的指称的对象涉及的是真假，而符号的意义涉及的才是内涵，在意义中包含了符号出现的方式和语境。因此，符号的指称是它的真值，符号的意义是它的思想。也就是说，任何表述的符号系统，都是由两个因素构成的，即指称和意义。指称即是指真实的对象，意义则是基于对象的解释和思想。不同的表述虽然指称的是同一个对象，但表达的意义却有可能完全不同。① 在文化、意义与符号的相互建构和解释中，社会价值观被不断地重新界定、解释、建构和确立，始终保持一种动态的平衡状态。"在社会情景中更深入的扩张要求由某种组织化的复杂性所描绘，它是一种媒介（如报纸、电视等），通过它才能影响更广泛的公众。"② 因此，我们需要用一种更为宽广的视野来对其进行观察，即将电视传播中的符号和意义加以分析，而不是仅仅满足于其作为议程设置和舆论引导的工具。

在《大众传播的社会理论》这本书中，日本学者竹内郁郎详细分析了大众传媒的传播活动对社会的影响和作用，如监测和调整社会环境、协调和缓和社会组织以及通过对文化的传播来发挥传承社会文明的功用。③ 他认为，大众传媒的这些社会功能并非各自独立，而是彼此之间相互作用，取长补短。当风险或危机发生时，电视媒介的环境监测功能即首先发挥作用，告知社会公众环境正在面临的风险或危机，促使社会成员形成统一认知，并使其在思想和行动中团结一致；与此同时，通过对政策实行有

---

① 参见姚君喜：《社会转型传播学》，上海交通大学出版社 2008 年版，第 52 页。

② ［美］大卫·阿什德：《传播生态学：控制的文化范式》，邵志择译，华夏出版社 2003 年版，第 76 页。

③ 参见张宁：《媒介社会学：信息化时代媒介现象的社会学解读》，中山大学出版社 2010 年版，第 40 页。

效的上传下达，保证社会各组织机构之间的信息畅通，促进其对政策的理解认同，在引导社会舆论的同时进行全面的协调控制，提高整个社会应对风险的能力和效率。在整个过程中，环境的监测功能体现了电视媒介是社会的守望者和瞭望哨，通过发现环境的新变化来传播信息；协调和控制功能体现了电视媒介对舆论的积极引导和对社会群体的有效组织；而文化遗产的传衍功能则是指电视媒介对风险事件的持续关注和报道可以跨越空间和时间，在多个阶层、群体、领域以及时代中实现风险文化的传承，促使社会形成有关风险文化的价值观。从某种意义上讲，电视新闻的传播、宣传、教育等社会功能，很大成分是通过审美过程得以实现的。电视媒介通过对风险文化的建构与传衍，潜移默化地影响着受众的文化价值观，体现出了电视媒介在风险教育中的审美文化。

在现代风险社会中，电视新闻的风险文化传播作为社会的一种特殊教育机制，以持续不断地风险信息传播活动建构着公众的风险认知，同时，有关风险事件的电视新闻评论也在很大程度上影响着公众的风险价值观，"一个人可以从传媒学到成为社会一分子所需要的技能、价值和信念"①。霍尔在分析大众媒介在现代文化中的地位和作用时曾说："这是现代媒介的首要的文化功能：提供并选择性地建构了社会知识和社会影像，透过这些知识与影像我们才对于种种世界、种种曾经人们生活过的实体产生认知。透过这些，我们也才通过想象建构他们的及我们的生活，使之合并为可资理想的，整体的世界。"② 任何社会都具有自我发展和传衍的能力，这种能力源自于社会自身的基本制度和结构，而大众媒介在普及知识、传播文化以及规范准则等方面发挥着重要的作用，进而成为社会发展机制中不可或缺的重要组成部分。倘若人类不是通过主动的创造性传播来存储和保存以往的经验和教训，并将其累积传授给社会中的新成员，那么，人类社会的发展将无法从新的起点上不断向前推进。③ 特别是对于当前处于转型期的中国社会而言，风险文化的传播与反馈功能尤为重要，其不仅为社

① 宣伟伯：《传媒信息与人》，中国展望出版社 1985 年版，第 264 页。

② [英] 斯图亚特·霍尔：《编码/解码》，载罗纲、刘象愚编：《文化研究读本》，中国社会科学出版社 2000 年版，第 345 页。

③ 参见冯波：《传媒社会学》，北京师范大学出版社 2009 年版，第 210 页。

会有机体应对风险提供重要的价值引导和支持，还通过积极的风险教育，使风险文化遗产代代相传。随着传播科技的发展，电视媒介已深入地参与到这种文化传衍的过程中来，并已成为当代社会中具有强大教育培养功能的社会机构。

对于现代媒介化社会而言，文化的生产、传播、消费和发展都离不开大众媒介，传媒作为一个社会影响力极大的文化主体，具有很强的文化"统摄力"和"扩张力"。其中，电视媒体由于其独特的功能地位和媒介优势，在风险文化的传衍中扮演着重要的角色，它不仅影响着风险文化的传播速度、内容、程度和范围，还凭借其强大的文化助推力，渗入到风险文化的持续建构中，使当代风险文化呈现出电视化的特征。与此同时，电视媒介在传播风险文化的过程中又形成了独特的媒介文化，"它的基点是受众的立场，强调受众在接受信息过程中的主动性，人们接触大众传播的行为并非随波逐流的被动过程，而是与信息内容相互作用以满足各种需求的积极举动"。"受众接触传播犹如吃自助餐，吃什么、吃多少，都由自己的口味、食欲决定，各取所需。自助餐厅供应的大量的、花色品种繁多的饭菜，就相当于媒介提供的林林总总的信息。"[①] 现代公众正面临一个日益媒介化的文化大系统，媒介文化将信息传播与文化传播融合成一个大场域，并将每一个人裹挟其中。长远来看，文化的媒介化即表现在社会技术领域对文化领域的影响，因此，塑造和传衍适应现代风险社会的风险文化，是电视媒介不容推脱的使命与责任，也这是风险社会时代文化传播的内在需求。

第三节　风险社会与和谐社会：科学发展观的电视化响应

自诞生之日起，电视媒体的发展都不是一种封闭的，孤立的过程，它与所处社会的政治、经济、文化等环境要素存在着不可分割的密切联

---

① 张国良主编：《新闻媒介与社会》，上海人民出版社 2001 年版，第 283、287 页。

系。换句话说，不同的社会发展阶段，对电视传播的影响和要求也有所不同，"任何传播者都不可避免地与控制机制相联系，不管是主动地施控，还是被动地受控，传播都命定处于各种控制网的交汇点"①。当前，中国社会正处于现代化发展的关键转型期，各种风险与矛盾集中出现，作为风险社会环境的忠实守望者，电视媒体在风险传播中的理念与实践成为践行科学发展观的重要体现。

一、构建四维一体的人类和谐社会

"和谐"一词在中国的传统文化中，隶属于哲学的概念范畴，它反映和表达的是一种思想，一种文化，一种精神，一种理想的境界。而"和谐社会"则是"和谐"这一哲学概念运用于社会所形成的一种经世致用的思想，是一种人类始终在不断追求的社会理想。② 从中国古代先哲们有关"社会和谐"的思想中，不难总结出其所包含的四个层次，即"人和""家和""国和"以及"天地人和"。具体来讲，所谓的"和谐"是指人与自我、人与自然、人与他人以及人与社会的四维和谐，这种四维和谐涵括了人与社会构成诸要素之间的和谐关系，体现了"社会和谐"的全部内涵。无论处于何种发展时期和阶段，社会要作为一个和谐的整体存续下去，就必然需要社会各组成要素之间建立并维持一种相对稳定的动态平衡，以确保社会发展能够朝向基本一致的目标不断前进。在迪尔凯姆（Emile Durkheim）、拉德克利夫·布朗（A.R.Radcliffe-Brown）和塔尔科特·帕森斯（Talcott Parsons）等大多数社会学家看来，社会是一个大系统，社会系统有两个重要特征：一是系统的各部分之间相互依赖，而且这种相互依赖具有一定的结构和顺序，有利于系统整体的自我维持，即所谓的"系统结构均衡"；二是系统各部分之间相互制动，如果某一组成要素发生变化，则其他要素也必须作出相应的变化，换言之，系统内任何一部分都不可能单独地发生搬迁，这有利于整体系统的自我发展，即所谓"系统发展

---

① 徐耀魁等：《西方新闻理论评析》，新华出版社 1998 年版，第 283 页。

② 参见郑保卫等编著：《新闻传媒与和谐社会建设》，中国人民大学出版社 2006 年版，第 3 页。

协调"。①

　　自人类社会诞生以来，人类即成为整个社会组织结构中最为关键的主体性要素，这不仅因为人本身来源于自然，是自然的一部分，更是因为人是有思想和意识的主体，其在与自然的互动关系中处于决定性的支配地位。人类认识自然，并有意识地根据自身的需要利用、支配和改造自然，"不但使自然物发生形式的变化"，同时，"还在自然物中实现自己的目的"，使自然物成为满足自身需要的对象，亦即在"对自身生活有用的形式上占有自然物质"②。换句话说，人类在运用自然规律的基础上，使其最大程度地为人类自身的利益需要服务。在此过程中，由于人类主体性的逐渐渗入，自然本身的原始属性被改变，并在某种程度上成为了"人的第二个延伸体"，即人的自然。自近代社会以来，这种人化自然的思想愈演愈烈，其将人与自然根本对立，彻底分离了人与自然在社会现实中的整体关系。与此同时，作为人类工具理性的产物，科技的飞速发展又在人类认识和改造自然的过程中，加剧了这种机械的分离观。在面对自然时，人类更多地看到是科技的伟大、智力的光辉，当看到一个个被自己征服的"成果"时，人类在其内心深处会油然而生一种对自我的盲目崇拜，并将长时间地满足和陶醉于这种所谓的"胜利"。其实，人类主动性的真正体现并非在于对自然的控制性征服，而是以一种高出自然的态度和能力去对待自然，而人"只有把自己生命的作用变为美好的东西，去怜悯一切其他生命，不作损害他人的丑事，才能使人的生命在事实上成为尊严的"③。

　　在人类历史的发展进程中，人与自然关系的发展经历了四个阶段：依存、开发、掠夺、和谐，而在各个不同的发展阶段中，人们对处理与自然的关系时也采取了不同的态度。④ 在现代风险社会中，人与自然之间的矛

---

① 参见［澳］马尔科姆·沃斯特：《现代社会学理论》，杨善华译，华夏出版社2000年版，第155页。

② 《马克思恩格斯选集》第2卷，人民出版社2012年版，第169页。

③ ［英］汤因比、［日］池田大作：《展望二十一世纪》，荀春生等译，国际文化出版公司1985年版，第431页。

④ 参见郑保卫等编著：《新闻传媒与和谐社会建设》，中国人民大学出版社2006年版，第274页。

盾尤为突出，环境污染、资源短缺、生态破坏等多种自然风险和危机频频发生，并日益成为制约现代社会发展的瓶颈。事实上，人与自然之间应首先保持一种对立统一的和谐关系，一方面自然是人的自然，人类依据自身的发展需要，合理地利用和改造自然，开创文明广阔的人化自然世界；另一方面，人是自然的人，人的生存和发展都依赖于自然，人对自然的各种行为活动都必须遵循着自然界本身的客观规律。其二，人与自然的和谐发展也是一种动态的平衡发展，两者之间的关系在被不断打破的同时也遵循着其内在的发展逻辑，即在和谐与不和谐的状态中趋于平衡。其三，人与自然的和谐发展并非是指没有矛盾和冲突的发展，相反，是在以承认二者之间存在矛盾为前提进行的一种发展，因此，认识自然、把握自然是实现和谐共生的本质基础。其四，作为人类理性智慧的结晶，科技是人与自然交往的重要工具，深刻地干预影响着人与自然之间的关系。现代社会中科技成为人们用以争夺自然资源的有力工具，并在很大程度上成为改造自然、征服自然的直接实施者。然而，科技的飞速发展极易引发环境问题，如何在不破坏自然的前提下，积极合理地应用科技为人类造福，成为现代社会中人与自然关系的核心内容。

在追求人与自然和谐相处的过程中，人类必须首先确立一种整体性发展的生态理念，抛弃传统"人本主义"思想的狂妄，认清人类的社会行为对自然可能造成的后果及应承担的责任，坚持人与自然的不可分离和相互限制，并以善用科技为前提寻求人与自然的可持续发展。这种人与自然和谐发展的辩证思想，是以马克思主义有关人与自然的辩证法思想为理论基础的，是当前中国转型期风险社会的重要前提，也是社会主义和谐社会的重要内涵，和谐社会应是人与自然和谐相处的社会，它追求着生产发展、生活富裕、生态良好的最佳结合点。① 党的十六大在提出全面建设小康社会的目标体系时指出：可持续发展能力不断增强，生态环境得到改善，资源利用效率显著提高，促进人与自然的和谐，推动整个社会走上生产发展、生活富裕、生态良好的文明发展道路。统筹人与自然和谐发展，坚持可持续的发展观，反映了当今世界范围各国发展所面临的资源、人

---

① 　参见常修泽：《和谐社会的价值、特征和构建思路》，《人民日报》2005 年 3 月 18 日。

口、环境、生态问题对人类的新挑战，反映了中国共产党人高瞻远瞩，着眼于最广大人民的根本利益和长远利益，在发展观念和发展实践上所实现的深刻转变和伟大的战略转型。①

事实上，实现人与自然的和谐共生，不仅是社会发展的前提，更是实现其他和谐关系的基础，从某种意义上讲，人类对待自然生命的态度是对待他人态度的一种折射。当人与自然之间的关系出现矛盾和冲突时，人们就会以自身利益和需要为出发点，对自然资源的占有和分配进行激烈的争夺，此时，人与人之间的矛盾也就出现了。人类作为一种群居动物，其在日常的社会生活中无法割断与他人之间千丝万缕的联系而独立生存，也正因如此，人类社会才能产生文明并不断发展。换言之，人类社会即是人与人之间相互关系的集合体，人们因为相互的依赖和陪伴而联结在一起，并围绕某种社会制度、权力关系和组织体系而形成一种协调发展的共同体。自古以来，人与人之间的相互关系，都是以信息的交换和传播为前提而实现的，这种信息交换和传播正是一种社会的相互作用，是一种社会过程。在此背景下，人与人之间的关系，即社会关系也就产生了，其是指"一个群体或一个社会中的各要素相互关联的方式"②。现代社会中，人与人之间以信息交换和传播的社会关系，更多地依赖于大众传播媒介的信息传播活动，这种媒介信息的传播活动是人类社会过程的特有现象，体现了人类社会信息流动的动态化过程。首先，媒介的信息传播活动是在一定社会关系中运行，呈现了该社会关系的结构特点。人们通过这种信息的传播与接收，来维持既定的社会关系或建立新的社会关系。其次，媒介的信息传播活动是信息的不断扩散、互换与交流的过程，是以打破信息所属的不平衡状态为出发点来实现信息的充分共享。再次，媒介的信息传播活动在最大程度上实现了人与人之间的互动干预，人们在共同的意义空间中对信息进行解码和编码，以信息沟通的方式完成人的社会化过程。

媒介发展史表明，传媒是在与社会的互动中逐步成长和发展起来的，"媒介不是孤立存在的，它也是一种社会子系统，是社会的有机组成部分，

① 参见郑保卫等编著：《新闻传媒与和谐社会建设》，中国人民大学出版社2006年版，第277页。

② ［美］戴维·波普诺：《社会学》，李强等译，中国人民大学出版社2000年版，第94页。

它的存在与其他子系统（诸如政治、经济、文化等）也存在着密切的关系"①。一方面，社会为传媒的产生与发展提供了生存环境；另一方面，传媒又促进了社会的产生与发展，"传播是社会得以形成的条件"②。由此可见，大众传播的实质是通过信息的流动与交换来整合整个社会大系统，并与其他子系统相互制约、相互促进，最终实现每个子系统的发展和整个社会大系统的协同发展。其中，人与人之间的社会关系因信息的充分流动而得以平衡，"传播是社会得以形成的工具。传播（Communication）一词与社区（Community）一词有共同的词根，这绝非偶然。没有传播，就不会有社区；同样，没有社区，也不会有传播。使人类有别于其他动物社会的主要区别是人类传播的特定特性"③。当前，"媒介竞争的加剧和媒介产业的市场化运作，使媒介的功能得到充分开发和利用，受众的权利和作用正在得到越来越充分的重视和满足，人本化的观念不仅在媒介的传播内容上要有体现，在媒介运作的各个环节和方面也越来越多的有意识的关注和施行。"④ 正如罗杰斯所说，"一个社会系统是一组相互联系的单位，他们面临共同的问题，有着共同目标。——所有系统成员都精诚合作以解决共同问题并实现同一目标。"⑤

在当代社会中，"大众传播可被列为社会结构中不可或缺的组成部分。没有这一组成部分，我们所知的现代社会将无法继续"，它"不仅影响我们社会每日的运转"，而且还能对"社会平衡作出某种贡献"。⑥ "协同学"理论认为，在复杂的系统中，组织内部各构成要素及各要素之间存在着一种非线性的关系，当某个单独变量的阈值出现明显的偏移时，其他各要素之间的关系也随之发生变动，并逐渐取代各自独立的鼎立角色，呈现出协调合作的总体趋势，进而推动系统从旧的不平衡状态转为新的平衡状态。

---

① 李良荣：《新闻学概论》，复旦大学出版社 2001 年版，第 1 页。

② ［美］威尔伯·施拉姆等：《传播学概论》，陈亮等译，新华出版社 1984 年版，第 2 页。

③ ［美］威尔伯·施拉姆等：《传播学概论》，陈亮等译，新华出版社 1984 年版，第 2—3 页。

④ 汪文斌，胡正荣编著：《世界电视前沿 1》，华艺出版社 2001 年版，第 27 页。

⑤ ［美］埃弗雷特·M. 罗杰斯：《创新的扩散》，辛欣译，中央编译出版社 2002 年版，第 21 页。

⑥ ［美］梅尔文·L·德弗勒等：《大众传播学诸论》，杜力平译，新华出版社 1990 年版，第 36 页。

"诸多事物能够被整合成一个系统（整体），必有互补、共生之需要，即理性的必然，这是产生有序的基础。"其中，"合作也好，竞争也罢，只要整合方式合理，都是形成有序的因素；整合方式不合理，便都成了无序的消极因素。"① 因此，从某种意义上说，大众媒介已渗透到现代人类社会体制的核心，成为社会发展中不可取代的重要力量，媒介信息传播的目的即是促进社会系统的整合和信息系统的有序化运行。在当前中国的风险社会中，大众媒介发展的基本目标之一是顺应并促进与社会的协同发展，实现人与他者之间的和谐共生。

在传统社会，社会共识的形成主要依靠宗教、礼法和教育等，而在建构现代社会共识的诸多力量中，大众传媒位居要津。媒介通过对信息的选择、判断、分析、加工、整合以及传播，把符合传播特征的信息扩散到整个社会的不同群体中，并通过议程设置和舆论引导来影响人们对外部世界的理解，进而左右其社会行为。在这个信息传播的过程中，社会公众的思想和行为都不约而同地受到了媒介的指引，他们通过对传播意义及媒介符号的再构建，维持着一种共识，践行着一种社会关系，整个社会的结构也因此得以重新协调和整合。由此可见，大众媒介的发展与社会的发展是一种互动的关系，社会的和谐发展需要大众媒介的积极推动，同时，和谐的社会环境也为大众媒介发展提供了机遇和保障。对于政府、社会、全体人民来说，还需要建造良好的媒介生态环境和提高人民的媒介素养，以利于传媒参与建构和谐社会。② 所谓社会和谐，即是指人与其所处的社会保持一种和谐的状态，是中国在社会主义初级阶段、在实现全面建成小康社会的过程中提出的一个现实目标，是一个需要具体落实并且能够操作化的战略任务。③ 一般而言，社会和谐是反映整个社会结构的相互关系，界定的是社会良性运行的一种状态，当整个社会处于这种运行状态时，即意味着社会中各组成要素之间保持着一种动态的平衡。

关于"和谐社会"的思想在 2002 年党的十六大报告中就已提出。报告中说："我们要在本世纪头二十年，集中力量，全面建设惠及十几亿人

① 沈禄赓：《系统科学概要》，北京广播学院出版社 2000 年版，第 53—54 页。

② 参见陈力丹：《解析中国新闻传播学》，上海交通大学出版社 2006 年版，第 28 页。

③ 参见李培林：《和谐社会十讲》，社会科学文献出版社 2006 年版，第 143 页。

口的更高水平的小康社会，使经济更加发展、民主更加健全、科教更加进步、文化更加繁荣、社会更加和谐、人民生活更加殷实。"随后，2003 年党的十六届三中全会提出了科学发展观，强调要以人为本，全面协调可持续发展，要求实现"五个统筹"（统筹城乡发展、统筹区域发展、统筹经济社会发展、统筹人与自然和谐发展、统筹国内发展和对外开放），贯穿其中的重要思想，就是要努力实现整个社会各个方面的和谐。在 2004 年党的十六届四中全会中，党中央进一步概括形成了"和谐社会"的概念，提出"要适应我国社会的深刻变化，把和谐社会建设摆在重要位置"①。并要求全党要不断提高构建社会主义和谐社会的能力。2005 年 2 月，胡锦涛在省部级主要领导干部提高构建社会主义和谐社会能力专题研讨班上，就构建社会主义和谐社会问题发表了重要讲话。这是胡锦涛就社会主义和谐社会建设问题所作的一个专门讲话，也是党中央向全国发出的构建和谐社会的动员令。

进入 21 世纪后，中国社会进入了飞速发展的关键时期，各种矛盾和冲突频繁发生，社会各群体和阶层之间的关系也发生着复杂的变化，现代人在与自我、自然、他人和社会的相处过程中感受到了前所未有的压力。此时，传统社会交往方式的断裂和社会转型的重建都需要现代社会重组新的整合力量和重建新的交往方式。换句话讲，现代公众需要更为及时有效的沟通来建立其与自我、自然、他人和社会之间的关系，他们比以往任何时候都渴望得到他人的认同，并以此确定自我是身处其中的。大众媒介的适时出现在很大程度上回应了现代人的内心需要，其不仅成为现代人与自我、自然、他人、社会之间联系的主要渠道和中介，还同时为人们提供了一个感知认同的公共空间。尽管这个空间是虚拟的，但个体通过进入这个空间而获得的归属感、认同感和安全感却是真实的。在这里，媒介内容可被象征性地用于探究、挑战、调整或确认个体的认同感与自我感，包括对自我、自我的情景意识、同媒介情景相连的种种价值与看法以及种种事态所做的比较。按照这种方式，媒介便提供了对自我进行"评估"与"定

---

① 中央保持共产党员先进性教育活动领导小组办公室编：《保持共产党员先进性教育读本》，党建读物出版社 2005 年版，第 71 页。

位"的途径，进而使自己在处理个人认同问题上做出相应的反应。① 在这个不断获得认同与感知存在的空间中，现代人类实现了与自身的交往，并试图借助这种自我交往，来达到一种自我和谐。所谓人类的和谐社会，即是指人与自我、自然、他人和社会共生发展，而在现代社会中，大众媒介即是人类和谐社会构建的重要力量，它调节社会中的各种关系，使之更加平衡、更加和谐、更加合理、更加有序，从而推动社会健康地发展。②

二、科学发展观与风险的电视化善治

早在 20 世纪中期，由于近代工业文明的飞速发展，人类所处的自然和社会环境开始发生巨大的变化，自然资源的过度开发、环境污染的日益加剧、生态环境的严重破坏以及各种风险危机的频频发生，使得整个西方社会因此而陷入了前所未有的矛盾爆发期。在此背景下，无论是已经完成经济和社会转型的国家，还是尚在进行经济和社会转型的国家，都不得已而重新审视和反思当前的经济发展行为和社会发展理念，并提出了人与社会共生发展的新发展观，即可持续发展观。1980 年 3 月，联合国大会首先使用了可持续发展的说法，随后，世界环境与发展委员会于 1987 年发表了《我们共同的未来》，系统地提出了可持续发展观。1991 年，以联合国环境规划署、世界自然保护同盟和世界野生生物基金会共同编著的《保护地球——可持续生存环境与发展宣言》《21 世纪议程》等一系列体现可持续发展观的全球协议为标志，可持续发展观最终成为国际社会共同认定的新发展观，是现代社会全人类的共同选择。③ "可持续发展是既满足当代人的需要，又不对后代人满足其需要的能力构成危害的发展。"④ 在这一定义中，社会发展的两大理念尽显无遗，一是"满足需要"，二是"没有危害"，从这个意义上看，可持续发展观的社会发展理念，即是以科学发

① 参见樊葵：《媒介崇拜论：现代人与大众媒介的异态关系》，中国传媒大学出版社 2008 年版，第 65 页。
② 参见陈先元：《大众传媒素养论》，上海交通大学出版社 2005 年版，第 65 页。
③ 参见颜士鹏：《中国当代社会转型与环境法的发展》，科学出版社 2008 年版，第 41 页。
④ 世界环境与发展委员会：《我们共同的未来》，王之伟等译，吉林人民出版社 1997 年版，第 52 页。

展为核心内涵的新的社会发展观。

科学发展观强调以人为本，注重社会政治、经济、文化、环境等各个方面全面协调的发展，是对以经济增长为中心的社会发展观的超越，是社会主义和谐社会实现可持续发展的理念基础，其中，媒介系统作为社会子系统，必然顺应社会发展的目标，并为社会总目标服务。① 在科学发展观的理念指引下，包括大众传播媒介在内的社会系统各要素都在有序协调的运行，正如未来学家尼葛洛庞帝指出，追求和谐是数字化生存的四大特征之一。② 当前，"数字化生存的和谐效应已经变得很显了：过去泾渭分明的学科和你争我斗的企业都开始以合作取代竞争。"③ 作为社会系统中重要的组成部分，大众媒介不仅是社会发展的必然产物，同时也是社会发展的记录仪、温度计和推进器，引领着社会更好地向前发展。美国学者施拉姆也反复论证和强调了信息传播对国家发展的重要性，强调"有效的信息传播可以对经济社会发展作出贡献，可以加速社会变革的进程，也可以减缓变革中的困难和痛苦"④。他指出，"在为国家发展服务时，大众传播媒介是社会变革的代言者"。因为，"如果承认历史是讲传的。那么，人类所谋求的，就是更高的均衡水准"⑤。

作为现代社会发展的中枢神经、感觉器官和传输系统，大众传播媒介所传播的信息内容，看似是对信源事件的客观描述；但事实上，它却难免受到意识形态的影响，是对这些事件的选择性描述。这是由于新闻媒体所具有的独一无二的功能——它能够提供有关我们生活的方方面面的信息，构建一个我们无法亲身体验的世界。当然，这些信息都是被"塑造"出来的。无论从哪个方面来看，新闻都能够起到塑造和维护社会的作用，因而具有相当重要的政治意义。⑥ 无论处于何种政治体制和社会制度中，

---

① 参见李良荣：《新闻学概论》，复旦大学出版社 2001 年版，第 129 页。

② 参见 [美] 尼葛洛庞帝：《数字化生存》，胡泳、范海燕译，海南出版社 1997 年版，第 269 页。

③ [美] 尼葛洛庞帝：《数字化生存》，胡泳、范海燕译，海南出版社 1997 年版，第 271 页。

④ 张隆栋主编：《大众传播学总论》，中国人民大学出版社 1993 年版，第 296 页。

⑤ [日] 竹内郁郎编：《大众传播社会学》，复旦大学出版社 1989 年版，第 33 页。

⑥ 参见 [英] 伯顿：《媒体与社会：批判的视角》，史安斌主译，清华大学出版社 2007 年版，第 298 页。

大众传播媒介对于意识形态的整合和分化的功能都是毋庸置疑的。"媒介的意识形态作用在于对社会现实下定义，同时让公众相信社会话语的内在性质。媒介的意识形态作用还在于维持社会发展过程中所产生的意义的协调性，在对传播活动进行技术整合的同时规定传播的范围。在经济改革所推动的利益主体多元化的过程中，媒介的意识形态些就在于如何把总体利益和特殊利益相协调。传播意识形态是冲突和斗争的对象。"① 传播学家威廉斯早在 1761 年就说过："沟通、传播的价值不在于贡献出问题的答案，而在于不时展现人类意识形态格外尖锐的一面。"

所谓意识形态，指的是社会中的一种内在聚合力量，是一种具有象征性的隐性机制。从更广泛的意义上来讲，意识形态是社会共同体对自身价值利益和身份角色诉求的自我认知与自觉表达，大众媒介通过赋予意识形态具象化和现实化的媒介内容，来完成意识形态对社会规范和秩序的构建功能。与此同时，意识形态也反作用于媒介内容，促使媒介依据当前主流的社会价值观来选择信息，报道新闻，使其自觉地遵循现有的意识形态，维护社会的稳定发展。因此，大众媒介与意识形态之间并非只是简单的反映与被反映的关系，而是一种双向互动的促进关系，并通过这种互动来影响和作用于社会的发展。按照德弗勒等的理解，"首先，媒介能促进和拓展社会变革。这种影响在发展中国家表现得特别明显。这些国家有时有意识地利用媒介促进现代化进程。其次，媒介可以影响公众对现实、当前的公共问题及其重要性的认识。媒介也影响公众对哪些情况才算需要采取行动的社会问题的看法。最后，媒介是大众文化的工具，它源源不断地为亿万人民提供质朴无华的音乐、戏剧和媒介塑造的人物。"② 正如法国学者高龙所指出："一方面，在中国，传播被认为是一种新的意识形态的基础，并在此基础上参与了世界经济一体化过程的社会转型。另一方面，传播在中国社会的重新结构中举足轻重。从维持消费者和生产者的紧密联系这一点出发，传播是一个强化社会联系的纽带，保持了社会和国家的关

---

① 陈卫星：《传播的观念》，人民出版社 2004 年版，第 370 页。

② ［美］梅尔文·L·德弗勒、［美］埃弗雷特·E·丹尼斯：《大众传播通论》，严建军等译，华夏出版社 1989 年版，第 328—329 页。

系。"① 应该说，媒介的和谐发展是社会和谐发展的前提，其与和谐社会的构建原则是一脉相承的。

施拉姆在《大众传媒与社会发展》中指出："对任何社会来说，不论发展程度如何，传播总是处于生存的中心位置。每当有危险或机会需要加以报道，有决定需要作出，有知识需要加以扩散，或变革迫在眉睫——信息就开始流动。对发展中国家来说，这些需要特别迫切和普遍。在那里，分配给传播媒介的任务比发展前要广泛得多。如果信息流动和传播渠道不适应于这些任务，就必须加强建设，使之达到所需要的水平。"② 这段话精辟地总结了大众媒介与社会发展之间的内在联系，特别是当社会处于一种相对不平衡的状态时，如在风险与危机的频发期，大众传播媒介会对风险或危机的发生及时地进行预警，并传递相关的风险信息，在满足人们知情权的同时，有效地引导公众舆论和行为，使之更快、更好地应对可能到来的风险或减少危机带来的损失。大众媒介对风险的积极响应，对于当前中国转型期的风险社会而言具有十分重大的意义，然而，媒介的风险传播也有消极的一面，如不加选择地对风险信息进行过度的报道，会给社会公众的心理造成恐慌，甚至引发社会的动乱。因此，大众媒介对风险的响应传播需在一定的媒介框架和准则内进行，做到理性适度的针对性传播。

在现代社会中，"我们的硬件——地球的物质现实——其自身正在收缩或剧减。因为我们的技术在缩小着活动之间的时间和空间间隔。与此同时，我们的软件，也即是我们的心理现实和技术现实，却是在不断地扩展"③。当大众传播媒介出现后，整个人类社会由于信息的无障碍传播而变成了一个村落，人与人之间的地理距离感正在逐渐消失或淡化，最终，以信息传播为主的交往活动成为了现代人类社会行为的重要构成。"作为一种媒介，电视延伸了信息世界中的接触面和安全感，它把我们锁在一个时空网络中——这个网络既是当地的，也是全球性的；既是家庭的，也是国

---

① [法] 高龙：《当代中国广告与社会转型》，《欧中经贸》1995 年第 1 期，转引自陈卫星《传播的观念》，人民出版社 2004 年版，第 303 页。

② 张国良主编：《新闻媒介与社会》，上海人民出版社 2001 年版，第 340 页。

③ [加] 德克霍夫：《文化肌肤——真实社会的电子克隆》，汪冰译，河北大学出版社 1998 年版，第 178 页。

家的——它有覆盖我们的危险，但也为我们想成为一个社群或邻里关系中的一员的要求打下了基础。"① 的确，大众媒介不仅是社会的产物，同时还与社会的发展形态密不可分，"各种媒介文化同各种社会形态也是对应的——口头文化象征着部族社会，活字文化所代表的是作为同质化个人的集合体的近代社会，电视文化则产生出将地球全体居民连接起来的大部族社会"②。从媒介的表现方式来看，电视是一种看的文化，"看是人生存的基本形态之一。人与他的文化和世界的关联，相当程度上是通过眼睛及其观看来联结的。因此，眼睛是我们通向世界的桥梁，视线与图像的关系就是人的生存关系"③。

海德格尔就曾指出："由于是人将技术推向前的，他是作为一种展现的途径（Way）而加入到这个征召系统中去的。"④ 人在从事技术活动、推动技术展现的同时，人本身也被纳入到技术本质展现的系统中，即"人本身成了技术系统中的持存物"⑤。作为大众媒介发展的主要动因，技术以其自身的力量和逻辑改变了现代社会的媒介生态，电视作为现代技术发展的媒介产物，深刻地影响着现代人类的思想意识和生活方式。麦克卢汉认为："可以毫不夸张地说，现代社会的未来及精神生活是否安定，在很大程度上取决于在传播技术和个人的回应能力之间，是否能维持平衡。"⑥ "尽管有批判理论家、浪漫主义者和后现代主义者的攻击，以及不断增加的普遍的怀疑，科学和技术，以及和它们相关的关于社会进步的社会决定论的观点，仍然保持着很高的威望并广泛传播，特别是现在的信息

---

① ［英］罗杰·西尔弗斯通：《电视与日常生活》，陶庆梅译，江苏人民出版社2004年版，第28页。
② ［日］竹内郁郎编：《大众传播社会学》，复旦大学出版社1989年版，第30页。
③ 周宪：《视线的文化意义》，载余虹等主编：《问题》，中国人民大学出版社2003年版，第2—3页。
④ ［德］海德格尔：《关于技术的追问》，转引自黄万盛主编：《危机与选择》，上海文艺出版社1988年版，第103页。
⑤ ［美］威尔伯·施拉姆等：《传播学概论》，陈亮等译，新华出版社1984年版，第304页。
⑥ ［加］马歇尔·麦克卢汉：《理解媒介：论人的延伸》，何道宽译，商务印书馆2000年版，第49页。

和通讯技术，既普及到大众的层面又达到了精英的水平。"①正如台湾学者李金铨对此作出的解释："媒介是一种科技，一种形式，它本身便是信息；而内在则是科技的，使用形式重要，内容不重要。"② 毋庸置疑地说，"我们确实生活在一个速度被神化了的时代——人们已经发展到更多的是用速度而不是来龙去脉去描述事物的地步……"③ 特别是在中国转型期的风险社会中，电视媒体通过对风险环境的监测，对风险信息的选择，对社会舆论的引导，对公众行为的统领，来规避风险、化解危机，在最大程度上妥善解决可能被激化或已被激发的矛盾，将显性的对抗性矛盾转化为一般的非对抗性矛盾，维护社会的稳定，促进社会的和谐发展。

作为科学发展观的实践载体，电视媒体在风险传播中并非只作为简单的信息传输工具和舆论控制工具，而应以参与风险过程的主体身份，来对社会进行协调和平衡。其一，电视媒体应积极建立较为完善的风险预警机制，随时监测社会环境中可能引发的风险和危机，特别是可能对社会造成巨大损失危害的重大风险，进行积极防范。当风险发生后，应积极掌握信息传播和舆论引导的主动权，在收纳汇总社会各阶层群体意见的同时，协助相关组织机构采取有效的应对行为，将危机得以有效控制。其二，电视媒体应建立联动的应急机制，即在风险危机发生的第一时间，协调内部各组织或联合其他媒体机构做出积极反应，在保障信息畅通，满足公众知情权的基础上，特别注意对谣言的阻断以及对消极舆论的疏导。其三，电视媒体应充分利用其极高的社会公信力和媒介影响力，来发挥舆论引导的优势。当风险发生时，电视媒体不仅要积极介入，及时地传递和报道风险事件，更应对舆论的生成、传播和影响进行有效的干预，形成自身在风险事件中独一无二的舆论地位和特色。

由上可知，实现风险社会的和谐发展，并非是指社会"无风险"的发展，而是指社会系统中的各要素能够有效地防范风险、规避风险和应对风险，其中，电视媒体对风险的积极响应和科学传播是实现社会和谐发展

① [英] 尼古拉斯·加汉姆：《解放·传媒·现代性——关于传媒和现代理论的讨论》，李岚译，新华出版社2005年版，第110页。
② 邵培仁：《传播学》，浙江大学出版社2000年版，第161—162页。
③ [法] R. 舍普：《技术帝国》，刘莉译，生活·读书·新知三联书店1999年版，第4页。

的重要保障。现代社会的可持续发展是一种全面、协调的发展，具有极强动态平衡性，而从中国当前的电视媒体发展现状来看，由于体制、机制、技术、资金、人才以及环境等多方面的原因，其总体上的发展仍不协调，如"有偿新闻""无序竞争""权力寻租""受众媒介素养低下"以及发展趋势不平衡等，这些都反映出电视媒体自身在其发展过程中的不和谐问题。正如塞伦·麦克莱在其《传媒社会学》一书中所提到的，"传媒信息源的权力和影响力、新闻机构人员的政见、所有权和控制权之间的关系、受众的影响、组织对待传媒输出问题的习惯性做法"①，这些因素共同制约着大众媒介对社会的影响作用。因此，只要电视媒体自身实现了科学发展，实现了有序与均衡，实现了多样与和谐，其才会真正达到一种自身的和谐状态，特别是对风险或危机进行响应传播时，唯有如此，电视媒体方能通过对风险的善治来促进整个社会的和谐构建。

三、风险社会视阈下电视新闻传播与和谐社会构建

德国社会学家贝伦特曾提出，在未来"变动的时代"和"文化进步时代"的理想人，即现代人，应是一个自觉的人、成熟的人、有创造精神的人、能掌握技术的人和有能力的人。②从某种意义上说，这种个体人的现代化是实现人类社会现代化的基础，即是指人的思想意识和行为实践从传统向现代的跨越和转轨，对此，美国社会学家英格尔斯曾在其现代化发展理论中，详细讨论了人的现代化对于社会现代化的重要性。他认为，现代化不应该只是一种政治或经济体系的形式，而应该是一种精神现象或一种心理素质。研究现代化不能只关心"制度"，还要关注"个人"，因为个人的心理素质或人格力量是国家得以现代化发展的基础。他指出："当今任何一个国家，如果它的国民在经历这样一种心理上和人格上向现代性的转变，仅仅依赖外国的援助，先进技术和民主制度的引进，都不能成功地使其从一个落后的国家跨入自身拥有持续发展能力的现代化国家的行列。""在整个国家向现代化发展的过程中，人是一个基本的因素，只有当

① ［美］塞伦·麦克莱：《传媒社会学》，曾静平译，中国传媒大学出版社2005年版，第43页。
② 参见武斌：《我们离现代化还有多远》，中国经济出版社1999年版，第272页。

它的人民是现代人，它的国民从心理和行为上都转变为现代的人格，这样的国家才真正称之为现代的国家。"① 反之，英格尔斯也提出："如果一个国家的人民缺乏一种能赋予这些制度以真实的生命力的广泛的现代心理基础，如果执行和运用这些现代制度的人，自身还没有从心理、思想、态度和行为方式上都经历一个向现代化的转变，失败和畸形发展的悲剧结局是不可避免的。"②

与资本主义的现代化不同，中国社会的现代化不仅是当代人的现代化，也是后代人的现代化，不仅是城市的现代化，也是农村的现代化，不仅是少数富人的现代化，也是多数相对穷人的现代化。③ 当前，作为社会整体现代化的实现基础，人们的意识和行为转轨在很大程度上依赖于大众媒介的信息传播，特别是新闻性信息，偏好传媒新闻性内容显然比偏好娱乐性内容有利于人的现代性。④ 此外，大众传播理论也认为，"媒体对社会的影响可以是趋向分散化（Dispersal）和碎片化的（Fragmentation）（即离心效果）"，"相反，媒体也可以为文化和社会的融合（Integration）和团结（Unity）服务，以增进社会纽带和社会控制（即向心效果）"，"向心效果则据说来自于同质化的、为社会大众认同的中央媒体所散布和加固的共同文化和集体意识"。⑤ 然而，在社会公众的日常生活中，这种共同的文化和集体意识的不容置疑性（Taken-for-Grantedness）总是遮蔽了技术在文化创造中的重要作用。只有在技术出现革命性突破时，我们才会审视技术在文化创造过程中的中心地位；当我们所使用的工具极大地改变了我们联系环境的方式时，它在日常生活事务中的重要性才不可能被忽略。⑥ 作

---

① [美] 阿历克斯·英格尔斯：《人的现代化——心理、思想、态度、行为》，殷陆君编译，四川人民出版社 1985 年版，第 6—8 页。

② [美] 阿历克斯·英格尔斯：《人的现代化——心理、思想、态度、行为》，殷陆君编译，四川人民出版社 1985 年版，第 4 页。

③ 参见马崇明：《中国现代化进程》，经济科学出版社 2003 年版，第 291 页。

④ 参见陈崇山、孙五三：《媒介·人·现代化》，社会科学出版社 1997 年版，第 46 页。

⑤ [英] 丹尼斯·麦奎尔、[瑞典] 斯文温德尔：《大众传播模式论》，祝建华译，上海译文出版社 1987 年版，第 113 页。

⑥ 参见 [英] 罗杰·迪金森等编，《受众研究读本》，单波译，华夏出版社 2006 年版，第 14 页。

为现代技术的重要产物，电视媒体是继报刊杂志、广播等传统媒体之后，诞生于人类现代社会中的又一媒体形态，它的出现从根本上改变了人们之间相互交往的方式，并日益成为影响人类社会发展的重要推动力量。

作为当代中国社会发展的题中之义，现代化的发展理念要求中国社会完成从传统向现代的彻底转型，而当前，中国社会正处于转型的关键时期：一方面是政治、经济和文化等各领域的长足发展，另一方面是风险与危机的集中频发。在此背景下，作为社会系统的重要组成部分，电视媒体以其特有的新闻传播形态、方式和渠道进行着风险传播实践，通过发挥风险预警、风险控制、风险协调以及风险文化传衍等社会功能，来培养社会公众的风险认知，引导社会公众的风险舆论，协调社会各组织要素应对风险的行为，以积极的风险传播响应来促进整个社会的和谐发展。在具体的风险传播实践中，"它不像政治家的行政命令那样通过政治干预来调节社会关系，也不像执法者的强制行为那样通过法律途径来调节社会关系，更不像企业家的经济控制通过价值杠杆来调节社会关系，大众传媒则向大众传播各种信息，通过发表舆论来聚焦社会问题的方法来调节社会关系。虽然大众传媒调节社会关系并不像政策那么具有强势，像法律那么具有刚性，像金钱那么具有诱惑力，但在一定条件下，传媒所制造的舆论力量能够超过政治、法律和经济，给社会以极其重大的影响。"[1] 在某种程度上，"作为媒介的电视造就了大众的神话崇拜和梦想，反过来它本身也成为大众神话中重要的图腾表象之一"[2]。因此，电视媒体通过传送影响和反映社会文化的信息，向大量不同的观众提供信息，并使其成为塑造社会制度力量的一部分。[3]

当前，构建社会主义和谐社会是转型期中国社会发展的根本指向，是十六大以后党中央提出的一项奋斗目标和工作任务。2005 年 2 月 19 日，胡锦涛在省部级主要领导干部提高构建社会主义和谐社会能力专题研讨班

---

[1]　陈先元：《大众传媒素养论》，上海交通大学出版社 2005 年版，第 66 页。

[2]　胡志毅：《现代传播艺术——一种日常生活的仪式》，浙江大学出版社 1997 年版，第 81 页。

[3]　参见 [英] 斯蒂文·小约翰：《传播理论》，陈德民等译，中国社会科学出版社 1999 年版，第 575 页。

上的讲话中，对我国所面临的形势作了深刻的分析。他指出："随着我国社会主义市场经济不断发展，随着我国公有制为主体、多种所有制经济共同发展的基本经济制度和按劳分配为主体、多种分配方式并存的分配制度不断完善，随着我国工业化、城镇化和经济结构调整加速，我们正面临着并将长期面对一些亟待解决的突出矛盾和问题，我国经济社会发展也出现了一些必须认真把握的新趋势新特点。"①事实上，和谐社会发展理念的形成并非是一蹴而就的。2002 年 11 月党的十六大在对小康社会的规划中初步提出，之后，党的十六届三中全会倡导统筹兼顾的发展观，2004 年 9 月党的十六届四中全会提出"坚持以人为本、全面协调可持续的科学发展观"，2005 年 2 月 19 日在中共中央举办的省部级主要领导干部"提高构建社会主义和谐社会能力专题研讨班"的开学典礼上，胡锦涛再次明确强调："我们所要建设的社会主义和谐社会，应该是民主法治、公平正义、诚信友爱、充满活力、安定有序、人与自然和谐相处的社会"②。

由此可见，"和谐社会"概念的提出是针对当前中国社会中存在的诸多风险与矛盾而言的，是对社会矛盾的解决或缓和的期望及其实现。社会主义和谐社会的构建，"关系到最广大人民的根本利益，关系到巩固党执政的社会基础、实现党执政的历史任务，关系到全面建设小康社会的全局，关系到党的事业兴旺发达和国家的长治久安"③。探讨和谐社会的本质，就必然需要深入和谐社会的内涵。所谓"和谐"，即是指社会系统中各组织要素协调发展、共同进步。而在社会转型期中，各个领域的发展速度、广度、深度都容易发生急剧的变化，其组织要素之间极有可能无法相互支持和配合，此时，风险和危机也就最可能出现，最终结果将是整个社会的失衡甚至崩溃。"在任何情况下，如果分工不能产生团结，那是因为

---

① 胡锦涛：《在省部级主要领导干部提高构建社会主义和谐社会能力专题研讨班上的讲话》，人民出版社 2005 年版，第 3 页。

② 胡锦涛：《在省部级主要领导干部提高构建社会主义和谐社会能力专题研讨班上的讲话》，人民出版社 2005 年版，第 14 页。

③ 胡锦涛：《在省部级主要领导干部提高构建社会主义和谐社会能力专题研讨班上的讲话》，人民出版社 2005 年版，第 6 页。

各个机构间的关系还没有得到规定，它们就已经陷入了失范状态。"① 失范是一种"社会规范缺乏、含混或者社会规范变化多端以致不能向社会成员提供指导的社会情境"②。因此，社会的整体发展不能片面地追求某一领域或某一要素的突进，而忽略其他领域或要素的协调跟进，从这种意义上讲，社会发展的最终速度将取决于发展最迟缓的，而非发展最快的领域或要素，也就是所谓的"短板效应"。作为当代中国社会的忠实守望者，电视媒介在科学发展观与和谐社会构建的理论框架中，已不再仅仅是传统意义上的"传声筒"或"减压阀"，而是更能敏锐地感知环境的变化，并在社会发展的进程中，积极主动地促进社会各领域、要素之间的平衡发展。

恩格斯曾说："每一个时代的理论思维，都是一种历史的产物，它在不同的时代具有完全不同的形式，同时具有完全不同的内容。"③ 不同的时代背景、不同的社会发展阶段对新闻传媒的角色要求都是不尽相同的。"发展传播学是利用传播的过程、技术和媒介，帮助人们全面认识他们所处的环境以及变革的手段，帮助人们解决冲突、达成共识，帮助人们制定改革和可持续发展的计划，帮助人们获取必要的知识和技能以改善自身的处境和社会状况、提高机构的效率。"④ 在当前的风险社会中，中国电视媒体既是风险环境的组成要素，又是社会发展的建构力量，其对社会现实具有界定和协调的双重功能。一方面，在确立社会和谐的结构系统中，电视媒体有其自身的角色和地位；另一方面，在和谐社会的建构进程中，电视媒体又被赋予了监督环境、引导舆论、协调社会以及传承文化等多项重要使命，并以构建社会主义和谐社会为媒介发展的根本宗旨。因此，避开社会发展与和谐社会的构建去片面地讨论电视媒体的发展，都是不客观，也

---

① [法] 埃米尔·涂尔干：《社会分工论》，渠东译，生活·读书·新知三联书店2000年版，第328页。
② [美] 杰克·D·道格拉斯等：《越轨社会学概论》，张宁译，河北人民出版社1987年版，第53页。
③ 《马克思恩格斯选集》第3卷，人民出版社2012年版，第873页。
④ [美] 维伯特·坎布里奇：《传播学的里程碑与国家发展》，载 [美] 叶海亚·R.伽摩利珀：《全球传播》，尹宏毅译，清华大学出版社2003年版，第120页。

不现实的。正如麦奎尔所指出的："媒介依照自身的法则和实践，在社会内部建构一种单独的社会结构，不过，它也处于更广大社会的定义与限制之中。因此，尽管媒介具有某种程度的独立影响力，而且随着活动范围、经济重要性与信息权力的增大，可能会获得某些自主性，媒介在本质上却依然是依赖社会的。"①

　　一直以来，任何国家的发展都不能离开社会公众的积极参与。电视媒介作为社会公众之间沟通交往的重要渠道，具有协调公众行为，整合公众舆论，动员公众力量的媒介功能。"大众传媒拥有强大的社会权力的现象在社会上屡见不鲜，大众传媒通过所传播的信息，影响着公众的思想和行为，引导着社会公众的注意和兴趣，改变着社会各阶层的力量对比，并在一定程度上支配着社会发展的趋势，这就是媒介的权力运作的整个过程。有时候媒介的权力小到无法察觉，有时候媒介的权力会大到和总统角逐，甚至推翻一届政府。导致1974年美国总统尼克松辞职的水门事件可以作为媒介权力的一种诠释。"②特别是当整个社会面临风险或危机情境时，电视媒体可以通过对处于不同社会阶层、群体，持有不同利益诉求和价值标准的公众进行协调，致力于使其形成相对统一的认知理念和价值认同，并最终作用于风险或危机的妥善解决；与此同时，电视媒体通过对风险事件或议题的选择性呈现，将社会公众的注意力引导至有利于风险或危机解决的框架内。此时，电视媒体即在社会与公众之间建立了一个"公共领域"，在这个公共的空间中，来自社会公众不同的意见和要求在此集聚，并通过相互之间的交流和碰撞，达到意见的统一平衡。哈贝马斯认为这种中介角色正是大众媒介的社会功能之一，并补充道："大众传媒除了自身作为公共领域的一部分之外，同时对促进整个公共空间职能的发挥起着特殊而重要的作用。"③因此，每个国家都保证本国人民享有表达思想的自由，然而各国都或多或少地对它的大众媒介加以控制，正如对它所有的社

① ［英］丹尼斯·麦奎尔：《麦奎尔大众传播理论》，崔保国等译，清华大学出版社2006年版，第4页。
② 陈先元：《大众传媒素养论》，上海交通大学出版社2005年版，第74页。
③ ［德］哈贝马斯：《公共领域的结构转型》，曹卫东等译，学林出版社1999年版，第35页。

会机构加以控制一样。①

传统观点认为，信息自由与民主程序的最重要本质是利益决策能够得到整个集体的支持，至少是大多数公民的支持。这种传统观点已经有点过时了。民主需要公民掌握信息。只要公民喜欢平等与公开地表达不同意见，民主的方法就可以使有才智的公民达成一致意见。例如，在詹姆斯·麦迪逊（James Madison）现代早期的著作里，就可以找到这种思想的根源："一个没有大众信息的大众政府，或一个公民没有办法得到信息的政府，只是一出闹剧或悲剧的开端。知识将永远支配无知：要做自己主宰者的人必须要用知识所赋予的权力来武装自己。"② 从这个意义上讲，公开、透明、多元化的信息沟通是民主社会得以持续发展的前提条件，与此同时，社会公众自身的知识水平和媒介素养也在很大程度上影响着其对信息的理解。保罗·莱文森说："人是积极驾驭媒介的主人，不是在媒介中被发送出去，而是发号施令，创造媒介的内容。对别人已经创造出的内容，人们拥有空前的自主选择能力。"③ 在其"人性化趋势"的媒介演化理论中，保罗·莱文森特别强调了人作为信息接收主体的主观能动性，人们通过对媒介及其技术的改造和选择，来实现自我的延伸式发展，并以此来感知世界、创造世界。"英国的许多研究已经表明，传播对象对于大众传播媒介的反应是如何由他们所属的群体和亚文化群引导的。"④ "这一学派抛弃了传播效果的刺激——反应模式，以及媒介文本或媒介讯息万能的观点。"⑤ 受众的文化背景直接影响其对传媒内容的理解并赋予传媒内容以相应的意义，影响着传媒的社会效果。"接受分析是当代文化研究中的一个

---

① 参见［美］威尔伯·施拉姆等：《传播学概论》，陈亮等译，新华出版社1984年版，第179页。
② 转引自［英］约翰·基恩：《媒体与民主》，邸继红、刘士军译，社会科学文献出版社2003年版，第157页。
③ ［美］保罗·莱文森：《数字麦克卢汉》，何道宽译，中国社会科学出版社2001年版，第7页。
④ ［英］戴维·巴特勒：《媒介社会学》，赵伯英等译，社会科学文献出版社1989年版，第32页。
⑤ ［英］丹尼斯·麦奎尔：《受众分析》，刘燕南等译，中国人民大学出版社2006年版，第27页。

受众研究分支，而非一个独立学派。它着重强调、读者，在对媒介文本进行解码中的作用。"①

　　进入 21 世纪后，以践行科学发展观和构建社会主义和谐社会为发展主题的中国社会更加注重对大众传播媒介的发展要求，和谐媒体的构建也因此成为和谐社会构建中的重要组成部分。《中共中央关于制定国民经济和社会发展第十一个五年规划的建议》中指出：建设社会主义和谐社会要畅通诉求渠道，完善社会利益协调和社会纠纷调处机制。这是继《中共中央关于加强党的执政能力建设的决定》中提出：建立舆情汇集和分析机制，畅通社情民意反映渠道之后的新要求，标志着新闻传播和舆情研究工作，已成为围绕构建社会主义和谐社会目标，践行科学发展观的重要一环。② 当前，中国社会正处于转型期的风险社会，各种风险冲突、危机矛盾集中频发，以电视媒体为代表的大众传播媒介通过对风险信息的及时传递，风险舆论的正确引导，风险行为的合理控制以及风险文化的培养传承，来充分发挥其监测风险环境、协调风险应对的社会功能。从这个意义上讲，电视媒体在风险传播中所展示出的理念与实践，是对社会主义和谐社会构建的积极响应，作为和谐社会构建的重要组成部分，电视媒体在化解危机矛盾，维护社会稳定，巩固社会秩序，改善社会关系，促进人与自我、人与自然、人与他人以及人与社会和谐共生的过程中，发挥着不可替代的作用。

---

① ［英］戴维·巴特勒：《媒介社会学》，赵伯英等译，社会科学文献出版社 1989 年版，第 28 页。

② 参见邵培仁等：《媒介舆论学：通向和谐社会的舆论传播研究》，中国传媒大学出版社 2009 年版，第 290 页。

参考文献

一、中文著作

学术专著：

《构建社会主义和谐社会学习读本》，人民出版社2005年版。

《汉语大词典》，汉语大词典出版社1998年版。

《简明大不列颠百科全书》第9册，中国大百科全书出版社1986年版。

《马克思恩格斯全集》第1卷，人民出版社1995年版。

《马克思恩格斯文集》第1卷，人民出版社2009年版。

《马克思恩格斯选集》第2卷，人民出版社2012年版

《马克思恩格斯选集》第3卷，人民出版社2012年版。

《现代汉语辞海》编委会：《现代汉语辞海》，光明日报出版社2002年版。

《中国电视收视年鉴2010》，中国传媒大学出版社2010年版。

卜卫：《大众媒介对儿童的影响》，新华出版社2002年版。

蔡国芬等主编：《媒介素养》，中国传媒大学出版社2005年版。

蔡凯如、黄勇贤：《穿越视听时空：广播电视传播论》，新华出版社2003年版。

蔡凯如：《新闻传播的文化观照》，华中理工大学出版社1998年版。

曹泽林:《国家文化安全论》,军事科学出版社 2006 年版。

常富昌、李依倩编选:《大众传播学:影响研究范式》,中国社会科学出版社 2000 年版。

陈崇山、孙五工:《媒介·人·现代化》,社会科学出版社 1997 年版。

陈力丹:《解析中国新闻传播学》,上海交通大学出版社 2006 年版。

陈力丹:《舆论学》,中国广播电视出版社 1999 年版。

陈世敏:《大众传播与社会变迁》,(台北)三民书局 1983 年版。

陈堂发:《新闻媒体与微观政治——传媒在政府政策过程中的作用研究》,复旦大学出版社 2008 年版。

陈卫星:《传播的观念》,人民出版社 2004 年版。

陈先元:《大众传媒素养论》,上海交通大学出版社 2005 年版。

戴元光:《20 世纪新闻学与传播学·传播学卷》,复旦大学出版社 2001 年版。

戴元光等:《传播学原理与运用》,兰州大学出版社 1988 年版。

樊葵:《媒介崇拜论:现代人与大众媒介的异态关系》,中国传媒大学出版社 2008 年版。

范道津、陈伟珂:《风险管理理论与工具》,天津大学出版社 2010 年版。

冯波:《传媒社会学》,北京师范大学出版社 2009 年版。

郭庆光:《传播学教程》,中国人民大学出版社 1999 年版。

胡百精:《危机传播管理——流派、范式与路径》,中国人民大学出版社 2009 年版。

胡申生主编:《当代电视社会学》,上海大学出版社 2006 年版。

胡兴荣:《新闻哲学》,新华出版社 2004 年版。

胡正荣:《传播学总论》,北京广播学院出版社 1998 年版。

胡志毅:《现代传播艺术——一种日常生活的仪式》,浙江大学出版社 1997 年版。

胡智锋:《电视美学大纲》,北京广播学院出版社 2003 年版。

黄富峰:《大众传媒伦理研究》,中国社会科学出版社 2009 年版。

黄匡宇:《当代电视新闻学》,复旦大学出版社 2010 年版。

黄匡宇:《电视新闻语言学》,中国广播电视出版社 2000 年版。

黄匡宇:《理论电视新闻学》,中山大学出版社 1996 年版。

黄硕风:《综合国力论》,中国社会科学出版社 1992 年版。

黄万盛主编:《危机与选择》,上海文艺出版社 1988 年版。

贾乐蓉主编:《新世纪大众传媒的发展——中俄学者的对话》,中国传媒大学出版社 2007 年版。

金冠军、郑涵:《当代传媒制度变迁》,上海三联书店 2008 年版。

李彬:《符号透视:传播内容的本体诠释》,复旦大学出版社 2003 年版。

李金铨:《大众传播理论》,(台北)三民书局 1996 年版。

李良荣:《当代西方新闻媒体》,复旦大学出版社 2003 年版。

李茂政:《大众传播新论》,(台北)三民书局 1994 年版。

李茂政:《当代新闻学》,(台北)正中书局 1987 年版。

李培林:《和谐社会十讲》,社会科学文献出版社 2006 年版。

李瑞昌:《风险、知识与公共决策》,天津人民出版社 2006 年版。

梁建增:《〈焦点访谈〉红皮书》,文化艺术出版社 2002 年版。

刘宏主编:《电视学》,中国传媒大学出版社 2008 年版。

刘华蓉:《大众传媒与政治》,北京大学出版社 2001 年版。

刘继南主编:《大众传播与国际关系》,北京广播学院出版社 1999 年版。

刘建明:《当代舆论学》,陕西人民教育出版社 1990 年版。

刘建明:《社会舆论原理》,华夏出版社 2002 年版。

刘霞:《风险决策:过程、心理与文化》,经济科学出版社 1998 年版。

刘小枫:《现代性社会绪论——现代性与现代中国》,上海三联书店 2000 年版。

刘燕:《媒介认同论:传播科技与社会影响互动研究》,中国传媒大学出版社 2010 年版。

刘长敏:《危机应对的全球视角——各国危机应对机制与实践比较研究》,中国政法大学出版社 2004 年版。

刘祖云:《社会转型解读》,武汉大学出版社 2005 年版。

陆扬、王毅:《大众文化与传媒》,上海三联书店 2000 年版。

罗纲、刘象愚编:《文化研究读本》,中国社会科学出版社 2000 年版。

罗明、胡运芳:《中国电视观众现状报告》,社会科学文献出版社 1998 年版。

罗谟鸿等:《当代中国社会转型研究》,西南师范大学出版社 2007 年版。

罗以澄、张金海、单波编著:《中国媒体发展研究报告 2003—2004 年卷》,武汉大学出版社 2005 年版。

吕正标、王嘉:《电视新闻节目理念、形态与实务》,中国广播电视出版社 2004 年版。

马崇明:《中国现代化进程》,经济科学出版社 2003 年版。

蒙南生:《新闻传播社会学》,中国传媒大学出版社 2007 年版。

孟繁华:《传媒与文化领导权》,山东教育出版社 2003 年版。

倪梁康:《胡塞尔选集》(下),上海三联书店 1997 年版。

欧阳宏生:《电视传播核心价值论》,北京大学出版社 2010 年版。

潘知常:《反美学》,学林出版社 1995 年版。

彭怀恩编:《大众传播理论讲义》,(台北)风云论坛出版社 2004 年版。

祁林:《电视文化的观念》,复旦大学出版社 2006 年版。

青连斌:《十七大精神深度解读:社会建设篇》,人民出版社 2008 年版。

邱戈:《媒介身份论:中国媒体的身份危机和重建》,中国传媒大学出版社 2008 年版。

沙莲香主编:《传播学——以人为主体的图像世界之谜》,中国人民大学出版社 1990 年版。

邵培仁、叶亚东:《新闻传播学》,江苏人民出版社 1995 年版。

邵培仁:《传播学》,高等教育出版社 2000 年版。

邵培仁等:《媒介舆论学:通向和谐社会的舆论传播研究》,中国传媒大学出版社 2009 年版。

沈禄赓:《系统科学概要》,北京广播学院出版社 2000 年版。

盛希贵:《影响传播论》,中国人民大学出版社 2005 年版。

施天权等编著:《当代世界广播电视》,复旦大学出版社 1991 年版,第 284 页。

石长顺:《电视传播学》,华中理工大学出版社 2000 年版。

石长顺、张建红:《公共电视》,武汉大学出版社 2007 年版。

时统宇:《电视影响评析》,新华出版社 1999 年版。

史安斌:《危机传播与新闻发布》,南方日报出版社 2004 年版。

孙聚成:《信息力——新闻传播与国家发展》,人民出版社 2006 年版。

童兵、林涵:《20 世纪新闻学与传播学·理论新闻学卷》,复旦大学出版社 2001 年版。

童兵:《理论断闻传播学导论》,中国人民大学出版社 2000 年版。

童星、张海波:《中国转型期的社会风险及识别——理论探讨与经验研究》,南京大学出版社 2007 年版。

汪晖、陈燕谷主编:《文化与公共性》,生活·读书·新知三联书店 1998 年版。

汪民安:《福柯的界限》,中国社会科学出版社 2002 年版。

汪文斌、胡正荣编著:《世界电视前沿》,华艺出版社 2001 年版。

王逢振:《电视与权力》,天津社会科学院出版社 2000 年版。

王沪宁:《比较政治分析》,上海人民出版社 1987 年版。

王雅林:《人类生活方式的前景》,中国社会科学出版社 1997 年版。

王永利:《电视新闻学概论》,北京广播学院出版社 1990 年版。

吴飞主编:《传媒影响力》,中国传媒大学出版社 2005 年版。

吴红雨:《解读电视受众:多元化需求与大众化电视》,浙江大学出版社 2009 年版。

吴晓群:《古代希腊仪式文化研究》,上海社会科学院出版社 2000 年版。

武斌:《我们离现代化还有多远》,中国经济出版社 1999 年版。

谢鹏程:《公民的基本权利》,中国社会科学出版社 1999 年版。

谢岳:《大众传媒与民主政治》,上海交通大学出版社 2005 年版。

邢虹文:《电视与社会——电视社会学引论》,学林出版社 2005 年版。

徐向红:《现代舆论学》,中国国际广播出版社 1991 年版。

徐耀魁等主编:《西方新闻理论评析》,新华出版社1998年版。

宣伟伯:《传媒信息与人》,中国展望出版社1985年版。

薛晓源、周战超:《全球化与风险社会》,科学文献出版社2005年版。

严峰、韩玉芬:《TV风景线》,中国人民大学出版社1993年版。

颜士鹏:《中国当代社会转型与环境法的发展》,科学出版社2008年版。

杨保军:《新闻价值论》,中国人民大学出版社2003年版。

杨桂华:《转型社会控制论》,山西教育出版社1998年版。

杨伟芬:《渗透与互动——广播电视与国际关系》,北京广播学院出版社2000年版。

杨伟光:《中国电视论纲》,中国广播电视出版社1998年版。

杨伟光主编:《电视新闻分类与界定》,中国广播电视出版社1994年版。

杨雪冬:《风险社会与秩序重建》,社会科学文献出版社2006年版。

姚君喜:《社会转型传播学》,上海交通大学出版社2008年版。

叶家铮:《电视传播理论研究》,北京师范大学出版社2000年版。

叶子、刘坚:《电视新闻》,中国广播电视出版社1997年版。

叶子:《电视新闻学》,北京广播学院出版社1997年版。

殷俊等编著:《媒介新闻评论学》,四川大学出版社2005年版。

尹鸿、李彬:《全球化与大众传媒:冲突·融合·互动》,清华大学出版社2002年版。

于德山:《当代媒介文化》,新华出版社2005年版。

余家宏等编著:《新闻学简明词典》,浙江人民出版社1984年版。

虞崇胜:《政治文明论》,武汉大学出版社2003年版。

喻国明:《变革传媒:解析中国传媒转型问题》,华夏出版社2005年版。

喻国明等:《中国大众媒介的传播效果与公信力研究——基础理论、评测方法与实证分析》,经济科学出版社2009年版。

袁方等:《中国社会结构转型》,中国社会出版社1998年版。

余虹等主编:《问题》,中国人民大学出版社2003年版。

臧国仁:《新闻媒体与消息来源——媒介框架与真实建构之论述》,(台北)三民书局 1999 年版。

曾健、张一方:《社会协同学》,科学出版社 2000 年版。

张国良:《社会转型与媒介生态实证研究》,上海交通大学出版社 2007年版。

张国良:《社会转型与媒强烈的大众性特质的作用介生态实证研究》,上海交通大学出版社 2007 年版。

张国良主编:《新闻媒介与社会》,上海人民出版社 2001 年版。

张国良主编:《20 世纪传播学经典文本》,复旦大学出版社 2003 年版。

张昆:《大众媒介的政治社会化功能》,武汉大学出版社 2003 年版。

张隆栋主编:《大众传播学总论》,中国人民大学出版社 1994 年版。

张宁:《媒介社会学:信息化时代媒介现象的社会学解读》,中山大学出版社 2010 年版。

张讴:《电视符号与电视文化》,北京广播学院出版社 1994 年版。

张首映:《西方二十世纪文论史》,北京大学出版社 1999 年版。

张晓峰、王新杰:《传媒协同发展论》,新华出版社 2006 年版。

张晓峰:《解构电视:电视传播学新论》,中国广播电视出版社 2006年版。

张政、罗振宇:《理解电视的一个角度》,中国青年出版社 2000 年版。

赵成根:《民主与公共决策研究》,黑龙江人民出版社 2000 年版。

赵志立:《危机传播概论》,清华大学出版社 2009 年版。

郑保卫等编著:《新闻传媒与和谐社会建设》,中国人民大学出版社 2006 年版。

郑也夫:《信任论》,中国广播电视出版社 2001 年版。

郑也夫:《信任:合作关系的建立与破坏》,中国城市出版社 2003年版。

支庭荣:《大众传播生态学》,浙江大学出版社 2004 年版。

中国现代战略研究课题组、中国科学院中国现代化研究中心:《中国现代化报告 2006》,北京大学出版社 2006 年版。

中央保持共产党员先进性教育活动领导小组办公室编:《保持共产党

员先进性教育读本》，党建读物出版社 2005 年版。

周晓丽：《灾害性公共危机治理》，社会科学文献出版社 2008 年版。

周战超：《当代西方风险社会理论研究引论：全球化与风险社会》，社会科学文献出版社 2005 年版。

朱立元：《当代西方文艺理论》，华东师范大学出版社 2005 年版。

朱学勤：《书斋里的革命》，长春出版社 1999 年版。

朱羽君：《现代电视纪实》，北京广播学院出版社 1998 年版。

朱羽君：《中国电视应用学》，北京师范大学出版社 1993 年版。

祝基滢：《政治传播学》，（台北）三民书局 1983 年版。

庄友刚：《跨越风险社会——风险社会的历史唯物主义研究》，人民出版社 2008 年版。

报纸期刊：

《3·14 拉萨打砸抢烧暴力袭击实录》，《国际新闻界》2008 年第 3 期。

蔡雯：《美国新闻界关于"公共新闻"的实践与争论》，《新闻战线》2004 年第 4 期。

常修泽：《和谐社会的价值、特征和构建思路》，《人民日报》2005 年 3 月 18 日。

陈锋：《中国当代社会的八大转型》，《社会科学》1993 年第 8 期。

陈岳芬：《风险社会的文化特征与媒体功能之实现》，《太平洋学报》2007 年第 9 期。

崔波：《传播秩序的重构——风险社会的视角》，《中国科普理论与实践探索》，《2009〈全民科学素质行动计划纲要〉论坛暨第十六届全国科普理论研讨会文集》，2009 年 6 月。

单波、王冰：《西方媒介生态理论的发展及其理论价值与问题》，《新闻与传播研究》2006 年第 2 期。

董天策：《民生新闻：中国特色的新闻传播范式》，《西南民族大学学报》2007 年第 6 期。

范燕宁：《当前中国社会转型问题研究综述》，《哲学动态》1997 年第 1 期。

龚维斌：《正确认识改革发展中的利益矛盾》，《国家行政学院学报》2004 年第 1 期。

郭建斌：《理解与表达：对凯利传播仪式观的解读》，2006 中国传播学论坛收录论文。

郭小平、秦志希：《风险传播的悖论——论“风险社会”视域下的新闻报道》，《江淮论坛》2006 年第 2 期。

郭小平：《风险传播研究的范式转换》，《中国传媒报告》2006 年第 3 期。

红苇：《“生活政治”是一种什么政治》，《读书》2002 年第 6 期。

胡琳：《电视与美国政治》，《新闻与传播研究》1995 年第 3 期。

江建文：《大众媒介与社会文化价值观的变化》，《当代传播》2006 年第 4 期。

李路路：《社会变迁：风险与社会控制》，《中国人民大学学报》2004 年第 2 期。

李明德、王蓓：《大众传媒与化解社会风险》，《理论导刊》2009 年第 1 期。

李树桥：《公民表达权：政治体制改革的前提》，《中国改革杂志》2007 年第 12 期。

梁丽萍、邱尚琪：《建国以来中国公民政治参与模式的演变分析》，《中国行政管理》2004 年第 5 期。

梁治平：《“民间”、“民间社会”和 Civil Society——Civil Society 概念再检讨》，《当代中国研究》2001 年第 1 期。

刘洪：《突发事件报道的新突破——央视“乌鲁木齐 7·5 事件”报道评述及思考》，《新闻知识》2009 年第 8 期。

刘玲玲：《对社会转型范畴的哲学思考》，《北方论丛》1996 年第 5 期。

马凌：《媒介化社会与风险社会》，《中国传媒报告》2008 年第 2 期。

穆素华、张士峰：《日本地震：电视“快反”报道的创新实践》，《中国记者》2011 年第 4 期。

欧阳宏生、陈佑荣：《论民生新闻核心价值观的构建》，《电视研究》2009 年第 10 期。

邵培仁、潘祥辉:《危机传播推动中国媒介制度的变迁——从汶川地震看危机事件与媒介制度创新的内在关联》,《现代传播》2008 年第 4 期。

佘文斌:《公信力——传媒竞争的重要砝码》,《新闻战线》2002 年第 5 期。

申凡、陈奕:《试论传媒化解社会风险的过程管理》,《理论月刊》2008 年第 8 期。

汤天甜:《电视民生新闻节目可持续发展的实现路径》,《新闻研究导刊》2010 年第 6 期。

汤天甜:《突发危机事件中媒介传播的专业逻辑与身份边界——以菲律宾人质劫持事件为例》,《新闻记者》2010 年第 11 期。

童世骏:《风险社会、文明冲突和永久和平》,《读书》2002 年第 5 期。

吴海荣:《政府危机传播管理决策:经验必须给科学让路——以广东"两大事件"危机传播管理为例》,《理论导刊》2003 年第 6 期。

夏学銮:《"和谐社会"概念的由来》,《中国教育报》(理论版)2005 年 5 月 14 日。

谢静:《20 世纪初美国的媒介批评与新闻专业主义确立》,《新闻与传播研究》2004 年第 2 期。

薛晓源、刘国良:《全球风险世界:现在与未来——德国著名社会学家、风险理论创始人乌尔里希·贝克教授访谈录》,《马克思主义与现实》2005 年第 1 期。

闫伊默:《"礼物":仪式传播与认同》,《国际新闻界》2009 年第 4 期。

杨兴锋:《政策解读的意义和原则》,《中国记者》2006 年第 1 期。

于健:《与时俱进,探索视觉文化时代摄影创作走势,完善摄影作品分类及评价体系》,《视觉维度:第七届全国摄影理论研讨会论文选》,第七届全国摄影理论研讨会,2004 年。

喻国明:《传媒责任:时代的发展与内涵的转变》,《新闻与传播研究》2009 年第 6 期。

臧海群:《决策·传播·中国——访北卡罗来纳大学新闻与传播学院副教授赵心树博士》,《新闻大学》2001 年第 8 期。

张传明:《当代跨国公司经营中的政治风险问题》,《世界经济与政治》

1999 年第 5 期。

张福平：《公共空间：大众传媒的必然选择》，《郑州大学学报》2003 年第 6 期。

张历历：《中国全力从利比亚大撤侨分析》，《当代世界》2011 年第 4 期。

赵延东：《风险社会与风险治理》，《中国科技论坛》2004 年第 4 期。

朱菁、江黎黎：《从"民生新闻"到"公共新闻"》，《新闻实践》2005 年第 2 期。

朱天、程前、张金辉：《解读电视"民生新闻"现象》，《传媒观察》2004 年第 8 期。

白岩松：《民主能让中国发出自信的声音》，《南方周末》2008 年 4 月 24 日。

胡鞍钢：《中国社会转型中的四大新特点》，《中国改革报》2005 年 8 月 15 日。

李亚杰、魏武：《中国各地已建立信访突出问题协调机制》，《新京报》2007 年 3 月 28 日。

网络：

《"三鹿奶粉事件"始末》，2009 年 1 月 15 日，见 http：//news.cctv.com/society/20090115/107648.shtml。

《2010 年全国安全生产情况》，2011 年 1 月 13 日，见 http：//www.chinasafety.gov.cn/newpage/Contents/Channel_4181/2011/0113/121258/content_121258.htm。

《郭美美之母自曝炒股发家遭质疑》，2011 年 8 月 4 日，见 http：//finance.people.com.cn/stock/GB/15328038.html。

《李长春在第十八届中国新闻奖第九届长江韬奋奖颁奖报告会上的讲话》，2008 年 11 月 10 日，见 http：//gb.cri.cn/18824/2008/11/10/882s2314634_1.htm。

《零点调查集团董事长袁岳：社会风险正在上升》，2011 年 1 月 3 日，见 http：//money.163.com/11/0103/10/6PFG923800253G87.html。

《庆祝中国共产党成立 90 周年》，2011 年 7 月 1 日，见 http：//cpc.people.com.cn/90nian/GB/225417/index.html。

《区域分布》，2009 年 5 月 7 日，见 http：//irisk.bnu.edu.cn/？action-viewnews-itemid-699。

《四川汶川大地震视频专题》，见 http：//news.cctv.com/special/C21411/01/index.shtml。

《四川汶川地震已造成 69185 人遇难 18457 人失踪》，2008 年 6 月 26 日，见 http：//news.qq.com/a/20080626/001630.htm。

《外媒关注中国在利比亚撤离行动快速有力鼓舞侨胞》，2011 年 3 月 6 日，见 http：//news.xinhuanet.com/overseas/2011-03/06/c_121153738.htm。

《中海油油井 1 月前已出现漏油海水水质严重下降》，2011 年 7 月 5 日，见 http：//finance.ifeng.com/news/special/zhybhwly/20110705/4227913.shtml。

《中央电视台第一时间报道四川汶川地震抗灾情况》，2008 年 5 月 14 日，见 http：//news.xinhuanet.com/newmedia/2008-05/14/content_8166932.htm。

《中央电视台全程直播报道山西王家岭矿透水事故救援》，2010 年 4 月 7 日，见 http：//cctvenchiridion.cctv.com/20100407/101765.shtml。

《中央电视台新闻中心第一时间报道日本地震》2011 年 3 月 14 日，见 http：//www.cctv.com/stxmt/20110314/109577.shtml。

《中央电视台中文国际频道日本大地震报道取得良好反响》，2011 年 3 月 18 日，见 http：//www.cctv.com/stxmt/20110318/104902.shtml。

常东亮：《关于食品安全问题的理性思考》，《中国经济报告》，2011 年 7 月 28 日，见 http：//finance.sina.com.cn/review/hgds/20110728/170710224005.shtml。

陈炳辉：《参与式民主的现代衰落与复兴》，2009 年 4 月 21 日，见 http：//news.xinhuanet.com/theory/2009-04/21/content_11224706.htm。

崔保国：《2006 年中国传媒产业发展分析》，2007 年 7 月 25 日，见 http：//www.china.com.cn/news/txt/2007-06/20/content_8416822.htm。

高武平：《信访制度存废辨——兼谈中国信访制度的变革之道》，2005 年 2 月 21 日，见 http：//www.cssm.org.cn/view.php？id=5827。

王凯：《2010 政治风险排行：中美关系第一伊朗第二》，2010 年 1 月 5

日，见 http：//www.cnr.cn/allnews/201001/t20100106_505854402_1.html。

叶建平、聂焱：《中国突发公共事件每年造成人员伤亡逾百万》，2005年 11 月 27 日，见 http：//politics.people.com.cn/GB/1026/3892786.html。

二、外文文献

译著：

［英］ Crispin Thurlow，Laura Lengel，Alice Tomic：《电脑中介传播：人际互动与网际网路》，谢光萍、吴恰萱译，（台北）韦伯文化国际出版有限公司 2006 年版。

［美］ J. 费斯克·哈特利：《解读电视》，郑明椿译，（台北）远流出版事业公司 1993 年版。

［美］ Joseph Straubhaar，Rabert La Rose：《传播媒介与资讯社会》，涂瑞华译，（台北）亚太图书出版社 1996 年版。

［美］ Lawrence Grossberg，Ellen Wartella，Charles Whitney：《媒体原理与制造》，杨意菁、陈芸芸译，（台北）韦伯文化国际出版有限公司 2001年版。

［法］ R. 舍普：《技术帝国》，刘莉译，生活·读书·新知三联书店1999 年版。

［美］ 阿尔蒙德·鲍威尔：《比较政治学》，曹沛霖等译，上海译文出版社 1987 年版。

［美］ 阿尔文·托夫勒：《力量转移：临近 21 世纪时的知识、财富和暴力》，刘炳章译，新华出版社 1996 年版。

［美］ 阿历克斯·英格尔斯：《人的现代化——心理、思想、态度、行为》，殷陆君编译，四川人民出版社 1985 年版。

［美］ 埃弗雷特·M. 罗杰斯：《创新的扩散》，辛欣译，中央编译出版社 2002 年版。

［加］ 埃里克·麦克卢汉、［加］ 弗兰克·秦格龙编：《麦克卢汉精

粹》，何道宽译，南京大学出版社 2000 年版。

[法] 埃米尔·涂尔干：《社会分工论》，渠东译，生活·读书·新知三联书店 2000 年版。

[法] 艾德加·莫兰：《社会学思考》，阎素伟译，人民出版社 2001 年版。

[英] 安德鲁·古德温、[英] 加里·惠内尔编著：《电视的真相》，魏礼庆、王丽丽译，中央编译出版社 2001 年版。

[英] 安东尼·吉登斯：《第三条道路及其批评》，孙相东译，中共中央党校出版社 2002 年版。

[英] 安东尼·吉登斯：《现代性的后果》，田禾译，黄平校，译林出版社 2000 年版。

[英] 安东尼·吉登斯：《现代性——吉登斯访谈》，尹宏毅译，新华出版社 2000 年版。

[英] 安东尼·吉登斯：《现代性与自我认同：现代晚期的自我与社会》，赵旭东等译，生活·读书·新知三联书店 1998 年版。

[美] 奥格尔斯等：《大众传播学：影响研究范式》，关世杰等译，中国社会科学出版社 2000 年版。

[美] 巴伦·李维斯等：《媒体等同》，卢大川等译，复旦大学出版社 2001 年版。

[英] 芭芭拉·亚当、[德] 乌尔里希·贝克、[英] 约斯特·房·龙编著：《风险社会及其超越：社会理论的关键议题》，赵延东等译，北京出版社 2005 年版。

[美] 保罗·M·莱斯特：《视觉传播——形象载动信息》，霍文利等译，北京广播学院出版社 2003 年版。

[美] 保罗·莱文森：《手机》，何道宽译，中国人民大学出版社 2004 年版。

[美] 保罗·莱文森：《数字麦克卢汉》，何道宽译，社会科学文献出版社 2001 年版。

[美] 保罗·斯洛维奇编著：《风险的感知》，赵延东等译，北京出版社 2007 年版。

［美］贝尔吉：《媒介与冲击：大众媒介概论》，赵敬松译，东北财经大学出版社 2000 年版。

［法］贝尔纳·瓦耶纳：《当代新闻学》，丁雪英等译，新华出版社 1986 年版。

［英］乔纳森·比格纳尔、［英］杰里米·奥莱巴：《21 世纪电视人生存手册》，栾轶玫译，清华大学出版社 2008 年版。

［美］伯·霍尔茨纳：《知识社会学》，傅正元等译，湖北人民出版社 1984 年版。

［英］伯顿：《媒体与社会：批判的视角》，史安斌译，清华大学出版社 2007 年版。

［英］布赖恩·麦克奈尔：《政治传播学引论》，殷祺译，新华出版社 2005 年版。

［美］大卫·阿什德：《传播生态学：控制的文化范式》，邵志择译，华夏出版社 2003 年版。

［英］大卫·丹尼：《风险与社会》，马缨等译，北京出版社 2009 年版。

［英］大卫·麦克奎恩：《理解电视：电视节目类型的概念与变迁》，苗棣等译，华夏出版社 2003 年版。

［美］戴安娜·克兰主编：《文化杜会学》，王小章、郑震译，南京大学出版社 2006 年版。

［英］戴维·M·沃克：《牛津法律大辞典》，邓正来等译，光明日报出版社 1988 年版。

［英］戴维·巴特勒：《媒介社会学》，赵伯英等译，社会科学文献出版社 1989 年版。

［美］戴维·波普诺：《社会学》，李强等译，中国人民大学出版社 2000 年版。

［美］戴维·哈尔伯斯坦：《无冕之王》，白梅、家有等译，新华出版社 1985 年版。

［英］戴维·莫利：《电视、观众与文化研究》，史安斌译，新华出版社 2005 年版。

[美] 丹尼尔·贝尔:《资本主义文化矛盾》,赵一凡等译,生活·读书·新知三联书店1989年版。

[美] 丹尼尔·戴扬、伊莱休·卡茨:《媒介事件》,麻争旗译,北京广播学院出版社2000年版。

[英] 丹尼斯·麦奎尔、[瑞典] 斯文温德尔:《大众传播模式论》,祝建华译,上海译文出版社1987年版。

[英] 丹尼斯·麦奎尔:《麦奎尔大众传播理论》,崔保国等译,清华大学出版社2006年版。

[英] 丹尼斯·麦奎尔:《受众分析》,刘燕南等译,中国人民大学出版社2006年版。

[英] 丹尼斯·麦奎尔等:《大众传播模式论》,祝建华、武伟译,上海译文出版社1987年版。

[美] 道格拉斯·凯尔纳:《媒体奇观——当代美国社会文化透视》,史安斌译,清华大学出版社2003年版。

[加] 德克霍夫:《文化肌肤——真实社会的电子克隆》,汪冰译,河北大学出版社1998年版。

[英] 弗克兰·富里迪:《恐惧》,方军等译,江苏人民出版社2004年版。

[美] 弗雷德里克·詹姆逊:《后现代主义与文化理论》,唐小兵译,北京大学出版社1997年版。

[法] 福柯:《规训与惩罚》,刘北成,杨远婴译,生活·读书·新知三联书店2003年版。

[英] 格林·阿尔金:《电视音响操作》,熊国新译,中国电影出版社1986年版。

[德] 哈贝马斯:《公共领域的结构转型》,曹卫东等译,学林出版社1999年版。

[德] 哈贝马斯:《交往行动理论》第一卷,洪佩郁、蔺青译,重庆出版社1994年版。

[德] 哈拉韦尔德·韦尔策编:《社会记忆:历史、回忆、传承》,季斌等译,北京大学出版社2007年版。

　　[美] 哈罗德·德姆塞茨:《所有权、控制和企业》,经济科学出版社1999年版。

　　[加] 哈罗德·伊尼斯:《传播的偏向》,何道宽译,中国人民大学出版社2003年版。

　　[美] 赫伯特·马尔库塞:《单向度的人》,张峰、吕世平译,重庆出版社1988年版。

　　[德] 赫尔德:《全球大变革:全球化时代的政治、经济与文化》,杨雪冬等译,社会科学文献出版社2001年版。

　　[德] 赫尔曼·哈肯:《协同学——大自然构成的奥秘》,凌复华译,上海译文出版社2005年版。

　　[德] 黑格尔:《法哲学原理》,范扬、张企泰译,商务印书馆1979年版。

　　[美] 杰克·D·道格拉斯等:《越轨社会学概论》,张宁译,河北人民出版社1987年版。

　　[法] 居伊·德波:《景观社会》,王昭风译,南京大学出版社2006年版。

　　[美] 科克利:《体育社会学——议题与争议》,刘精明等译,清华大学出版社2003年版。

　　[英] 拉尔夫·达尔道夫:《现代社会冲突》,林荣远译,中国社会科学出版社2000年版。

　　[美] 莱博:《思考电视》,葛忠明译,中华书局2005年版。

　　[美] 劳伦斯·巴顿:《组织危机管理》,符彩霞译,清华大学出版社2002年版。

　　[美] 李普曼:《舆论学》,林珊译,华夏出版社1989年版。

　　[美] 理查德·沃尔曼:《信息饥渴——信息选取、表达与透析》,李银胜等译,电子工业出版社2001年版。

　　[美] 理查德·谢弗:《社会学与生活》,刘鹤群等译,世界图书出版公司2006年版。

　　[美] 鲁道夫·阿恩海姆:《艺术与视知觉》,滕守尧、朱疆源译,中国社会科学出版社1984年版。

[法] 卢梭:《社会契约论:政治权利的原理》,何兆武译,商务印书馆1980年版。

[美] 罗伯特·考克尔:《电影的形式与文化》,董舒译,北京大学出版社2004年版。

[美] 罗伯特·希斯:《危机管理》,王成等译,中信出版社2004年版。

[美] 罗伯特·C.艾伦编:《重组话语频道》,麦永雄、柏敬泽等译,中国社会科学出版社2000年版。

[英] 罗杰·迪金森等编,《受众研究读本》,单波译,华夏出版社2006年版。

[英] 罗杰·西尔弗斯通:《电视与日常生活》,陶庆梅译,江苏人民出版社2004年版。

[英] 马丁·洛克林:《公法与政治理论》,郑戈译,商务印书馆2002年版。

[澳] 马尔科姆·沃斯特:《现代社会学理论》,杨善华译,华夏出版社2000年版。

[美] 马克·波斯特:《第二媒介时代》,范静哗译,南京大学出版社2005年版。

[德] 马克斯·韦伯:《经济与社会》上卷,林荣远译,商务印书馆1997年版。

[加] 马歇尔·麦克卢汉:《理解媒介:论人的延伸》,何道宽译,商务印书馆2000年版。

[美] 迈克尔.E.罗洛夫:《人际传播——社会交换论》,王江龙译,上海译文出版社1991年版。

[美] 迈克尔·罗斯金等:《政治科学》,林震等译,华夏出版社2001年版。

[美] 梅尔文·L·德弗勒、[美] 埃弗雷特·E·丹尼斯:《大众传播通论》,严建军等译,华夏出版社1989年版。

[美] 梅尔文·L·德弗勒等:《大众传播学诸论》,杜力平译,新华出版社1990年版。

[美] 米哈依罗·米萨诺维克、[德] 爱德华·帕斯托尔:《人类处在转折点》,刘长毅等译,中国和平出版社 1987 年版。

[美] 尼葛罗庞帝:《数字化生存》,胡泳、范海艳译,海南出版社 1997 年版。

[英] 尼古拉斯·阿伯克龙比:《电视与社会》,张水喜等译,南京大学出版社 2000 年版。

[英] 尼古拉斯·加汉姆:《解放·传媒·现代性——关于传媒和现代理论的讨论》,李岚译,新华出版社 2005 年版。

[英] 尼克·史蒂文森:《媒介的转型:全球化、道德和伦理》,顾宜凡等译,北京大学出版社 2006 年版。

[美] 宁斯·布莱恩特、[美] 苏珊·汤普森:《传媒效果概论》,陆剑南等译,中国传媒大学出版社 2006 年版。

[法] 皮埃尔·布尔迪厄:《关于电视》,许钧译,辽宁教育出版社 2000 年版。

[英] 齐格蒙特·鲍曼:《全球化——人类的后果》,郭国良、徐建华译,商务印书馆 2001 年版。

[美] 乔恩·谢泼德:《美国社会问题》,乔寿宁等译,山西人民出版社 1987 年版。

[美] 乔治·萨顿:《科学史和新人文主义》,陈恒六等译,华夏出版社 1989 年版。

[美] 塞伦·麦克莱:《传媒社会学》,曾静平译,中国传媒大学出版社 2005 年版。

世界环境与发展委员会:《我们共同的未来》,王之伟等译,吉林人民出版社 1997 年版。

[英] 斯蒂文·小约翰:《传播理论》,陈德民等译,中国社会科学出版社 1999 年版。

[英] 汤因比、[日] 池田大作:《展望二十一世纪》,苟春生等译,国际文化出版公司 1985 年版。

[美] 托马斯·R·戴伊:《自上而下的政策制定》,鞠方安、吴忧译,中国人民大学出版社 2002 年版。

[德] 托马斯·梅耶：《传媒殖民政治》，刘宁译，中国传媒大学出版社 2009 年版。

[美] 威尔伯·施拉姆：《大众传播媒介与社会发展》，金燕宁等译，华夏出版社 1990 年版。

[美] 威尔伯·施拉姆等：《传播学概论》，陈亮等译，新华出版社 1984 年版。

[美] 威廉·麦克高希：《世界文明史——观察世界的新视角》，董建中等译，新华出版社 2003 年版。

[美] 沃纳·赛佛林、[美] 小詹姆斯·坦卡德：《传播理论：起源、方法与应用》，郭镇之等译，华夏出版社 2000 年版。

[美] 沃纳·赛佛林等：《传播学的起源、研究与应用》，陈韵昭译，福建人民出版社 1985 年版。

[荷] 沃特·阿赫特贝格：《民主、正义与风险社会：生态民主政治的形态与意义》，周战超编译，《马克思主义与现实》2003 年第 3 期。

[德] 乌尔里希·贝克、[德] 约翰内斯·威尔姆斯：《自由与资本主义——与著名社会学家乌尔里希·贝克对话》，路国林译，浙江人民出版社 2001 年版。

[德] 乌尔里希·贝克、[英] 安东尼·吉登斯、[英] 斯科特·拉什：《自反性现代化》，赵文书译，商务印书馆 2001 年版。

[德] 乌尔里希·贝克、[英] 芭芭拉·亚当：《再谈风险社会：理论、政治与研究计划》，载 [英] 约斯特·房·龙编著：《风险社会及其超越》，赵延东等译，北京出版社 2005 年版。

[德] 乌尔里希·贝克、[德] 约翰内斯·威尔姆斯：《自由与资本主义——与著名社会学家乌尔里希·贝克对话》，路国林译，浙江人民出版社 2001 年版。

[德] 乌尔里希·贝克：《"风险社会"再思考》，《马克思主义与现实》2002 年第 4 期。

[德] 乌尔里希·贝克：《风险社会》，何博闻译，译林出版社 2004 年版。

[德] 乌尔里希·贝克：《世界风险社会》，吴英姿等译，南京大学出

版社 2004 年版。

[德] 乌尔里希·贝克:《自由与资本主义》,路围林译,浙江人民出版社 2001 年版。

[美] 西奥多·怀特:《美国的自我探索——总统的诞生》,中国对外翻译出版公司 1985 年版。

[美] 西里尔·E·布莱克:《比较现代化》,杨豫译,上海译文出版社 1996 年版。

[前苏联] 肖·阿·纳奇拉什维里:《宣传心理学》,金初高译,新华出版社 1984 年版。

[美] 叶海亚·R. 伽摩利珀:《全球传播》,尹宏毅译,清华大学出版社 2003 年版。

[美] 约翰·费斯克等:《关键概念:传播与文化研究辞典》,李彬译注,新华出版社 2004 年版。

[美] 约翰·赫尔顿:《美国新闻道德问题种种》,刘有源译,中国新闻出版社 1988 年版。

[英] 约翰·基恩:《媒体与民主》,邰继红、刘士军译,社会科学文献出版社 2003 年版。

[美] 约翰·奈斯比特等:《高科技高思维》,尹萍译,新华出版社 2000 年版。

[美] 约瑟夫·斯蒂格利茨、宋华琳:《自由、知情权和公共话语——透明化在公共生活中的作用》,《环球法律评论》2002 年第 3 期。

[美] 詹姆斯·W. 凯瑞:《作为文化的传播》,丁未译,华夏出版社 2005 年版。

[英] 詹姆斯·库兰、[美] 米切尔·古尔维奇编:《大众媒介与社会》,杨击译,华夏出版社 2006 年版。

[美] 珍妮·X·卡斯帕森等编著:《风险的社会视野(上):公众、风险沟通及风险的社会放大》,童蕴芝译,中国劳动社会保障出版社 2010 年版。

[日] 竹内郁郎编:《大众传播社会学》,张国良译,复旦大学出版社 1989 年版。

［美］兹·布热津斯基:《大失控与大混乱》,潘嘉玢、刘瑞祥译,中国社会科学出版社 1995 年版。

［美］林文刚:《媒介生态学在北美之学术起源简史》,陈星译,《中国传媒报告》2003 年第 2 期。

［德］乌尔里希·贝克:《"9·11"事件后的全球风险社会》,《马克思主义与现实》2004 年第 2 期。

［英］斯科特·拉什:《风险社会与风险文化》,王武龙译,《马克思主义与现实》2002 年第 4 期。

［英］约翰·基恩:《退却的政治》,《政治季刊》第 61 卷第 3 期。

外文原著:

Anthony Giddens, *The Consequences of Modernity*, California: Stanford University Press, 1990.

Derrick de Kerckhove, *Brain Frames: Technology, Mind and Business*, Utrecht Netherland: Boach & Keuning, 1991.

James Lull, *Media, Communication, Culture*, Columbia University Press, 1995.

Jan Aart Scholte, *Globalization: a Critical Introduction*, London: Macmillan Press.

Katz, S. & Miller, C, "The Low-level Radioactive Waste Siting Controversy in North Carolina: Toward a Rhetorical Model of Risk Communication", in Green Culture: Environmental Rhetoric in Contemporary America, C.Herndl & S.Brown (eds.), Madison: U of Wisconsin, 1996.

Patrick O heffernan, *Mass Media and American Foreign Policy*, Ablex Publishing House, 1991.

Philipp Alvares de Souza Soares, *Civil Society in Modern Democracies: Definition, Impact on Democracy and Critical Assessment*, GRIN Verlag, 2009.

Piet Strydom, *Risk: Environment and Society*, Buckingham: Open University Press, 2002.

Robertson R, *Globalization: Social Theory and Global Culture*, London: Sage, 1992.

Ulrich Beck, *Risk Society: Toward a New Modernity*, London: Sage Publications, 1992.

Waddell C. "Saving the Great Lakes: Public Participation in Environmental Policy", in Green Culture: Environmental Rhetoric in Contemporary America, C.Herndl & S.Brown (eds.), Madison: U of Wisconsin, 1996.

索　引

后 记

2006 年 10 月，当我只身一人从武汉奔赴成都，参加由四川大学举行的保送研究生招考时，心中尤为忐忑不安。当时的我一直在默默祈祷，祈祷在这个美丽城市的著名学府，能将一个尚未成熟但却充满激情的小女子收纳，容她在这里挥洒青春，放飞梦想。如今，与川大相伴相依的五年时光，真如白驹过隙般转瞬即逝，当初那个懵懂青涩的小女子已成长为一个有着自我人生追求和理想的当代青年。转眼之间，这五年的青春时光，也将随着这篇博士论文的最终完稿，而成为我这一生中弥足珍贵的回忆。

较之于二十余载的求学生涯而言，五年的时光不长也不短，然而，在恩师欧阳宏生教授门下的这五年，却是我收获最多，成长最快的五年。五年来，恩师以其深厚的学术素养、宽容的处事情怀、豁达的人生态度深深地感染着我，作为学生，我唯有在今后的学术和生活道路上更加勤奋努力，积极向上，才得以报答恩师之于我的这份无价恩情。感谢邵培仁教授、周鸿铎教授、张君昌教授、李幸教授、谭天教授、周小普教授、石长顺教授、哈艳秋教授等各位老师，在学术研究与论文写作等方面给予我的帮助、鼓励和支持，使我在丰富学识的同时，勇于追求学术的创新与发展。感谢我任职的重庆大学新闻学院的领导和同事们对我的关心和支持。这部书稿得以付梓，还要特别感谢人民出版社的责任编辑吴广庆博士，吴博士在书稿的编校工作中所展示的严谨态度和专业精神，都令我十分敬佩。在此，谨致以衷心的谢忱！

回首在川大度过的 1800 多个日日夜夜，最让我倍感窝心的便是我那些可亲可爱的兄弟姐妹们，你们无私的友爱、真诚的热情、细微的关怀带给了我无穷无尽的欢乐与温暖。与你们同窗，是我莫大的幸运与福分，你们为人的善良与真诚，处世的豁达与谦和，做事的利落与认真，都让我受益终生，谢谢你们！

一直以来，我都不是一个善于表达内心情感的人，特别是面对最亲的人。但今天，我要将这篇凝结我二十余载学习历程的博士论文，献给我最亲爱的妈妈！我想对妈妈说："谢谢您，我最亲爱的妈妈！若不是您二十余年来孜孜不倦地培养和爱护，就没有今天的我，您所有点点滴滴的付出，女儿都铭记在心。无论时光如何荏苒，世事如何变迁，女儿永远是您温暖的港湾，是您贴心的小棉袄，是您坚实的依靠！妈妈，我爱您！"另外，还要感谢未来将陪伴我一生的我的爱人和我的宝宝，谢谢你们出现在我的生命里，这些温暖又坚定的爱，将成为我未来继续奋斗的力量源泉。

最后，祝所有我爱的人和爱我的人平安喜乐。

汤天甜
2015 年初夏于重庆

责任编辑:吴广庆

封面设计:徐　晖

图书在版编目(CIP)数据

风险传播论:以中国电视新闻报道为例/汤天甜 著.
　—北京:人民出版社,2015.8
ISBN 978－7－01－015108－3

Ⅰ.①风…　Ⅱ.①汤…　Ⅲ.①电视新闻-新闻报道-研究-中国
Ⅳ.①G229.2

中国版本图书馆 CIP 数据核字(2015)第 174836 号

风险传播论

FENGXIAN CHUANBO LUN

——以中国电视新闻报道为例

汤天甜　著

人民出版社 出版发行

(100706　北京市东城区隆福寺街 99 号)

环球印刷(北京)有限公司印刷　新华书店经销

2015 年 8 月第 1 版　2015 年 8 月北京第 1 次印刷
开本:710 毫米×1000 毫米 1/16　印张:28.25
字数:428 千字

ISBN 978－7－01－015108－3　定价:58.00 元

邮购地址 100706　北京市东城区隆福寺街 99 号
人民东方图书销售中心　电话 (010)65250042　65289539